言归正传

单田芳说

单田芳 著

中国工人出版社

言归正传
单田芳说单田芳

目录

前　言

我生于1934年农历11月11日，属狗的，后来在实行身份证的时候可能由于工作人员的马虎，竟变成了1935年11月11日，属猪的。为此我曾经找过他们，说他们写错了，工作人员却回答说：“我们换算过你就是属猪的，11月11日生，错不了。”我一想少了一岁就是年轻了一岁有何不可呢？这也算捡了个便宜吧！所以身份证的出生年月日一直沿用至今。

其实我早就想写一本自传把我的所见所闻所经所历如实地记录下来，可是我又有一种自卑感，充其量我是一个平民百姓、草根艺人，有什么值得写的呢？自传是属于英雄豪杰的，我既无丰功伟绩，又没有叱咤风云的事迹，既不惊天地也不泣鬼神，左思右想又放弃了写自传的念头。

1978年我被落实政策之后重新回到曲艺团工作，京剧团的团长陈强（电视剧《红楼梦》林黛玉的扮演者陈晓旭的父亲）和一个姓万的编剧找到我说要把我的评书《三侠五义》改编成京剧连续剧，我欣然同意了。此后他们每天都到我家来，由我给他们讲述三侠五义的故事，他们边听边记。除了工作之外我们无话不谈，我向他们讲了许多我个人的经历，那个姓万的编剧非常感兴趣。

他对我说：“你应该写本自传。”我问他：“为什么？”他说：“你的自传比《三侠五义》还精彩。”我说：“我没有时间写。”他说：“我可以给你帮忙。”

1983年在公房分配时我跟万先生变成了邻居，这下机会来了。在业余时间万先生成了我家的常客，我口述他笔录，忙了很长一段时间。后来因为有一点儿误会我和我老伴儿把万先生得罪了。当时鞍山曲艺团有两家安了电话，我就是其中一个。那时私人安电话的极少极少，所以万先生经常到我家来打电话。说起万先生也是知情达理之人，但做事也欠考究，有时半夜敲门来打电话，有时午睡时来打电话，长此以往我老伴儿就不高兴了。有一次万先生又来打电话被我老伴儿拒之门外，为这件事我和我老伴儿还大吵了一顿，我说：“你这不是平白无故得罪人吗？”我老伴儿说：“安这么一个破玩意儿有什么用！天天搅得人心神不宁！”我想找万先生解释一下，可是万先生真的生气了，见着我的面连理也不理搭也不搭，我刚要说话他把脸一歪转身走了。当时我也很生气，我心想此人度量太窄小了，此后他见着我也不言语，我见着他也不言语，形同陌路互不理睬，写自传的事自然就泡汤了。

时光到了1996年，我在北京红庙创办了单田芳艺术公司，我的邻居是个作家叫奚清汶，哈尔滨人，我们俩既是邻居又是好朋友。男人和女人一样，处近了就无话不谈，我又自觉不自觉地谈了我的身世和经历，奚清汶听后大吃一惊如获至宝，他说：“这么好的东西你为什么不写自传，现在赵忠祥倪萍都在写自传，刘晓庆也写自传，我都看过，绝对没有你的经历这么精彩。”我说：“我天天给中央电视台录像给北京电台录音，哪有时间写啊！”他说：“没关系，我来帮你写。”我说：“我打算有了时间静下心来自己写，因为我的自传只有我最清楚。旁人写虽然好，无异于隔靴搔痒。”奚清汶说：“兄弟你放心吧，我肯定能写好。”就这样我俩达成了协议，有时间我就口述，他就用录音机录下来。到了1997年自传初步完成，题目是《单田芳说单田芳》（磨难篇），他给我读了一遍，我觉得不太满意又让他重新做了修改，修改稿我还是不太满意，虽然书是印出来了但没有发行，只留作馈赠朋友的礼物。我自己暗下决心，等几年之后还是由我自己写吧，还是那句话，只有我自己最了解我自己，写出的东西才最真实。日月如梭光阴似箭，一转眼十三年过去了，我已经七十有六，再不写恐怕就没这个机会了，虽然我现在依然很忙，我还是在百忙之中抽出部分时间写了这本真正的《单田芳说单田芳》。

在没有写作之前我考虑了回忆了不下百余次，究竟从哪里下笔才合适呢？说书人讲究有始有终，水有源树有根，还是从头说起吧！

在伪“满洲国”的童年

我那会儿虽然只有七岁，也不知道自己是亡国奴，但心里始终有个疑问，为什么我们中国人得听日本人的话，中国人得挨日本人的打？

我真正记事是从五岁开始。虽然已经过去了七十多年，画面清晰如在咫尺。

我五岁那年的端午节是在黑龙江省齐齐哈尔市度过的，我还清楚地记得，我和我的父母还有刚出生的大妹妹住在东屋，我祖母和我两个师姐住在西屋，每天早上我一睁眼就是光着屁股抱着衣服跑到我奶奶屋里，在我奶奶被窝里再待一会儿，由我奶奶给我穿好衣裤，我像疯了一样跑到外面找朋友去玩儿。

端午节那天吃粽子，我早上起来光着屁股抱着衣服又跑到奶奶屋里，叫他们给我剥粽子吃。想起来我小时候真没出息，吃粽子如吃蜜，三口两口就把一个带枣的吃进去了，结果被枣核卡到了嗓子眼儿，我惨叫一声一蹦老高又哭又喊，奶奶和两个师姐全吓坏了，又捶背又叫我张嘴好把枣核掏出去，结果我是越哭越凶，这下惊动了在东屋熟睡的父母，父亲急忙跑到西屋问怎么回事，我奶奶说：“他被枣核卡到嗓子眼儿上了！”

父亲听罢大吃一惊，急忙穿好衣服背着我冒雨赶到医院。在我的印象中这所医院好像是家私人诊所，不大，后来才知道是日本人开的。我被按到一把椅子上，有一个穿白大褂、戴白口罩的医生问我父亲：“他怎么了？”我父亲说：“枣核卡到他嗓子眼儿上了。”这个医生的话我一句也听不懂，都是通过旁边一个懂日语的护士给做翻译，我这才知道原来他是个日本大夫。大夫听罢拿起一个又亮又长的压舌板叫我张开嘴，他要检查一下，我当时除了恐惧就是恐惧，把嘴闭得紧紧的就是不张嘴，那个医生说了几句我也没听懂是什么。我父亲就喊：“快张开嘴，叫大夫看一看。”但无论他们怎么说我就是不张嘴，后来医生急了抡起巴掌就给我一嘴巴，我父亲一看就急了，和日本大夫大叫起来，意思是说哪有大夫打患者的！那个日本大夫瞪了我父亲一眼，一甩袖子就走了。我父亲一看病没有看成反倒惹了一肚子气，于是把一腔怒火全都倾泻到我身上，他一把把我拎起来夹在腋下，冒着雨回到家里把我使劲往炕上一扔，然后坐下呼呼喘粗气。

那时我母亲正坐月子，我大妹妹出生还没到一个月，当她问明情况之后，不顾一切地把头上的白毛巾扯掉拉起我来往外就走，谁劝也不听，不知道是谁为我们雇了辆马车，母亲拉着我坐在车上，她把手伸到我屁股下面狠狠掐住我的臀部，吓唬我说："你要不听话我就掐死你。"

老话儿说慈母严父可我却相反，从小就怕我母亲不怕我父亲，马车到了最大的满铁医院，放眼一看，看病的人真多，来来往往，像火车站的票房子。母亲为我挂了号在一旁等着，你说怪不？我不敢哭了也不敢叫了，形同哑人。好不容易排上号了，也是一个穿白大褂的大夫坐在我面前问明病情后，操起压舌板叫我把嘴张开，这次我顺从极了，乖乖把嘴张开，大夫用一块药布把我的舌头尖儿包住，往外一拽，进行了仔细检查，当时我恐惧极了，不知道是生是死，好在不到一分钟检查就结束了，大夫对我母亲说："枣核早就咽到肚子里去了，嗓子眼儿只是被枣核尖儿划伤了一条，没有什么关系。"我母亲听罢这才放了心。大夫说着拿起一个喷壶往我嗓子眼儿喷了点药雾，又说："过两天就好了。"他还拍拍我的头顶说："这孩子太血厉了。"我母亲带着我坐着马车回到家里，按常理我是要享受一顿胖揍的，可能因为是受伤的缘故才免去了这顿胖揍。

本来五月节是喜庆的日子，结果被我闹得不欢而散。

夏天到了，齐齐哈尔虽然是北方城市，但夏天的温度一点也不比南方的城市差，只是早晚凉快而已，父母怕我在家淘气。说书的时候也把我带到身边，在我妈说书的身后放一个小凳子让我坐下，一边给我母亲扇扇子一边听书，其目的就是看着我怕我惹祸淘气。我母亲一场书要说两个多小时，扇扇子的确不是轻巧活儿，累得我手背发酸，至于听书嘛我啥也听不进去，我听不懂也不感兴趣。突然有一天我母亲说书的内容吸引了我，她说的是《呼家将》。主人公呼延庆十二岁火烧肉丘坟大闹汴梁城的故事，官兵捉拿呼延庆，呼延庆走投无路误入开封府遇上了铁面无私的包文正，包大人问明呼延庆的身世，知道他是忠良之后把他藏到开封府这才躲过这场灾难，后来包大人又设法把呼延庆送出汴梁，呼延庆问包大人你为什么要救我？包大人跟他开了句玩笑说："因为你长得黑我长得也黑这叫老黑救小黑。"我母亲说到这儿观众一片大笑，我也笑了。这段书对我的印象太深了，至今不忘。

在我家住处的街口有一户老张家是我母亲的粉丝，他们一家三口天天去茶社听书，还陪着我父母一同回家，每逢到了老张家的家门口，张家夫妇必让我家人到他家坐一会儿，浓茶一壶，聊聊听书的心得，大家欢声笑语好不热闹。那天我们回来时又到他家家门口，张老伯把门打开，邀请我们进屋坐会儿，因为天气炎热，晚上也不凉爽，张大伯特把电扇打开，放在地中央给大家解暑。我长到五岁还没见过电扇，我一看，这个怪物真有意思，左右摆动呼呼刮风，非常好奇。张大伯问我："全子（我的乳名），你今天听书没有？"我说："听了。"他又问我："有意思没有？"我说："有意思。"他说："你说一段我听听。"我想了想说："因为你长得黑我长得也黑，这是老黑救小黑啊！"把我母亲方才说过的书又重复了一遍，逗得全屋的人都笑了。后来我成了真正的说书人，有许多新闻单位报道了我的身世，有的说我四五岁就会说评书了，其实不然，我就会那么一小段，根本就不会说书，今后如有人再报道这段的时候，我希望他们能够删掉，因为报道不实。

俗话说乐极生悲，在大家表扬我的时候我也有点儿忘乎所以，他们表扬我什么我没记住，我的两只眼睛一直盯着电扇出神，我心里一直在琢磨这东西怎么就能自己转动呢？这凉风是从哪冒出来的呢？想着想着我就像中了邪一样，冲着电扇就是一脚，哐当一声电扇就倒了，也不转了。在我父母看来儿子如此不懂事简直是奇耻大辱，败坏了门风，丢人现眼，父亲二话不说把我夹起来一溜风回到家里，一只手把我按到炕上，一只手抡起笤帚疙瘩就打，打得我是鬼哭狼嚎。这时救驾的人全都到了，张大伯一边推门一边喊："别打了别打了，孩子太小别把他打坏了！"我哭叫着还能听到张大伯数数的声音，一下两

父亲与张大伯

下三下当数到九下时他们终于破门而入把我从笤帚疙瘩下解救下来。一晃七十年过去了,这件事依然记忆犹新,在旧社会大人教育孩子的方式就是个打,很少有人用说服方式教育孩子,他们都沿袭古人的习惯,叫棍头出孝子,恩养无义儿。该！真该打！

在我七岁(虚岁)的夏天,我们一家人从遥远的齐齐哈尔搬到了吉林省的吉林市,有人会问你们为什么老要搬家啊？原因是说书唱戏打把势卖艺这些行当都是江湖人,所谓江湖就是居无定所四处为家。过去有句话,流落江湖上便是薄命人,因为说书不可能固定在一个城市或者一个茶社,一是会的书不那么多,有的一辈子就会说一部书;有的会说两到三部书,在一个地方说完了你还说什么？所以必须流动到其他的地方去说书,重打鼓另开张;还有一点,无论是说书还是唱戏都讲究留个响腕儿,也就是说将来还有回来的可能,听众还惦记你,你还有饭吃,如果走了水穴(没有观众)将来就不可能再回来了;还有一点,在演员说头一部书的时候竭尽所能把压箱底的功夫都抖搂出来了,时间长了难免重复,就不那么吸引人了,自己接不住自己难免得水,所以三十六计走为上策,这是流动的主要原因。

吉林市开茶馆的姓什么我记不清了,我就知道他是从吉林市特地来到齐齐哈尔,把我母亲接到吉林市的。吉林是个美丽的地方,有北山、龙潭山、松花江等名胜区,有大丰满小丰满水力发电站,有河南街商业区,比齐齐哈尔强多了。茶社建在北山脚下,是个避暑纳凉的好去处,特别适合夏季演出,喝上一壶浓茶,有阵阵的山风吹着凉,再听上几段脍炙人口的古书,的确是一种享受。

我家的临时住处我记不清了,离茶社多远我也记不清了,有时父母带着我到茶社去,有时就把我交给我两个师姐看管,我大师姐月梅当时只有十六岁,我二师姐小梅跟她同岁,也是孩子,孩子嘛童心未泯自然好玩好乐,父母演出去了,就变成我们三个的自由世界。

她们俩领着我逛百货、逛市场看热闹,尽情地欢乐。有道是老不歇心少不惜力,我现在也弄不懂,那时我怎么那么爱玩儿,一天到晚玩儿不够,不管走多少路也没有一点倦意。有一次我们三人玩够了,大师姐月梅说:"咱们到茶社去看看啊!"于是我们三个人就奔北山而去,因为路不熟结果走到了北山的后山,爬上山坡一看茶社就在眼前,可有一道山沟拦住去路,要想到茶社还得转过山沟走很远一段路,路难走极了,不是滑坡就是陡坡,不注意就得滚到山下去，当我们走到山崖边吓得是魂飞天外，四十五度的山坡一眼望不到底，这样跌落下去肯定粉身碎骨。前边几步远就是一个小拐弯，拐过去路就变宽了，危险就不存在了，大师姐说："咱就冒一次险，没啥了不得的。"我们手拉着手爬到悬崖上，结果全傻眼了，虽然路程只有十几米却极其难走，脚下的路面呈坡形，仅容下一只脚，路面上除了沙粒就是石头子，一不留神就得滑落下去。我们仨越看越怕谁也不动了。真是进不敢进退不敢退。我和我的两个师姐最大的本事就是放声大哭，高呼救命，说来也巧，正好有一个过路的男人在此经过，看见我们三个人就是一愣，他说："你们胆子也太大了，怎么走这条路，这要掉下去怎么办？"还是好人多啊！就是这位素不相识的人把我们一个一个救出了险境。当时我们都吓蒙了，连"谢谢"二字都忘说了，也不知道那个人姓什么叫什么干什么的！

有惊无险的一幕过去了，我很快就恢复了平静，几乎把刚才的事全忘了。可是我的两个师姐心中的恐惧有增无减，为什么？她们怕这件事被师父师娘知道了，就得被打个半死。因此她们也没带我去茶社，急匆匆地回到家里，给我洗了脸换了衣服，又用她们自己存的几个小钱给我买了一大堆糖果，她们一边一个把我夹到中间，一边剥糖往我嘴里塞，一边哀求我："好弟弟，今天的事可千万不能让师父师娘知道，你可千万不要说啊！"类似这样的话她俩几乎说了有半小时，我一边吃着糖果一边点头。

下午四点多钟，父母准时回到家里，两个师姐赶紧迎上去又接帽子又接东西，赶紧沏茶泡水，当时我也不知道犯了什么病，突然哇的一声哭了起来，父亲吃惊地望着我说："怎么了？"我便把登山遇险的事说了一遍，得！整个把两个师姐给出卖了。父亲听罢火撞顶梁，举起巴掌先赏了我两位师姐一顿耳光，紧跟着又让她们跪下操起扫地笤帚就是一顿胖揍。我的两个师姐被打得满地翻滚，披头散发，边哭边求饶："师父师娘饶了我们吧，下次再也不敢啦！"我父亲并没有住手，照样还是打，把我吓得躲在墙犄角，呆呆地望着眼前的一幕。至今我还记得，我脸上在流泪心里在绞痛，我真有点恨我自己为什么要出卖我的两个师姐。我是又心疼又害怕，简直后悔极了。此事过去之后，一切风平浪静，小梅姐曾私下对我说："好你个小没良心的，把我们的糖给吐出来，将来你要挨打我们肯定不拦着。"她们俩轮番地数落我，我自觉理亏无言以对。一晃七十年过去了，这些往事历历在目。说真的我还在后悔，我觉得我真的对不起我的两个师姐，我也骂我自己才六七岁就当了叛徒。

冬天到了，我们又回到奉天(即沈阳市)，我母亲在北市场会宾轩茶社说书。我们的住处就在茶社的后面。北市场是沈阳最著名的五方杂地，就好像是北京的天桥大栅栏、天津的鸟市南市和三不管。北市场游人多茶社多饭馆多妓院多，是下里巴人的寄居区。打架斗殴喝醉了闹事各类刑事案件层出不穷，是个非常复杂的地方。父母怕我学坏了，也担心我的安全，经朋友介绍，让我正式上学读书啦！学校就是当时的沈阳市三经路协心小学。

我还清楚地记得，有一天父亲让我换了套新衣裳，他也换了一套新衣裳，领着我走出家门，直奔学校。学校离我家并不甚远，顶多也就是三公里左右。进了学校之后我发现操场上空无一人，每间教室里都传出琅琅的读书声，看到这一切我心生恐惧，好像到了另外一个世界。父亲按着朋友的介绍找到了一年二班教室前，从里面走出一位三十多岁的中年男子，挺大的眼睛满脸都是红疙瘩，他就是班主任白老师。父亲很客气地对他说："我是张泽清先生介绍来的。"白老师说："我知道我知道，我和老张是朋友。"接着我父亲把我推到老师跟前对我说："还不给老师鞠躬，这位就是你的白老师。"于是我摘下帽子行了个九十度的鞠躬礼。我发现我父亲从怀里掏出一个信封，里面全是钱，装了多少钱我不清楚。父亲把信封塞给了白老师，白老师笑笑说："都是朋友用得着吗？你就把孩子交给我吧！"我父亲又问："什么时候叫他来正式上学？"白老师说："下周一吧！"白老师还说："我们学校的校服是统一的，上级有严格规定，有些东西是必要买的，我给你列个清单，你拿回去照着买。周一上学时千万不要迟到，就到这间教室来找我。"事情办得很顺利，白老师回屋又教课去了。我和父亲高高兴兴地离开了学校。一边往回走着一边问我父亲："爸，你给他恁多钱干啥？"父亲对我说："咱们四处流浪，很难准时报名上学，不管走到哪儿你都是插班生，不打点人家你能上得了学吗？"我心里又是兴奋又有点紧张，是啊，七岁了该上学啦！上学就意味着跟过去大不相同啦，在家要受父母的管束，在学校要受老师的管束，在双重的管束下就不会像以前那么自由了。

我父亲照着白老师开列的清单把所需要的东西都备齐了：一、战斗帽。为啥要叫战斗帽呢？其中含有半军事化的成分，帽子里边折叠着三块布，和帽子连在一起，如果遇到空袭、火灾和特殊情况就把这三块布放下来，左右两块护住双耳和两腮，后面一块护住后脑和脖子。您在电影和电视剧看到日本兵的时候，他们戴的帽子就和我们戴的帽子极其相似，故而叫战斗帽；二、身上穿的是草绿色的操衣，上衣短裤子长，铜纽扣小立领，还有一副绑腿，绑腿又叫裹腿，这玩意儿挺麻烦，裹松了它往下掉，裹紧了血脉不通，确实得讲点技巧。有的同学技术很高，刷刷几下就把绑腿给绑好了，看上去很利索。此外还有一根腰带，屁股后面还要别着一条白毛巾，平时可以擦汗擦泪，战时可以把嘴鼻堵住，避免中毒，一旦受了伤还可以包扎伤口。我父亲还给我买了个大书包，斜背式的，看上去很漂亮也很结实，其实都是用纸捻编成的，上面刷了一层绿色，不下雨不沾水倒可以，如果沾上水顿时就变成了一摊泥。这都是那些奸商的产物，原来假东西几十年前就有，一不小心就会吃亏上当。其他的学生用具比如笔记本、铅笔、橡皮、文房四宝，全都置办得整整齐齐一件不少。想到我要上学啦，激动得晚上连觉都没睡好。我倒不是说急于要想学到什么，而是感到换个新的环境很刺激，有那么多同学在一起肯定很好玩儿。原来定好头天上学是我父亲把我送去，结果因为他睡懒觉没起来，就让我一个人去上学啦。他还告诉我："能记得道儿不？"我说："记得！""那你就注意安全自己去吧，千万要记住守规矩听老师的话，路上要注意安全。"我祖母和两位师姐忙活了一早上给我梳洗打扮了一番，就是绑腿绑不好，谁也没摆弄过这玩意儿，只好求助一家邻居，替我打好了绑腿。于是我又蹦又跳地离开了家直奔学校走去，我边走边欣赏着这身打扮，好像变了个人似的，又有点骄傲还有点羞涩。

当走到离学校不远的时候，一件倒霉的事情发生了，从我对面走来两个日本学生，看样子跟我年纪相似，他们穿的日本学生装比我穿的要强多了。不知为什么我一见到日本人就害怕，不管是大人还是孩子，因为我们是亡国奴，是在日本人统治下生活的，日本人可以为所欲为，中国人必须做到打不还手骂不还口，否则后果不堪设想。那个时候何止是我惧怕日本人，绝大多数中国人不管是孩子还是大人都是一样。我一看这两个日本学生直接就冲我过来了，把我吓得站在原地没敢动，不知道他们要干什么！结果他俩站在我的面前上下打量我几眼，其中有一个在我肩膀上击了一拳，把我打了个趔趄；另一个日本学生在我腿上狠狠踢了一脚，疼得我妈呀一声就蹲到地上了，两个小鬼子相视一笑得意地走了，我却泪流满面好半天才站起来。幸亏有裹腿护着，要不非踢破了不可，这就是我第一天上学的遭遇，让我尝到了做亡国奴的滋味，至今回忆起来我还在恨这些东洋鬼子。

我不是一个好学生，既不认真听讲又爱搞小动作。现在我已经想不起来老师都教过什么了！老师在上课的时候我不是画小人、画刀枪棍棒就是乱写乱画，有时候和同桌的同学小声聊聊天。其实这是要挨处罚的，不是罚站就是罚跪，要不就是打手板。

我也曾犯过案，白老师大声地问我："单大全你在干什么呢？"吓得我脑袋嗡的一声，一句话也回答不上来。同学们都以为我非受责罚不可，白老师把我画的东西没收了，撕成碎片扔在纸篓里，所幸我没有挨罚，这很可能是我父亲给他那袋钞票起的作用。

童年留影

七岁那年我就挺能白话，周围吸引了许多同学，我给他们讲所见所闻还有鬼故事，他们似乎从来没听说过，被我牢牢地吸引住了。比如说在吉林时我只上过北山没去过龙潭山，我却对同学们说我去过龙潭山，龙潭山有多么多么的高多么多么的险，山尖上还有一个山洞，那山洞又黑又长，洞里面还有一眼井，井旁有根好粗的铁柱子，柱子上面有根很粗的铁链通到井里，因为铁链上锁着一条龙，怕它跑了才用这么粗的铁链把它锁住，我还胡说我拉过那条铁链，听见洞底有龙吼的声音，同学们都张大眼睛惊问我："龙叫唤是啥声？"我说："就像老牛的叫声一样哞哞的！"我还跟大伙儿说我看见过鬼，同学们都惊问："你看见过啥鬼？是男鬼还是女鬼？"我说："是个女鬼，穿个白衣服，好长好长的头发，脸贴着墙站着。"他们又问我："你在什么地方看见的？"我说："在厕所里看见的。"大伙儿都说："还不得吓死你啊！"我说："我才不怕呢！我捡了一块砖头向她投去，把她打得嗷的一声就不见了。”这么说吧，我所讲的这些有的是从看戏中看到的，还有的是听别人讲的，我全都加在了我身上，表示我是个大英雄，同学们对我羡慕极了，我也非常得意。这样的例子数不胜数，现在回忆起来从那时起我的命运已经注定将来肯定是个说书的材料。

在学校有各种各样的玩法，跑步跳绳摔跤踢毽子，还有骑马打仗。所谓骑马打仗，就是一个同学背着一个同学互相对阵，看谁把对方先打下去，谁就算胜利者。还有更复杂的，五个人一组一个马头两个马腿，一个骑马的，屁股后头还有个助推的，分成两队互相攻击，看谁把谁打翻落马谁就是胜利者。没过几天我的操衣全被撕坏了，上面的铜纽扣也不见了，战斗帽的帽檐儿也没了，只好再买新的，父亲问我怎么这么费衣服？我说：“上体育课弄坏的。”爸爸也就没词了，只好给我另买一套。

最叫人受不了的就是冬天上学，好难熬的冬天啊！沈阳的冬天经常在零下三十度左右，平时活动活动跺跺脚搓搓手还可以御御寒，可是每日的早操就不然了，所谓的早操并不是做早操，而是例行的全校大聚会，每个班由班主任带领着，两人一队两人一队列队在操场，全校一千多学生都要站得整整齐齐，横看成趟竖看成行，哪个班级站得不好就要扣班主任的分，所以老师对我们管教得非常严，尽管我们的手脚冻得比猫咬的还疼，却一动也不敢动。

协心小学的校长姓韩，外号叫韩达子，是个真正的汉奸，每天升国旗唱国歌，先唱日本国歌再唱伪“满洲国”国歌。至今日本国歌怎么唱我还能哼哼几句，伪“满洲国”国歌怎么唱我早已忘光了。唱完国歌之后是校长训话，韩达子好像个凶神恶煞，有时说中国话有时还说两句东洋话，他戴着一副白手套，从木头匣子里取出皇帝诏书大声对学生朗读，就跟现在的电视剧差不多：“奉天呈运、皇帝诏曰。”“曰”以后是什么我现在已经记不清了，当时也听不懂，好容易盼着他把狗屁放完了，训导主任又要讲话宣布各班的纪律。可苦了现场的同学们，全都冻坏了，有的在偷着跺脚有的往手上吹热气，如果被韩达子发现了，立刻从队伍之中拉到队伍前头，轻则耳光重则脚踢，这么说吧，哪天都有被打被罚的同学。

有一次韩达子在台上正念皇帝诏书，我冻得实在受不了了，身子稍微晃了一下，居然被韩达子看见了，他在台上用手指着下面：“那个红脖领子，你要干什么？”就这一句话把我都吓得灵魂出窍，心说完了今天要倒霉。你说怪不,由于这一紧张也不冷了,也不敢动了,不知道韩达子犯了什么邪风,居然没有往下追究,我算侥幸地躲过了那一关。为啥管我叫红脖领子呢?因为我棉袄里套着一件红毛衣,领子挺高怕把脖子冻着,所以他才管我叫红脖领子。

那时候的学校对卫生也挺讲究,经常检查剪没剪手指甲,洗没洗澡洗没洗脖子,班主任也管,总管也管,总管是学校的训导处主任,这家伙打人连眼睛都不眨,姓什么叫什么我记不住了。平时我们见不着他,有时他只要一露面就是检查卫生,不定谁倒霉被他查中比方没洗手没洗脖子,顿时就是一顿胖揍,我也叫他检查过,由于我都合格所以没挨打。

还有一次在我们星期一上早操的时候,天气格外的冷,韩达子可能也感到冷啦,特令我们原地踏步五分钟,挨着我们协心小学就是一所日本学校,这些日本学生可是厉害得很,天气越冷他们穿得越少,那天他们都穿着背心裤衩,每个人在脑袋上包了一个带红日光的白布条,或是十个人一队或五个人一队或更多的人一队,围着我们学校周边的马路来回跑步,嘴里头还喊着口号:"一起昵桑习。"他们一边往前跑着一边盯着我们学校的学生,故意显示他们大日本学校的学生有多厉害,越冷越不怕,哪像中国人冻得直哆嗦,穿的好像一个发面包。这件事对我的印象非常深,我心里在想怎么小鬼子他不怕冷呢?我们穿着棉裤棉袄和棉鞋都冻得要命,他们穿着背心裤衩就不怕冷吗?后来才知道日本人有一种武士道精神,他们那种自尊心自信心真是挺凶。打那以后我们同学之间就经常谈起被日本学生欺负的事,因为两所学校挨得近,有时候上学下学经常碰在一起,所以中国学生挨打的概率非常高。

我那会儿虽然只有七岁,也不知道自己是亡国奴,但心里始终有个疑问,为什么我们中国人得听日本人的话,中国人得挨日本人的打?我从来没看到过中国人打日本人,因此心里十分不平,有一次我们班里五六个被日本人欺负过的同学凑在一起,我们决心要报复一下,非得给这些小鬼子点儿颜色看看。你想想我又挨过日本人的嘴巴又被日本学生踢过一脚,新仇旧恨,怒火中烧。那几位同学在我的率领下制订了一个报复计划:一不能在学校附近下手,二有三个日本学生以上者别下手,最好打那一个人或两个人的。同学们都非常兴奋,我们的接头地点定在放学之后在十间房不见不散。

那时的十间房还是一条土道,土道中央还有一个王八驮石碑,碑文是什么没有兴趣看它,就听大人们说过这石碑是被大水冲来的,后来水撤了石碑就动不了,还有人说原来有一座古庙,由于战争的关系,古庙被毁了,就剩下了这一座石碑，至于是什么年代的事谁也说不清楚。我们就以十间房这个王八驮石碑为集合点。那天我们凑了五个同学，我是小头头，我们事先把书包都藏好，而后躲在石碑的后头。因为当时有许多日本住宅，很多日本学生从这里经过，一开始我们一看就傻了，为什么呢？因为日本学生都是成帮聚伙，多者十来人少者六七人，他们一边走一边说笑，我们不敢下手，等了一拨又一拨，始终没遇上单行的和双行的，大伙难免有点泄气，正当我们要解散的时候，从石碑的对面来了两个日本学生，我一看心中大喜，来了，正是咱们需要的，还不下手更待何时？于是我们五个同学马上奔这两个日本学生冲了过去。那两个日本学生也吓了一跳，一看我们有五六个人，他们也没敢动，站在原地瞪着小黑眼睛盯着我们。我头一个走过去，把其中一个日本学生的帽徽胸徽一把扯掉，日本人的东西制造的就是精细，比我们的帽徽和胸章强多了，我还在他的左肩头打了一拳。其实日本人也不像想象的那么可怕，他们也怕死也怕挨揍，所以他们没敢还手，我的一个同学打了另外一个小鬼子嘴巴，而后把他的书包给摘下来了，进行搜查，说搜查是好听，其实是翻翻里头有什么好东西没有，小日本的文具盒也非常精致，分上下两层还带着喷绘的图案，打开一看里面有五六支日本造的铅笔和两块带香味的橡皮，其他的都是教科书了。我的那个同学也不客气，把文具盒和铅笔都给没收了，又踢了那个小鬼子一脚："滚！"两个小鬼子沉静了三五秒钟而后转身走了，在离开我们三四十步远的时候还回头看了我们半天，我们按着事先的计划作鸟兽散各奔西东逃之夭夭！我分了支日本铅笔和一块带香味的日本橡皮，回到家里那个痛快劲儿就不用提了。

这件事我没敢跟父母说却跟我两个师姐说了，我还拿出胜利品在她们面前显摆，我大师姐月梅已经十六七岁了，知道的事比我们多得多，她说："兄弟你可惹了祸了，那些鬼子能善罢甘休吗？回去跟家长一说肯定得找你们，真要把你给逮着，不光你得受罪，连师父师娘也得跟着倒霉。"我听了之后，高兴劲儿一扫而光，随之而来的是害怕，师姐说得太对了，我又恨我自己为什么干这种蠢事，这要叫小鬼子抓住可怎么得了！值得庆幸的是，在此后的一段时间里风平浪静，并没有出现任何风险。尽管如此，我还是整天提心吊胆，把胜利品都塞到煤堆里了，既不敢使用也不敢随身携带。这件事始终没有露馅，日本鬼子虽狠，但在茫茫的人海中上哪儿找我们去，再说我既不是小兵张嘎也不是红孩子，就打过那一次日本人。这偶然出招是很难被发现的。

转眼间寒假到了，有一天父母带着我去一位朋友家串门，此人姓王叫王庭合。当时十分了得。他家是开铁工厂的，家资巨富，王某与俄国人日本人都有交情。因为他是我母亲的粉丝，他爱听书，再三邀请我们到他家做客，碍于情面我们只好去了。他家住在沈阳的一经街，这趟街号称富人街，都是一栋一栋的小独楼。王家更是有气魄，住着一处蒙古包，所谓蒙古包就是一个房顶下面分着十几个房间，院子里有仓库有秋千架还有滑梯；使奴用婢足有十几口人。

王庭合是山东人，有时说话我听不太明白。但此人非常热情，他的两双儿女也非常热情，只是他的夫人有点酸，一副高高在上不屑一顾的样子，叫人挺讨厌。我们在他家吃了饭，大人在屋里闲聊，他的两双儿女带着我在院里打秋千，小孩们凑在一块儿无话不说，我是又讲包公案，又说呼家将，一通胡说八道，把他们都白话住了。王家大哥十七八了比我大得多，把我让到他屋里头，拿出水果让我吃，我一看书桌上有现成的笔和纸，我就画了一幅顶盔挂甲的武士，手中拿着一把大刀，大哥见了吃惊非小："怎么你还有这两下子？"马上把我画的东西拿到屋里去显摆，王庭合连说："真好，真好。"我受宠若惊，高兴得不得了。从那天回到家里以后，我总惦记还去王家玩儿，正好王大哥接我来了，王大哥对我父亲说："大叔，我打算把全弟接到我家去住两天，我父母喜欢他，我全家都喜欢他，您看好吗？"我一听正中下怀，乐得背上书包跟他去了。我父亲叮嘱我说："到那儿别淘气，听王大爷的话。"我说知道。于是我第二次到了老王家，和大哥二哥住到一个屋里，他们对我这个小家伙非常照顾，尽量给我买好吃的好喝的，聚在一起就听我讲笑话，我一边讲他们一边大笑，我就更来劲了，人来疯嘛。我就大讲特讲起来，有的也说无的也讲，自编自演自导，极似现在未入流的导演和编剧。

转眼十几天过去了，我有点想家了，就向王大爷提出要求明天我要回家，王大爷说："可以，过几天再把你接回来，你看大家多欢迎你啊。"就在我临回家的那天下午，我做了一件不可原谅的终生难忘的糗事。他家有钱，值钱的物件很多，我最喜欢的是柜上摆的一台望远镜，据说是日本造，小巧玲珑，十分精美，我趁他家人没有注意就把望远镜偷出来装进我的书包里。

而后王大哥送我回到家里，您说我贱还是傻！做贼本来是怕别人知道的，而我却拿着望远镜到处显摆，一会儿给我的小朋友们看，一会儿又给我的同学们看，大家看了赞不绝口，我站在一旁得意极了，就好像望远镜是我的，几天之后我从外面回到家里刚要进门的时候，正好我爸把王庭合的大儿子那个王大哥送到门外，我们走了个顶头碰。由于我心里有鬼一见王大哥到我家来，我心里就一翻个儿，心说："他是来要望远镜的吗？"我爸一见我回来了，告诉王大哥："你先别走。"把我叫进东里屋，关上门问我："你是不是偷了王大爷家的望远镜，快拿出来。"铁证如山不容抵赖，我乖乖地把望远镜拿出来交给了王大哥，王大哥转脸对我父亲说："大叔别生气，小孩子不懂事。我爸再三交代千万可别打全子。"我父亲满脸尴尬地点点头。

送走王家大哥之后，噩运临头了。父亲一把抓住我的肩膀把我拎到东屋里，回手把门插死，按照惯例，没等父亲说话我就跪下了，嘴里不住地说："爸你饶了我吧，我再也不敢了。"让我没有想到的是爸爸没有先打我，而是自己打了自己几记耳光，这下把我吓坏了，我在地下跪着说："爸，你这是干啥？"我父亲发自心底地吼叫道："我是做了哪辈子孽，生了你这么个贼儿子，你把老单家的脸都丢尽了，叫我怎么见人！"接下来还用问吗？这顿胖揍是空前的，扫炕的笤帚打飞了，扫地的笤帚也打飞了，我爸又在镜子后面拽出鸡毛掸子，那种鸡毛掸子制作得非常好，毛也厚杆也挺，杆是用藤子做的，有小拇指粗细，我曾经不止一次尝过挨打的滋味，那玩意儿打在身上疼透了，一下就是一条紫檩子，痛入骨髓，实在是受不了。我被抽得鬼哭狼嚎，遍体鳞伤，满地都是鸡毛。我的嗓子也哭哑了，父亲打累了，坐在炕上喘粗气，只见他面色青白，两眼血红，指着我的脑袋说："家里面缺你吃了还是缺你喝了！你冲什么去偷人家的东西，你知道小偷是万人恨的！往后你怎么去人家串门！我又如何见人？你不是我儿子你就是老单家的丧门星，我非打死你不可。"说着说着他又操起了藤条。

这时门外已经乱作一团，我祖母和我的两个师姐一边砸门一边求情，就听我奶奶说："永魁啊（我父亲的名字），别再打了，再打就把孩子打废了！"我父亲根本听不进去，藤条依然在我的身上飞舞，奶奶没有办法让我师姐赶紧去搬兵求救！不一会儿救兵到了。他们是我家的两位好邻居，一个叫谢明宇，一个叫王敬尧，他们两个人破门而入，一个抱住我父亲，一个把我在地上拖起来送到西屋。那天我父亲就像疯了似的，谁解劝也不好使，他又从东屋蹿出去，顺手操起一个劈柴样子冲进西屋就要打我，奶奶一看可真急了，一把把我抱在怀里又哭又喊地对我父亲说："你打吧连我一块儿打吧！我也不活了。"都说奶奶疼孙子，这话一点儿都不假，这一下把我父亲给镇住了。我家里头这一折腾还引来不少邻居看热闹，这时我妈从外面回来了，听到这些经过后本来也想打我一顿，但一看事情闹得太大了，不得不收场，不知道她是怎么安慰我父亲的，这场刑罚才告结束。

母亲与张大娘

可是父亲还出不了这口气，让我跪在佛堂前向菩萨请罪，不发话不准我站起来。当时我就觉得浑身冒火，天旋地转，跪了没有三分钟就晕过去了。当我醒来之后已经躺在西屋的炕上，奶奶和两个师姐早已把我的衣服扒光，用棉花蘸着药水往伤口上涂抹，奶奶一边哭一边对我说："全子，你今天可把你爸气着了，你爸方才还用头撞墙，不想活了。"我听罢之后心如刀绞，泪流满面，那个后悔劲儿就甭提了。没想到偷了一次望远镜竟惹来这么大后果，把父母气成那样我也心疼，虽然我挨了打但我很心疼他们，我彻底地认识到我错了，今生今世再也不干这种丢人的事了！

有人问我你父亲打你这么狠你恨他吗？我说不恨，他们打得都对。如果我学好他们能打我吗？这全是自己找的！虽然我反对家庭暴力，但我也反对父母对子女一再的温良恭俭让，父母疼爱子女这是天经地义的，但绝不能过度纵容。爱就是爱管就是管，但爱不等于溺爱，对子女一味的放纵很难设想他能长大成才。现在一对夫妻一个孩儿，娇生惯养得不得了，尤其是比较富裕的家庭，把子女捧上了天，要星星不敢给月亮。这哪是子女啊！纯属是王子和格格。即使是旧社会王子和格格也要受到管束的，我的几个朋友家里都有子女，有的孩子比较有礼貌，比方说我一进门他们赶紧迎上来："单伯伯来了。"回头又喊："来客人了。"我走的时候他们也送到门外，很有礼貌地说："单叔你走好，有工夫来坐。"像这样懂事的孩子我敢说很少很少。大部分孩子对长者一不招呼二不行礼，坐没坐相站没站相，吊儿郎当，玩世不恭，连一句人话都不会说。像这样的孩子他能保家卫国，为人民服务吗？

我是个说书的，经常讲今比古，我认为孔子说的父父子子君君臣臣是很有道理的，没有规矩不成方圆，没有五音难正六律，小孩子该管就得管，否则不就人伦颠倒礼仪尽失了吗！像这方面的例子太多太多啦，我就不一一列举啦！我认为学校应该增加如何做人的课，从小让他知道做人的道理做贼的耻辱。把这方面的根基打牢了，他才能茁壮地成长，让孩子们知道什么是光荣什么是耻辱。这比学生增加京剧课强多了，唉！不说了，说多了讨厌，也没有用！还是说我自己吧！父亲这顿胖揍给我一辈子带来了益处，打那之后再也不敢动别人的东西，有人可能要问谁看见了！我说您哪也别抬杠，我也没必要解释。

闲言少叙书归正文，我奶奶一面给我擦伤一面劝我说："你可千万记住，再别拿别人的东西啦！太丢人现眼啦！要再有一回我们也救不了你了！"奶奶还说："人这一辈子啊就要规规矩矩做人，不能占小便宜随便拿别人的东西，在阳间也可能不被人发现，但是死了之后阴间的阎王老爷也饶不了你，偷一次东西就剁掉你一个手指，偷十次东西就剁掉你的双手，用眼睛瞪长辈就要挖眼睛，嚼舌头根子说瞎话就要被打牙割舌，你做了什么坏事都瞒不过阎王爷，在阳间丢人现眼不说，到了阴间还要受苦受罪。"我听了之后吓得直冒白毛汗，虽然奶奶说的都是封建迷信，但也起到了震慑作用。

我带着伤上学啦，同学们发现我手背和膀子上都是条条伤痕，问我这是怎么回事？我不好意思说实话，我就说不小心剐的。看来七八岁的小孩也懂得廉耻了。转眼到了第二年，我已经是二年一班的学生啦，班主任还是白老师。我还记得开学的那天，父亲交给我一个信封，里边装着几张老头票，对我说："这是送给你们白老师的，你交给老师吧，我就不去了。"我的心里热乎乎的，激动得一宿没睡好觉，把信封放到书包里。在上二年级第一堂课之后，下课了白老师往外走，我赶紧把信封掏出来，追了过去，我说："老师给您！"白老师接过去看了看冲我笑着点了点头，又拍拍我的头顶说："回去代我谢谢你爸爸！"当时有几个同学看见了，问我给老师的是啥东西，我得意地晃着脑袋说："不告诉你们！"白老师打过的学生无数，我们班里的五十多个同学几乎都叫他打过，唯独我没被他打过，看来钱通神路啊！

1942 年真是个多事之秋，有一天下午四点多钟，我父母去说书还没回来，我跟一帮小朋友在门口玩耍，突然有个小朋友惊呼道："你们看，三个太阳！"我抬头一看可不是嘛！在西边的天空上，快要降落的太阳离地不太高，并列着三个太阳，这三个太阳一般大，中间的比较亮，旁边的那两个太阳比较暗一些，这时路人纷纷驻足观看，一个个指手画脚，议论纷纷，怎么一个太阳变成三个太阳啦！这是什么征兆！那时候的人都迷信，都在想是不是国家要发生什么重大变化，因为中国人都恨小鬼子，也恨伪“满洲国”，恨不能小鬼子快点垮台。当时的我不懂得这些，就觉得奇怪，时间不长三个太阳落了。我父母说书回家了。我说：“爸，太奇怪了，天上出了三个太阳！”我爸惊诧地问：“真的？”我说：“千真万确，不信你问问旁人，很多人都看见了。”我父亲顿时喜上眉梢。我还记得有一次我父亲和两个要好的朋友也就是茶馆的掌柜的张泽清和耿文贵，他们把我撵出去关上房门在偷偷地议论什么，一个个眉飞色舞、神神秘秘。

到了晚上八点之后，他们又把收音机打开放到最小的音量，耳朵贴着收音机在收听什么，我更觉得奇怪了，就以送水为名进了屋，爸爸问我：“大门关了没有？”我说：“早就关上了！”爸爸说：“出去快睡觉吧，这没你的事！”我心中疑团难解，出了屋没走，隔着门缝偷听他们说话，就听张泽清说：“这下好了，老英老美都参战了，小日本肯定得垮台。”后来我才知道，原来他们在收听重庆的广播，了解世界局势，但这些事对我来说一点兴趣也没有。事后父亲问我：“你听见我们说什么没有？”我说：“没有！”父亲吓唬我说：“这件事可千万别往外说，这要说出去咱们全家都活不了，一准被小日本给杀了。”我连忙点头称是。

晚上躺到炕上睡不着，我就胡思乱想，我们不是“满洲”人吗？咋有时候我爸和他的朋友说我们是中国人呢？中国在啥地方，长得啥样啊？真是百思不得其解，但又不敢问。

1942 年的夏天，我爸为了对我加强教育，给我请了个专馆老师，此人姓杨，是个回民，我管他叫杨二爷，父亲管他叫杨二叔，此人学识很高，人也本分。每天晚上的六点到八点他都到我家来给我上课，这下小夹板套上了，白天上课，晚上还得上课，玩儿也玩儿不成了，我气得不行，但又无能为力。

杨二爷很负责，经常给我捎几本书来，又有文字又有图片，很吸引人，什么神农氏、有巢氏、燧人氏，打那我才知道我国古代有个神农氏教给咱们种五谷，老百姓才有饭吃，有巢氏教给我们如何盖屋我们才有居住的房屋，燧人氏教如何钻木取火，老百姓才懂得取暖和吃上了熟饭，我听得是津津有味，可是一教给我日语我就烦了，我对日语一直很反感，就不爱听小鬼子的话，尽管杨二爷认真地教,我是听点儿忘点儿,全当了耳边风。有时候他看我不认真听讲,他就在我脑袋上拍一下:“注意听讲,是不是又想玩儿去,我可告诉你,你爸爸说了,你要不认真学习,我就告你的状。”所以我对这位杨二爷又害怕又尊敬又讨厌,我总盼着刮风下雨他不来才好呢!可是他风雨不误,不管多么恶劣的天气他是非来不可,这位杨二爷给我的印象太深刻了。解放后他变成了卖酱油的了,经常给我家送酱油,谈到过去的事情感慨万千,那时我已经成了少年了,比小时懂事多了,所以对这位杨二爷倍加尊重,不久听说他故去了,为他我还掉过几次眼泪。

上面我曾经说过,1942 年真是个多事之秋。我突然发现形势逐渐紧张起来了。至于国际形势啥样我不懂我也不知道,市面上凡属工业用品比如橡胶制品、金属制品都严加控制,凭票供给,老百姓不准吃细粮,比如大米白面包括小米,其他的油啊、粮啊、布匹啊、棉花啊都要凭票供给,谁要违犯了就属于经济犯,要受到严厉的惩罚。

有一次我家偷着吃大米饭,事先把门关好,把门插死,刚一掀锅,突然听见有人砸门(中午),我的大师姐月梅脑子里缺根弦,平时挺笨这会儿“机灵劲儿”上来啦,顺手把门给打开了,结果进来的是派出所的警察(片警)。这小子叫什么姓什么我记不住了,反正不是个好东西,勒索群众是他的家常便饭,动不动他就搞突然袭击,可能他发现大晌午的这家关上门干什么?肯定有背人的事!这才砸开我家的门,顿时我家里的人全傻眼啦!

这小子顺手把锅盖掀开,一看是白花花的大米饭,他把锅盖一摔,回头问我父亲:“你敢吃大米饭?你知道这是经济犯罪不?”我爸赶紧说:“我这是凭票买的!”这小子又说:“放屁!票证刚发下去,还没开始供给呢!你敢瞪眼撒谎?走!跟我到派出所去!”我妈脑袋反应挺快,顺手掏出几张票子,多少我不知道,就塞到警察的裤兜里说:“先生,你高高手吧,这大米是我们过去吃剩下的。”这伪警察把钱掏出来往地上一扔,还真有点铁面无私的样子:“废话少说,有话到派出所去说去。”说着扯着我爸的膀子往外就拽!您可知道真要到了派出所那麻烦可就大了,抽鞭子、挨板子、灌凉水那都是轻的,要真交到日本人手里恐怕小命都保不住。真是不巧不成书,这时门外人影一闪,有个人进了我们家,目睹到了眼前的一切,他伸手把那警察给拦住了:“老弟,都是自己人,算了吧,这位(他一指我爸爸),那位(他一指我母亲),是大大有名的西河大鼓演员。”说着,他把地上的钱捡起来又塞到警察的兜里,对我父亲说,“以后当心,吃大米饭可是经济犯。”说着转身就走了。贵人啊贵人,来者非别,正是我们家的邻居,我父亲的好朋友叫谢明宇,他当时的身份是奉公队大队长,按照现在的说法,奉公队好像有点民兵的意思,但是手中没有武器,大队长只能挎一把洋刀,穿警服没有警衔,他们是协助日本人维持治安的,必要时也可能发给他们武器叫他们去冲锋陷阵,奉公队的队员都是从民间抽调的或者是无业游民,平时也训练他们上操,一二开步走,有事的时候他们就替日本人站岗放哨,老百姓对奉公队恨得要命,虽然他们还不是二鬼子,但有些品质恶劣的奉公队也欺负老百姓,所以老百姓背后给他们编了一段民谣,不管他们叫奉公队,管他们叫棒子队,民谣说:棒子队儿,虎洋气儿,人家拿枪他拿棍儿!人家吃肉他喝汤,人家拿钱他没份儿!谢明宇就是棒子队的大队长,跟派出所的人混得贼熟,所以才给我们家解了围,我爸对他是连连称谢。

还有一次是空袭警报,美国飞机炸沈阳,正好是晚上,当时属于灯火管制期,家家不准点灯,不准透出亮光。我还记得家家窗户上都贴上米字形的白纸条,都必须有厚厚的窗户帘,一面是红的一面是黑的,电灯泡上也有个罩,外面是黑的里面是红的。要点灯也得把窗帘掩紧,也得把窗帘灯罩放下,不准发出一丝光亮,否则就是给美国人发送信号,就是通敌。

也该着我家倒霉,窗户帘没遮严、电灯泡没捂好被日本人发现了,他们砸开我家的门二话不说把我爸就带到了派出所,我心往下一沉,心说:“完了,我爸这条命保不住了,非叫小日本给整死不可,真要扣上通敌的帽子那还好得了吗?”我妈赶紧对我说:“快,快去找你谢大爷!”幸亏谢明宇离着我家不远,三步两步就到了,谢明宇穿着一双大马靴正挎洋刀呢,因为他是棒子队大队长,必须出去值勤,我几乎是喊道:“谢大爷,不好啦!我爸叫日本人抓到派出所去了!”他闻听之后也是吃了一惊,问我:“为什么?”我说:“不清楚,可能是我家露亮了。”谢明宇说:“嗨!这下糟了,这可是通敌罪啊!”他赶紧戴上战斗帽,挎好了战刀,带着我就往派出所跑。当时人们管派出所都叫小衙门,除了一个日本副所长之外剩下的都是汉奸,我俩到了派出所后,他让我到派出所外等着,推开门他就进去了。也就是五分钟左右,谢大爷就把我爸从里面领出来了,他拍着我爸的后背说:“下次可千万注意啊!幸亏这日本人我认识,我在他面前保证你是良民,他才答应把你放了,不价后果不堪设想啊,快回家吧!”我爸又再次千恩万谢,带着我回到家里,吓得几天睡不好觉。

通过以上回忆,谢明宇的确是我家的贵人啊,没少给我家帮忙,虽然他也是汉奸,对别人怎么样我不清楚,但对我们家的确不错。

1942 年夏天,美国飞机频繁轰炸沈阳,因此地方当局要求家家都要挖防空洞,当飞机轰炸时家里不准留人,都要钻进防空洞去。现在回忆起来怪有意思的,日本鬼子规定,空袭警报之前全市要拉响警报笛,一长二短,人们听见这个信号,就知道美国飞机来了,赶紧往防空洞跑,假如听见七声急促的短笛声:呜!呜!呜!呜!呜!呜!呜!这是紧急警报,说明美国飞机已经到了头顶上了,那时每个路口都挖一个大坑,有圆的有方的,里面注满了油漆(就是沥青)。奉公队听说警报了,马上分别上岗,把坑里的油漆点着,顿时黑烟滚滚,那种油漆味儿令人窒息,时间不长,全市都被黑烟所笼罩,目的是让美国飞机看不清地面,投弹投得不准。当听见一长一短两声警报,就说明敌机走了,警报解除了,人们纷纷从防空洞里出来,回到各自的家里头,看看房子没被炸,也没被偷,这才放下心。类似上述情况有十次之多,一开始我觉得新鲜刺激,又好奇又好玩,时间久了也就麻木了。那时每空袭一次人们就议论纷纷,说:“某某工厂被炸了,某某军火库被炸了,某某日本兵营被炸了!”反正说法不一,到处都是小道新闻。人们嘴上说着脸上挂着笑容,可以看出老百姓恨透了日本鬼子,恨不得把他们全炸死才好呢。

有一次我记得最清楚,那好像是个星期天,我吃完了早饭没事,到离我家不远的一家理发店去玩儿,理发店的老板姓崔,他儿子和我是同班同学,外号叫崔大吹。我跟崔大吹关系不错,经常一起上学一起回家。那天我去找他玩儿,他还没吃完早饭,叫我等一会儿。我就坐在理发椅子上等他,这张椅子紧靠着他家的大橱窗,透明度极好。

那天是晴空万里,蓝天上连一点云彩都没有,我悠闲地欣赏着天空,突然我发现在蓝天的远处有几个黑点在移动,很快我就看清楚了,五个黑点变成了五架飞机,中间是大飞机,两边是四架小飞机,他们的飞机屁股后面都拖着长长的白烟,在蓝天的映衬下看得清清楚楚,我惊呼道:“看!飞机洒水呢!”我把白烟误认为是喷出的水。崔大吹的爸爸手端着饭碗抬头一看,惊呼道:“坏了!美国飞机又来了,咋没听见警报声呢!”又对我说:“快回家去!空袭了!”我也顾不上玩儿了,三步两步跑回家里!刚进门就听见剧烈的爆炸声,大地在颤抖,房子在摇晃,我家的窗户和门都被震掉了。正好我爸爸带着人往外跑,一看我回来了,扯着我钻进了防空洞,在又黑又潮的防空洞里我爸还说呢:“怎么没听见警报声,飞机就到了头顶!”那次的轰炸是最严重的一次,时间又长,被炸的面积又广,也不知道美国人投下多少炸弹。

我们在防空壕里耳朵几乎都被震聋了,两个人对面喊话都听不见,只能听见外面轰轰的爆炸声,我当时非常好奇,从防空洞探出半个脑袋往街上一看可乱了套了,日本鬼子比比划划地号叫着,警察和棒子队乱跑乱窜,把附近的几座油漆大坑也点着了,正在咕嘟咕嘟地冒黑烟,突然一声巨响,似乎就在眼前,后来才知道,位于十间房一处日本株式会社被炸上了天,顿时火光闪闪,人声呼救声简直就乱成了一团麻。这次美国飞机轰炸的时间最长,从中午持续到晚上九点,我们才听到解除警报的声音,饿了一天水米没沾唇,可盼着回家喂肚子了。

通过这件事,我爸跟我妈研究,这奉天没法待了,要照这样下去,书也不能说了钱也不能挣了,还咋活下去啊?于是决定转移到长春去,结果他们错了,长春比沈阳还厉害,真是出了龙潭又入虎穴。

1943 年刚过了春节,我们就到了长春市(伪“满洲国”时期称“新京”),其实在此之前我家不止一次来过,只是因为我太小记不清了。我妈在长春有一定的演出市场,听众很多,人脉关系也比较广,朋友也挺多,一点也不次于在沈阳。不过在家庭成员上有了些变化,我的两个可怜的师姐都不在我家了,半年前二师姐小梅回了河北老家,在我们离开奉天之前,大师姐月梅也被她父亲接回黑龙江,原因是姑娘大了,社会又不安定,恐怕有些闪失。

说到她俩的命运我很难过,在此多说几句。若干年后,大约是在 1956、1957 年,我听黑龙江一位朋友说我大师姐尹月梅在佳木斯说书了,嫁给了一个染房的工人还有了个小女孩,据说生活还不错,月梅是个比较憨厚的人,解放后还跟我家通过信,问候师父师娘好。1958 年我又听到一个惊人的消息,说我大师姐月梅被人杀死了,什么原因不清楚,凶手是谁也不知道,只听说有天晚上她说完了书回家,在草垛后头蹿出一个人来扎了她两刀,后抢救无效而死亡,我们全家人对此都很伤心,尤其是我在听到这个消息之后两三天没吃好饭睡好觉,脑子里总浮现出她的音容笑貌,在我的记忆中她就是个受苦的命,在我家挨打受气,好日子没过上几天又得了这么样个悲惨的结局,实在令人惋惜。再说二师姐小梅比月梅过得要好一些,几十年过去了。在 1988 年的时候我开着我家的夏利车到天津去换挡风玻璃,求我天津的一个姑姑给帮忙,当提到往事的时候,姑姑对我说:“你二师姐小梅就住在我家的对面,她老头比她大得多，她也没有子女，两口子经常打架，为什么不清楚。”她还说：“小梅为人很孤僻，对谁也不亲近，人缘挺不好。”我顺着姑姑手指的那个门看了一眼，姑姑说：“瞧！她就住在那个屋。”说来也巧，正在这个时候，门一开，有人端着盆水出来往外泼水，然后又退了回去把门关上，我只见眼前人影一晃，因为头发挡着脸，没看清她的脸部，姑姑说：“她就是你小梅姐！要不要过去看看！”我觉得离开几十年了，她的内心深处肯定很恨我爹我妈，对我也没有什么好印象，所以我就没去，以后办完事情回到鞍山，想起这件事来，我颇有悔意，仅是几步之遥我为什么就不过去看看苦命的二姐呢？至今想起来也有愧疚之感！唉！人的一生后悔的事、愧疚的事多了，都是无法补偿的，只得把它深深地埋在心底，至今不知道她还健在不健在，如果在的话可能 83 岁了。

1943 年春我们到了长春，住在新市场旁边的小五马路，是个热闹中心。我妈在新市场富海茶社说书，掌柜的叫梁富，所以才取名叫富海茶社，这是长春最大的书馆，能容纳二百多人，梁富是个大块头，又高大又富态，说话嘻嘻哈哈，为人很厚道，他为我家安排了比较好的住处。由于当时形势多少有些缓解，飞机也不轰炸了，市面比较太平，所以听书的比较多，我家的收入也很可观，我记得我爸得意地说：“咱从奉天搬到长春对了吧！要还待在奉天，非被炸弹炸死不可。”

关于我的学习问题父母非常重视，不能叫孩子耽误学习啊，托人给我找学校，巧了，富海茶社的旁边是个杂货铺，杂货铺有一对老夫妻，姓刘，他的大女儿在长通路小学当老师，是二年六班的班主任，我当时正好上二年级了，有一天晚上，父母带着我去拜会刘家的大姑娘，也就是我后来的班主任，送给她不少礼物，老实说这位刘老师长得实在是难看，个子矮矮的，梳着短发，是一张大麻子脸，而且性情粗暴，很不合群，难怪二十多岁了还没找到人家。刘老师拍拍我的头顶说：“行，就上我们班吧！”就这样，几天之后，我背上书包成了长通路小学二年六班的一名成员。

我记得在沈阳读小学的时候，男女不同班，男班就是男班，女班就是女班，可这儿就不一样啦，男女混班，座位是一溜男生一溜女生，一溜女生旁边必须是一溜男生，我觉得很不习惯。那位刘大姐也是我的班主任，把我安排在一个女生的旁边，还对大家介绍说：“他叫单传忠，是咱们班新来的同学，也是个插班生，他有哪些不明白的事你们要帮助他。”大家都用陌生的眼光看着我这个陌生人。

我很不好意思地坐在那个女生的旁边，过了几天都比较熟悉了，我才知道我身边的这个女生叫魏雅珍，是我们班的班花，深受老师的宠爱，她家是干什么的我不知道，但比较有钱，穿的戴的使的用的都比别人高出一格。刘老师对别的同学都是满面狰狞，唯独跟魏雅珍说话的时候就变成了喜面佛，那个温存慈祥劲儿就甭提了。不过魏雅珍同学是个好孩子，人长得也漂亮，跟同学们相处和睦，没有半点傲慢的样子，因为我是后来的，对我帮助也不小，有时候老师提问我的时候我答不上来，她就小声给我提醒；还有的时候我写笔记字写错了，她就告诉我你写错了，正确的应该怎么写，所以我心里对她也产生了好感。我那年十岁了，平心而论，根本不懂什么叫爱情，可对她朦朦胧胧有些好感，比如说她有两次生病没上学，我就感觉到心里空洞洞的。后来她病好上学了，又坐在我身边我就感到心里热乎乎的，现在回忆起来，可能也是一种初级阶段的爱吧！

我在全班的学习成绩也就是中等，主要是被日语拖累了，因为当时日语是主课，学不好日语就等于失败了百分之五十。有一次刘老师叫我背日语《瞎子摸大象》，我背了半天也没背下来，魏雅珍给我提示了几次我也没听清楚。另外被提问的三个男同学也没答好，结果刘老师大怒，把我们四个叫到讲台前面，面对同学跪在地上，每个人手里还举着个书桌盖儿，她面目狰狞地对我们说："多咱背会了多咱起来！"自从我上学以来还没受过这种严厉的惩罚，面对五六十男女同学顶着桌子盖儿往那儿一跪，实在是莫大的耻辱，好在旁边还有三个陪绑的，多少减轻了一点儿压力，我心里恨透了这位刘老师刘大姐，心说："你管我妈叫大姑，我们家也给你送了不少礼，怎么说你也应该对我有点儿关照啊！真他妈的翻脸无情，麻子脸真不是东西！"我根本就没背日语，心里一直在骂她。终于下课的铃声响了，别的同学可以到操场自由活动，唯独我们四个还在原地罚跪，我还记得魏雅珍等同学围住要走的刘老师替我们求情："老师饶了他们吧！下次再不会再罚他们！"麻子脸犹豫了一下，大声对我们说："起来吧。"我们这才得到赦免，我从内心感谢魏雅珍和那些同学。

还有一次勤劳奉事，我又挨了一次罚跪，外加三个手板。有人问什么叫勤劳奉事，原来啊当时规定学校机关单位在下班和下课后不准回家，要拿出三个到五个小时做公益事业，比如栽花种树、扫马路以及打扫机关或学校周边的环境卫生，白干活没有报酬，这就叫勤劳奉事。我拉上两个同学在干活中间逃跑了，到新市场的新民戏院看戏去了，结果东窗事发被刘大姐知道了，不仅罚了我们三个人的跪，因为我是领头的又多加了三个手板，打那之后我更恨刘大麻子了。

还有一次是星期天，照例说是放假的日子，刘大麻子特地找了七八个同学去她家做义务劳动，也不知道为什么把我也带上了，她家的杂货铺挺大，油盐酱醋一应俱全，我们给她家扫地、抹桌子，瓶瓶罐罐擦得干干净净，刘大麻子还叫我们给她擦自行车，在那个年代，有自行车的人很少很少，一千人当中也没有一辆，同学们争先恐后地给她擦车，把一辆旧车擦得锃亮，可能大家的心里想的都是一样，给老师干活觉得无上光荣，其中也包含着讨好的成分。

前面我说过刘老师家开的杂货铺跟我妈说书的富海茶社是邻居，我们正在干活的时候我妈正在茶社说书，又敲鼓又弹三弦又说又唱，同学们很好奇，都伸着脖子往茶社里看，有的同学就说：“嚯！好多人听啊！”大多数同学不知道这是干什么！一边看一边互相问这是干什么的？她讲的什么？还有的同学说：“还唱呢！唱的这叫什么调？”这时候刘大麻子从屋里出来了，往茶社里看了一眼对同学们说：“这有什么好看的，这是唱大鼓书的，你们不知道这是单传忠他妈。”同学们好像发现了新大陆，都把目光对准了我：“哦！原来你妈是唱大鼓书的！”我一听顿时臊红了脸，半天没喘过气来，感觉到天旋地转，无地自容！为什么呢？因为那时艺人属于下九流，没有社会地位，被很多人视为玩物。我从来不对同学们揭开这个秘密，得！这回谜底全被揭穿了，我觉得当众出了丑，所以才有上述的感觉。

说起我们这位刘老师刘大麻子，真不是个东西。当时学校上六节课，上午四节下午两节，学生们要在学校吃午饭，都是从家里带去的。富裕的同学好显摆，不是大米饭就是白面馒头，或者包子饺子，还有的带馅饼等。不知道为什么在奉天吃大米白面算经济犯罪，按理说在“首都长春”应该更严厉，可是不知道为什么在这儿吃大米白面反倒没有人管，是政策变了还是因地而异我就不清楚了。有一次我为了显摆，让我奶奶给我炒了蛋炒饭，我还从家里偷了块蛋糕，又偷了一条烧鸡大腿，全都塞到饭盒里头。吃午饭的时间到了，刘大麻子叫每个同学都把饭盒摆到桌上，打开盒盖她要检查(其实哪天她都这样)。当同学们照办之后，她背着双手东瞅西瞧，看看这个又看看那个，我顺便也往左右看了几眼，那些比较富裕的同学带的都是细粮，很坦然地让老师查看。大多数都是穷同学,他们带的都是黑面饼子高粱米饭还有咸菜,当老师查看时他们显得很不自然,好像挺愧疚似的把头都低下了。刘大麻子终于走到我前面了,眼睛盯着我的饭盒对我说:“你小子也太过分了,蛋炒饭就不错了,你还吃蛋糕和烧鸡大腿,你说说这是你妈给你的还是你偷的。”我当时臊了个大红脸,心说:“真是偷的!”结果显摆没成功反倒弄了一身臊,没过几天刘大麻子就把这个事跟我妈说了。

为这件事我又挨了一顿胖揍,我爸一边打我一边说:“我叫你显摆,我叫你显摆！别忘了枪打出头鸟。人要特殊了就要找倒霉。”这句话我直到现在也没有忘。是啊,人是应该守本分,何时何地都不要出风头,搞特殊。老子说得对:祸兮福所倚！福兮祸所伏！为人处世低调一些为好。

我曾经两次看到伪“满洲国”的皇帝溥仪,事情完全出于偶然。我读书的长通路小学后面就是宫内府,也就是伪皇宫,每逢周一校长必定带着全校同学列队到宫内府前面向皇帝陛下三鞠躬,接着校长讲话:什么人民三千万,大日本帝国必胜,“满洲”帝国繁荣昌盛等一系列屁话！此举每周必进行一次,日久天长不足为奇。有一次我背着书包上学,刚走到学校门口就听见有人大喝一声:“站住!”把我吓得一哆嗦。抬头一看,原来是个警察,我这才发现走路的人全都原地站好把头低下了,闹了半天皇帝陛下要由此经过,去参拜靖国神社,要从我们学校门前经过。每到这个时候警察全出动了,不远一个不远一个,开始戒严,行人和车辆必须原地站住,所有的人都要把头低下不准偷看,等皇帝的车队过去之后,戒严才能解除。我那次正好站在路边,离维持秩序的警察不远,正好能看清街上发生的一切。我翻着眼睛偷眼观看,一辆洒水车在前面开道,不一会儿又出现了摩托队,骑摩托的都是宪兵和皇帝的警卫部队,大约能有十几辆,因为速度慢(不超过三十迈),所以我看得更清楚了,在摩托队中央有一辆老式汽车,黑顶红裙子也可能红顶黑裙子我记不清了,溥仪就在这辆车里坐着,因为车窗户摇下来了,溥仪双手拄着战刀,戴着近视眼镜,在车里东瞧西看,正好往我这边一看,我们俩几乎打了个对眼光,顿时我心里发烧,心说妈呀！这就是溥仪皇帝啊！这车子过去之后,后面是几辆汽车,全是全副武装的日本宪兵。好半天车队才走远了,戒严也解除了。我三步两步跑进教室,对同学们说我看见皇帝了,刚从咱们学校门前过去,有的同学说我:“你吹牛！你简直就是个单大吹!”接着又有同学跑进教室,忙解释说:“真的,我也看见了!”这才帮着我解了围,那天因为太激动了,我课都没上好，回家之后，我把这件事告诉了父母，我爸睁大眼睛说："真的？"我说："一点儿都不带错的，不光我看见了，他们也看见了。"大约两三个月之后，同样的事情又发生了，不过第二次我离着马路较远，看得不是太清楚，但是摩托队、汽车、日本大兵跟上次一模一样，恍恍惚惚我也看到了溥仪，大盖帽、眼镜、白手套，都与上次一般不二。车队又从我们学校门前开过去了，干什么去了不知道。这次又成了我宣传的话题，我们邻居老张家有个老张头还对我说："小子，你真有福气！能两次见到皇帝，我都活到快七十了连皇帝画儿都没看过。"他说的也对，那时候溥仪的照片和画像是不能随便观看的，只有校长室里有一张挂像还用黄布绸子挡着，不到节假日不准把帘掀开，当时把皇上的画像和照片称做玉贞影，是不能随便让老百姓看到的。

回忆童年时代玩法也是千奇百怪，花样繁多，比如冬天堆雪人、捉迷藏，没有棒球就打罐头盒子、踢毽、跳绳、踢球、拍球、弹球等等，但是我最大的兴趣就是看小人书，那时新市场里有许多小人书铺，都不大，屋里有桌子有凳子，十分简陋。你要看书需要花钱租，什么武侠小说、鬼怪小说、侦破小说千奇百怪，只要花上几分钱就能看上一天。老板的优惠条件是一个人租书可以三个人同时看，再多了不行。父母给我的零花钱都扔进小人书铺了。我还记得我最爱看的是赵宏本画的小人书，或者是沈曼云画的，因为他们画的人非常好看，故事也吸引人。我第一次接触的《水浒》就是从小人书里看到的，为此武松成了我心目中的偶像，诸如《三国演义》《红楼梦》《西游记》等四大名著都是从小人书上结的缘。有时候我在家里头也做些木刀木剑，又蹦又跳装侠客，或者做把木头手枪装福尔摩斯，或者是陈查礼。当时是属于玩乐和消遣，可对我以后的说书却起到了很大的辅助作用。

手工课是我最喜爱的，做什么呢？闲来没事就到日本人开的株式会社去买工具，无论是枪、炮、飞机、楼台殿阁都画在椴木板上，你回家后可以按图用手工锯把它锯下来然后进行组装，再用小锉把它打磨平整，再用砂纸把毛刺打掉，就是一件成品了。喜爱归喜爱，我没有一次成功过，我所打造的工艺品最多获丙级，要不就是不合格，我做的车轱辘不转，飞机飞不起来（飞机类似风筝，也有螺旋桨，用牛皮筋做动力，往空中一抛，借助风力能飞出好远）。

还有一件讨厌的事，我家住在新市场小五马路，小五马路又称窑子街，都是日本妓女卖身的地方。白天无所谓，每到晚间家家门前红灯高挂。日本灯笼和中国灯笼有所区别，中国灯笼又圆又扁，好像倭瓜；日本灯笼是长形的，红灯笼上面还有日本字。众多的日本妓女身穿着和服，梳着大盘头，那脸上敷着厚厚的官粉，跟假脸似的。她们成群聚伙在门前拉客。我要说明的是她们接待的客人只准是日本人，不准是中国人，但也有个别的，必须是有钱有势，和日本人有关系的人。

我家住的就是日本妓院的后楼，背靠着背。入夜之后日本妓女唱的歌声、日本男人唱的戏声、丝弦声听得清清楚楚。冬天门窗紧闭就听不清了，每到夏季门窗都开着，不仅能听到声音还能看到里边的人。日本妓院为了防止别人偷看，在每座窗户的外面都钉了一圈木栅栏，尽管如此木栅栏也有缝，你要成心看也能看见里边的活动。

当时我家院里住着六家，挨着我家是一家姓金的，男主人叫金庆兰，是评书大师，我管他叫师爷，他的长子叫金玉鳞，是演魔术的，他的二儿子叫小玲子，不好好念书整天逃学，他比我们大得多，成了小孩儿中的孩子王，我们干什么都得听他指挥。有一次小玲子领着我们手扒着栅栏偷看日本窑子，我也参加了，我从缝隙里往里看，发现有一圈日本人，男的也有女的也有，都坐在榻榻米上，中间放着红油漆的方桌，上头摆着吃的喝的，日本妓女在那儿跪着又弹又唱，那些男的用筷子敲着碗边又敲又唱，我们几个小孩儿看了又好奇又好笑，不免笑出声来，结果被屋里的日本人发现了，一个日本男人霍然站起，说了一句："八格！"顺手从墙上抽出一把战刀奔窗户扑来，在那一刻，我的魂都被吓飞了，掉头就跑，不敢回家，跑进半里地以外的暴利市场。暴利市场白天人流涌动晚上冷冷清清，就剩下一张张木头床子和装东西的空柜，我一头钻进空柜里，头朝里屁股朝外哆嗦成了一团儿，当时那个紧张那个后悔劲儿就甭提了。我支棱着耳朵听外面的动静，听了半天啥也没听见。其实日本人是吓唬我们，根本没追，真是有惊无险啊，我再也不敢去偷看了。事后，爸爸对我说："你不准和小玲子在一起玩儿，他不是个好东西，跟着他非学坏了不可。"打那儿之后我对小玲子敬而远之不敢在一起玩耍了。

当时有两个人给我的印象最深刻，一个叫杨朝仁，一个叫姜小胡。

杨朝仁是日本宪兵队的宪补。何谓宪补？纯正的日本人叫宪兵，铁杆汉奸是宪补，那权力大得很，他仗着日本人的势力胡作非为，成了新市场的一霸，就连小衙门的警察见着他也矮半截。此人长得大块头，面目凶恶，两只不大的眼睛放着贼光，经常穿着日本军服挎着战刀和王八盒子。他经常到我妈说书的富海茶社来，他可不是为了听书，原来他跟梁富的女儿小芝（我管她叫芝姐）有一腿，杨朝仁有家室还在外面胡扯，小芝无非是他的玩弄品，小芝的爸爸也就是茶馆的掌柜的梁富，瞪着眼睛不敢管，但也借着杨朝仁的势力，保护了他茶社的安全。很多地痞流氓不敢上门捣乱，我那时学业很忙，很少到茶社去，但放假的时候也到茶社去玩玩儿。

有一次我进了梁富的家门，他家跟茶社是连着的，只有一门之隔。我忘了我去找什么东西，也没敲门就进屋了，正好看见杨朝仁搂着芝姐亲嘴。我长到十来岁，从来没见过真人亲嘴的事，当时一看把我吓了一跳，杨朝仁听见开门声，回头看了一眼，我认识他，顿时吓得我目瞪口呆，赶紧退了出去。我找了个没人的地方定了定神，回忆刚才那一幕，觉得非常好笑和新奇，心说怎么芝姐和姓杨的还亲嘴儿呢？他俩是啥关系啊？后来我才想起来，我妈妈她们在背后经常叨念这样的事情，说杨朝仁不是东西，勾引芝姐，哦原来如此啊！

还有一次我到茶社去玩儿，观众高朋满座，我没有地方坐就靠墙站着看热闹，心说我家买卖这么好，肯定少赚不了。正在这时候就听见茶社门口一阵大乱，杨朝仁揪住一个人的脖领子，把他推进茶社，那个人一个劲儿说："不是我！不是我！"杨朝仁上去就是俩嘴巴，嘴里还骂骂咧咧说："他妈的！难道我还抓屈你了？今天要不收拾收拾你，你不会说实话。"也不知杨朝仁手里头什么时候弄了一条绳子，对着那个人又抽又打，顿时茶社里一阵大乱，我妈也不敢说书了，木在台上。二百多听众全都站起来躲到老远，胆小的跑了，胆大的躲到远远的看热闹。那真是桌子翻椅子倒，摔碎了茶壶和茶碗，乱成了一锅粥。当时我靠墙站着，离着杨朝仁很近，看得非常清楚，可能我是被吓傻了，一动也没敢动。我就看见杨朝仁顺手拉过一条长条凳子把那个人仰面绑在凳子上，墙上就是茶社用的水龙头，龙头嘴儿就对着那个人的脸部，杨朝仁伸手把水龙头拧开了，顿时强烈的水柱喷在被绑人的脸上，被灌的那个人痛苦不堪，想叫还叫不出来，就发出一种闷声闷气的呼救声，可一个字也听不清楚。这时梁富从屋里头出来了，赶紧过去阻拦："朝仁，你干什么？这是茶社又不是宪兵队，干吗在这儿给人灌凉水？"杨朝仁把胳膊一抡吼道："去你妈的！"把梁富推了个仰面朝天。

眼看要出人命，这时从外面走进一个人来，他叫姜小胡，姜小胡干什么的，我不清楚，可能跟军政两界的人都有关系。那时候人们的穿戴都是长袍短褂，唯独他总是穿着西服革履，打着领带，拎着文明棍儿（就是手杖），长得细皮嫩肉，留着两撇小黑胡，给人的总体感觉斯文大方，一派绅士风度。他经常听我妈的书，还多给钱，从来也不闹事，所以都管他叫姜爷，背后管他叫姜小胡。他跟杨朝仁也认识，看样子走得也不远。总之我对这个人的印象挺好，姜小胡进门一看也愣了一下，赶紧把水龙头关上了，被灌的那个人才捡了条命，姜小胡对杨朝仁说："老杨你这是干什么？是不是喝高了！"杨朝仁指着被灌凉水的人说："他是一个扒手，被我逮着了，他还死不认账，不收拾他能行吗？"姜小胡说："你把他送到派出所去不就完了嘛！一个扒手何劳宪补亲自过堂！你看你把人家买卖都给搅了！往后谁还敢来听书？"说着上去一把拉着杨朝仁往外就走，我这才发现杨朝仁酒气冲天，走路有点摇摇晃晃，他对站在一旁的梁富说："你负责把他送到派出所去。"之后他跟姜小胡一起走了。梁富见他们走了之后，赶紧给那个人松了绑，指着他鼻子说："倒霉蛋儿，今天倒霉倒在你身上了，快他妈的滚吧，我才没工夫送你去派出所呢！"那个人一边呕吐一边感谢，之后一溜烟跑了，到底他是不是扒手谁也不清楚。紧跟着梁富又跟众多书客赔礼道歉。

因为满地都是水，桌子椅子也倒了，没法继续说书了，我爸和我妈带着我回家了。进屋之后我爸破口大骂杨朝仁："这个挨千刀的，早晚得挨报应，挺好的买卖让他给搅了。"我妈说："按理他不应该这么做啊，大家都是朋友，又在一起吃过几次饭，可能是酒后无德吧。"我爸说："才不是呢！他是借着酒劲儿敲竹杠。"

后来梁富摆了两桌酒席，答谢姜小胡，也把杨朝仁找来，给他下了个台阶，我也跟去了。杨朝仁还不服不忿，不认为自己做错了，嘴里骂骂咧咧，还说："这市场里有几个小流氓，就是欠收拾。"梁富把事先准备的一沓钱塞进杨朝仁的口袋里，心里骂祖宗，嘴上还不住地说拜年的话。

我那会儿也十来岁了，对是非善恶也有点儿分辨能力了，心里不住地骂杨朝仁，真应该把他千刀万剐。后来日本鬼子无条件投降了，在国民党统治时期杨朝仁曾一度销声匿迹，半年之后他摇身一变，变成了赶马车的车夫了，直到解放后，镇压反革命的时候被人民政府执行枪决了，得到了应有的惩罚。这真是善恶到头终有报啊！那个姜小胡是个什么下场我就不得而知了。

时光如电，转眼间我开始读小学三年级啦，使得我最高兴的是那位刘大麻子，就是我那位刘大姐不跟班了，听我父母说她辞去了教员工作，嫁了人啦。听到这个消息之后我那个高兴劲儿就甭提了，说实在的我太讨厌她了，当时我还纳闷像她这么丑这么古怪的人还能嫁得出去？我们的新班主任姓王，是个女教师，岁数不大，因为长得老，同学们背后都管她叫老王太太，此人忠厚善良对同学的态度非常好，即使你没做作业，或者提问时把题答错啦，她也不惩罚你，顶多是拍拍你的头顶，说一句要好好做作业哟！所以我对王老师非常尊敬和爱戴。自从她做了班主任后我从来就没罚过站挨过打，更不用说罚跪举桌子板了。我心里如释重负，也爱上学啦，要是刘大麻子还当班主任，我真想逃学不念了。

据回忆这是 1944 年冬季发生的事，时局又开始紧张了，学校叫我们购买飞机献纳，还让我们回家动员家长也买。后来我才知道，啥叫飞机献纳，就是小日本搜刮民财的一种手段，因为太平洋战争吃紧，小日本不是大老美的对手，损失惨重，需要制造大批的飞机，跟老美对抗，所以才起了个飞机献纳的名字，换句话说就是要钱。虽然说是动员但是谁不买也不行，与此同时老师还动员同学们进行铜铁钢锡捐献，什么铁制的衣裳挂、纽扣、抽屉拉手、挂钩，凡是铁制或铜制的东西都要上交，就差把菜刀和剪子收上去了。当时的伪货币有纸票和钢币，上级有令，凡钢币一律停止使用，收缴的办法很多，一是无偿的，一是有偿的，恐怕无偿上交的很少，那是钱哪！有偿上交的很多，你交多少钢币可以换取日本人的纪念品，比如布娃娃、雕塑、国旗、毛巾作为奖励。钢币没了怎么办呢？取而代之的是一种类似硬塑料压制的硬币，老百姓管它叫水上漂，又叫鬼钱，因为钢币往水里一扔就沉底了，这种塑料制的硬币都在水上漂着，所以老百姓才叫它鬼钱，物价飞涨，伪币贬值，人心惶惶，我记得很多人背后都非常高兴，私下里议论说："看见没？'满洲国'要垮台了，小日本也是兔子尾巴长不了，都花鬼钱了还能支持几天！"

我当时不懂，后来长大了才明白，什么叫天心，天心就是民意，民意爱戴你，你就能长久，相反的你就要灭亡。随着时局的紧张，飞机轰炸又开始了，原来在奉天发生的一切又搬到长春来了，三天两头空袭警报，人们从防空洞里钻出钻入，过不了几天安生的日子。

在我刚上四年级的时候，也就是 1945 年的春天，我发现许多日本人都搬家了，他们背着孩子拎着皮包携家带眷搬到哪儿去了我不知道。反正天天都有日本人搬家。连我经常看见的几个日本小孩儿也不见了。我回家对父母说："爸，咋日本人总搬家呢？咱们周围住的日本人几乎都搬空了。"我爸乐得把大腿一拍："快了！快了！这回可真快了！"

学校里照常上课，没有什么太大的变化，住户每家每户就不同了，他们经常凑在一起谈论时事，我有意无意地听他们说："小日本子快完蛋了，他们在太平洋打了败仗了，蒋委员长快回来了。"我听见这个名字很陌生，啥是蒋委员长？蒋委员长是个啥人物？为啥老百姓对他那样企盼，父亲对我说："告诉你，大人说的话一定不要说出去，越是这个时候越要守口如瓶，闭住你的臭嘴！不然小日本能把你舌头割了。"

我记得有几天晚上，父母关上房门，挡好窗帘，我们一家人跪在观音菩萨像前，不住地祈祷，希望观音菩萨施展法术叫小日本子早点完蛋，也希望观音菩萨保佑我们别被炸弹炸死。

就在我们祈祷的同时，外面响起了警报声，飞机又来轰炸了，这次来的可不是美国飞机，来的是苏联飞机。大地在颤抖，硝烟在弥漫，长春各角落火光冲天，警报声警笛声混成一片，轰炸之猛烈前所未有，当警报解除后，人们又街谈巷议，说某某工厂被炸了，某某粮库被炸了，火车站被炸了，南岭的兵营也被炸了，这下小日本真长久不了了。

到了1945年8月15日我们全家人正吃午饭，突然有个我家的亲戚刘四叔，像疯了似的冲进房屋，激动地对我父母说："二哥，二嫂，小日本投降了！"我们全家人都瞪大了眼睛，我父亲连连追问："真的？真的？"那个姓刘的四叔说："这种事谁敢瞎说，有人听广播了，日本政府已宣布无条件投降。街上的人都搞庆祝呢。"我爸的手颤抖着打开了收音机，收音机里嘎啦嘎啦直响，好不容易才调出声音，就听见一个男人嘶哑的声音，叽里呱啦讲的都是日语，我们也听不懂，我爸为了确定一下这消息的真伪，披上衣服就跑出去了。我虽然很小，但我恨透了日本人，听到这个消息心里也乐开了花。

到了8月16号，日本投降的消息已经传遍全市，再不是什么秘密了，你可以站在十字路口大声说："小日本子完蛋了。"没有人敢干预你。天哪！小日本子占领东北十四年，终于败下阵去，落了个无条件投降，这真是天报应！古今中外侵略者是不会有好下场的。我还清楚地记得甲长（类似现在的街道主任）金玉林召集全甲人开会，我也去了。金玉林说："同胞们，小日本子无条件投降了，咱们中国光复了，蒋委员长就要率国军回来了，咱们家家户户都应该制造国旗，迎接国军。"说着他从怀里取出样本，让大家观看，我一瞅，这是什么国旗啊？有红有蓝还有白日光，白日光周围还有十二个角，不光我不明白，有的人也看不明白，问金甲长："这是什么国旗？"金玉林说："你是不是中国人？怎么连中国国旗都不认识，这国旗的全名是青天白日满地红，这十二个角代表孝悌忠信礼义廉耻……”剩下的四个字我没记清。他动员家家户户制造国旗，拿布做也行，画画也行，印也行，家家门前都要插国旗，总之我听着什么词都新鲜。

闹了半天，我不是“满洲国”人，我是中国人，中国国旗是这个样子，顿时家家笑语欢声，热闹非凡，人们奔走相告，纷纷祝贺祖国光复，日本子垮台了。原以为可以过太平盛世了，谁知道社会动荡，烧杀抢劫都涌现出来了。这真好像一瓢凉水，把每个人的心都浇凉了……

少年经历大变局

有一天孩子王小玲子带着我们十几个小孩儿去街上捡洋落儿，小玲子说：“哎！咱们去皇宫里转一圈吧！”

光阴似箭日月如梭，不知不觉中我已从童年步入少年。

1945年8月15日中国发生了翻天覆地的变化，日本占领东北十四年结束了，关内抗战八年胜利了，这个日子永远载入史册。虽然时光已经过去了六十五年，但是日本留给我们的伤痛和仇恨，给我国造成的巨大损失是磨灭不了的。日本鬼子犯下的罪行罄竹难书，现在回忆起来依然恨得牙根痒痒。虽然说两国建立了邦交，日本人民和中国人民是友好的，但是毕竟他们是日本人咱们是中国人，一旦他们穿上军装拿起武器，他们照旧是我们的敌人，有关这些事大家心里清清楚楚，我就不多说了。

日本投降后，长春处于无政府状态，市面上一片混乱，因为小日本的统治垮台了，日本人都跑了，伪“满洲国”也垮台了，大小衙门也没人管理了，我们心中所盼的国军迟迟尚未到来。一无政府二无法律，社会能不乱吗？我还记得那是个多雨的季节，三天两头下小雨，满街上的中国人都追着打日本人，日本军队虽然撤了，他们的家属还没来得及撤走，中国人对日本人恨透了，打日本人就是报仇雪恨。

我亲眼目睹，在长春七马路，有两个年轻人在大道上奔跑，后面有十几个中国人拿着棒子、铁锹在后面追，一边追一边喊：“截住截住，这两个小子是日本鬼子。”这时从七马路电影院的胡同里跑出十几个中国人，手里头也拿着木棒等器械，把那两个奔跑的人拦住了。我距离他们不到一百米，就听有人喊声打，顿时棍棒齐举，瓶子砖头全都用上了，眨眼之间这伙人散了，又去寻找下一个猎物。我仗着胆子跑到近前去看热闹，方才还是活蹦乱跳的两个大活人现在已横尸在马路牙子上，头部都变成了漏勺，还插着不少玻璃碎片，一个人睁着眼一个人闭着眼，血水和雨水混在一起，由高奔低流淌着，我心说原来人这么不禁揍啊，才几秒钟的时间就结束了生命。后来听说死的这两个人不是日本人，而是朝鲜人。当时在日本占领时期，很多朝鲜人给日本人干事，身价要高于中国人，中国人背后都管这些朝鲜人叫二鬼子，有的人说："二鬼子比鬼子还可恨，打死也活该。"

还有一次，发生在我家门口不到一百米的地方，有一个日本老头手里拄着棒子，惊慌无助往前跑着，速度相当之慢，在后面追上来几个中国人，其中有个小伙儿照这老头腿上就是一棒子，那个日本老头摔倒在地，嘴里哇啦哇啦不知讲些什么，我和我父亲一大帮人过去看热闹，我父亲多了句嘴，对那帮中国人说："算了，他这么大年纪了，打他有啥用？"谁知这句话捅了马蜂窝，那些愤怒的中国人过来就把我父亲包围了，其中有个中国人用棒子指着我父亲说："你是不是汉奸？你要是中国人哪能给鬼子求情！"有人说打他打他，那几个人拎着棒子奔我父亲就过来了，您要知道乱世年代打死一个人跟踩死一只臭虫没什么区别。幸好人群当中有几个是我妈的书迷，赶紧解围道："算了算了，他是说书的。"结果我父亲转危为安，吓得他再也不敢多说话了，拉着我就走。那个老头的命运可想而知。

还有一件可悲而又有趣的事。我家门前的十字路口有家切糕铺，卖切糕的掌柜的长得又丑又胖，是个老光棍，后来人们发现他家多了两个日本年轻女人，帮着他卖切糕，一时间人们议论纷纷，后来才知道这两个日本女人因寻求庇护盲目地跑到他的切糕铺，被他收留了，才免去一死。结果成了切糕铺掌柜的两个夫人。有不少人逗掌柜的："你艳福不浅哪！快六十了，还娶了两个日本娘儿们。"我经常到切糕铺去买切糕，这两个日本女人我也见过，她们换上了中国服装，送上切糕转身就走，不说话也不抬头，满脸沮丧和羞涩，她们的心情可想而知。

大约在十几天后，市面上兴起了抢劫之风，纷纷闯进了日本住户和日本人开的株式会社，因为日本人跑了，屋子里边都是空的。人虽然走了，东西还在，有那胆大的中国人不管不顾，进了屋见什么拿什么，能拿多少就拿多少，世界上就是这么回事，有人带着就有人跟着干，紧接着其他人也闯了进去，也是见着什么就拿什么，背的背抬的抬，凡是拿得动的东西都给搬空了。前面我说过，我家住在小五马路，过去有几十家日本妓院，现在已经是人去楼空，东西还在，所以每家都遭到了洗劫。人哪，都有贪心，在那种情况下暴露无遗。有人还理直气壮地说："过去日子过得太苦了，发洋财的机会来了，干吗不干！"此风一开，长春变成了一个抢劫的世界，几乎所有的日本株式会社住户、商社包括百货公司都成了掠夺的对象,人们成群结伙破门而入,见什么拿什么。

听说长春有两座规模巨大的国际仓库,原来是日本军队和伪“满洲国”部队储存物资的地方,现在人都跑了,光剩下大锁看家。刚开始的时候没人敢动,后来人们越来越发狂,头脑越来越发涨,居然有人带着大铁锤把锁头砸开冲了进去。哇!那里头的东西是太多太多了,有成捆成捆的军用布料、呢绒、皮鞋、武装带,还有数不尽的军装和军用物资。我亲眼目睹过人们冒着细雨络绎不绝地闯进仓库,时间不大又络绎不绝地从里面出来,每个人脸上都带着笑容,肩扛手抬全是满载而归。其中有一个人扛了两匹呢子,日本军用呢子,压得直不起腰来,结果呢子从肩上滑落到地下,顿时被一帮人一抢而光,那位从地上站起来骂了两声,返身又跑回仓库。可能他心里面在想,东西有的是,这算啥!后来我听说两座军用仓库持续被抢劫了二十天,仓库里的东西也没抢完,您说得有多少吧!

后来苏联红军来了,把仓库封锁了,再也没有人敢抢了。这是后话,暂且不提。

我家住的院里共有六户人家,一家姓金的也是说书的,还有一家老张家老两口子是开小赌场的,他们就靠着设赌抽成为生,还有一家姓夏是跳大神的,后来又搬来一家姓王的也是说书的,还有一家姓唐的靠卖糖生活。由于市面太乱,不仅日本家挨抢,有许多中国家受了连带,为了自保,我们六家联合起来重新换了很厚的院门,白天黑夜都上锁,又把靠街的房子加了刺网,院里还埋了一根很高的电线杆子,上头点着二百度大灯泡。这六户人家,轮流上房放哨、盯守,在房上还放了许多砖头和瓶子,每家都准备了棒子和铁锤,图的就是个安全。我当时虽然小,也加入了防守队伍,站到房上探风放哨,你还真别说,让我遇上两伙儿要抢我们院里的人,我在房上就喊:“来人哪!有情况!”于是每户的男人们都先后上了房。我上面说到那个金甲长金玉林和我家住在一个院里,此人能说会道,他对院外那些人说:“朋友们,高高手,咱们都是中国人,咱们的敌人是鬼子和二鬼子,中国人别抢中国人哪!”说着冲外面的人作了一个揖,那些人很给面子,一哄而散了。

每到晚上,我父亲就唉声叹气,对家里人说:“可盼着小日本垮台了,能过上太平生活,现在世道怎么这么乱啊,还不如小日本在的时候,起码没有人敢这么公开抢夺啊,那国军咋还不来呢?这得乱到哪一天哪!”他严厉地警告我说:“在家老老实实待着,不许出门。”我说:“是。”但是心里却不是这么想的,我恨不能肋生双翅飞出去,去看热闹。

有一天不知道是哪家值班,大门忘了锁了。孩子王小玲子带着我们六七个小孩儿偷着溜了出去,也想发点洋财。因为我家周围住的大部分是日本人,他们遭抢劫已经不是一次两次啦,小玲子领着我们挨家挨户查看,寻找可能找到的外落儿。地板被撬走了,连门窗也被卸走了,突然我发现脚下踩着个什么东西,把乱纸拥开,原来是一捆铅笔,大约有百十来支,还有一捆温度表,非常精美,总共有一百多个,这成了我的胜利品。我赶紧把它揣到怀里,心里那个高兴劲儿就甭提了,我相信不爱小便宜的人很少,白捡来的东西就特别兴奋。他们捡了些什么我就没看清楚,时间不长我们胜利而回。爸爸问我:“你跑哪儿去了?不是告诉你不让你出门吗?”我把责任全推到小玲子身上,然后从怀里取出温度表和铅笔,让爸爸观看:“爸,这是我从日本家捡的。”我爸并没有生气,也没有骂我,看来他也是爱占小便宜的人。

又过了两天,小玲子带着我们又溜出去了,还是到日本那些家进行搜索。其实这些家已经被抢过几十遍之多了,你想连地板都被撬走了,还能剩下什么,没想到鱼过千层网,还真有遗漏。我们到处搜寻,我从一个夹道里发现了两张炕桌,又叫地八仙,由于外面老下雨,那桌子满是泥水,所以没被发现。我伸手抄起一只还拿得动,也不知那些伙伴都找了些什么,我高高兴兴回到家里,在院里用水把它冲净,一看真是好东西,红油漆的地桌锃明瓦亮。爸爸问我你又从哪弄的,我说就从前面的日本房里,还有一张我现在就拿去。这回爸爸没有阻拦我,我顺原路返回日本房里,又把另一张桌子搬回家,用水擦净之后原来是一张黑漆的地桌,日本的漆活就是好,都像镜子似的那么亮。此后我又陆续从日本房里找到了两件组合柜,稍有破损回家收拾收拾都能用上。

我再说三件特殊的事。

第一件,我家门口是个大广场,过去人们在这儿打棒球,踢足球,有时候还有马戏团支起大棚在此演出,变戏法的、拉洋片的,应有尽有。因为世道变了,操场上做买卖的全没了。有一天下着雨,我在房上放哨,看见有二十多人扛着个黑糊糊的大东西,也不知道是什么,引起了我的高度注意,在我家大门不远的地方,他们把那黑东西扔到地上,我这才看清,原来是用布包着的大保险柜,高有一米六七,宽有一米三四,漆着草绿色的大漆,也不知道这伙人是从哪儿搬来的。他们先派出几个人来放哨，禁止有人来围观，剩下的人拿着大铁锤、铁钳子和洋镐，对这保险柜就下了手。一顿猛敲猛砸，把保险柜砸得直冒火星，围观的人越来越多，大家都来看新鲜，不知道保险柜里装的是什么好东西，有人猜测是老头票（就是伪钞），有人猜可能是金条，也有人猜可能除了文件啥也没有，总之他们砸了两个小时也没砸开。我吃完了晚饭之后，又到房上看热闹，他们还在砸，一个个累得精疲力竭，大约在晚上七点钟，他们终于把保险柜的门给砸开了。由于我站在房上离得远看不清楚，但是看到大伙儿那个高兴劲儿和惊叫声就知道肯定是好东西啦。果然一捆一捆的老头票从保险柜里掏出来，人们见着这花花绿绿的百元大钞简直命都不要了，一阵的狂抢，手快的和手大的抓得多，手小的和手慢的抓得少，眨眼之间保险柜里的钱被抢夺一空。我看见有几个抱着成捆的钞票像疯了一样冲出人群，结果被看热闹的给堵住了，有人说哥们儿见面分一半，你不能独吞，也不知道他拿出多少给了劫道的人，这才解了围。但没跑出去几步，又被另一帮围住了，还是那句话，见面分一半，你独吞可不行，我就看见那个主儿，拿了好几沓老头票往空中一抛，来了个天女散花，围他的人光顾捡钱了，他却逃之夭夭。在这里要交代一句，伪“满洲国”虽然垮了，鬼子也垮了，伪钞照样流通，因为新币还没有发行下来，所以人们才这么热衷地抢。

再说第二件。有一天小玲子那个孩子王，从大道上像疯了一样往家里跑，手里掐着一摞厚厚的老头票，一边跑一边呼救：“快来人哪！快开门！”原来在他后面不远处，有十几个小伙子正在追赶他，大概也是见面分一半的人吧。我马上对着院里喊：“我玲子叔回来了，快出去救他。”于是我们院里的男人各拿器械冲出院门，追他的那伙儿一看，希望落空了，转身就都散去了。之后我们把院门关好，大家问小玲子怎么回事？这钱是哪儿来的？小玲子说：“抢的！”原来这个小玲子一直没闲着，每天都出去抢洋落儿。这次是怎么回事呢？他说在五马路口，遇上一个骑马的日本兵，那日本兵身上背着大型的双肩背兜，手里握着战刀，出现在大家的面前。人们一看是鬼子，有人高喊：“这儿有日本鬼子，打他！打他！”转眼间他被这些人围在中间，有个煎饼铺的掌柜的照着鬼子就是一铁条，把小鬼子掀翻在地，马被别人牵走了，人也被打死了，当人们打开他的背包一看，里面满满的全是老头票，还有许多日本金币。这个意外发现使周围的人发了疯，把双肩背兜都要撕碎了，一阵乱抢乱夺，十九岁的小玲子，正好赶上，由于他年轻，手疾眼快，抓了两大摞老头票，转身就往家跑，您想周围都是人，能跑得了吗？全都是见面分一半，小玲子左扔一沓右扔一沓，结果扔掉了一摞，才跑到了家门口。要不是离家近恐怕他连命都得搭上。为了感谢全院人的帮助，他拿出两沓作为谢礼，一个劲儿说："各位分分吧！分分吧！"剩下的他拿到家里去了，我心说这下子玲子叔发财了。老头票又叫老绵羊，面值一百元，比我们现在的百元大钞值钱多了。

还有一件最有趣的事，我家门前广场虽然很大，但边边沿沿都是防空壕，鬼子刚走，防空壕也没填平，我们许多小朋友经常在防空壕里捉迷藏玩儿。有一天擦黑儿之后，我们吃完了晚饭又在一起玩儿捉迷藏，我无意中钻进一个防空洞里。当时修防空洞各式各样，有的是直筒的，有的是带拐脖的，有的还是洞中套洞，跟地道战差不多，捉迷藏嘛，怕人家捉住，我就往里面藏，里面黑得伸手不见五指，突然我发现身后有个硬东西，顶在我的背上，把我吓了一跳，用手一摸，原来是两只大皮包，我心说这是谁的？是不是小鬼子跑了把东西扔到这儿了，这下我可发财了。我用手掴了一下皮包，很沉没掴动，我带着激动的心情从防空洞里钻出来，跟那些小朋友说："不玩儿了，天太黑了。"之后我一溜烟儿跑回家里，对我爸爸说明了经过，我爸爸听了之后也兴奋不已，为了保密起见没敢张扬，带上我和刘四叔（外号四麻子，是我母亲妹夫的亲弟弟），在晚上十点多钟，找到了那个防空洞，我在前面引路，他们拿手电在后面跟着，结果真是两个大皮包，我爸和刘四叔每人提了一只返回到家里，看看没被发现这才放了心。我们把房门插好，拉上窗帘，全家人把两只皮包围住，先打开黑牛皮的皮包，结果大失所望，里面装得满满的全是鞋带儿、衣服的护领，这些东西在当时分文不值，于是他们又打开了那只黄皮包，里面装的全是男女西服，一看就是鬼子扔下的，那会儿服装压破街，根本不值钱。后来发现皮包盖上有一个小兜儿，从小兜儿里掏出来像眼镜盒大小的一只小盒子，打开一看，里面有二十多只变色石的戒指，还有一块一两左右的生金块儿，还意外地发现了一颗钻石。那钻石有高粱米粒大小，光华闪闪一看就是好东西，但我家全是外行，不敢确认它到底是不是钻石，于是我爸叫刘四叔，把好朋友李向尘请到了家，李向尘是玩儿古玩的商人，也是我爸的好朋友，深夜把人家请来，肯定不同寻常。我爸把那钻石交给他："大哥你给看看是真的是假的！"李向尘戴上单眼的放大镜对着灯泡照了照说："放心吧！真的！没有一克拉也差不多！"这下我爸高兴啦，钻石是百宝之王，这点儿意外收获足矣。

为了这件事还赏给我五块钱。要知道五块钱对一个小孩子来说那可是不少啊，得买多少水果，得看多少小人书！即使换套新衣服也花不了。在这里需要说明的是，钻石是白来的，在我家也没待多久，1951 年又丢了。此为后话暂且不提。

还有两件对我印象深刻的事。第一件暂定名叫大闹伪皇宫吧。有一天孩子王小玲子带着我们十几个小孩儿去街上捡洋落儿，小玲子说："哎！咱们去皇宫里转一圈吧！"我说："是啊！我咋没想到呢！"大家一致通过。于是我们就兴高采烈地奔了长通路，也就是我读书的那所小学。因为正处在无政府状态，机关无人上班，学校无人上课，一下子自由了，我心里特别高兴。我们转过长通路，来到了伪皇宫门前，就是我上面说的宫内府，是溥仪办公和居住的地方。原来的宫内府前面是一个大广场，岗哨林立，戒备森严，现在都不复存在了，广场已经变成了自由市场，到处是卖洋破烂的，给点钱就能成交，所以吸引了成千上万的人。我们没心思买东西，直奔宫内府院内。这里人来人往络绎不绝，都是来看新鲜的。迎面的三扇铁大门，早已洞开，院里变成了大垃圾场，我记得好像所有的房子都不高，至多是三层，正中央高大的建筑物上是黄绿琉璃瓦，跟北京故宫的房顶差不多。进屋后我一看，嚄！好大的房间哪！满地都是碎纸烂片和垃圾，猩红的地毯早被抢光了，我们就寻找皇上升殿的地方，有人指引方向就是那儿，我们顺着他指引的方向一看，眼前是一座很大的厅堂，门和把手已经破旧不堪，据说原来都是镀金的，早被贪心的人们用刀子刮走。离大门一百几十步远是个高台，我记得好像是水泥造的，原来上面也铺着地毯，现在已经不存在了，正中央有一把高脚椅的痕迹，据说"康德皇帝"就在此接见文武群臣，或者开会。椅子早没了，但是印迹看得还挺清，这屋挺大，能容纳二百人吧，小玲子领着我们登上高台，可着嗓门儿喊："我是皇帝陛下！"我也喊了两声："我是皇帝，我是皇帝！"到底这是不是溥仪升殿的地方谁也不清楚，从这屋出去之后我们又奔后楼，据说这是皇帝的寝宫和后妃居住的地方，房间真不少，究竟谁住在哪间屋谁也说不清楚。总之宫内府的房间几乎我们都走马观花地看了一遍，什么洋落儿也没捡着。给我印象最深的是每座窗户和门上的玻璃全都不在了，有的被打碎了，有的被撬走了。突然有人发现说后院还有地下室，我们好奇地奔了过去，地下室是干什么的我们不清楚，大概是皇帝和大臣们的防空洞吧！里边台阶好多好多，很深很深，越往里走越黑。我们每个人都从地上捡纸，卷成纸筒，点燃了火把，就发现里边也有很宽的走廊，对面有很多房间，大部分房间还上了锁，不是轻易能打开的。我们大约走了十分钟也没走到头，有人说地下好几层呢，最下面的还有水，你们别下去了，危险！我们一看也没啥意思也没有什么便宜可捡，于是又原道返回到地面，至今我也不知道那是一处什么所在，干什么用的，上锁的门里装的是什么也不清楚，于是小玲子带头也开始砸起了玻璃，虽然完整的玻璃不存在了，但是半截的残缺不全的还是有的，我们从地上捡起鹅卵石，刹那间没把的流星满天飞舞，不管谁击中一块玻璃我们就欢呼一声，那个高兴劲儿就甭提了。

从伪皇宫出来我们又饿又累，小玲子问我们身上带钱没有？我们十几个小孩儿谁身上都带着点儿零钱，于是凑在一起交给小玲子。小玲子说："走，咱们吃大米饭炖肉去！"我问他："这点儿钱够吗？"他一笑说："用不了！吃饭可便宜了！"于是我们又钻进那个自由市场，我这才发现这里到处是摆地摊卖饭的，一家挨着一家，所谓摆地摊就是没有桌椅，你可以坐在地上吃，也可以捡块砖头坐下吃，家家都是雪白的大米饭炖肉。在日本占领时期，不准中国人吃大米饭，现在鬼子垮了，那些条条框框成了屁话，天是王大，人人都变成了王二，谁管谁啊！我们找了个地摊，团团围住，小玲子付了钱，卖饭的掌柜的说："吃吧，这是日本关东军大米，你看看上面都有一层油。你们人太多，就吃一盆肉吧。"于是他就拿着铝制的锅给我们盛了半盆肉，嚄！大伙儿吃得这个香就甭提了，我心说："光复就是好，这有多痛快多欢乐啊！"看看天快黑了我们才回的家，父亲问我："你上哪儿去了？"我说："去皇宫了。"父亲惊讶地问："里边还有啥东西没？"我说："都被抢光了，里边全是碎片子，碎玻璃，啥也没有。"看样子我爸还有点后悔没去。

第二件事，我那个麻子脸的刘四叔从街上买洋落儿买回来两件衣服。我一看这衣服真新奇，不管是领子上袖子上，前后衣襟上全绣着金线盘花，除了没有肩章和领章，其余的完好无损。我爸说他："买这玩意儿干吗？谁能穿得了？"麻四叔笑着说："姐夫，这可是皇上穿的衣服啊，买回来，咱家岂不借点喜气？"我和我爸都睁大眼睛又仔细看了几遍，发现这衣服的确不一般，麻四叔说："把这上面的金线都拆了，把这呢子翻个个儿，做件衣服，你看这质量多好。"我爸说："也对。"我记得光拆上面的金线盘花就拆了两天，翻过来一看，里面是崭新的蓝呢子，果然质量不同凡响。后来才知道这根本不是皇上穿的衣服，这是宫廷卫队的礼服。由于尺寸短小，我爸拍板决定，给我做一件呢子大衣，我一听高兴极了，长这么大还没穿过呢子大衣呢！于是我到裁缝店量了尺寸，我问师傅得几天能做出来，师傅说："顶多一星期吧！"我说："时间太长了吧！"他说："不长，还得给你加个毛绒领子，冬天穿着才暖和。"我对师傅说："这衣服上的纽扣别给我换。"因为那纽扣太特殊了，好像很大的莲花瓣，上面顶着一颗宝珠，市面上根本看不到。裁缝说："不换不换。"打那儿以后，我心里啥都不想了，几乎一天一趟裁缝店。后来师傅不耐烦了，说："哪有那么快的，你家我认识，等我做好了，我给你送去。"才九月的天气我就想穿棉大衣了，现在想起来真是啼笑皆非啊！后来大衣终于做完了，我一穿正合适，这是我少年时期最喜欢的一件呢子大衣，可惜只穿了两三次，因为逃难不知道扔到什么地方了。

前面我说过我家门前是个大广场，现在抢劫风稍微过了一点儿，人们开始抢地盘儿了，在广场上各自圈地各自建房，有的开饭馆有的做理发店，有的做了糖作坊，我听说还有几家私人妓院。我们那个甲的甲长金玉林和他弟弟小玲子合股建了一所小型剧场，能装四五百人，一色儿是木制结构，还带二层小楼，金玉林招兵买马，开始干起了魔术班子，我几乎天天去看。金玉林既是班主又是主要演员，主要演滑稽戏扮演卓别林，我看得十分开心，他的买卖也相当红火。挨着这座小剧场是小玲子开的小小电影院，说它小，每场只能容纳二十人，时间很短，每场也就是十分钟到十五分钟，摄影机是从日本家抢来的，影片也是从日本家抢来的，是一种很窄的分红绿两色的胶片，里边挂着块白布，凑足二十人，电铃一响，马上放映。有日本动画片，有打斗片，还有喜剧片；有日本人演的，也有西洋人演的，一律是外语，谁也听不明白是怎么一回事，总之花钱看个新鲜就已经够了，门票很便宜，给钱就可以进去看，所以观众很多很多，从早至晚，络绎不绝。小玲子站在小小电影院门口，一边收钱一边吆喝，还雇了个放映师，其实有手的人都能放，日本家家户户都有这种电影机，一开开关上上带子，它自己就转动了。

可惜啊好景不长，他和他哥的小剧院和小小电影院经营了不到几个月就被一场大火烧个精光，小玲子所抢的那些老头票和他们家捡的那些洋外落儿全都搭进去了，打那儿之后他家穷困潦倒，他家的老头金庆兰（评书大师）也死了，这真是外财不富命穷人啊！钱不是好来的，也存不住，他家就是个典型的例子。

无政府的状态照样继续，捡洋落儿的事情时有发生，但是总的环境来说还是比较太平的，家家户户还按照自己的规律生活，该说说该笑笑，把打鬼子捡洋落儿看成是一种乐趣，诸如杀人放火、大型斗殴、暴力事件基本没有发生过。虽然每个人心情都比较紧张，人人自危，但比较日本鬼子占领的时候心情还是愉快的。

父亲与母亲

这种状况持续了将近两个月。到了1945年10月初，突然甲长挨家挨户地传达，明天每家出一个代表，上火车站去迎接国军去，人们听罢又惊又喜，哎呀可盼到国军来了。甲长还说，每人手中要拿着一面国旗，这下大家可犯了难了，仓促之间上哪儿找国旗去！但是没有又不行，就拿我家来说，我爸叫我连夜画了两面国旗，我是用蜡笔画的，一面青天白日旗（国民党党旗）一面青天白日满地红旗（中华民国国旗），画得乱七八糟，又找了两根小棍，把它糊在上面，总算没有空手。我们一家人高兴得通宵未眠，各家各户也是奔走相告："国军来了，社会就安定下来了，老百姓也能平安过日子啦。"对每个人来说这都是特大喜讯。

到了第二天，晴空万里，我跟着父亲和刘四叔还有我们院里的邻居在金甲长的带领下列队赶奔长春火车站。大街上人流如潮，笑语欢声，比逛庙会赶大集还热闹，上午几点我记不清了，成千上万的人列队在长春火车站两旁，左等国军也不露面右等也没看到影子，一直等到下午也没看到国军，一个个牢骚满腹，骂声不绝，后来得到通知，说国军还没到，改到明天了，人们听了好不泄气，白跑了一趟各自回家了。

到了第二天，涛声依旧，人们又准时来到火车站，比昨天的人还多，有许多人自愿出面维持秩序，眼看中午了还不见动静，我心说难道又白来了？人们焦急地往火车站方向观看，不知道谁喊了一声："来了！"大家齐刷刷地把眼光投向了火车站出口，但见一队队大兵挑着红旗，迈着整齐的步伐从车站里走出来，无边无沿也不知道有多少。当这些大兵在我们面前通过时所有的人都被震惊了，这哪里是国军啊？一色儿是碧眼金发的大鼻子，也就是人们所说的苏联红军，他们每人胸前都挂着轮盘儿枪，我长这么大还没见过这种新式武器，头上都戴着船形帽，腰里系着皮带，脚上穿着半截的马靴，背后背着行囊和用具，当官的差不多都是胖子，因为他们头上戴的都是大盖儿帽，挎的是手枪，跟当兵的有严格区别，而且走在队伍的前面。人们惊愕之余不知道喊什么好了，反正人们心里都在想，这也不是国军，怎么都是大鼻子！组织迎接队伍的中国人带头喊话："欢迎苏联红军！红军万岁！"于是大家跟着一块儿喊："红军万岁！红军万岁！"要说这些苏联红军也挺可爱的，这些士兵人人都挂着笑脸，把船形帽摘下来向老百姓打招呼。在日本占领的时候我也见过俄国人，不过那都是俄国商人，星星点点为数不多，像这么多大兵从来没见过。好长时间步兵过完了，接下来是坦克部队，那坦克真够大的，老长老长的大炮，隆隆作响惊天动地，一辆挨着一辆，也不知道到底有多少！坦克开的速度很慢，上面站的是苏联士兵，他们照旧用船形帽跟老百姓打招呼，老百姓也不会说什么，像八哥学话差不多："红军万岁，红军万岁！"虽然是两国不同的人，但热情不减，车站附近变成了一片欢乐的海洋。我还记得有些胆大的中国人，跑过去跟苏联红军握手，还有的竟爬上了坦克车，跟红军并肩坐在车上，脸笑开了花，我真想也爬到坦克上去风光一下，但被我爸狠狠地拽回来了。

天快黑了，欢迎仪式才告结束。我们全家回到家里，人们议论纷纷，为啥国军变成大鼻子了？难道今后我们归大鼻子管了？还有人说小鼻子换成大鼻子不知道是吉是凶？第二天听说又有大批苏联红军进了长春，打这儿之后，行政司法公安企事业，等等，统统全归红军司令部管辖。

又过了几天，红军宣布旧币作废，新币流通，办法是用旧币换新币，但兑换比率我不清楚，我爸把换回来的新币拿出来让大伙儿看，一色儿全是红色的，正面印着面值，背面儿是斧头、镰刀的国旗，上面盖着苏联红军司令部的大印，比起小日本的老头票来无论从质量上还是美感上真有天壤之别，一句话质量太次了。人们私下里管这种红票也叫鬼票，都认为它的寿命长不了，这也不是中国钱，早晚得作废。苏联红军还招募了很多中国人，帮他们维持秩序，这些中国人不知道穿什么好，有些还穿着伪满警察的警服，只是帽徽、肩章、领徽都没了，取而代之的是左臂上多了个红袖标，上面印的啥字我记不清啦。

自从苏联红军入城之后，大体上一切都恢复了正常，捡洋落儿的行为被制止了，商店也开门营业了，学校也复课了。我背上了书包很不情愿地又上了学，还是那所长通路小学，阔别多日的同学见了面有说不完的心里话，我们三年级的学生糊里糊涂地又被编入四年六班，还是那个王老太太做班主任，也不知道怎么搞的，我还被稀里糊涂地选上了班长。我高兴极了，这是我第一次当官，放学后进门就大声对家人说："爸，我当班长啦。"我爸说："是吗？那你可得好好学习啊！班长是一个班的头头儿，学习不好得让人家笑话死。"打那儿之后我对上学有了兴趣，有可能是当了官有了劲儿了吧，因为不学日语了，好像在我心上搬走了一座大山，其他的功课都很优良。

再谈谈我家的情况。在无政府混乱的时候，也就是在苏联红军没进城之前，我妈正好坐月子，生下我三妹，乳名叫光复，这也是纪念"八一五"的意思。

现在社会安定了，我妈又开始在富海茶社说书了。鼓槌一响高朋满座，收入相当可观。可是家里头没人照顾不行，尤其是我三妹，怎么办呢？

经过一个朋友叫王凤山的介绍，给我们找了个日本保姆，我还记得她的名字叫西桑，据王凤山介绍说西桑的父母是开某某株式会社的，日本天皇宣布无条件投降之后，她的父母悲愤自杀，西桑才十七岁，无依无靠，为了生活只好到外面当保姆挣点饭钱。王凤山会说日语，跟日本人交流起来比较方便，他说西桑还有个妹妹，现在流落到何处不清楚，希望我们家能善待她。两天之后西桑来到我家，面对一个陌生的日本女人，我心里充满了好奇，心说小日本占领的时候日本人多牛啊，现在给中国人家当起保姆来了，看来世事无常，变化多端，人的一生一竿子戳到底的事几乎不存在。

西桑不懂汉语，全靠手势交流，但她很聪明，一比画她就明白。她的主要任务是看孩子，对中国饭菜她也能吃，只是大鱼大肉接受不了，同时她非常本分，经过多日的考验，不该动的东西她绝不动，正因为语言不通，也没什么话可说，说了也不懂。我每天放学都是她给我热饭，我的衣服也是她洗，态度非常温和。

我家有两个帮闲，一个是刘四麻子，就是我妈的妹夫的弟弟，他无所事事，为我家跑东道西，混口饭吃；还有一个叫小刘的，我管他叫刘叔，祖籍山东，在富海茶社提壶当伙计，此人非常勤快，心灵手巧，凡是我家的零活都找他来帮忙，比如修电灯啊、修桌椅啊、修门窗啊、砌花墙啊、盘火炕啊，他没有不会的，日久天长小刘和我家处出感情，白天在茶社提壶当伙计，晚上在我家帮工打杂，他的花费由我家支付，所以小刘对我家千恩万谢。因为小刘和刘四麻子都是年轻人，二十挂零，无拘无束，挣了点儿钱，都花在妓院和赌场上了。他们一看我家多了个西桑，没事就嘻嘻哈哈地挑逗西桑。有一次我爸对他俩提出严重警告，我站在旁边听得清清楚楚，我爸说："我可告诉你们，西桑亡国了，是个很可怜的女人，过去咱不是亡国奴吗？现在她也是亡国奴，你们可不许欺负人家，有坏水往外面放去，绝对不许打西桑的主意，一定要规规矩矩，一旦我发现你们冒坏，我可不答应。"他俩也真听话，打那之后对西桑规规矩矩，再也不敢嬉皮涎脸了。

转眼春节到了，大家吃了年夜饭，放了一顿炮仗，拜了菩萨之后，开始守夜了，啥叫守夜？就是利用这段时间玩乐，打麻将的、推牌九的、掷骰子，我得了几个压岁钱高兴得要命，就找着我那几个小朋友玩起了升官图，玩完了升官图又掷骰子，玩腻了又到院里去放炮仗，这可是日本投降后的第一个春节，人们过得很欢乐。

过了春节之后一切恢复了正常，我妈照样说书，我照旧上学，转眼又到了四月份，突然有一件意想不到的事情发生了。在吃晚饭时候，突然听见火车站附近响起了枪声，开始稀稀拉拉，后来越来越密集，我好像还听见了几声炮响，全院的人都跑到院里听枪炮声，大家互相议论："这是咋回事啊？谁和谁打起来了？又要开战是怎么的？"人们心里充满了好奇和恐惧，枪炮声持续到第二天早晨七八点钟，后来突然停止了，到底是怎么回事？谁也不清楚。

几天后，突然消息传来："国军来了，大鼻子跑了，都去迎接国军哪！"老实说人人都盼着国军快点来，这是真的吗？还是谣言？我爸叫我出去看看，我围着新市场看了一圈，果然一个大鼻子也没见着，证明国军进城是真事，这次迎接国军不是在火车站，而是在长春的二道河子。男女老幼涌上街头，刘四麻子把我举过头顶，朝大道上观看，果不其然，国军真来了，他们迈着整齐的步伐，打着青天白日旗，清一色是美式装备。那天不光是我家，同院的邻居也好、朋友也好一个个是眉飞色舞奔走相告，大家互相祝福，都说这下好了，我们的军队来了。

我还记得长春市第一任市长叫赵君迈，他是国民党接收大员之一，被任命为长春市国民党政府的第一任市长，之后不久，一切都走向了正常。政府机关纷纷开始办公，各行各业秩序井然，的确出现了一种太平盛世的景象。

我问爸爸："来的这些军人为啥叫国军呢？"我爸眉飞色舞地说："这是咱们中国的军队。"

当时进驻长春的部队是国民党新六军、新一军和新七军，还有个二十八师，他们又把原来那些伪军组建了一支部队，叫铁式部队，咋起这么个名？我更不清楚啦。平心而论，在国民党进城后，表现得的确不错，从没有发生过打骂人的情况，一旦发生了这种情况，国民党的宪兵和执法队立即把违法的军人带走严厉处置。过了不久，苏联红军司令部发行的红票被废止了，政府又发行了一种新币叫国币，办法是用红票对换国币，人们习惯地把国币说成流通券。

在不知不觉中，我念到五年一班，还在长通路小学，但王老太太不在了，又换了王凤山当班主任。王老师对我很好，叫我继续当班长，每当上国语课的时候，都叫我在黑板上写题词。那时我已经对读书很感兴趣了，成绩一直不错。

大街小巷到处都粘贴着蒋介石的画像，我问我爸："他是谁？"我爸说："他是中国领袖！"我那会儿对蒋介石也崇拜备至。

有件事情我记忆犹新如在眼前。我爸有个朋友叫李照文，照相技术也不错，他也是我妈的书迷，我们两家走动得很近。李照文身材高大，圆圆的一张红脸，浓眉大眼、笑声洪亮，给我留下了深刻的印象。他是我家的座上客，每次到家串门都不空手，不是送点茶叶就是送点干鲜果品。有一次，他到我家来吃饭，我老姨夫众人陪着他，李照文说："二哥（指我爸），有件大好消息，我有一个最好的同学从重庆飞回来了，他是接收大员之一，被国民政府任命为吉林市警察局局长，因为是他一个人回来的，现在正在招兵买马，昨天我接到他的信，他叫我到吉林市警察局去报到，给他当助手，做督察处处长，假如你们愿意去，就跟我一块儿去，今后就不必说书弹三弦了。"我爸说："你去我给你道喜，瞅你这长相就是当大官的料，我可不行，我大字不识，对当兵的当警察的从来就没有好印象，还是不去了吧。"李照文说："也行，如果你有用我的地方，只管跟我打招呼，过两天我就走了。"我爸问他："你那照相馆怎么办？"他说："连房子带照相馆我都卖了，家属也搬到吉林去。"

在此后的半年多，李照文带着一大帮弟兄从吉林返回长春，一进门把我们都惊呆了，他们个个都满身戎装，大盖帽，呢子军用大衣，别着手枪，穿着马靴，简直威风得不得了。于是我爸摆家宴给他接风，问他工作顺利不顺利。

他笑着说:“老郭是我的好同学,我们俩亲如弟兄,我在他手下有啥不顺心的!现在是要风得风要雨得雨,比照相强得太多了,你要是愿意去,就跟我一起走。”我爸又婉言谢绝了,说:“我这辈子没出息,就是个说书命,不像你们年轻大有作为。”我老姨夫问他:“你回长春干什么?”他说了俩字:“公事。”所以就不好深问了。他带来那几个属下,也都是好说好笑的人,李照文介绍说:“这几个都是我长春的同学,跟着我到吉林去了,现在都在我的督察处工作,最小的是督察员,都干得不错。”

我从小对军人和警察就有一种崇敬感,对他们既崇敬又畏惧,我一看李叔带着这么多人,人人都带着手枪,就抑制不住激动的心情说:“李叔你带来的那是啥枪?”李照文笑了笑从枪套里把枪拔出来,在众人面前一晃,介绍说:“这枪俗称撸子,这可是德国制造的枪牌撸子,是撸子之中最好的。”还有一个叫李占元的,是李照文的属下,此人也爱说爱笑,满口吉林话,他挎着一支盒子枪,我说:“你这枪叫啥名?”李占元说:“这叫二把盒子,也是德国造。”我突然说:“能叫我放两枪不?”我爸一听就急了,举起手来要打我,李占元赶紧拦住,对我爸说:“小孩子哪有不爱枪的,我小时候也这样,说不定他长大之后也玩枪呢!”说着拉着我的手往院里就走,嘴里还说:“走,爷们儿,我教你放两枪。”到了院里他把二把盒子抽出来交给我,交代我说:“这枪要往天上放,随便放是要伤人的。”我说:“我也不会啊!”他说:“没关系,我把着你的手。”于是他把大小机头张开,子弹上膛,握着我的手,对着天上咣咣放两枪,吓得我闭上眼睛什么也没看见,就觉得耳朵嗡嗡直响。之后回到屋里我高兴极了,长这么大也没这么痛快过。吃完饭之后李占元他们告辞走了,在我的印象之中他好像还来过我家一次,由于我忙着上学,没看见。老子曰:“祸兮福之所倚,福兮祸之所伏。”这话一点儿不假。别看他们现在如此风光,谁知不到两年后,人是死的死伤的伤,有的还进了大牢。

由于我家收入不错,社会又比较稳定,所以我爸他们决定自己开了个茶社,坐落在五马路上,叫北海茶社,生意照常不错,为了怕流氓地痞捣乱,有意地结交了国民党官面上的几个朋友。其中有一个叫王一的,是国民党宪兵队的一个班长,他们专门负责娱乐场所的治安,有时候他们也开着车到北海茶社坐一坐,这玩意儿真避邪,很多想捣乱的人都不敢登门了,知道老单家也不是好惹的,王一也到我家吃过饭,我父亲问他:“国军进城之前突然发生了七八个小时的枪战,后来大鼻子都退了,你们才进城,这是怎么回事?”据王一介绍说："因为国军要进城，苏联红军不允许，说没有接到上级的指令，因此双方发生了冲突，别看打得挺激烈，却没有发生正面冲突，也没造成人员伤亡，后来大鼻子得到他们最高统帅部的指示，才全部撤走，我们才进了城。"

另外还有一件我意想不到的事，把我吓得可不轻。什么事呢？原来在国民党进城后，电台接我妈每天中午说一段大鼓书，马车接马车送，车上插着电台的三角小旗，我也跟着去过几趟，电台的负责人姓严，我管他叫严叔，时间久了，关系也不错，据旁的人介绍说这位严叔有点特殊本事，什么呢？他读了很多古怪的书，擅长奇门遁甲，还会张手雷，说得神乎其神。严叔也经常到我家去串门，时间久了无话不谈，有一次我妈带头就问他："听说你会奇门遁甲，这是真的吗？"严叔赶紧摆手说："瞎说！瞎说！"我老姨说："怎么可能呢？你要不会别人为什么这么说你呢？"严叔说："别听他们胡扯，我读了许多怪书是不假，不过都是一知半解，真正的本事还没学会。"我站在旁边听得入了神，这时我全家人都要求他表演一下什么叫张手雷，一开始严叔说什么也不同意，后来可能是盛情难却吧，他对大家说："真叫我表演张手雷你们可别害怕！"大家异口同声说："不怕不怕！"我就发现严叔慢慢地把头低下闭上了眼睛，我的心一下子提到了嗓子眼儿，顾名思义，可能张手雷就是雷电交加惊天动地吧，大约几秒钟之后，严叔突然睁开眼睛，瞪得很大，而且一拍桌子霍然站起，面目狰狞，指着我们大声吼叫道："这是朋友吗？你们逼人太甚！"这声音离半里地都能听清楚，我家人吓得不知所措，好半天我妈才缓过神来，想要跟他解释，就见严叔又恢复了正常，嘻嘻笑道："把你们吓坏了吧！方才那就是张手雷。"我老姨说："我的妈呀！方才以为你疯了呢！"严叔说："你们不是叫我表演张手雷吗？方才就是。什么叫张手雷？出人意料、攻其不备就叫张手雷，说把手一举，就雷声滚滚，那是不存在的。"大伙儿听完这才长出了一口气，转惊为喜，哈哈大笑，我这才明白，张手雷原来是这么回事啊！别看这件事过去了已经六十多年，我依然记忆犹新。

严叔还对我们说："现在国际形势很紧张，国内也不太平，别看国军进城了，也安稳不了几天，你们该买粮买粮，多存点吃的，一旦爆发战争，断水断电，可就糟了。"我爸又问他："这可能吗？国军还能跟谁打仗？难道这天下还能变了不成？"严叔笑了笑没做解答，直到 1951 年，抗美援朝爆发后，我们又见到了这位严叔，才了解到他的真实身份，闹了半天，他是共产党的地下工作者。他刚从朝鲜战场回来，因为受了伤，回沈阳休养，所以这才见着面。

我那年虚岁十三，已经是少年了，脑子也比较复杂了，想的事也比较多了，不过对政治形势不懂也不感兴趣，严叔所说的寓意也没往心里去，我每天就知道学习和玩儿。1947年春节到了，在我的记忆中那是我过得最愉快最高兴的一个春节，满街张灯结彩，三十晚上爆竹声一直响到次日天明，虽然我不了解所有人的心意，但就我所知，我们家的亲戚朋友街坊四邻以及我们所认识的人没有不高兴的，真是普天同庆，欢快得不得了。

年后开学了，班主任王凤山老师居然把我的班长给拿下来了，丢了官罢了职我感到非常不快，取而代之的是个叫高起铎的同学，开始我不服气，闹了几天情绪，王凤山老师说："你比人家高起铎学习差多了，你有啥不服的？"说起这位高起铎来也是位神秘人物，别看我俩同岁，他比我生日大，他的脑子非常聪明，老师上课时他也不怎么注意听讲，可是春考秋考他稳拿第一名，每门功课都是一百分，在五年级八个班中，他也是第一名，全校选出来二十个优秀学生给予奖励，高起铎还是第一名，我排到第十八名，打那儿之后，我对高起铎心服口服，有意地跟他接近，打他的溜须。

高起铎不愧姓高，性情非常骄傲，跟我的关系还算不错，放假的时候有时候他到我家去住，我到他家去住，他管我的父母叫叔叔婶娘，我管他的父母也叫叔叔婶娘，他家住到七马路，朝鲜中学附近，他爸爸叫什么名我记不住了，是朝鲜中学的教师，他妈也是教师，因为身体不好，经常在家养病。高婶儿为人热情，好说好笑，拿我就当亲儿子一样，他们夫妻也曾拿过礼物到我家串过门吃过饭。

有一次高婶儿对我说："家里的经济发生了困难。"她拿出一块黄金来，大约一两左右，好像是从金条上铰下来的，叫我拿回家去问我们家要不要，结果我们家买了。还有一次，高婶儿又说他家经济发生了困难，拿出一块儿钻石手表，是女人戴的坤表，表盘不大，比小指甲盖儿还小，周围一圈一圈镶满了钻石，高婶儿对我说："我们家要这东西没用，当老师谁能戴钻石表？你妈是搞文娱的，戴这种表才合适，你问问你妈要不要？"说着用手绢包好交给我，高起铎陪着我回到我们家，生怕把表丢了，我妈说书回家之后，把表拿出来叫她看，也把经过说了一遍，我妈见了爱不释手，的确是一块名贵手表，她说了这么多年的书，挣了若干的钱，还从来没戴过这么名贵的手表，可是价钱也不低，好像是三千五百万到四千万国币。后来我爸和我妈狠狠心还是买下来了，并且把钱亲自送到高家，我妈高兴我也高兴，我觉得在高叔高婶儿面前有了脸面。

后来我同高起铎一起转学到大经路小学六年一班，高起铎还是班长，我也算好学生之一，班主任是个女的，姓姜，为人很善良，尤其对成绩好的同学分外照顾。

就在1947年4月份，突然局势发生了翻天覆地的变化，长春四周枪炮声不绝，比春节晚上放爆竹的声音还要激烈上万倍。难怪严叔说国民党也稳当不了几天，他们才进城一年多，就发生了如此激烈的战斗。全城百姓无不惊恐，一时谣言四起说什么的都有。我听大人们说，八路军来了，这是国军和八路在开战。八路这个名字对我太陌生了，我长到十二三岁，第一次才听说，八路是什么？是人名还是部队名，他们怎么敢跟国军对抗，国军都是美式装备，难道还怕他们不成？

激烈的枪炮声持续了七天七夜，我妈的书没法说了，我们也不敢上学了，整天就关上大门，在家里听信儿，我爸长吁短叹，他说："这年月太不好混了，可盼着小鬼子垮了，又闹大鼻子，可盼着大鼻子走了，国军来了，怎么又打起仗了，叫老百姓可怎么活下去啊？"我妈和我老姨除了唉声叹气之外就是擦眼泪，我还清楚地记得4月14号，星期几记不清了，突然枪声停止了，炮也不响了，我爸说："是不是这些仗不打了？"大人不敢上街，叫我上街去看情况，我从小到大净当侦察兵了。

我到新民市场转了一圈，一看哪，一个国军也没有了，换上一批穿草绿色军装的另一种部队，每人腰里都系着皮带，背着枪，还有许多不穿军装的也拿着枪的，说工人不像工人，说农民不像农民，我又到了四马路泰发合百货商店门前，就看见凳子上站着个人，周围围满了人，那个人也是个八路军，看样子是个当官的，正指手画脚地对大家宣传，他说："我们是东北野战军，是共产党领导的队伍，是保护老百姓利益的，你们只管放心，该干什么还干什么！大家不要乱，不要心慌，更不要闹事。"

发现这些情况之后，我马上跑回家里向家人作了汇报，我爸说："我可听说过八路，没听说过东北人民解放军。"我老姨夫解释说："在黑龙江哈尔滨一带八路老鼻子了，大概这东北人民解放军就是八路改的番号。"我爸把脚一跺说："唉！真是天下大乱啊！这东北野战军是从哪儿冒出来的？原来在什么地方待着来的？他们怎么能战胜国军呢？"我老姨夫说："干吗打不过？这不？国军都跑了，八路也进城了。"

我对当时的情况真是丈二和尚摸不着头脑，看来中国军队也太多了，到底谁说了算哪？

东北野战军进城不久，就发行了一种新纸币，什么元角分样样俱全。

大约十几天之后，突然我老姨夫失踪了，两天没回来，全家到处找他也没找着，正在大家担心的时候，有两个解放军来到我家问我父亲："有个叫刘起魁的你认识不认识？"我爸忙说："认识认识，那是我妹夫。"解放军说："他在街上喝醉了酒，躺在马路上撒泼，被我们带到司令部去了，你们马上派人去把他领回来吧。"

我们家的大人都不敢出头，因为对解放军不了解，结果就派我去了。我跟着那俩解放军坐上挎斗摩托来到解放军司令部，这个地方我太熟了，原来是日本的关东军司令部，大鼻子来了之后又变成了红军司令部，国民党军来了又成了国民党军司令部，现在又变成了解放军司令部（是否当时叫东北人民解放军或者是八路军我确实回忆不起来了，叫的正确与否仅供大家参考）。那楼里我是第一次进去，老大老大，现在出来进去的全是八路军，每个房间里都有人工作，不知忙些什么。

那两个解放军把我领进屋里，开开门一指："是他不？"我一看我老姨夫正躺在一张木床上，两眼望着天花板发呆呢，我说："是他，他就是我老姨夫。"那两个解放军说："刘起魁，你们家来人领你来了，快回家吧，记住以后不许酗酒撒泼，那可是扰乱治安，需要拘留的，念你初犯，所以才便宜了你。"我老姨夫连忙点头："是是是！"就跟我雇了辆马车赶回了家里。家人一看人回来了这才放了心，我老姨埋怨他说："你吃饱撑的，跑外头喝酒去，还喝了那么多，要不能被人抓去吗？"我老姨夫解释说："哎呀，我心里憋闷得慌，我现在是有家难奔，有国难投，住在姐夫家里给人家增加负担，想回牡丹江又不敢回去，世道又这么乱，往后可怎么活啊？所以我才借酒消愁。"

我妈问他："他们难为你没有，打你没有？"我老姨夫摆手说："没有没有，八路不打老百姓，这两天他们供我吃供我喝，对我也挺随和。"说着他把两手举起来："也没捆也没绑，就问我是干什么的？住在哪儿？还叫我少喝酒，少闹事，态度倒是蛮好的。"通过他的介绍，大伙儿多多少少对八路有了点印象。5月14号也就是八路军进城整一个月后，形势又变化了，一夜之间八路军撤得干干净净，一个不剩，国民党军队又从二道河子一带浩浩荡荡开了回来，这简直跟变魔术差不多，也没听见枪炮声，也没看见飞机，怎么八路就撤走了呢？在这一个月国民党撤哪儿去了，咋说回来了就回来了，若干年后我才知道正确答案，原来八路军叫战略转移，采取农村包围城市的战略，把国民党放进来，然后来个瓮中捉鳖。自作聪明的蒋介石哪里是毛泽东的对手，到头来作茧自缚，咎由自取。

国民党军队二次回到长春，跟第一次来的时候有很大变化，他们在主要的路口都修筑了非常坚固的碉堡，也加强了巡逻，对老百姓的态度也不像以前那么好了，就像变了个人似的，他们到处张贴标语，在墙上用涂料写大字，什么“杀猪拔毛”，“消灭共匪”，等等。我对这种标语实在是不理解，什么叫杀猪拔毛啊？共匪又是怎么回事啊？新鲜真新鲜，这时我妈又开始说书了，社会秩序又恢复到正常，我又开始上学了。

有一天我放学回来，正好那个叫王一的国民党宪兵在我家做客，大人们的谈话被我全偷听到了，原来“杀猪拔毛”是指两个人说的，“猪”是朱德，“毛”是毛泽东，是共产党的两位领导人，“共匪”是指共产党。王一还说：“别看共产党的军队撤了，不久将要打大仗了。”我听了之后十分担忧，到底是少年不是儿童了，人大心大，国事家事想的都复杂了。

好不容易熬到了1948年，那年的春节与往年截然不同，长春突然断水断电了，拧开水龙头滴水没有，到了晚上不是点蜡就是点煤油灯，原来共产党的军队已经占领了吉林市，吉林市的大丰满发电站都被共产党的军队控制着，长春的水电都由吉林市来供给，吉林的丢失才使长春断水断电，顿时粮价飞涨，人心惶惶，预示着一场暴风雨即将来临。我爸他们一看形势不对，经和朋友们商量后，作出决定，人们都说长春这地方没法待了，我老姨和老姨夫过了春节就回了牡丹江，我父亲打算疏散人口，先把我祖母和我大妹林芝二妹林华三口人送到沈阳去，我们处理善后，然后到沈阳去团聚。结果发现铁路已经不通车了，往来的信件也终止了，我的任务是每天去打煤油，回家擦灯罩。没有水喝咋办？就得花高价买水，那会儿市里头有很多马神井(就是有一个柄儿一抬一落往下压就能压出水来)，有些人靠着卖水发了财，而且粮食越来越少，断顿的人家已经出现，在此情况下怎么疏散人口呢？

我家倾其所有买了一架花轱辘大车，还买了一头骡子一匹马，为了多拉东西，在大车上还钉了个加长的四框，把家里面穿的戴的许多许多的衣物，装在麻袋里，然后放在钉好的架子上，用绳子系结实，中间铺上被褥，供我祖母和两个妹妹休息。他们将要赶车去沈阳，据说从长春到沈阳得走半个月，路上土匪胡子还挺多，不得不有人保护，赶车的把势交给了聪明能干的小刘，他老婆和妹妹也一路同行，还有一个姓律的茶社伙计，为人忠厚，他想带着老婆孩子同车去沈阳，我爸觉得人多了力量大，所以也就同意啦，人们管这种方式叫逃难。我奶奶他们临走那天，家门口围满了看热闹的观众，有人问你们这是上哪儿去？回答去沈阳，有人说那么远的道可不好走啊，恐怕个把月的也到不了沈阳，还有人说现在到处都在打仗，你们可千万要当心啊！总之说什么的都有。

我父亲对我祖母说："俩孩子就交给您了，您可要一路保重啊！到沈阳去找我三弟去。"我爸的三弟叫单永槐，家住沈阳铁西，我奶奶她们就是投奔他去，我爸又拉着小刘的手说："兄弟，我把这老少可全交给你了！你就多费心吧！"小刘问我爸："二哥，你们啥时候走啊？"我爸说："快，我把茶社和家里的事处理完了就走，顶多也就十天半月吧。"之后全家人洒泪而别，连看热闹的人流泪的也不少，他们倒不是说多么关心我们，而是在那种严峻的形势下人人自危，想到他们自己的前途哪有不伤心之理，有的人想走还走不了呢。

古人云世事难料，又道是计划没有变化快，客观事物的发展是不以人的主观意志为转移的。我爸说十天半月就走，结果走不了了，在我奶奶她们离开长春的十天后，长春的形势巨变，如果说十天前解放军包围长春还有某些出口之外，比如去沈阳啊、去哈尔滨啊还能行得通，可是十天后就不同了，解放军大军云集，把长春围了个铁桶似的。我爸一看走不了了，只好等待时机。从 1948 年春节后长春形势紧张，直到 7 月份也未能缓解，换句话说，长春断粮断水断电已经持续了七八个月。我那阵儿在大经路正念六年级，有一天我们姜老师给我们上课，带着哭腔对我们说："同学们哪！老师家断顿了，连饭都没得吃，教不动你们了，看在师生的分上，你们回家后，跟家长说一说给老师送点吃的来，哪怕是一头蒜一棵葱也可以！"说着说着她哭开了，包括我在内也陪着老师掉眼泪，第二天我真给她拿去两棵葱。我的好朋友高起铎突然失踪了，也不上学了，不知道跑到哪里去了，在那种紧张形势下我也无心过问了。

又过了两天，姜老师没影了，学校也散伙了，没有吃的谁能干得动活。看来金子重要银子重要什么也没有粮食重要，在最关键的时候还是粮食最解决问题，能够救人性命。我回到家里头把情况一说，父母也是无言以对，现在他们的书也不说了，听众全饿跑了，家里冷冷清清。国民党守军也断顿了，听说他们内部还发生了哄抢事件,原来国民党新一军、新六军、新七军都是蒋介石的嫡系部队,他们还有得吃喝,可是国民党六十军就不同了,还有那支铁式部队,一万多人都属于杂牌军,就像后娘养的似的,缺吃少烧比老百姓强不了多少,因此国民党守军的内部矛盾日益尖锐。

我当时闲着在家,唯一的工作是天天往天上看,盯着飞机,因为沈阳的守军知道长春坚守困难,每天分批用运输机空投物品和粮食,开始的时候还挺新鲜,就见天上那些飞机尾巴一撅,跳出许多黑点儿,一会儿黑点儿越变越大,每个黑点儿的上面还有一颗降落伞,当降落伞打开之后就好像朵朵白云,摇摇晃晃,不久落到地上,原来那黑点儿是帆布大口袋,据说每个口袋能装六百斤粮食。我看飞机的目的,一是看热闹,二是怕口袋砸到自家房顶上,在此之前有不少人家受害,有的房子被砸塌了,顶棚被砸漏了。那时候解放军的包围圈越来越小,解放军虽然还没有飞机,但并不缺少高射炮,他们看见国民党飞机咣咣就是顿高射炮。国民党的飞机怕打着,飞得很高很高,结果降落伞被风一吹,一部分落到城内,大部分被刮到解放区那边了,国民党弄了个劳而无功,最后他们想了个招,不用降落伞了,光扔口袋,您想每个口袋六百斤,从天而降得有多大的分量,因此常有砸死人的现象。

有一次我在院里头放风,抬头盯着天空,我父母在屋里头吃炒豆饼(家里的粮食不多了,有时候也用豆饼充饥)。豆饼真难吃,一是咬着费劲,二是吃完了烧心,连大便都困难,这还是好的,很多人连橡子面都吃不上。这天我正往天上看着,国民党的飞机又来了,不是一架而是几十架,到了长春上空之后,又开始空投了。我的眼睛盯着那些黑点儿,后来看得清清楚楚,那些黑点儿翻着个往下掉,连口袋上包装用的绳子都看得清清楚楚,其中有个口袋好像直接奔我家房顶来了,我在外边惊呼道:“爸!快跑!口袋掉下来了!”于是我爸和我妈抱着我三妹和四妹,赶紧跑出家门,躲到新民浴池楼下。结果我判断错了,口袋并没砸到我家房子,而是落到新民浴池的大门口,这家浴池的门口是条挺宽的马路,那口袋把地砸了个坑,四分五裂,里边装的都是白花花的大米,这可叫天女散花啊,马路上马路旁,到处都是大米。这种现象不光是在我家门口出现过,在很多地方也发生过。你想他们空投也没有目标,一个劲儿瞎扔,可不是落到什么地方的都有嘛。

国民党的守城部队视空投如生命线,每天都开着很多吉普车在街道上巡逻,发现空投物品立即用车拉走,但百密一疏,也有很多口袋没被发现的,或掉到某家院子里，或砸漏了房子落到家里的地上，这些都成了老百姓从天而降的极为珍贵的礼品，有的直到解放长春后还在吃空投大米。

我一看这么多大米落到马路上了，以最快的速度告诉了我父亲，我们一家人拿着簸箕、铲子、盆各种用具跑到街上这顿划拉啊，捡洋落儿的人成百上千，眨眼之间几乎一个米粒也没剩下，幸好这个口袋没被国民党军发现，所以也没有人追查，回到家里后，我们把捡的大米凑到一起，估计能有十斤左右，一星期内饿不着了。

形势越来越严峻，市内饿死的人越来越多，我亲眼目睹道边上躺着几个人，头一天躺在一个地方，第二天我在那儿路过的时候还躺在那个地方，眼睛瞪得好大好大，脸色还是酱紫色的。那天晚上下了一场中雨，我还惦记路边那几个人上哪儿避雨去，第二天雨停之后，我从那条路上经过，一眼就看见他们几个还躺在原地，不知是谁出于好心，用麻袋把他们盖上了，只能看见他们的头部和脑门，他们每个人的头部和脑门都变成了红色的，而且散发出刺鼻的臭味，原来他们早已经死了。我忙跑回家去跟家里人说一遍，我父亲说："天哪！这得挨到哪一天哪！天天这么死人到啥时候是一站哪！"等我再从那条路上路过时，几具尸体已被清理车拉走了，至今说起这些事情来如在眼前，想要忘也忘不了。

再有一件事，离我家不远，修了一处很大的公共厕所，红砖灰顶很是气派，比周围的住户还要大气，大大解决了人们的方便问题，这也是国民党进城之后为群众做的一次善举吧！我还清楚地记得在厕所动工之前，我们就跑去看热闹，巴不得它早日完工，早点使用，那会儿公共厕所太少了，方便很不容易，也许我心太急了，听小朋友们说厕所盖好了，可以使用了，于是我们三四个就跑去第一个使用，图个新鲜，进了厕所之后发现空无一人，一拉溜有十几个便坑，干干净净（是旱便），下面的便坑能有两米多深，我随便找了一个坑，就便起来了。刚便了一半，就听见底下有人大骂，谁这么缺德？这下边干活呢你就拉上了。吓得我提上裤子就跑了，闹了半天工程还没结束，下边的工人正抹洋灰。厕所建成后，极大地方便了附近的群众和过往的行人。

也就是这座天天必去的地方，在那个特殊的年代，厕所变成了抛尸场，一夜之间就多几个，几十具尸体被抛在厕所周围，也不知道是什么人干的。打那儿之后我再也不敢去了。

不知道是从哪天起，国民党也不空投粮食了，看来长春被困不知道哪一天才能解围，被困在长春的老百姓都在苦苦地挣扎着，每天都在与死亡搏斗，捡来的十几斤大米很快就吃光了。我也感到了恐惧，在我脑袋里浮现出那些饿死人的影像，难道我们也要走那条路吗？像他们似的被抛在厕所周围？

当时新民市场还有几家饭馆开着，有肉也有大米饭，不知道他们这些东西是从哪里搞来的，当然吃一顿饭要以金条计算，一般人谁吃得起啊？在路口人比较多的地方，还有些卖吃喝的床子，卖的是什么呢？橡子面的饼子、窝头，还有下水汤。您见过橡子吗？就跟我们现在吃的榛子差不多少，但比榛子还硬，比榛子还黑，那原本就不是食品，可是老百姓饿急了，树皮树叶全吃光了，没的可吃了，就采集了许多橡子，把它磨成粉，贴饼子蒸窝头卖。据说吃了橡子面的人没有一个能活下来的，因为它到胃里根本不消化，跟锯末子似的，只能把人的胃撑裂撑破，再说也便不出来，活活地把人堵死。

有一天我在街上遇上一个人晃晃悠悠两眼发直就冲过来了，脸是酱紫色，两手胖肿，还泛起一层亮光，我一看这不是杜叔吗？杜叔是谁啊？他原来在富海茶社当伙计，跟我们相处了一年多，后来茶社黄了，他也回家了，今天在街上偶遇，要不是我眼尖还真是认不出来，我喊了一声杜叔，他似乎没有听见。我就看见他哈腰捡起路边一块砖头，双手抱着啃了起来！啃了两口又把砖头甩掉，然后从我身边消失了。

我说的类似情况都是我亲眼目睹的，我没看到的听说的那就太多了。由于情况太严峻，我家不得不采取措施，我爸认识个朋友叫刘玉庆，在五马路开了一座刺绣商店，就是绣锦旗锦帐之类的东西。刘玉庆比较有神通，日子过得也很殷实，他家住了一所日本小独楼，还是门市房，环境比我家强多了，也不知我爸是跟他怎么商量的，我们家五口人都搬到刘玉庆家里去了，两家合伙儿住在一起，由刘玉庆家提供粮食和吃的。他家住一楼，我家住阁楼上，我还记得阁楼上并没有床也没有炕，铺了几张草垫子，把被褥往上一放就可以睡觉了。老刘家也是四口人，刘玉庆夫妻和两个儿子，刘大印和刘二印，我们天天吃小米饭，炒盐豆子，每天都是如此，吃得又胀肚又放屁，楼上楼下没有好味儿。我心说老刘家的人太好了，为什么还管我们吃喝住呢？只不过是普通朋友而已。后来我爸对我说："傻孩子，天下哪有那么多好心人，咱们跟老刘家是有条约的，是十两黄金达成的协议，老刘家提供我们三个月到四个月的食住，如果时局发生变化，或者违约，十两黄金概不退换。"

刘玉庆人不错，说话也挺随和，刘玉庆的老婆差点儿劲，天天沉着个寡妇脸，不爱说话，我管她叫伯母，她连理也不理。我跟大印二印倒成了好朋友，别看粮食如此紧张，我们还没饿着，所以有时候我们仨上街还玩儿去。有一次大印对我说："你们就在我家住吧，我家有的是粮食。"我吃惊地问："咋那么多粮，从哪儿来的？"二印说："我爸一看时局紧张，花高价买了好儿袋子粮食，还买了好儿袋子黄豆。"我听完之后又羡慕又妒忌，怪我爸爸为啥不像老刘家似的多买点儿粮食呢？现在寄人篱下还得看人家脸色行事。

小孩儿就是小孩儿，再担心也忘不了玩儿。大人则不同了，他们每天掉到愁坑里，想着如何从长春逃出去，也盼着老天爷睁眼，长春早点解围，几十万人就都活了。

后来我发现有一个姓方的国民党连长，经常出入老刘家，有时候还把我爸叫到老刘家窃窃私议。这个姓方的连长穿过一次官衣以后就改穿便衣了，我爸叫我管他叫方叔，我看着他带着手枪，挺害怕的。有一天他们都到我家的阁楼上去谈事，让我和我妈都躲到楼下去了。

过了很长时间姓方的走了，刘玉庆和我爸也先后从阁楼上下来，就听刘玉庆对我爸说："永魁，这个事可就这么定了，不能变卦啊。"我爸连忙回答："那是那是。"当时十三岁的我脑袋也开始明白事了，对许多事情也充满了好奇，总想弄个水落石出。

天黑了，因为没有电灯，家家户户睡得都比较早。我们头顶上点了一支洋蜡，我爸和我妈小声地唠着嗑儿，我竖着耳朵偷听，原来姓方的可以帮助老刘家和我家共十四口人从长春逃出去，条件是黄金若干两，总数是多少我记不清了，我家这一份是七两。我爸跟我妈说七两就七两吧，只要咱五口人能逃出去也值。我爸回头一看我正支棱着耳朵听呢，就严厉警告我说："可不能往外说啊，一旦传出去咱们谁也活不了。"

我心里感到一丝安慰，这回可能有救了，我们能逃出长春去了，至于黄金什么时候交给的方连长我不知道，他们怎么达成的协议我也不清楚，就知道答谢会是在一家饭馆吃的是大米饭和酒肉，老方带着媳妇和孩子都参加了，自然还是以黄金结的账，饭后我们又请方家三口到老刘家谈心，最可恨的就是刘玉庆，为了讨好方连长，当着众人的面对我妈说："弟妹啊！你不是有一块钻石表吗？我看就送给方夫人吧！"我妈稍微愣了一下，赶紧到阁楼上把钻石表取出来，给了方连长的老婆。

当天晚上夜深人静，我妈放声大哭："刘玉庆是个什么人，这不是拿咱们送人情吗？明明讲好的七两黄金外加一顿饭，怎么还把我的手表送给人了？”我爸劝解道：“算了，破财免灾，什么钻石表不钻石表的，活命是最主要的。”我妈说：“那块钻石表也值几两黄金，那不是钱吗？有那咱自己送人好不好？刘玉庆装的哪门子好人？”我听了之后也怪心疼的！

又过了几天，姓方的又来了，告诉我们说：“快准备吧，下星期肯定能出去，那两天我值班，正好能送送你们。”我一听兴奋起来了：“天哪，终于可以逃出长春这座魔窟了。”

逃亡之路

正在我们担心的时候，我们就听见那位解放军军官喊出一个名字："单永魁！"我和我妈定睛望去，我爸从队伍中走出来，那个军官说："你是说书艺人吗？"

那个方连长说话果然算数，两天后我们得到他的通知，做好离城准备。我记得我们通宵达旦一夜未眠，又兴奋又害怕。首先是准备了一辆手推车，上面装着换洗的衣服，以及随身之物，但尽量要减少，能不带的都扔了，这叫轻装简行，他们炒了一宿黄豆，以备在路上食用，我们十四口人每人一条口袋，用布做的，口袋里装满了炒好的黄豆，正好往身上背，大概能有五六斤吧！一旦遇上断粮，它也能维持几天。

书说简短，几天后，姓方的把身上的撸子摘下来，用手绢包好递给我爸和刘玉庆，又掏出钢笔写了一个纸条，纸条上写着：六十军八十一团第三团第三营第三连炊事兵，也交给我爸和刘玉庆，而后他又找了两套国民党士兵的服装、帽子、裹腿、胶鞋、皮带样样俱全，说："我送你们从东大桥卡子出去。解放军有一个专门收容国民党起义部队的小卡子口，你们就装成起义部队，解放军优待起义部队，肯定会收留你们。"我爸说："这可有点悬，我连立正都不会，让人一看就是伪装的。"老方说："那有什么难的，我们抓的那些兵都不会打立正，就用手比画比画得了。"

就这样，我们推着手推车，离开了家门。

东大桥是个国民党的卡子口，离我们家能有十华里左右，在桥旁边还有一座龙王庙小学，现在学校停课了，里面住满国民党军队。东大桥是一座木制的大桥，长大约十丈，宽能并排走两辆大车，下面是长春伊通河的河水，桥的两面都有国民党军队重兵把守，有混凝土的碉堡，还有用沙袋子堆起的工事，那些国民党的士兵，头顶钢盔，全副戎装，手端着冲锋枪，个个杀气冲天，让人望而生畏。

我们十四口人从东大桥上通过，离开了长春市。姓方的送了我们一程，估计也就在一里地左右，他就不往前走了，他用手往前一指："看见没有，你们就顺着这条道直接往前走，用不了十里地就看见八路了。”说着他转身就走，我爸拉住他的膀子就问：“大兄弟能行吗？我怎么心里没底呢？”老方说：“没事没事，我全给你们安排好了。”说着他就返回了东大桥。

于是我们就走向了一条既陌生又吉凶难料的路，大家一路急行，大约走了七八里路的光景，看见前面有个小村落，还有站岗的解放军，看来是到地方了。我爸和刘玉庆忙走过去，向那站岗的解放军打了个立正，说：“我们是六十军的起义人员，是来投奔共产党解放军的。”正这时从里边走出一位解放军的军官，我怎么知道是军官呢？按我的理解当大兵的都使长枪，当官的都别着小手枪，别看服装一样，说话的语气也有所不同，这个军官非常好，我就听他说：“欢迎啊欢迎。”我爸问他：“同志您贵姓？”那人说：“我姓单。”我爸惊喜道：“哎呀，真没想到，在这儿还遇上一家人了，我也姓单，我是山东德平人。”那个军官笑了笑说：“我也是德平的。”就这么简短的几句话，一下拉近了距离，增加了感情。

那位姓单的军官把我们让进安置所，我爸和刘玉庆跟他们怎么说的我们没听见，我们留在院里等候消息，大约十几分钟之后，那姓单的把我爸和刘玉庆送出来，我听他说：“你们到我这里是第一步，我们这儿叫起义人员接待站，你们还得往前走，总站在兴隆山，我给你们开个路条，没有路条你们是走不了的。”于是他领着我爸他们到了另外一间房里，把路条开了。我们十四口人高高兴兴离开了这所接待站，跟姓单的同志挥手告别，沿着大道奔兴隆山去了。

兴隆山离长春不远，火车还在这里停一下，它是通往吉林市的一个镇店，别看离着长春那么近，我们从来也没来过，在行进的路上，我们遇上许多儿童团，站岗放哨，他们个个手拿红缨枪，认真严肃，一丝不苟：“干什么的？”我们说：“去兴隆山接待总站。”“有路条吗？”我爸说：“有！”他们验看了一下，把手一挥：“过去吧！”类似这种情况遇上过三次。

好不容易才来到兴隆山，我爸找到兴隆山起义军接待总站，拿出路条和证明，登上了记，有两名小解放军把我们领到原来一个大地主的院里。这院子可真大，前后有三四层院落，但人也不少，犄角旮旯到处都是国民党的起义人员。因为人多房间少，我们被迫安置到马厩里，这是一个充满了跳蚤和蚊子的世界，能把大活人吞食掉，唯一的办法就是点点火，用烟熏熏蚊子。眼前是一座大院，就是地主家的后院，还有几棵参天大树，院子里到处都是人，他们三三五五都在说着自己的事情。

我爸和刘玉庆也没闲着，刘玉庆说："看来这回是没有问题了，他们也没发现咱俩是假兵。"我爸说："谁知道？看样子是没事了。"刘玉庆又说："你千万把番号背熟了，别一会儿三十团一会儿又三十八团的。"我爸点点头："行行行。"谁也不知道下一步的命运是什么。

中午开饭了，解放军两个人抬着一个大盆，摆到院子中间，接着又抬来一盆菜，他们用铁勺敲着盆边说："开饭了，上这儿来领碗，自备筷子。"于是我爸抱着我爬上树，大印二印也上了树，找那直溜的树枝掰下几枝来，把它掰折了做筷子用。我们吃的是高粱米饭老倭瓜汤，虽然味道一般，但管够。

饭后自由活动，我爸跟那些人拉起了家常，拉了好半天这才回来，偷着对我妈说，我好奇也凑过去听，我爸说："刚才我听说了，凡是起义投诚的国民党，都得到黑龙江省密山去集训，也就是洗脑子。"刘玉庆一听就急了："那家属咋办哪？"我爸说："一律不准带家属，可能叫咱们自行安排吧。"这也就意味着全家人四分五裂，不可能走在一起了，本来我们死里逃生从死亡之谷来到这太平人间是件值得祝贺的大喜事，世上还有比死中得活的事更快乐吗？然而人心无止境呀！越好越好才越好！

到了晚上，成了蚊子和跳蚤的世界，咬得人根本睡不着，我身上全是大包，只好离开马厩在院里蹲着，我爸和我妈在房角一处背静的地方谈论着下一步怎么办的事。我爸说："共产党讲究坦白交代，干脆，我找到总部去坦白吧，我根本也不是国民党军人，是为了活命不得不这样做的，他们爱怎么处理就怎么处理吧，难道这点儿事还能枪毙咱们？也不至于把咱还送回长春去吧，要不我去密山洗脑筋去了，你们娘儿几个怎么办？"他们商量来商量去，从犹豫不决到毅然决定，对！就这么办啦！

接下来我爸找到刘玉庆把我们的决定告诉了他，刘玉庆边听边晃脑袋："不行，不行，这可是犯罪啊！一旦坦白了，后果严重得很，这怎么能说呢？"我爸说："反正我决定了，你的事你自己拿主意吧。"刘玉庆说："反正我是不坦白。"就这样难熬的一夜过去了。

到了第二天吃罢了早饭，依然是高粱米饭倭瓜汤，我爸带上我赶奔总部办公室。这好像是地主的东厢房，屋里很宽大也很整洁，外屋空无一人，里屋是一铺大炕，靠窗户摆着办公桌和电话。我们爷儿俩进去的时候，屋里边有两个很年轻的解放军军官，怎么知道是军官呢？因为他们腰上别的小手枪就是证明。其中有一个躺在炕上，一个坐在办公桌边。我爸爸斗胆喊了一声："报告！"那个坐在办公桌边的解放军愣了一下，问我爸："你有什么事吗？"我爸回答说："我是来交代罪行的！"躺在炕上的那个解放军闻听此言坐了起来，带着疑惑不解的心情问我爸："你是什么人？要交代什么罪行？"可能我爸一宿没睡好，把词全都背熟了："同志，我不是国民党起义兵，也不是起义投诚的，我从来就没当过兵，我是一个说大鼓书的艺人，祖孙三代都靠说书吃饭，为了逃出长春找一条活路，迫不得已，才伪装成国民党兵，不这样我们出不来，我犯下了欺骗解放军的罪，所以前来交代。"

坐在桌旁的那个解放军半天没有说话，仔细地打量着我父亲，问："你说的这些话都是真的吗？"我爸回答："全是真的。"坐在炕上的那个解放军问我爸："你说你是说书艺人有什么证明？"我爸忙从衣袋里掏出弹三弦的牛角递给他们，他们像观赏古玩似的看了又看，问："这是干什么用的？"我爸用手比画着："这是弹三弦用的。"两个解放军有点儿不相信，又问："你不说你是说书的吗？你会说什么书？"我爸说："我会的书多了，《包公案》《薛刚反唐》《杨家将》《隋唐演义》等多了。"两个解放军很感好奇和意外，对我爸说："你说一段我们听听。"于是我爸拉开架势，说了一段《薛刚反唐》，我发现那两位解放军听得挺入迷，不像刚才我们进屋时那么严肃了，接下来他们俩小声嘀咕了一阵，好像商量着什么，然后又从抽屉里拿出纸和笔对我爸说："那你就填个表吧。"我爸问："填什么？"他们说："姓名、年龄、籍贯、你家有几口人、为什么假冒国民党投诚士兵，都填到表上。"我爸尴尬地笑了一下："同志，我没念过书不会写字。"他们俩说："没念过书会说书，真是怪事。"其中一个说："这么办吧，我替你写。"于是我爸又把经过讲了一遍，那位解放军认真地做着笔录，为了确保万无一失，他还给我爸重复地读了一遍，问我爸："我记的对不对？"我爸说："没错没错。"那人说："签个字你会吧？"我爸说："我就会写我姓单。"他们说："那也行，你写吧。"于是我爸在下面写了个歪歪扭扭的"单"字。他们把记录放在抽屉里对我爸说："你先回去吧，等我们请示了上级再决定。"我爸又敬了个不正规的军礼，带着我离开了办公室，我爸见着我妈把经过讲述了一遍，我妈急切地问："他们态度如何？"我爸说："好极了，一点儿也没难为我。"我妈又问："他们相信你说的话吗？"我爸说："看样子好像相信了，不过拿不准。"我妈长叹了一声："唉！刀把子交给人家了，一切就听天由命吧！"刘玉庆两口子也凑过来打听，我爸又不厌其烦地详细介绍了经过，还动员刘玉庆去坦白，刘玉庆这个人既聪明又胆小，说什么也不敢去，简短截说，又是一个难熬的夜晚过去了。

到了第二天吃罢早饭之后，外面响起了军号声，解放军命令所有的投诚起义人员列队集合，所有人的家属站成另一队，我看着我爸和刘玉庆都站在对面的队伍里了。接下来开始出发，我爸壮着胆子跑出队伍问那个给他登记的解放军军官："同志，我都向你们坦白交代了，我也不是国民党起义官兵，也得跟着队伍走吗？"那位解放军说："现在出发是赶奔吉林，到那块儿就有结果了，你就等着听信儿吧，现在暂时先跟家属分开。"我爸忙问："家属上哪儿去啊？我们还能见面吗？"解放军说："虽然分开了，目标是一致的，都要到吉林市。"说着再也不理我爸了。

我爸万般无奈又归了队，朝着我们招了招手，就随着队伍出发了。爸爸是我们一家的顶梁柱，他这一走，好像屋子都塌了。我们分开之后，随着家属大队也往吉林方向走，那条路我还记得非常清楚，就是顺着铁道线往前走。此时此刻，我们十四个人剩下了十二个人，十二个人分成三家，谁也顾不了谁了。我父亲走了，手里不准拿东西，只有身上套了几件衣服，余下的重载都落在了我和我妈身上，还有我的两个妹妹，小三和小四，我妈把包袱重新打理了一下，分成了四个小包，她背两个我背两个，两个妹妹也二一添作五，我妈背小四，我背我三妹（三妹才三岁，四妹一周岁多点儿）。众位请想，过去我们从没走过这么远的路，脚下全是碎石头子儿，硌得脚掌子又酸又疼，俗话说福不双至，祸不单行，偏偏在这关键的时刻我病倒了，得的是痢疾，先是跑肚拉稀，走一会儿就得上厕所，哪有那么多厕所，我所说的厕所就是广阔的天地。我咬着牙肩上扛着两个包袱，身上背着我三妹，晃晃悠悠，两腿发软，天旋地转。我咬牙坚持着，走啊走啊，后来实在走不动了，我往道边一坐，把我三妹放到地上，拿包当枕头，再也动不了了。我妈急忙过来拉我："全子，在这儿躺着可不行，你看人家都走了，要跟不上人家咱可怎么办？"我少气无力地说："妈，我实在走不动了。"说话闭着眼睛昏昏欲睡，烈日照着我的脸，我紧闭双眼，眼前直冒金花，腹内阵阵绞痛，十三岁的我突然想到了死，我心说就这么死到这儿也不错，省得吃苦受累了。

我妈一看放声大哭对我说："孩子，你要坚强点儿，你要不走，妈怎么办？你妹妹怎么办？你爸不在眼前，妈全靠你了。"我躺了大约五分钟左右，一咬牙从地上爬起来，对我妈说"妈，咱们走！"我妈说："你身子太虚，包袱我来背吧！你背着你三妹就可以了。”就这样我又背起了三妹咬着牙往前走。

从兴隆山到九台，走了多长时间我记不住了，总算走完了第一站。我们难民大队被安排到九台镇十字街一所当铺大院里，可得好好休息休息了，我是躺下就睡，昏昏沉沉也不知道睡了多长时间。后来还是我妈把我叫醒的，我妈说：“在这儿人家不管饭，自己解决自己的吃喝问题，你能不能上街买点儿吃的去？”你想我妈必须看着俩孩子和四个小包，也只有我能够跑道和采购了。我问我妈：“拿啥买啊？”我妈说：“现在咱的财产全没了，只有卖东西换钱了，方才你睡觉的时候，我都打听清楚了，你出门往北走，就是一个大市场，买东西卖东西的人多了。”说着从包里取出一条花旗布的被里对我说：“你把它卖了，换了钱，不就可以买东西了吗！”我说：“我也不会卖啊！卖多少钱才好呢？”我妈教给我说：“共产党花的钱和国民党花的钱不一样，我也不知道卖多少好！反正有人要买这个被里，第一次给你报的价你就不卖，他要给你涨点钱你就卖。”我说：“行！”我妈说：“如果遇上药店，你再买点儿治肚子的药。”

我拿着被里离开了难民收容所，没费劲就找到了那个大市场，放眼一望，真是人山人海，在这里做交易的大部分是难民，还有本地捡便宜的人，因为他们知道难民对本地的情况不了解，花少量的钱就能买到大量的好东西，我拿着被里进了人群，呼啦被很多人围住了，其中有人问我：“小孩儿，你拿的这个卖吗？”我说：“卖！”他说：“要多少钱啊？”我摇摇脑袋，说不出数来，那个人把袖子一甩握住我的手，用手指头掐住我的手指头，问我这个数怎么样（这是一种交易形式），可是我一窍不通，我就记住我妈的话，一个劲儿地摇头：“不卖不卖。”那个人又用另外的手指头掐了我两下：“这个数呢？”我心说一定是给我涨价了，那就卖吧，我点了点头对那人说：“可以。你得先给钱，后交货。”那人一笑，对我说：“小伙子还挺机灵的。”说着从怀里取出一沓崭新的解放票，面值是一千元一张，还印着毛主席的头像，一沓就是十万，另外他又给了我一张印有五千元的解放票，我才把被里给了他。

我拿着钱就往回跑，这才发现，九台这个地方虽然不大，三街六巷非常热闹，一片欣欣向荣的景象。原来这里是解放区，早在半年以前就解放了，老百姓都过着安居乐业的日子，焉有不繁荣的道理！饭馆有的是，卖什么的都有，我也懵了，一头扎进煎饼铺，新烙的大煎饼真香啊，我口水都要流出来了，煎饼铺掌柜的问我：“买多少？”因为我没花过解放区的钱，也对不上号，就从那沓解放票里抽出一张一千元的，交给了他："就买这些钱的。"煎饼铺的掌柜的睁大眼睛看着我："这些钱都买煎饼？你们有多少人？能吃得了吗？"我不知道如何回答，一个劲儿地点头，掌柜的收了钱，叫我在旁边等一会儿，他就烙开没完了，过了一会儿，一大摞煎饼足有十斤，用纸托着交给了我，我一看吓了一跳，咋这么多！掌柜的说："你是不是长春来的难民？"我说："是！"他说："怪不得呢？解放区粮食有的是，粮食不值钱。"我听了之后啥也没说，抱着煎饼离开煎饼铺，这才发现挨着煎饼铺是一家大饭馆，里边酱牛肉、猪头肉、熏鸡、烤鸡什么都有，我又拽出一张一千元的解放票，往前一递："给你们，我买这些钱的肉。"那老板一看乐了："你要啥肉啊？"我用手随便一指："一样来一点儿，大杂烩。"好嘛，这一包子肉我拎都要拎不动了。

我一手抱着大煎饼一手拎着肉，跑回难民收容所，把钱给了我妈，又把吃的放在地上，我妈一看吓了一跳："咋这么多？十个人也吃不了啊！"我说："妈，这东西可便宜了，才花了两千块就买了这些东西（我说的解放票是两次换币之前的币值）。"于是我妈把刘大娘、大印、二印还有他的亲戚都凑到一起吃煎饼卷肉，我吃饱之后，又到街上买了止泻的药，等我二次回到收容所，我妈对我说："听说你爸和你刘大爷那个大队也到九台了，就住在铁路东，你拿上点儿吃的，去看看你爸和你刘大爷。"于是我拎着吃的，就奔我妈所指的方向去了。跨过铁路，眼前是一座废弃的仓库，果然那些起义投诚的人员都在这里下榻，门口也没有站岗的，随便出入。

我在里边没费劲儿就找着我爸和刘玉庆了，我爸惊喜地问道："你妈和你妹妹呢？"我把经过如实地介绍了一遍，我爸和刘玉庆都笑了，我把吃的往前一递，我爸说："这是什么？"我说："煎饼卷肉，可香了，我妈和刘大娘怕你们挨饿，让我给送来的。"我爸说："我们刚吃完饭，我用毛背心换了四根儿大麻花，还剩下两根儿没吃呢。"说着从身后把麻花拿出来，我长这么大也没见过这么大的麻花，足有一尺多长碗口粗细，我爸说："拿回去，给大伙儿吃吧。"刘玉庆也问了他家的情况，当他听完我介绍后高兴地点了点头，我又说："爸，你们什么时候动身去吉林呢？"我爸说："今天晚上的火车，几点不知道。"我说："这儿通火车了？"我爸点了点头，又说："大概你们也坐这趟车吧！"我坐了一会儿就离开了，拎着麻花返回难民收容所。我简直就是个联络员，又像通讯员，把我爸和刘玉庆的情况向家里人介绍了一遍。

长话短说，我吃下药去肚子好多了，又睡了一小觉，精神也强多了，忽然听见外面有人喊:“集合集合!”我从梦中惊醒,我妈说:“又集合了,快点拿上东西,咱们走吧。”于是我妈背上我四妹带上两个小包,我依然背上我三妹带上两个小包到外面集合去了,刘大娘带着大印二印紧随其后,也不知道怎么搞的,老刘家那些亲戚也不知被挤到哪儿去了,看不见了。难民们先后来到九台火车站,这里灯光明亮,人声嘈杂,难民就是难民,跟花子队差不多少,一个个蓬头垢面,狼狈不堪。好不容易盼着火车来了,我们往车上一看就傻了眼,因为什么呢?因为车上人太多了,事先就听说车是从九台始发直达吉林,应该是空车啊!为啥带着这么多旅客呢?后来得知,原来这车是从兴隆山开来的,车上也是难民。火车停下之后,我们一拥而上,孩子的哭叫声,大人的喊叫声,乱成一团。车上人多得简直吓人,根本就没有座位,过道和列车两端,原来能站下十个人的地方,现在超员能超过三十人。我和我妈臂挽着臂,紧贴在一起,恐怕挤散了,她抱着我四妹还带着两个小包,我抱着我三妹也带着两个小包,火车开动了,我们被挤得喘不上气来,甚至连转动一下都不可能,我那时才十三岁,个子又小,负重又多,那个滋味可想而知。八月的天气,火车里根本就没有空调,热浪一浪高过一浪,臭汗的味道和各种难闻的味道混在一起,简直令人窒息。

我三妹那会儿刚会说话,要上厕所,其实我早就看到了,列车上小小的厕所里已经挤了二十多人,根本就没有方便的地方,我只好告诉三妹你就随便拉吧,不但她随便拉,我也往裤子里尿尿,唉!人这一辈子难活啊!《西游记》里说唐僧九九八十一难,实际上我们每个人从出生到死亡甚至超过八十一难。

火车行驶得很慢,我心里好像着了火似的,巴不得一下就到吉林市。也许是又乏又累,站着就睡着了,也不知过了多长时间,车子突然停住了,人声一阵骚动,我听见有人喊:“到吉林了,到吉林了!”于是人们蜂拥着下车。来到吉林市火车站台上,我深深地出了几口气,头重脚轻一屁股就坐在地上了,好半天才喘过这口气来,头脑也清醒了,我妈一把把我拉起来:“走,快出火车站。”于是我们就随着人群挤出了火车站,来到了吉林站前的广场上,后面跟着刘玉庆的媳妇、大印和二印,但不知道为什么,他家那几个亲戚没见着。

我们在站前广场东张西望,想要找到我爸的身影,因为我们听说他们也是随这趟车来到吉林的。等了一会儿,果不其然,几百人的一支队伍站在广场上,有人还举着一面旗,上面写着国民党士兵起义部队指挥站。我们一下就看见了我爸和刘玉庆,但是不敢过去打招呼,但见一个解放军军官站在队伍前讲话,讲了些什么我一句也没记住,然后他们拿着花名册开始点名,叫一个有人得答应一声。点名结束后,我们的心一下提到嗓子眼儿,前边我已经交代过了,我父亲坦白了,说是到吉林来解决,现在目的地到了,他的问题能不能解决呢?是跟着大部队一起走啊,还是能把他放出来?

正在我们担心的时候,我们就听见那位解放军军官喊出一个名字:“单永魁!”我和我妈定睛望去,我爸从队伍中走出来,那个军官说:“你是说书艺人吗?”我爸说:“一点儿都不假,我已经都坦白过了。”那军官说:“那你走吧。”这句话如同赦令,一下把我爸解脱了,其实我爸也看见我们了,赶紧向我们奔来,那个高兴劲儿难以形容,看来共产党说话算数,果然是言而有信。

剩下那些人就没那么幸运了,他们将要开赴密山去学习,少说也得三个月,然后才能获得自由。刘玉庆看着眼前发生的一切,不知道他心里是咋想的!有没有可能后悔没有去坦白?可是此人天生胆小,都到了这紧要关头了,他也没敢说实话,但是他请了个假,从队伍出来找到我爸和我妈,我还清楚地记得他说:“永魁啊,弟妹,我把你嫂子和俩孩子就委托给你们了,等我学习回来再找你们。”说着擦了擦眼泪,又跟他们家人嘱托了几句,马上跑步回到队伍里,几分钟之后就开走了。车站上的人少多了,人们下车之后各奔他乡,所以一下冷清了下来。

三妹和四妹

父亲和母亲商量了一下,决定去市里找熟人去,把两个妹妹交给我看着,在地上铺了一块儿小毯子,让我把妹妹照顾好,我说:“你们可快去快点儿回来啊!”我爸说:“记住,我们不回来你们千万别离开这个地方,要不回来找不着你们。”安排完之后,他们雇了一辆马车直奔城里去了,我抱着四妹,搂着三妹,陪伴我们的就是那四个小包。我抓紧机会把我和三妹身上的衣服都换了换,把那些脏东西全扔了。刚开始的时候没觉得有什么,东张西望还看热闹,可时间一长,心里就起急了,眼望着我父母去的方向左看右看,恨不能盼他们马上出现。等啊等啊,估计能有两个多小时,三妹也哭四妹也哭,我急得没办法,也急得哭起来,引过几个过路人来看热闹,有人问:“你们是不是走丢了?你们的大人呢?”我说:

“办事去了，一会儿就回来。”我怕遇上坏人，把我两个妹妹紧紧搂在怀里，把四个小包压在身下，又过了一会儿，我就发现有几辆马车飞驶而来，我一眼就看见了我爸和我妈还有十几个陌生面孔的人，他们从车上跳下来说：“快上车。”我问：“上哪儿去？”我爸说：“有新家了。”

这时我才发现有个熟悉的面孔，就是我前面提到的李照文的同学叫李占元。占元叔热情地把我们抱到马车上，然后车子一掉头赶奔市内。后来我才知道，我爸和我妈先找到的李占元，李占元真够朋友，安置我们先住在他妹夫家里，随行的还有两位说书艺人，都是我父母的晚辈，张连凤王连东还有松江茶社的经理等几位朋友。看来人这一辈子就要广交朋友，说书人常说一句话：在家靠父母，出外靠朋友。人活在人群当中离开朋友就无法生存，古往今来皆同一理。

说话间我们到了李占元妹夫家，我一看好大的院子，占地足有十几亩，院里还有火车道，堆积的货物如山，有木材、布匹还有粮食。我心说这是啥地方啊？李占元的妹夫姓齐叫齐庆金，是吉林市比较有名气的企业家，他家开了一座转运公司，火车都能开到院里，业务十分红火。他家住在办公室的后院，大小十几间，非常宽大，齐庆金是个大块头，为人热情，是标准的东北汉子，他们一家非常热情地把我们让到屋里，第一件事就是洗澡换衣服，因为我们都快变成乞丐了，身上是又酸又臭。他家还有浴池，洗完澡后，我们换上了新衣服，大家欢聚一堂，我还清楚地记得那天是1948年的八月十五。

齐庆金夫妻在家里设宴款待我们，谈到长春的情况，无不震惊，我父亲举起酒杯泪如雨下，一方面庆幸我们死中得活，另一方面思念我的祖母和两个孩子，就是我的大妹和二妹，自从她们离开长春之后，已有半年多音讯皆无，也不知是生是死！或者人在什么地方！我知道父亲为此偷偷地掉过数次眼泪，他也是个孝子，对待老母亲还有亲生的两个女儿牵肠挂肚，能不担心吗？只是因为光顾我们自己眼前的事了，几乎没有时间发泄，今天在庆幸之余，他想到了老娘和两个孩子，吉凶未卜，不由得悲从中来，当众放声大哭。

同桌的人有的落泪有的解劝，他们都说：“二哥放心吧，吉人自有天相，你们一家人迟早会团圆的。”因为我肚子始终没好，说书艺人也是我爸的晚辈连凤和连东把我们又接到他们家，说：“好办，你早说啊。”说着把大烟盘子拿出来，点上烟灯，让我抽口大烟，连凤大姐说这个专治肚子疼，抽两口立马就好。在旧社会抽大烟的人比比皆是，我早已司空见惯，可我家不抽，我也从来没抽过，连凤大姐特别热情，躺在我对面烧了个烟泡，把大烟枪递给我："快抽两口。"我说："我也不会啊。"她说："傻兄弟，这有什么难的？你把烟嘴儿含到嘴里，用嘴一抽，烟就进到你肚里了。"说实在的，我在我的一生中这是第一次抽大烟，一口烟进去呛得我五内如焚，咳嗽起来，您还真别说，鸦片虽系毒品，治肚子还真叫好使，我就抽了这么一次，痢疾就好了，有人会问抽大烟是吸毒，政府难道不管吗？因为那时候正是解放初期，前方正在大兵团作战，全国尚未解放，政府还无暇顾及这些事情，所以呢在吉林抽大烟很普遍，但是他们也知道共产党不允许抽大烟，抽的时候偷偷摸摸。

我们在吉林度过了半年多的时间，发生了许多意想不到的事儿。第一，我们到吉林不久，说书的那两口子张连凤王连东要把地（就是说书的茶社）让给我们，他们要回拜泉县老家去，正好给了我们一个赚钱的机会。松江茶社的掌柜的乐坏了，那时我母亲颇有名气，来过几次吉林都是大红大紫，这次主动登门，就如同财神爷进门了，他能不高兴吗？经商量，我们的食宿等问题他全包下了。没过几天我妈开始说书了，真没想到鼓槌一响黄金万两，茶社观众天天爆满，白花花的银子又流进我们钱包，有了经济收入就等于给一个人输了血，一下大局就稳定下来了。

我们住的地方离茶社大约一公里，是个挺大挺大的院子，上房三大间，东屋是房东，我们住在西屋，由于房间大，我们把西屋分成里外两间，我爸又跟茶社经理提出："还有朋友刘玉庆一家三口人需要安排，房费由我们付。"经理满口答应，就把他们三口安排在原来说书的张连凤王连生他们家了，关于衣食住我们全包下了。

打那之后，家务的重担全落到我身上了。过去我两位师姐干的活儿我全干了，每天起床打扫卫生、生炉子烧开水、到菜市买菜，我妈他们起床后做饭喂孩子然后就去说书，把我两个妹妹交我看管。因为闲着无聊，我经常带着我两个妹妹，在不远处的一个公园去玩儿，八月节后，早晚的天气已经很凉了，只有中午还比较暖和，我每天盼啊盼啊，就盼到下午四点左右，把我两个妹妹带回家，不一会儿我爸我妈也回来了。最苦的差事是解决喝水的问题，院里没有自来水，喝水得自己解决，离着我们不远处有一眼井，附近居民都自己打水自己挑水，这个活儿我也包下了，由于我个子小，两桶水挑不起来，我就把两端的扁担钩挽起来，让它缩短些，每次到井台边上，我都害怕得要命，因为已经到了冬天，东北的气温基本都在零下三十度左右，井台上的冰一层套着一层，稍有不慎就会掉进井里，后果不堪设想。我每次好不容易把水打上来，一点儿一点儿倒到桶里，以我的体力只能挑两个半桶，后来被朋友们知道了，指责我爸说："你也太不疼孩子了，万一出点儿事咋办？这都是大人干的活儿，哪能叫十三四的小孩儿挑水？"

后来松江茶社有个伙计小于主动承担了这一任务，每天从茶社往我们家挑水，他那水桶都是特制的，一只桶能超过别人两只桶，一担水没有二百斤也差不多，可见此人体力非凡。他是山东人，性情豪爽，无家无业，白天在茶社干活，晚上就住在茶社，后来我们关系越处越近，待沈阳解放后，我们回沈阳时把他也带去了。

当时我家成了接待站，第一拨客人就是长春的梁保成，他是富海茶社掌柜梁富的儿子，长春还没被围的时候他搞了外地一个女人，跑到白城子去了，所以长春被围，他免遭一难，后来他跟那个女人散伙了。长春还在包围之中，他回不去，就到了吉林。在街上看见我母亲说书的海报，顺藤摸瓜找到我家。虽然此人不务正业，但心眼儿还不坏，看在多年交情的分上，我爸把他收留了。他每天晚上跟小于住在茶社，白天在茶社当职工，挣点儿零用钱维持生活，闲下的时候他就到我家来，帮着我扫院子、劈柴火、买菜，做点家务事。

可是这个梁保成啊，虽然处境如此艰难，花心不改。房东住在东屋，他家是开妓院的，经营着两处门脸，养活着十几名妓女，他家经常出现陌生的年轻女人，不是被他们拐来的，就是主动找上门来的，可能也想当妓女挣口饭吃。房东的女主人姓贺，我管她叫贺奶奶，长得又矮又胖，满脸横肉，叫人瞅着恶心，她可是他们家的一把手，大小事情都是她说了算。这位贺奶奶也是位响亮人，很讲外面儿，我家刚搬过去时，可能她也仰慕我母亲的大名，也请我们全家人吃过饭，还说："你们新来乍到，缺什么尽管言语一声，咱们住在对门就是一家人。"由于职业的关系，我爸我妈从心往外瞧不起她，还告诉我不许上她家去串门，怕我学坏了。梁保成到了我家之后，为房东一家的气氛着了迷，他一边干活，一边瞅着出来进去那些花枝招展的姑娘们，还跟我说："全子，你说哪个最牌儿亮？"他说的话我听不懂，我问他："啥叫牌儿亮？"他笑了笑说："傻蛋，这么多年了，你连这个都不懂，牌儿亮就是漂亮不漂亮？好看不好看？"我问他："不好看怎么说？"他说："念做就是不好看。"要不说挨什么人学什么人哪！对我们十三四岁的孩子来说挨着好人就容易学好，挨着坏人就容易学坏，我是第一次才听到这种新词。因为梁保成对我很好，经常给我买吃的，我在他面前非常随意，管他叫保成哥，后来他又问我："你看哪个牌儿最亮？"我说："兰姐比别人都强。"他拍了一下我脑袋："傻小子你也开窍了，咱俩想到一块儿了，我看他们家那么多人顶属小兰子牌儿亮。"小兰子是什么人呢？她是老鸨子老贺太太收养的养女，那时还没出道（还没进妓院），每天出来进去干些家务活，我管她叫兰姐。她很喜欢我三妹和四妹，在我父母不在的时候她就把我两个妹妹接到她家里去，买些糖果给她们吃，梁保成也趁机会接近了兰姐。这家伙打情骂俏是行家里手，勾引女人更是他的绝活儿，我听我爸说这多年了，他跟十几个女人结婚又离婚，至今还是一个光棍。小兰生在那个环境，见过大世面，对梁保成的表现自然心知肚明，梁保成为了讨好她，把所挣的钱都花在小兰身上，可是他挣的钱有限，顶多买个粉啊、口红、描眉笔啊这些不值钱的东西，根本打不动小兰的心。

有道是人穷志短、马瘦毛长，谁也没想到，有一次我父母去说书，他居然溜到家里趁我不注意翻箱子倒柜把我妈存的钱拿走了有一半，没两天东窗事发，我父母敏锐地感觉到是梁保成干的。有一天晚上，他们把梁保成叫到面前，盘问起这件事，还把我推到门外不让我听，出于好奇我隔着窗户往里看，他们说什么我听不见，但是梁保成给我父母下跪我看得清清楚楚。审问持续到深夜十一点多，梁保成才抹着眼泪走了，他走后，我爸狠狠地说："狗改不了吃屎，你说这个梁保成，父母现在还被困在长春，生死不明，他一点儿都不牵挂，现在混到这个份儿上还有这种花花心。"

我以为这下保成哥的饭碗砸了，父母肯定把他逐出家门，结果我父母还是原谅了他，他答应将来挣了钱一定把偷去的钱还上。第二天梁保成又到我家来了，好像没发生任何事情似的，又说又笑，我心里还纳闷，这个人真不知道愁，昨天还泪流满面，今天就喜笑颜开，可真够脸皮厚的！

眼看又要过春节了，突然好消息传来，长春解放了，郑洞国率部投降了，吉林市大街上敲锣打鼓，到处都张贴着长春解放的喜报。又过了几天，更大的好消息传来，沈阳解放了，我爸乐得合不拢嘴，这下可以回沈阳了，去找我奶奶和大妹二妹。但是呢，沈阳虽然解放了，铁路还没通，暂时没法回去。梁保成一听长春解放了，把小兰也忘了，确切地说是小兰根本没看上他，他也失望了，他才提出要回长春，打那儿之后保成哥走了，再也没见到面。

又过了几天我家又来了一位客人。这位来得太早了，天刚亮就砸我家的房门，我开门一看，来人好像个乞丐，胳膊上缠着药布，脸蛋儿和脖子上贴着膏药，说是乞丐又不是乞丐，手中拎着一个破包，我问他："你找谁？"他说："大全子，你不认识我了？"我愣了一下，看着有点儿眼熟，想不起来了，他自报姓名说："我是你王叔王一啊。"啊！我如梦方醒！但脑海里却怎么也对不上号，记得在长春的时候，王一是国民党新六军宪兵队的一名班长，身上穿的都是美式服装，皮鞋亮亮的，那气派足了，给我家帮了不少忙，可眼前站的这个王一，又黑又瘦，破破烂烂，看来环境最能改变人啊！我冲屋里喊了一声："爸妈我王一叔来了。"

我爸我妈闻听赶紧穿好衣服，把王一让到屋里，我给他沏上茶，站在旁边听他们谈话，我爸问他："听说长春解放了，你现在情况怎么样了？"王一回答说："郑洞国将军起义了，我们也跟着一块儿起义了，由于我是宪兵，属于特殊对待人物，必须到黑龙江省伊春去接受训练，部队是昨天到的吉林，我看到了街上的海报，知道二哥二嫂住在吉林，特来向你们求帮的。"

我爸听完了感慨万千说："你先吃饭吧，你需用多少钱，我尽力而为。"王一在我家吃了一顿早饭，我爸还送他一件兔毛的坎肩，给他拿了多少钱我不知道，王一临走时还说："二哥二嫂多多保重，将来我有了条件一定奉还。"说罢洒泪分别，我爸我妈半天没说话，不知道他们心里想些什么，我那会儿不算小了，脑袋也开始复杂了，想的也多了，对王一的突然到来，既出于意外，又感觉到他挺可怜，我想这人的变化咋这么大呢？几个月前还是个漂亮小伙子，现在都变成老头了。

没过几天我三舅王来君从哈尔滨来了，我妈一看三哥来了，放声大哭，我妈一共有三个哥哥，大哥王来鑫，二哥王来银，三哥王来君，妹妹王香琴，她跟我三舅的感情最亲密，我三舅也是说书艺人，在江北号称小圣人，就是书说得好，虽然他只读过两年私塾，却满肚子学问，而且思路敏捷，能写出很多好段子，在哈尔滨多次获奖，这次来到吉林大大出乎我们的意料。在吃晚饭的时候我才知道，三舅这次到吉林来有两个目的，一是戒烟，二是躲避家庭纠纷。什么纠纷呢？原来我三舅也是个花花肠子，他把糟糠之妻我三舅妈扔到老家就是河北安次，在哈尔滨又娶了个小学教员，还生下个女儿叫王流芳，我三舅妈得知这一消息之后从安次千里迢迢赶到哈尔滨，一场内战终于爆发了，搞得我三舅书也说不了了，也没法抬头见人了，只好躲到吉林我们家来。

我妈向来口冷，指责我三舅不应该喜新厌旧，这些事都是自己找的，我三舅长吁短叹，低头不语。我爸说既然三哥来了，说这些话都没用，快把茶社经理找来，给三哥找个安身之地吧。我三舅站起来往外屋看了看，对我爸说："别麻烦别人了，我就住在外屋吧。"我爸说："那哪行啊？太冷了。"我三舅说："这次我下决心要把这行子（指大烟）戒掉，冷点儿、挨点儿冻我不怕。"于是我们就在外屋给我三舅支了张木床多加了两床被子，他才安顿了下来。

当时松江茶社正缺演员，我三舅的到来正弥补了空白，他每天晚上都到茶社去说书，买卖还真不错。当时的形势是这儿解放那儿解放，天天都有喜讯，解放大军以排山倒海之势，攻必取战必克，每解放一个城市就要庆祝一番，国民党军一泻千里，兵败如山倒，因此慰军劳军的事不断，有人请我妈到军营里慰问解放军，我妈不会新段子，我三舅连夜给写了个段子叫《无敌三勇士》，写得相当精彩，我妈表演得也非常出色，受到解放军官兵的一致赞扬，后来他又给我妈写了个段子叫《王贵与李香香》，写得相当精彩，要不怎么说叫小圣人哪。

我们在吉林度过了一个春节，我已经十四岁了，1948 年年底，吉林奔沈阳的火车开通了，我爸跟我妈商量，他要先回沈阳去打探我祖母和两个孩子的消息，我妈同意了。我也忘了我爸走了多少天，好像也就是三四天吧就回来了，我妈着急地问："找着老太太了吗？"我爸说："没有，我到沈阳老三（我爸的三弟叫单永槐）家里去了，他们家锁着门，在沈阳吃紧的时候，他们都逃到天津去了，现在还没回来，听说沈阳解放了，他们很快就要回来了，咱妈和俩孩子都平安无事。"我妈长出了一口气，总算把提着的心放下了。

我三舅在我家住了一个多月，把烟瘾也戒掉了，也存了不少钱，决定回哈尔滨家里去，没过几天他就走了。于是我爸和松江茶社的经理提出，你另请旁人吧，我们要回沈阳了，经理虽然有些舍不得，但也很通情达理，他深知一家骨肉相聚的重要性，所以就同意了。临行的时候，他在饭馆摆了几桌，给我家饯行，凡是我家在吉林的朋友也全请到了，其中就有李占元，我爸挨着他坐着说些道别的话，我爸打听起李照文的消息："照文现在怎么样？"李占元听后哭了："二哥，别提了，别看照文平时贼精八怪，到了事情头儿上就犯糊涂，吉林市解放初期，我们全都被抓了俘虏，像我这样的一无血债二无民愤，登了个记学习了几天就放我回家了，我那几个同事都跟我差不多，唯独照文他是督察处处长，属于共产党特殊专制的对象，结果他被关进监狱。你在监狱里好好坦白交代，争取立功赎罪不就完了吗，结果我听说他在监狱里搞起了绝食，没过几天听说他就死在监狱里了。"我爸听说后惊叫道："照文死了？"李占元说："就是前几天听说的。"我爸半天没说话，看样子他非常难过，他是一个好交朋友的人，也是一个非常讲义气的人，想到长春那时的岁月，焉有不伤心的道理！

在这里还要补充几句，在我们临走之前，问刘玉庆的妻子走不走，她说："走，我们娘儿仨回长春，因为长春解放了，我们得回家去看看。"我爸给他们买了火车票，他们就回长春去了。两天后，我们终于登上了火车，与吉林的朋友们挥手告别。当时我的心乐开了花，好几年不回沈阳了，不知道变化有多大，尤其想到我奶奶和两个妹妹，眼看就要团圆了，心里就格外高兴。

骨肉再团聚

马车从铁西到北市场得走一个多小时，我们在车上有充足的时间唠唠家常和离别的情况，我利用这段时间简单地介绍了我们在长春和吉林的所遭所遇，奶奶边哭边听问这问那。

到沈阳站了，走出车站后，有许多沈阳的老朋友前来接站，一直把我们拉到北市场四海升平茶社。茶社的经理叫张彪，过去我们就认识，我管他叫张叔。四海升平茶社是北市场中最讲究最漂亮的茶社，方桌靠椅，全是用好木头做的，书台周围还有半尺高的栏杆，给人耳目一新的感觉。张彪的家连着茶社，就隔着一道墙，他家也很讲究，南屋北屋楼上楼下有六七间房子，他老伴儿张着大嘴接出来。哎哟，兄弟妹妹可把你们盼回来了。我一看这位张婶把我吓一跳，小个儿不高能有一米四多点儿，满脸是皱纹，大黑嘴唇，大黑眼圈，一看就是个十足的大烟鬼，她不像张彪的老婆，好像他妈。

张彪一米七八的个头，长得四方大脸，五官端正，加上生活好，红光满面，显得非常富态，这夫妻俩站到一块儿太不相称了，少说他媳妇也比他大二十岁，真是标准的老妻少夫。

说到这儿有段插曲，原来张彪是四海升平茶社的伙计，老掌柜的姓曹，见张彪朴实能干，对他非常器重，后来不知道为啥，老曹头死了，张彪竟与老曹头的遗孀结成了连理，大家在背后都说张彪图的不是人是财产，白得了一个茶社，七八间房子，还有很多私人财产，这个世界啊为了一个钱字什么事都能干得出来，老夫少妻也罢，老妻少夫也好，都跟一个钱字紧密相连。但是这位张婶倒满不在乎，也不怕别人说三道四，为人爽朗大方，是见过大世面的人。

我们下车之后来到他家，他在著名的大饭店庆宾楼大排宴宴摆了能有七八桌，把我父母在沈阳的老朋友几乎全请到了，张彪对我父亲说："二哥告诉您一个好消息，我听说老太太（指我奶奶）他们已从天津回到沈阳了，现在住在铁西三哥家里。"我爸双手合十念了一声："感谢天地。"

准备吃完饭就去铁西接我奶奶和两个妹妹，我对我奶奶的感情非常深厚，听了张叔的话我什么也吃不下去了，我对我爸说："爸，我不吃了，我一个人先去铁西，看我奶奶去，然后把她们接回来。”张彪说：“那就接到四海升平来吧，我们家房子多，再多几口人也住得下。”说着我从爸爸手里接过钱来，飞快地到了街上。

因为我在沈阳居住了多年，地理非常熟悉，我先跑到十间房，上了摩电（有轨电车），我知道十五站下车就是铁西的市场，我三叔就在那市场里边说书，摩电虽然慢但非常便捷，一站两站三站很快就到了铁西，我跳下摩电直奔市场，一眼看见市场门前贴的海报：本茶社特请单永槐先生说讲《三侠剑》，又写着风雨不误，欢迎光临，每天下午一点至四点准时演出。我到的时候正好是两点多钟，那个茶社过去我去过，没费劲就找到了，离着挺远就听见我三叔嘶哑的声音，正在大讲特讲，我快步走进茶社，但见高朋满座，我三叔在台上讲得正欢，我也顾不上一切了，直奔书台走去，上了三尺讲台，把我三叔的胳膊抓住大声地说道：“三叔，我们从吉林回来了！”我三叔先是一愣，仔细看了看我问道：“你是大全子？”我说：“是。”我又说：“三叔，我爸我妈都回沈阳来了，你别说了，咱回家吧。”我三叔又惊又喜地说：“孩子那怎么行，我还没给人说完呢，这样吧，我先派个人把你领回家里去，先看看你三婶、你奶奶和你两个妹妹，一会儿我说完书就回家。”一百多位听众见此情景议论纷纷，一片哗然。

我抹了一把高兴的眼泪，跟着一个伙计就奔三叔家去了。我三叔家住在一个大杂院里，楼上楼下住着十几户人家，我三叔家住在二楼，你说怎么那么巧，我刚一进院，就看见一个女孩儿从楼梯走下来，手里拎着一把水壶，好像到水管子那儿去接水，我一看这不是我大妹妹林芝吗？但又有点儿不像，真应了那句话，既熟悉又陌生，我大妹妹一眼也看见了我，顿时愣了一下，也没打水就往回跑，可能回去送信去了，当我刚登上二楼时，我奶奶、我三婶还有一大群孩子其中也包括我的大妹林芝和二妹林华，都拥了上来，我一下跑过去抱住我奶奶，放声大哭，我奶奶搂住我的脑袋，老泪纵横，半天没说出话来。我三婶在旁边哭边劝：“妈，这是喜事，您老别哭了，快点进屋说话吧。”我们这才进了屋。我奶奶伤心了半天才说出话来问我：“你爸你妈在哪儿呢？你三妹四妹咋样？”我说：“全挺好，他们在北市场四海升平茶社呢，我爸说一会儿吃完饭来接你。”我奶奶说：“还用他们接，咱们雇辆马车回去就得了。”看来奶奶有点迫不及待，于是就让那个领路的伙计雇了辆车，我奶奶和大妹二妹把东西收拾了一下，跟着我下了楼上了马车，我三婶说：“妈，我和永槐明天再过去看我二哥二嫂。”

马车从铁西到北市场得走一个多小时，我们在车上有充足的时间唠唠家常和离别的情况，我利用这段时间简单地介绍了我们在长春和吉林的所遭所遇，奶奶边哭边听问这问那。奶奶还对我说，这麻子（指我三婶）心眼儿才歪呢，他们偷着吃好东西，让我们吃不好的东西，我们受的那个气就甭提了，看来一窝向着一窝儿，关于许多细节我记不清了。通过奶奶介绍，我对三叔和三婶的印象非常不好，一个多小时过去了，我们终于来到北市场的四海升平茶社，我把奶奶扶下马车，付了车钱，撒脚就往里跑。我估计他们早就把饭吃完了，肯定都在家里呢，果不其然，我一进院真是高朋满座，足有好几十口子，都是沈阳的老朋友，闻讯后来看我父母的，他们唠得正欢。

我进屋后高声喊道：“爸、妈，我把奶奶接来了。”说话间奶奶领着我大妹二妹已经走进屋中，脸上带着悲伤和茫然，我爸紧跑两步，扑通一声跪在我奶奶面前：“妈，我的妈呀！您可想死儿子了！”这句话是发自肺腑，让人听了撕心裂肺，在场的人无不落泪，我妈跪在我爸身后，也亲热地叫了声妈，然后把我大妹二妹搂在怀里哭声一片。哭是一种宣泄，该哭的时候就得哭，憋在心里就得生病，要全都释放出来就没病了，所以周围的朋友们谁也没劝，让我们尽情宣泄，我们全家团聚，哭了足有半个小时这才止住了悲声。

张彪的媳妇我那位老张婶儿第一个走过来，大声说：“大喜大喜，同喜同喜，你们说书人不是常说，悲中喜喜中悲嘛，今儿个这就是喜中悲，快让老太太进屋歇会儿吧。”

当天晚上我们一家人同住在一间大房子里，既不困也不累，足足唠了大半夜。其中最吸引我的话题是小刘的问题，在前面我已经交代过了，小刘原是茶社的一名伙计，因为聪明能干，朴实可靠，相处得时间久了，他已经变成了我家的一员。在我奶奶和两个妹妹离开长春逃往沈阳时，我不是说过嘛，我家买了一辆花轱辘大车和两头大牲口，我爸就把我奶和两个妹妹托付给了小刘，让他们到沈阳投奔我三叔去，小刘还带着他媳妇和他妹妹，一路同行，我管他叫刘叔，现在我关注的重点就是这个刘叔。

我爸急切地问：“小刘现在在何处？咱家的车和牲口哪儿去了？”我奶奶气得直捶炕咬着牙骂道：“甭提他了，这个狼心狗肺的东西，早他娘的变了良心。”我们急切地问道：“究竟怎么回事？”

于是我奶奶就把经过讲述了一遍，她说：“开始离开长春的时候，一切都很顺利，沿路逃难的人多了，缕缕行行一眼望不到头，白天我们随着人群走，该吃吃该喝喝，都很正常，晚上睡觉的时候，我们娘仨除了方便之外，从来就没离开过大车，小刘一家铺上点儿什么就睡在地上，大约走了一个月，我们终于来到了开原。有一天早上，小刘跟我说：'老太太，今天咱恐怕走不了了，您看，这骡子的眼睛累瞎了，马的后腿也瘸了，这架马车也不行了，我需要找个地方修修车，再给马和骡子治治病，你们三口就在道边等我，千万不要离

奶奶和四个妹妹（林芝、林华、林荣、林玉）

开，等我回来再接你们。'"我祖母是最老实最厚道的人，拿小刘的话信以为真，就带着我大妹二妹坐在路边等小刘，结果这个小刘是一去不回头，从早晨等到中午，从中午又等到快天黑，一直不见他的踪影，这下我奶奶心里没底了，心里生起了疑问，难道小刘变心了，把我们娘儿仨扔到这儿他跑了，又一想不可能啊，他不是那样的人啊，那就再等等吧，天眼看就黑了，依然不见小刘的身影，我奶奶这下心里更没底了。

我奶奶她们所在的地方，虽然是属于开原，但前不着村后不着店，就是一片旷野荒郊，连一户人家都没有，真要是小刘变了心，我奶奶带着两个孩子，又有许多东西，可怎么个走法！虽然说离着沈阳不太远了，可是要步行到沈阳事比登天，于是三口人搂在一起放声大哭。也不知道过了多长时间，真是应了那句古话，天无绝人之路，从大道上也来了一伙儿逃难的，也赶着大马车，他们发现路边有一个老太太抱着俩孩子在那儿哭，深感疑惑不解，他们把车停下，车主弯下腰问："老太太，你们遇上什么难事了，为什么这么伤心？"

我奶奶迫不及待地想遇上个人说说心里的话，一看有人这么关心地问她，真好像黑夜中遇上一线曙光，大海中抓住一根稻草，就哭着把经过说了一遍，那人很关心地问："您这是上哪儿去呢？"我奶奶说："上沈阳找我三儿子去。"那人又问："你三儿子是干什么的？"我奶奶说："他是说评书的，姓单叫单永槐。"那人听说了很惊奇地问："长春有个叫单永魁的是你什么人？"我奶奶说："那是我二儿子。"那人惊喜地说："这么说著名的大鼓演员王香桂是你儿媳妇了？"我奶奶说："是。"那人笑道："王香桂可是个著名的演员，我是她的书迷，我也是从长春来的，在长春的时候，我经常去听她说大鼓书。"我奶奶一听这话好像见到了希望，对那人说："那就求您帮帮忙行吗？把我们娘儿仨捎到沈阳去。"那人毫不犹豫，连说："行行行。"于是把我妹妹连我奶奶扶上了他的车，随身东西也装上了车。

我奶奶一个劲儿说："老天保佑，菩萨睁眼，让我们遇上好人了。"我奶奶由于激动也忘了问人家姓什么，那位好心人一直把我奶奶她们送到沈阳，后来，车停住了，那位好心人说："老太太，你三儿子住在哪儿？恕我不能再送了，我还有事，请你们原谅。"我奶奶三口人下了车，感动地给那位好心人磕了个头，嘴里不住地说恩人长恩人短，那人很客气，连忙说："老太太，这我可受不了，咱们这也算缘分吧，我要走了，后会有期吧。"就这样这位好心人赶车走了，我奶奶她们到了沈阳就算到了家了，便雇了一辆车把她们娘仨拉到三叔家。在二儿子家是家，在三儿子家也是家，也可以说到家了，这就是以往的经过。

我们全家人听了奶奶的介绍，深感意外，连我对小刘也是义愤填膺，在我的脑海中刘叔总是带着一张笑脸，经常领着我去他家玩儿，给我买吃的买喝的，他又爱说爱笑，我拿他比亲叔叔还亲，现在他那张笑脸在我脑海中消失了，取而代之的是一张恐怖狰狞的面孔。他怎么能忍下心把我奶奶和两个妹妹扔在路边他自己逃走了，这种人忘恩负义，简直是可杀不可留。

后来我奶奶又讲起了我三婶不是个好东西，在她们从沈阳逃到天津之后，就受我三婶的气，还举了许多许多例子，我听着听着就支持不住了，倒在炕上就睡着了。

第二天，在四海升平茶社说书的西河大鼓女演员白××来看我们，其实她的目的是要探听一下张彪张经理是否要换演员，把我妈留下把她赶走，我爸说："××师妹，你放心吧，我们住在张彪这里是属于私人的交情，昨天在庆宾楼饭店我们已经定好你师姐到会宾轩去说书，跟你一点关系也没有。”白××听完这才放心，接下来她做东又是一顿大宴请。

会宾轩茶社有两位经理，一个叫张泽清，一个叫耿文贵，都是我爸要好的哥们儿，会宾轩茶社又是北市场最大的茶社，地理位置好，人气旺盛，过去我妈在这儿说过书，有很大的影响，能容纳二三百人，一般的演员不敢在这儿比画。事情定下之后，我们得紧快离开张彪家，不在人家这儿说书，哪能住到人家家里？所以找住处是第一件大事，这些事都归茶社负责，第二天我听张泽清对我爸说：“二哥，房子租好了，包你满意。”我爸说：“是吗？在什么地方？”张泽清说：“离茶社不远，就在东北京剧院的后边。”我一听，乐得直蹦，就要求先去看一看房子，张泽清说：“行啊！”于是他就派了个伙计，领我去了那个新住处。

我家的鼎盛时期

把挣下的钱分成两部分，一部分支持日常开支，一部分就存起来变成黄金，不是买戒指银子就是买大洋，这样的活儿我全干过，尤其买大洋，就落在了我身上。

张泽清派了一名伙计，领着我去看新租的房子。我们在路上一边走着一边看个不停，故地重游，别有一番感触，路边的老字号依然如故，新改变的地方就格外显得陌生，东北京剧院到了，过去我没短了在这儿看戏，我两个师姐还曾经偷偷地带我来看戏尾巴。啥叫戏尾巴？也就是当戏快要结束的前十分钟，门口不收票了，人可以随便进去看戏，但是把门的人每人要收五分钱，如果没有五分三分也可以，这是他们的外快。不管什么戏越到后边越精彩，戏尾巴也就是结束那一段戏，是最精彩的，虽然没看到全部的戏，光看看戏尾巴也相当过瘾，只花几分钱很划得来，这笔钱自然也成了把门人的外快。当时在戏院这成了公开的秘密，哪个戏班子都是如此。

我看了看经常看戏尾巴的那个门，想想往事悲喜交加，喜的是故地重游，我又看到了熟悉的大门；难过的是物是人非，我的两个师姐已经不在我家了，我还刻意地看了看我家原来租住的房子，以及我跟诸多小朋友玩耍的地方，所以越走越慢。那个伙计说："你倒快走啊，再走几步就到了。"我马上回过神儿来，跟着他继续往前走，东北京剧院后面有一条街，叫二十四纬路，路面不宽，靠着路南，是一栋临街的四合院，青砖建筑整整齐齐，三磴台阶，紧闭着的黑漆大门，伙计说："到了，就是这儿。"

我站在门口端详了好半天，我家东奔西走，历经数载，都是茶社包租房子，从来还没住过这么气派的房子，看来张叔耿叔真够意思，以上宾之礼对待我父母。伙计上了台阶，啪啪啪砸门，我站在他身后，心里纳闷，大白天的关什么门啊？这出入有多不方便啊？突然大门开了，我的眼前一亮，原来开门的是一位十分俊秀的姑娘，她留着齐耳边的短发，一张瓜子脸，清秀的五官，白皙的皮肤，上衣穿着苏式三紧的夹克，下边穿着带背带的蓝布工人裤，脚上穿着白球鞋，这在刚刚解放时期是最时尚的服装，穿在她身上是那样的得体。

这个女孩儿不爱说话，开开门后也不问我们找谁，转身就走，在我们见面不到半分钟的时间里，她给我留下了深刻的印象。我就觉得她是我见到的女孩儿当中最俊美的一个，那年我快十五了，对爱情两个字还很模糊，似懂非懂，然而在见到这个女孩儿的刹那间却让我怦然心动，是早熟吗？我也说不清楚，总之感觉很好。

这时伙计把我领进了院里，院子不小，全是青砖铺的地面，正房三间是房主家住，我们租的是东西厢房共四小间。这时女主人出来了，把房门打开，让我们进去参观，我一看房子非常整齐，四白落地，水泥地面，外屋是间空房，里间是一铺火炕，西厢房外屋是厨房，里屋也是一铺火炕，非常整齐干净，假如我们搬进去，院里就住着我们两家，房东和房客，大门一关非常安静，我一看满意极了，转了一圈之后，我让房东锁上门，跟那伙计就回到了四海升平茶社，见着父母和奶奶介绍了经过，他们听了之后也非常满意，决定早日搬过去，一切也就安定了。

没出三天，我们搬进了新居。我爸我妈住进东厢房的里屋，我在外边支了一张铁床放了一张书桌和两把椅子，这既是我的卧室也是待客室，我奶奶领着四个妹妹住在西厢房的大炕上，跟随我们一同来到沈阳的于叔住在茶社里。一切安顿之后，大家松了一口气，这也算是重新安了个家，暂时有了归宿。

后来才知道，我们院的房东姓张，我管他叫张大爷，管他的老伴儿叫张大娘，给我们开门的那个女孩儿叫小美，是五年级的学生。她还有几个哥哥，一个弟弟，都在外地工作，她家是很保守的一家人，很少与外人接触，因为我们是邻居，尤其每天吃水还得去她家打水，水龙头就在她家的堂屋里，所以磕头碰脑不得不说话。房主人当时是卖菜的，每天早出晚归，穿着肥肥大大的破棉袄，总是低着头不愿意说话，他的穿戴与他住的这个家极不相称，谁能想到这么漂亮的房子中却住着这么个衣服不整的人！说穿了原来他家有点背景，这个叫张××的人在北市场也是小有名气，他家共有房子一百多间，除了他住的这个院子之外，其余的都租了出去，他家的生活就靠着租金维持。共产党把他定为小房主，他害怕极了，生怕共产党用斗地主富农的方式来斗他，卖菜只是充充门面，共产党不是讲自食其力嘛，他这是做个样子给外边看，其实他每天回到家里就把破衣服换掉，吃的喝的依然是高等的。俗话说祸从口出病从口入，张××深知这个道理，他见人不爱说话，也就是这个原因，生怕哪句话说错了被人抓住尾巴。他的媳妇张大娘比他小二十来岁，据说过去是某妓院的妓女，张××老伴儿死了后就跟张××从了良了，一开始儿女们坚决反对，久而久之的也就接纳了这个出身不光彩的女人，但这个张大娘给我的印象最好，待人热情，爱说爱笑，比如说我家刚搬过去，缺东少西，都是她主动帮忙解决，她有时也到我家唠唠家长里短，我父母经常不在家，全是我奶奶陪着她，我奶奶是个善良又平易近人的人，和张大娘的关系越处越近，在此后的几年中他们全家人对我奶奶的印象非常好，逢年过节都把我奶奶接到她家吃上一顿，有时候吃好东西还给我奶奶送过来，我奶奶也不例外，礼尚往来嘛！人哪，就应该是这个样子，人与人之间的沟通最为重要，只有沟通才能使人亲近，否则便会变成孤家寡人。

没过几天，我妈在会宾轩茶社开始说书了，海报一贴出去，观众从四面八方赶来，每天都是人满为患，尤其是沈阳刚刚解放，人心舒畅，市井繁荣，无论是戏院还是茶社都非常火爆，真是鼓槌一响黄金万两，醒木一拍金银自来。

我失学已经很长一段时间了，念书成了我的当务之急。通过茶社经理张泽清的介绍，我又回到了三经路小学念六年级，还是插班生。这所学校是我念一年级时的协心小学，现在改名叫三经路完小，这所学校对我来说太熟悉了，但是过去的白老师已经不见了踪影，我们班主任是姓汪的男老师，是个南方人，对我不冷不热，你说邪门不，在我上学几天之后，学生会成立了，各班都要选班长，也不知道为什么，糊里糊涂就把我选上了班长。我们班当时有六十多人，是个大班，我做了大班的班长，兴奋不已，可能在我的一生中就是当班长的命吧。过去在长春就当过三四年级的班长，现在又当了班长，心里那份儿高兴劲儿就甭提了。我跑回家后，对父母一说，老人当然也非常高兴，鼓励我好好学习。

使我感到意外的是，我心目中的那个叫小美的女孩儿也在三经路小学读书，念五年一班，也是班长，有时在班长联席会上经常见面，虽然不说话也点头示意。因为我们俩住在一个院里，我心想这要上学一起走下学一起回家该有多好，可偏偏这个小美性情孤僻，跟男同学很少说话，就拿我来说，我们俩同院住了一个多月了，连一句话也没说过，她每逢放学回家或是早晨上学都是耳不旁听目不斜视，一个劲儿地朝前走，使人很难接近。说句良心话我对她又喜欢又厌恶。

在这时候又发生了一件事。有一天我放学回来，就听我家有人大吵大叫，我进屋一看，原来是跟我们一同逃难的刘玉庆刘大爷，就见他面色青白，又拍桌子又敲板凳。我爸也不示弱，又跺脚，又捶椅子，我不知道是怎么回事，站在旁边傻听着，后来才听明白，原来刘大爷从江北学习结束了，回到了长春，那位刘大娘说了我父母许多坏话，说在吉林那几个月当中，我父母对她很少照顾，她又挨冻又缺吃少烧，为此刘玉庆一怒间找到沈阳，指责我爸不够朋友，换句话说他是特为从长春到沈阳来兴师问罪的。我爸当然不服气，与他分庭抗礼，我就听见我妈说："你怎么不说说拿我的钻石手表送人情呢？你知道那块表值多少钱吗？这个损失由谁来负责？"吵着吵着他们又言归于好，气氛逐渐缓和下来，刘玉庆还在我家吃了晚饭，第二天我爸把他送上火车，临行时我爸说："大哥，你先回去，过两天我也回长春，还有许多事我要处理。"

在刘玉庆走后不到一周，我父亲真的回长春去了，回去干什么？后来我才知道，去找那个忘恩负义的小刘。也不知道他听谁说的，在长春街头遇上了小刘，小刘靠赶马车维持生活。

几天后我爸从长春回来了，我奶奶忙问："找着小刘没有？怎么个结果？"我爸长叹一声，介绍了经过。不是说他是我父亲我就偏袒他，我父亲虽无文化，但侠肝义胆，心地非常善良。他从沈阳出发的时候信誓旦旦地说："我非要在长春找到小刘这个忘恩负义的东西，让他包赔我一切的损失，我还要把马车和马全要回来。"结果回来的时候两手空空，也不那么生气了，听我爸说他到长春没费劲就在四马路上遇上了小刘，小刘真的靠赶车维持生活，骡子死了，光剩下一匹瘸马。

小刘看见了我爸，一下惊住了，这就叫贼人胆虚啊，他强拉硬拽，把我爸让到家里，跪在我爸面前说："二哥，我绝不是你想象的那种坏人，我让老太太和两个孩子在路边等我，我去修车治马全是真的，可是近处没有治疗的地方，我走出去很远很远，还遇上了当兵的，拉我出官差，给他们运送东西，等一切结束后，已经到了后半夜了，我心说算了，马也不治了，车也不修了，就将就着到沈阳去吧，可是等我找到原来的地方，老太太和两个孩子早就不见了，在万般无奈的情况下，我才回到我们老家，长春解放后，我又赶着车回来了，即使你不来找我，有一天我也得去找您，把误会解释开了。"我爸本想讨回车马，一看他家徒四壁，囊空如洗，全靠着这辆破车和瘸马维持生活，真要要回来，不但断了他家的生路，也卖不了几个钱，干脆做人情就做到底吧，最后都送给小刘了。

我奶奶听完之后没说啥，只是我妈说了几句：“你呀，纯粹是个废物，说大话使小钱，什么事你也办不了。”我爸说：“说人家故意骗了咱们又没有事实根据，把车马要回来，就等于断了他家的生路，咱又不指着那俩钱，适可而止吧，就当是破财免灾了。”在我的印象当中我父亲一生中都是本着这个信条生存的，他虽然没有文化，但心地善良为人忠厚，有时候气极了也吼几声，但与他的内心善良是不矛盾的。

再谈谈我的学习情况，我虽然是班长但是不怎么守纪律，每逢学校集体活动的时候，我都很少参加，总喜欢在身边聚拢一帮人听我诉说很多离奇古怪的事。虽然我和同学们年龄差不多，但就我的经验而言，多年来随我的父母走南闯北所见所闻比他们强得太多了。老实说我并不是一个好学生，学习成绩平平，人大心大坐到那儿听课，精神不集中思想溜号，总想着看看电影啊，再看看小人书啊，上北陵去玩一玩啊，到北市场去听听书听听相声啊，那成绩还能好得了吗！

说话间就到了 1949 年 10 月 1 日，惊天动地的大事件就是中华人民共和国成立了，满大街上彩旗飘飘，锣鼓喧天，人们欢天喜地，我长这么大从未见过这么红火的场面。我从宣传单上看到了第一届的中国领导人，主席毛泽东，总理周恩来，还有六位副主席，其中印象最深的副主席就是高岗，因为他既是中央政府副主席，又是东北人民政府主席，东北局书记，东北军区政治委员，他就住在沈阳。在 10 月 1 日那天，沈阳市百万人参加了游行集会，我们全校的学生也都参加了，市农工商兵云集在市政府前的广场，东北政府最高领导人高岗出席，社会名流丁玲等人也参加了。开始是升国旗奏国歌而后是高岗主席讲话，由于场面太大，当时的扩音设备不怎么好，高岗的口音我也听不明白，总之他就是说了一顿贺词，接下来各界人士代表讲话，再接下来就是全市的大游行，我站在队伍当中，穿着崭新的学生服，看着那浩浩荡荡的游行队伍，心里那个痛快劲儿就甭提了，虽然累但是取代不了我的兴奋。入夜之后全市举行了提灯晚会，各大公园各大广场华灯初上把夜空都照亮了，人们载歌载舞，祝贺这一喜庆吉日，通宵达旦。

第二天大放假，北市场所有的饭店和文艺场所都高朋满座，人们喝呀唱呀，尽情释放着愉快的心情，我在北市场又听书又听相声，又看变戏法的和摔跤的，简直玩儿了个够，至今那种火爆的场面还在我的眼前晃动。

应该说树大招风，我妈一到沈阳重返舞台影响颇大，接下来，我家的亲戚朋友陆续不断都投奔她而来。我三叔住在沈阳，经常来我家看望自不必说，由于奶奶说过我三婶刁钻，虐待老人和孩子，所以我们全家对我三叔和三婶表现得不怎么热情，两家人心里都隔着一层膜，相见之下比较尬尴，反不如其他朋友亲热。

那时我三舅也从哈尔滨来到沈阳，入住在北市场内，他是我家比较受尊敬的亲人，一是我妈和他感情好，二是他有才，他在四海升平茶社说书，小圣人在沈阳一炮打响。接下来我大舅也从廊坊赶到沈阳，不过我妈对她这位大哥不怎么亲热，原因是我大舅性情粗暴，爱打爱斗，在农村和乡里之间经常发生不睦，在圈内人缘也不好，加上他艺术平平，走到哪儿都赚不到钱，他有个儿子叫小黑子，跟他爸爸一模一样傻头傻脑，语无伦次，是我们家族中最不受待见的人，本来他也想搬到沈阳来说书，被我妈拒绝了，我妈说："沈阳虽然是大城市，说书艺人多达百人，哪个都比你强，你即使来了也赚不到钱，还是回农村吧。"当然我大舅心里十分不快，后来我妈给他拿了笔钱把他打发走了。

接下来我二舅也从老家来到沈阳，说心里话，我从心里对二舅就好，他长得外表漂亮，是我们家族当中最帅气的一个人，细皮嫩肉，高鼻梁大眼睛，而且为人和善，一向低调，从来不跟人发生口角。他会弹三弦，所差者就是技术一般，他的到来，给我爸减轻了负担，我爸和他轮换着给我妈弹三弦，这样我爸就有了充分的休息时间好去张罗其他的事。我二舅有两个孩子，一个叫小白，一个叫小山，都是我表弟，小白比我小一岁，大名叫王佳男，很有内秀，性格颇像我二舅，我妈也挺喜欢他，他每次到我家来玩儿，见活就干，从不偷懒，写得一手好字，更受到家族成员的重视。我二舅一家住在北市场，考虑到收入的关系，他除了轮流给我妈弹弦之外，还在北市场开了个鲜果床子，顺便卖点烟酒，一家人生活稳定倒也其乐融融。不过我妈对我二舅看法不太好，说我二舅小气，摆不到台面上，旁人请客送礼的事他概不参加，按我妈的话说，一分钱他都得掰开花。有一次到我家来串门，正赶上过节，他给送了一包梨蛋子，被我妈当众把梨撇到院里，梨蛋子滚了满地，把我二舅弄了个大红脸，尽管如此，他还是笑着离开了我家，我认为我妈做得真有点过分，哪能当众羞辱我二舅呢？让他怎么做人！事后我二舅可不计较，依然经常到我家来。

还有我的大伯单永生也从天津赶到沈阳，经我妈安排在沈阳第一商场说书。我大爷小名叫八岁红，据说八岁的时候他就登台，而且一炮走红，才得了这个名，人们认为他肯定大红大紫，结果恰恰相反，他染上了毒瘾，每天吞云吐雾，把钱都花在毒品上了，为这我大娘和他离了婚，带着女儿大金远嫁到包头去了。我奶奶看见我大爷那火就不打一处来，别看老太太平时温顺，可是对这个没出息的儿子，她是毫不留情的，她指着我大爷的鼻子说："你呀你呀，好好的一个家全叫你毁了，你看别人过的，你不觉得羞耻吗？三十多岁的人了还打着光棍，你要再抽大烟，你就抽死了，你还有脸找你二弟和弟媳，我都替你害臊。"我大爷也是个没有文化的人，他的最大功劳是他出道早说书早，在天津最困难的时候，他曾经把挣来的钱养活过我奶奶和我三叔，现在虽然没落了，念及过去的情分我爸和我妈还是照顾了他。

不久我外公也从河北安次来到沈阳，他叫王福义，在圈内的辈分较高，很多说书艺人都管他叫师爷或师叔。我外公一生最大的毛病就是好赌，据我妈说我妈没嫁人之前所挣的钱都被他输光了，我姥姥经常跟他干仗，据说姥姥就是被他活活气死的。老头身材高大，不计较吃穿，只要有地方住就可以，现在年岁大了，只有投奔儿女，我妈也是个十分孝顺的女儿，对她这位不成才的老爹，还是百般照顾的，把他安排住在我二舅家，每月固定给他一部分钱。这老头非常和善，好说好笑，就是大家所说的不知道愁，或者是没心没肺，不管他走到哪里，总能听见笑声。我对外公还是十分亲近的，没事我就拉住他问他："你是清朝过来的人吗？"他说："当然是了。我年轻的时候还梳过大辫，后来被孙大炮（孙中山）下令给剪了。"我又问他："清朝好吗？"他说："清朝好，老佛爷在的时候那生活可得过了。"我问他："你见过老佛爷吗？"他说："平民百姓，哪能见得着老佛爷，但是我见过许多太监，每逢老佛爷去颐和园，在所经过的路上都搭着彩棚，不远一座，不远一座，都是那些小太监值班，他们闲着没事就把我找去说书，说完了还赏给我许多碎银子。"说着说着他眉飞色舞好像又回到了过去。我就爱听他讲古，听着新鲜，我外公也爱讲，问他啥他就说啥，人老了又没有文化，无论是水平和观点都陈旧不堪，都与新社会格格不入，思想工作是最难做的，你也不能跟他抬杠，也不能犟嘴只当是听故事而已。他爱吃炸酱面，每次到家都是我妈亲手给他做，大冬天的他总是敞着怀，露着肚脐眼儿，我妈说："爸，你把衣服掩严了，把扣子系好了，把裤子提上，这样有多冷啊。"我外公笑笑说："没事没事，我火气壮不怕冷。"人老了还有一个毛病就是固执，说劝都不起啥作用，一切就听之任之吧。

这就叫没有梧桐树引不了凤凰来，当时我家可以说到了鼎盛时期，财源滚滚，人气旺盛。我曾听见我父母私下议论，过去咱们积累的那么多财产已经荡然无存了，现在就得重打鼓另开张，多攒下点钱，抚养老小和咱们的晚年，他们是这么说的也是这么干的，所以他们风雨不误地去赚钱。把挣下的钱分成两部分，一部分支持日常开支，一部分就存起来变成黄金，不是买戒指银子就是买大洋，这样的活儿我全干过，尤其买大洋，就落在了我身上。我是三天两头往洋市上跑，那里经常聚集了几百人，一只手托着十几块大洋，叮当直响，嘴里还说买几块卖几块，我拿着钱在市场上穿梭看见成色好的我就站住跟他讲价，那阵一块袁大头是一万到一万零五百块钱，英国站人大洋贵一些，每块一万一千元或一万二千元。买大洋有讲究，为了避免上当，两只手掐着大洋的中心用嘴猛吹一下放在耳朵边听听，如果有嗡嗡的声音持续四五秒钟，说明这就是真的，如果吹了半天没有声音那就是假的。还有一种办法，两只手的食指各挑着一块大洋让它们碰撞发出呲呲的声音，有声的是真的没声的是假的。因为我换的多了，也成了小行家，每次买回来的都是真的。那时的人是从旧社会过来的，对纸币不感兴趣，恐怕像国民党国币那样随便涨随便落，到头来变成一堆废纸，只有金银才是最保值的，这种心理一直延续到了今天，很多上了年岁的人还是愿意储存黄金。

厄运前兆

在我妈出走的半个月后，他买了张车票去了天津，这好有一比，此次赴津就如同掉进了龙潭虎穴，结果弄了个魔鬼缠身，引来更大的灾祸……

就在我家一帆风顺的时候，我妈突然吸上了鸦片。

后来被我爸知道了，两个人吵得不可开交。在我的印象中他们夫妻关系甚好，荣辱与共，风险共担，平时连嘴都没拌过，也没红过脸，顶多两人生闷气，谁也不理谁。最多坚持一星期左右，又阴转晴变得和睦起来，十几年来他们一直是这样走过来的。可现在情况就不同了，为了吸毒的事我爸对我妈大喊大叫。

有一次他们半夜吵架把我从梦中惊醒，我爸说："你早不抽这玩意儿，晚不抽这玩意儿，偏偏在解放后抽上了这玩意儿，这可是共产党绝对不允许的，你这不是自找倒霉吗?"我妈分辩说："我也不愿意抽，可是我现在体力不支了，为你生下这么多孩子，天天喊个不停，有点儿支持不住了，抽几口大烟为的就是提提神，好完成咱们的计划，你怎么这么不知道疼人?"我爸说："你要真累了，咱们就休息休息，你叫我怎么疼你都可以，我就是不允许你吸毒，有多少人为吸毒家破人亡，咱们都亲眼目睹过，我怎么能允许你走上这条自杀的路呢?"我妈不服，反唇相讥，结果二人越吵越烈，我不敢过去相劝，也不知道说点儿什么好，赶紧去西屋搬请救兵，把我奶奶请了过来。当我奶奶听明白是怎么回事后，先劝我爸说："永魁啊，香桂说的不是一点儿道理没有，你看她为咱家当驴做马养家全小，生了这么多孩子，即使在生孩子期间，不满月就上地(说书)，年积月累，把身子搞垮了，她偷着抽几口也算不了什么，还不是为了咱这家庭吗？你用得着这么大喊大叫吗？这要传出去，一是政府不允许，二是叫朋友们耻笑，你怎么这么不懂事?"她转过身又劝我妈说："永魁对你喊叫是不对的，可是也是为了咱全家好，吸毒这东西最害人，一旦上了瘾，再想戒就难了，再说政府不允许，难道为了抽大烟还得蹲监坐狱去吗？你是个名人，又是咱家的摇钱树，一旦有个三长两短，咱一家子靠谁啊?"

奶奶由衷的劝说使父母逐渐平息下来，可是没用。没过几天风云再起，还是为了抽大烟的事，我爸和我妈又大吵大叫起来，这次口角升了级，我妈不愿意理我爸，一甩袖子往外就走，我爸从屋里追到院里，对着我妈破口大骂："王香桂！这些年你净说上句了，不管什么事都是你说了算，唯独这件事我绝不能让步，你要不戒了咱俩没个好。"他们这一吵一闹，也惊动了房东一家人，人家隔着窗户看热闹，我奶奶赶紧从西屋赶出来，在我爸前胸上捶了两拳："永魁你疯了吗？老了老了真不要脸了。"我妈哭着对我奶奶说："娘，你可全听见了，他祖宗奶奶地骂我，这可是我们结婚以来的第一次，您别怪我，这日子没法过下去了。"说罢哭着走了，我也不知道她上谁家躲气去了。

我奶奶把我爸推回屋里，我爸气得呼呼直喘，对我奶奶说："妈，你别管，我绝对不能看着她把咱这个家毁了。"我奶奶说："你虽然是好意，也得讲点方法啊，你看把她气走了，一旦出点意外怎么办？你给我快去找她。"我爸一甩袖子："我不去，爱咋地咋地。"我奶奶看看我说："你还愣着干什么，快去把你妈找回来。"

一句话给我提了醒，我转身就出去找了，结果我找了一圈，也没找着，那么大的沈阳我上哪儿去找啊。后来我上三舅家，把经过说了一遍，三舅一听也吓坏了，赶紧穿上鞋帮着我找，我和三舅在点灯之后回到我们家里，只看见我爸一个人坐在椅子上生气，晚饭也没吃，我妈还没回来，我三舅劝了一顿我爸爸，他在我爸面前说话还是有威信的，不过我三舅那会儿也吸上毒了，我爸早有耳闻，对他的劝解不屑一顾，只是碍于情面没有揭穿而已。眼看半夜了，才听见大门的响声，我心想是不是我妈回来了，结果出去一看是我二舅来了，原来二舅听说我们家干仗了，不放心赶过来看看，听说我妈出走一天还没有回来，也吓坏了，二舅进屋后看我三舅也在这儿，他嘴笨也讲不出什么道理了，只是不断地重复一句话："妹夫，消消气吧。"

我们一直等到半夜，我妈也没回来，这下我爸有点毛了，赶紧穿上衣服，跟着我两个舅舅亲自去亲朋好友家中寻找，我留下来看家。奶奶没睡觉，一个劲儿地擦眼泪，听见一点儿动静，就往外面看看，还不住地催我："去上门口看看去，他们回来没回来？"我是一会儿屋里一会儿外头来回跑，一宿也没合眼。

第二天吃早饭的时候，我爸一个人回来的，我奶奶急忙问："香桂呢？"我爸摇摇头："没找着。"奶奶急得直跺小脚，不住地说："坏了，坏了，肯定是出事了。”又气又恨，在我爸后背上抡了几拳，哭泣着说：“全怪你全怪你。”我爸长叹一声把头低下，看样子他也有点害怕了。

一晃三天过去了，我妈始终没有回来，这件事轰动了整个娱乐圈，传得沸沸扬扬，因为书也不能说了，会宾轩茶社也停业了，两个掌柜的耿文贵张泽清都急得要命，跑到我们家来问情况，我爸一五一十都对他们说了。

因为那会儿刚解放，吸毒的人到处都是，并不是什么奇怪的事，旧社会留下来的遗毒，尚未肃清，在很多人的头脑中没拿它当回事儿。张泽清说：“二哥啊，就为这点事，你就把二嫂气走了，值吗？谁都知道家丑不可外扬，这回可好，你到外边听听去，满城风雨，将来怎么收场？”事情发展到这步，我爸虽然心里不服，但也彻底投降了。耿文贵说：“二嫂是不是出走了？是不是回了长春或者去了什么地方？你赶紧写几封信去问问吧。”因为我爸不会写信，就请张泽清耿文贵代笔，给外地的朋友们分别写了信，内容只有一个：我家王香桂去了你那儿没有？还没等这些人回信的时候，突然从天津来了一封信，我们都心想是不是我妈的信，结果都被我们猜中了，果然是我妈从天津来的信。她也不会写字，肯定是朋友代笔写的，我爸急忙把信打开，求张泽清给读一读，信上说：“我现在在天津，住在浩儒大哥家里，不必牵挂。”这封信起到了定心丸的作用，我们全家人如释重负，都长长出了口气。

我奶奶从西屋赶过来对我爸说：“原来香桂到了天津了，你快去接她吧。”大家都劝我爸去接我妈，我爸却上来犟脾气，说什么也不去，还理直气壮地说：“我又没让她走，她爱上哪儿去上哪儿去，没有她照样过日子。”张泽清耿文贵着急地说：“那我们茶社怎么办？总不能老这么歇业吧？你还是去一趟才好，到那儿服个软，给二嫂一个台阶下不就完了吗？都老夫老妻的了，何苦别着这股劲？”在众亲友的苦劝下，我父亲终于妥协了。

在我妈出走的半个月后，他买了张车票去了天津，这好有一比，此次赴津就如同掉进了龙潭虎穴，结果弄了个魔鬼缠身，引来更大的灾祸，这是后话，暂时不提。

我每天照旧上学，放学后第一件事就是看看我爸和我妈回来没有，结果空荡荡的房子说明他们还没回来，使我感到非常失望，我怀着恐惧和郁闷的心情度过了一天两天三天。直到有一天，我放学进屋第一眼就看到了我母亲，旁边坐着我爸爸，还有几个来看望的朋友，我的心刷一下敞亮了，看他们在一起又说又笑的样子，一定是从战争走向了和平。我心里计算了一下，从我妈出走到回来整整一个月，这下全家人又沸腾起来，恢复到从前那种热闹场面，究竟我妈去天津干了些什么，我爸又是怎么把我妈劝回来的，我不知道，我也没心去追问，总之我妈回来就好。没过两天，我妈又重新登台说书了，你说邪门不，一个月没登台了，结果鼓槌一响听众爆满，又恢复了过去那种火爆的场面。没过几天，买戒指买大洋的事又出现了，一家人又过上了安稳的日子。

但有一点特殊变化，我妈从过去偷着抽大烟（在家里不敢吸），现在变成了在家里公开抽大烟了。我心里堵了个大疙瘩，可也明白了，这大概就是我妈回来的主要原因，看来我爸是彻底妥协了。她抽大烟的工具放在一个长形的点心盒里，有烟灯烟枪和烟膏，每天晚上夜深人静的时候，我妈就在里屋抽大烟，我和我爸负责在外屋和院里放哨，我的心天天都提到嗓子眼儿，恐怕被来人撞见。每当我妈吸完之后，我们就把门窗打开，我用扇子一个劲儿地扇，多咱把烟味扇没了多咱住手，我爸也帮着我扇，鸦片烟这种东西真是一种怪物，它气味非常芳香，味浓而不易扩散，如果鼻子尖的人，即使没看见你抽大烟也能闻出这种味道来，那种香味和女人的化妆品不同，至于这些毒品从哪儿买来的，我一无所知。

我还偷着问过我爸："我妈每天抽多少大烟？"我爸说："不多不多。"其实他心里清楚，凡是上了毒瘾的人是越吸越多，越陷越深。人哪，就是这样，见利不见害，为了眼前的利益，就睁一只眼闭一只眼，到头来受害的还是自己。

有一天我放学回来，看见一个陌生人坐在我家，我父亲对他非常热情，此人比我父亲高大，圆圆的脸膛红光满面，两只眼睛转动的速度比常人要快得多，穿着一身灰色的中山装，看样子在四十岁左右。我从来没见过这个人，所以十分陌生，我爸见我进来就介绍说："快过来，叫佟大爷。"我们家礼数很严，我爸最在乎这个，多少年来养成的习惯，不能说"你"得说"您"，见着长辈需要摘下帽子鞠躬，而后给客人敬烟敬茶，然后站在一边听他们谈话，直到客人走了我才该干什么干什么去。我赶紧摘下帽子，给这位佟大爷鞠了一躬，这位佟大爷问我爸："这孩子叫什么？"我爸说："乳名叫大全子，学名叫单传忠。"佟大爷把我拉去看了又看拍拍我的头顶说："好小子长得虎头虎脑的，够个材料。"我爸说："你上你奶奶那屋去吧。"这次破例先放了我的假，所以他们谈些什么我不知道。

当天晚上我爸又请这位姓佟的伯父到四海升平茶社听了三舅说的《薛刚反唐》，散书后，他们还在一起共进了夜宵。这次我可听清楚了，闹了半天这位姓佟的大爷叫佟浩儒，也就是我妈出走到天津住在他家的，他本身是天津小有名气的相声演员，也是我爸磕头的把兄弟，虽然我们两家比较亲近，但平时很少来往，要不是我妈这次去了天津，我们之间几乎断了联系。他这次来沈阳是想求我爸给他的一个好朋友王子明在沈阳找一份工作，我爸看在佟浩儒的分上满口答应了，佟浩儒在沈阳只待了两天就回天津去了。

大约过了十几天，还是我放学回来，进屋一看把我吓得一愣，我爸正在家中宴请新来的客人，有男有女，有大人有孩子，大约有六七口人，本来房间就小，所以连下脚的地方都没有，我刚想退出去，被父亲叫住，他给我介绍说："这是你王大爷，这是你王伯母。"他一指那老太太说："这是你王大爷的母亲。"还介绍了王家的儿子大明和小明，我听得糊里糊涂，除了鞠躬之外，别的人我全没记住。闹了半天，这位王大爷叫王子明也就是上次来我家那位佟浩儒大爷的朋友。佟浩儒上次来沈阳就是为他们安排工作的，既然我爸爸答应了，所以人家就来了。

我一心想跟同学去看电影，也不知他们在家都谈些什么。过了几天，在北市场繁华地区，也就是我二舅摆摊床的旁边，多了一个小酒馆，专卖白酒酱肉，这个王子明烧得一手好酱菜，买卖也十分红火。他一家人好像住在皇姑屯，离北市场也不太远，我从来也没去过，所以印象很浅，但是我对这位王大爷印象很深，因为每逢星期礼拜，我都要到北市场去玩儿，他这个酒馆是我必经之路，经常看见他忙里忙外招呼客人。有时候他还切几块肉叫我捎回家里去，此人说话京腔京味儿十足，见人不笑不说话，长得也很富态，多少有点秃头顶，我还有些怀疑过他，这样一表人才的人怎么会开起酒馆来呢？看上去多少有些不协调，但他干得却很认真。由于生意忙，平时很少到我家里来，这个王子明就是瘟神的化身，我们家倒霉就倒到他身上了。

大难临头

我妈被带走的第二天中午我好像听见大门口外有一阵马达声，紧接着那个把我妈带走的大个子回来了，我往他身后看了看不见我妈的身影，那大个子对我爸说："单永魁，跟我走吧。"

过了不久，国际形势发生了巨大变化，美帝国主义打着联合国军的旗号公然侵略朝鲜。一场大战爆发了，朝鲜人民殊死反抗，但哪里是大老美的对手，不出几天在全朝鲜的领土上燃起了熊熊烈火，美国飞机几乎把朝鲜炸成焦土，这件事情震撼了世界，也震撼了中国，震撼了每个中国人的心。三年解放战争刚结束，人们还没过上几天安生的好日子，我们的近邻朝鲜就发生了这种大规模的战争，谁心里都清楚美国人项庄舞剑意在沛公，他想冲过鸭绿江，矛头指向刚刚建立起来的新中国。看来形势异常严峻，伟大领袖毛主席，洞察秋毫，下达了抗美援朝的命令，中国人民志愿军，雄赳赳气昂昂跨过鸭绿江，与朝鲜人民并肩战斗，既保卫朝鲜也保卫了祖国。当时作为直辖市的沈阳，成了后勤部队转运的中心，也是志愿军大部队通过的地方，兵车一辆挨着一辆，使沈阳人更加恐慌。好厉害的志愿军，过江之后，不仅把所谓的联合国军顶住了，还一鼓作气把他们赶到三八线附近，抗美援朝成了全国军民最重要的一件事。别看朝鲜打得如此激烈，沈阳人开始有些恐慌，后来也就静下心来，该上学的上学，该上班的上班，社会秩序井然。我妈他们照样说书，戏院照常演戏。

在1951年的时候，一场规模空前的震撼人心的镇压反革命运动开始了。

开始的时候，我没有什么感觉，好像这件事和我们家和我毫无关系，所以我妈他们该说书说书，我该上学上学，一切都是正常的。正在这时我妈生下了我第五个妹妹，叫小平，在家坐月子，在小平出生后刚满一个月时，一个令我一生都忘不了的惊人事件出现了。

那天晚上我正在熟睡，突然被一阵雷声般的敲门声惊醒了，我从床上坐起来，刚想要下地去开门，我家的房门已经被推开，一道强烈刺眼的手电光线刺到我的脸上，我恍惚看到派出所的小张（片警）在前面引路，后面跟着五六个穿便衣的大汉，当时虽然是春天，早晚和半夜还是非常凉的，所以他们都穿着棉大衣。我一看小张误以为是查户口来了，我把灯拉开，用手一指墙上装信的口袋说："户口本就在那儿。"

有个穿黑衣服的大个子很严肃地又问了我一遍："你刚才说什么？"我说："不是查户口吗？户口本就在那里。"他一回头发现了信袋，他也没看户口本，把所有的信全拿出来了，接下来小张就敲里屋的门，因为我父母住在里屋，我住在外屋："单永魁，起来，快把门开开。"

我爸也早被敲门声惊醒了，可能在屋里正听着外面的谈话，看样子不开门是不行了，于是我爸披着衣服把门打开从里面走出来："哦，是小张同志啊，这大半夜的有事吗？"小张没说话，那个大个子说话了："你叫什么名字？"我爸说："我叫单永魁。""王香桂是你什么人？"我爸说："是我爱人。"他又说："叫她出来，我们找她有事。"我爸说："她刚生完孩子，还没满月呢，有什么话您就跟我说吧。"那个大个子非常严肃地说："我们是找王香桂，叫她出来。"这话说得语气坚定，毫没商量的余地，我爸只好对着屋里说："香桂，快穿上衣服，赶紧出来，有人找你。"一会儿我妈穿好衣服从里边出来了，脸上带着惊慌不解的样子，那个大个子说："你就是王香桂吗？"我妈说："是啊。"大个子说："那你跟我们走一趟吧，到派出所去核实一件事。"我爸说："她身子虚弱，我陪着她去行吗？"那大个子说："不行。"语气更加坚定，看样子没有任何商量的余地。我坐到床上没敢下地，目睹着眼前发生的一切，为什么不下地呢？还有一个穿便衣的人命令我就坐在那儿不准动，所以我才没敢下地。我爸顺手拿了一件羊皮外衣披在我妈身上，我妈把衣服穿好，就跟着那个大个子出去了，我爸还问了一句："得多长时间？"大个子头也没回地说："一会儿就回来。"我爸似哀求又不像哀求地说："她刚生下小孩儿，孩子还等着吃奶呢。"人家连理都没理，就把我妈带走了。

这时西屋的灯也亮了，我奶奶和妹妹们听见院里的动静，不知发生了什么事，赶紧跑到东屋看个究竟，她一看院里屋里有五六个陌生人，还有派出所的小张，还以为我妈抽大烟的事犯案了，她嘴没说从表情上看得清清楚楚，进屋她就问我爸："这是怎么了？"我爸说："妈，你啥也别问，啥也别管，把小平看好就得了。"

我奶奶赶紧把孩子抱在怀里回西屋去了。这时有两三个便衣进了我爸住的房间开始搜查，没费劲儿就把我妈装烟具的盒子翻出来了，打开看了看，冷笑一声说:“你们家还干这个?”没等我爸解释人家把盒子也拿走了,小张对我们说:“从现在开始,你们家的人属于管制时期,一切行动都先要请示报告,都要听这几位同志的。”指指那几位便衣,小张说完也走了。大约有四五个陌生人吧,留在我家没动,一个看守院里的大门,两个坐到屋里监视我和我父亲,另两个坐到西屋监视着我奶奶和妹妹她们,气氛相当紧张。我长这么大也没遇上过这样的事,心里怦怦怦跳个不停,我也以为是我妈抽大烟的事犯案了,我问我爸:“我妈不抽大烟多好?这回完了。”我爸长叹一声:“我劝你妈有一百次了,她可得听啊!这个人啊不撞南墙不回头,这回傻眼了吧。”

那两个监视我们的人一没有制止我们的谈话,二没有插言,他们什么都不说,就是用眼睛看着用耳朵听着。

我心里头胡思乱想盼着我妈早点回来,好长好长时间,天亮了,我妈并没有回来,又等了一会儿,吃早饭的时间到了,我爸说:“我们该吃早饭了。”那两个人点点头说了声:“可以,你们做饭吧,如果有什么买的我们派人给你买。”我爸到西屋熬了一锅大米粥,还哪有心做早饭哪,从柜橱里拿出咸菜随便喝了两碗。这时我的小妹妹不住啼哭,哭得我爸心里不断发烦,对我奶奶说:“妈,你给她冲点奶粉吧,可别让她添乱了。”我奶奶往窗外看了看说:“咋,香桂还没回来?”我爸说:“不知道。”

监视我们的人不禁止我们说话,他们也不说话,就是盯着我们,我提出来要上厕所,有一个跟着我,我蹲在里面方便,厕所门不准关,他在一丈以外的地方看着。我利用这段时间理了理思绪,我家又没做什么犯法的事,和镇压反革命又没什么关系,肯定是为抽大烟的事被什么人举报了,所以我妈才被半夜带走,要不怎么不带我爸呢?因为他从来不抽大烟,我又想了想,抽大烟的多了,光我知道的就不下二十个人,犯不了什么重罪,法不责众嘛!我相信我妈很快就会被放回来的,从厕所回来,我又坐在原位上。

大约上午九点多钟,听见有人敲大门,那个便衣把门开开,来人三步两步进了东屋,手里面拎着一包肉包子,对我爸说:“早晨起来我逛早市,正好遇上新出屉的大包子,好吃极了,我特为给你们家捎回二斤来。”说着把包子放在桌上,同时他也发现气氛有点儿不对劲,他刚要张嘴问我爸这是怎么回事,有个便衣过来问他:“你是干什么的?”他说:“我叫刘长和,和永魁他们是同行,他们家这是怎么了?”那个人并没回答,用手指着一张空凳子说:“你就坐在那儿吧。”刘长和不解地说:“我得回家吃早饭哪。”便衣严厉地说:“坐下不准多问!”刘长和胆子还真不小,他说:“我一没犯法,二没做贼,凭什么不让我回家?”那人更严肃地说:“你是好人歹人我不清楚,在没查明你的身份之前,你不准离开这儿。”

母亲

刘长和也是位老江湖,住在信诚公寓,离我家不远,他媳妇叫王玉琴,又会说书又会唱京剧,他们是跟着外甥女王全桂到沈阳来谋生的。王全桂是个热情的人,管我妈叫大姑,管我爸叫大姑父,知道我妈名气大艺术高,一直想拜我妈为师,所以经常到我家来串门,有时候早有时候晚,这个刘长和更是个有嘴没心的人,好说好笑,还是个粘屁股,一坐一个坑,不把主人唠烦了他不走,但此人很热心,经常往我家送吃的,得,今天正遇上了倒霉的事,家回不了了,他也不敢说话了,坐到凳子上直挠脑袋。难熬的时间,好不容易到了中午,外边又响起砸大门的声音,我那位全桂姐姐,手里拿着一瓶香水高高兴兴来了,她这个人嘴也快胆子也大,人还没进屋呢她就说上了:“大姑,我给你捎来一瓶香水,上海出的。”说着就进了门,往周围一看她也是一愣,心说这是怎么了?气氛死气沉沉,屋里的人都跟木雕泥塑相似,她一眼就看见了刘长和:“舅你怎么跑到这儿来了?也不告诉家里一声,我舅母还等着你吃午饭呢!”刘长和的表现滑稽可笑,用手指了指那两个便衣然后就不说话了。

正这时一个便衣从王全桂身后过来,伸手把香水拿了过去,拧开盖子闻了又闻,看了又看,问王全桂,你叫什么名字,住在什么地方,你和他们家是什么关系?王全桂一一作了回答,还理直气壮地说:“你这也不是问话啊?这不是审问吗?”那人用手一指床边对她说:“你给我坐下,不让你动你就不要动,少说废话。”王全桂说:“这到底是为什么啊?退一万步说,老单家犯了法,我没犯啊,你们干吗对我这么不客气?”便衣毫无表情地说:“叫你坐下你就坐下,少说废话。”

就这样我这位全桂大姐也被软禁在我家里,过了一会儿,我爸小心翼翼地说:“全桂啊,对不起你,可能你大姑摊了点事,让你们受委屈了。”全桂说:

“不就是抽大烟嘛，抽大烟的多了，那能犯什么大法！”我爸摇摇手，示意她不要往下说了，恐怕她冒出不好听的话来。

监视我们的人一如既往，既不制止我们谈话，也不插话，都说时间过得快，可是那个时候我觉得过得太慢了，漫长的一天日出日落天亮天黑，就像走过了十万八千里又到了晚上。

王全桂说：“我们得回家睡觉啊。”监视人员说：“不行，还没到放你们回家的时候。”“那我们怎么办啊？”监视人员说：“就在这儿找个地方将就一宿吧。”

我妈被带走的第二天中午我好像听见大门口外有一阵马达声，紧接着那个把我妈带走的大个子回来了，我往他身后看了看不见我妈的身影，那大个子对我爸说：“单永魁，跟我走吧。”我爸问上哪去？他说：“去接你老伴儿啊。”我爸一听愁云顿消，露出了笑脸，急忙披上衣服，对着西屋我奶奶说：“妈，我去接香桂去，您老把饭给热上，一会儿我们回来吃。”然后跟着大个子急急忙忙走了，谁知他这一走就是六年多啊！

六年对于幸福快乐的人家来说并不算太长，可是对我家来说却显得是那样的漫长，变化之大，叫人不可思议。

爸爸走了之后，我们满以为一会儿他和我妈就能回来，哪知都快黑天了也不见人影，我急了问那便衣：“你们不是说叫我爸接我妈一会儿就回来吗？怎么天都黑了还没回来？”他们不理不搭，一句话也不说，就这样我们又熬过了一个夜晚。到了第二天早上，那个大个子又回来了，可是不见我父母的踪影，他把监视我们的那几个人叫到院里嘀咕了一阵，然后又把我们组的周组长找来了，那大个子对组长说：“老单家，有点事儿，政府要对他们进行审查，我们在这儿待了三天了，现在奉命要撤走，你给做个证人，看看他们家丢什么东西没有？”周组长懵懵懂懂地问我：“你们家丢东西没有？你检查检查？”我里外屋随便转了一圈，回来说：“没有。”那个大个子说：“你签个字吧。”说着递给我一个表格，我也没看那表格是什么就签了字，那大个子又把表格递给周组长，叫他也签个字，以作证明，周组长痛快地答应了。之后，那个大个子朝他们的人一挥手：撤！结果监视我们的人全走了。

我这才仗着胆子跑到大门外看了一眼，他们坐着几辆挎斗摩托车一溜烟不见了踪影，到底他们是哪个单位的，是警察是军队一无所知，王全桂和她舅舅被软禁了两天也迫不及待地回家去了，临走时王全桂对我说：“好兄弟，别着急，我回去想想办法。”我一个劲儿地点头称谢，他们撤了之后我家恢复了平静，只是当家人不在了，简直就像天塌地陷心全被掏空了。

我奶奶抱着啼哭不止的小平对我说：“你快去找找你三舅，他主意多，有办法，问问这是怎么回事？”于是我一大早就一溜烟跑到我三舅家，进屋一看我三舅妈正在大哭，一打听才知道昨天半夜我三舅也被带走了，我又跑到二舅家，使我吃惊的是二舅妈对我说：“你二舅和你姥爷也被带走了，还有开小酒馆的王子明也被带走了。”我听完之后犹如五雷轰顶，怎么倒霉的事全被我家摊上了，心说我三舅抽大烟被带走不奇怪，可我二舅和我姥爷从来不抽大烟为什么把他们也带走了？那个王子明王大爷又犯了什么法？为啥也被带走了？看来不是抽大烟那么简单的事，此中另有隐情！看情况事态很严重！

我迈着沉重的脚步返回家里，对我奶奶说了一遍，我奶奶惊讶地说：“怎么？你姥爷也被带走了，他都快八十的人能犯什么法？”我说：“我怎么知道？”有道是好事不出门，坏事传千里，我家发生的事情像电波一样迅速传遍了整个文艺界和所有的亲戚朋友，大家同时预料到肯定不光是抽大烟的事，应该跟镇压反革命的事有关，平时我家门庭若市的局面一下子变得门可罗雀，所有的熟人见着我们家的人就好像见着瘟神一样，唯恐避之不及。比如我到北市场，想找个熟人，去了解了解情况，他们见着我就好像没有看见一样，把脸一扭就躲开了，不是装着没听见就是假装没看见，我的心里难受极了。当初他们都是我家的座上客，不是喝茶吸烟就是饱餐饺子大饼，现在吓得连句话都不敢说，可见人情冷暖世态炎凉啊！其实也不奇怪，在那种镇压反革命的浪潮中，人人自危，提心吊胆，唯恐遭到不测，他们这种自我保护的行为也是可以理解的。

在我父母被带走的一周之后，奶奶提醒我，你到派出所去问问你张叔(片警)，你妈他们被带到什么地方去了？犯了什么大法？一句话把我提醒了，我赶紧跑到派出所去找张叔。张叔是一个非常和善的警察，在我家没出事之前，他也仰慕我妈的大名，有时候也到我家坐坐，在派出所见到了张叔，说明来意后，张叔小声对我说：“你提的这些问题我一概不知，我就知道逮捕你父母那些人是上边来的，究竟是哪个部门的我不知道。”我恐怕他骗我就一个劲儿地哀求，他说：“你回家吧，我说的全是实话，你告诉你奶奶带好孩子，好好过日子吧，说不定哪天你爹妈就回来了。”我只得无功而返，奶奶一听放声大哭，怎么两个大活人就这么没影了。

后来，我们组的组长老周给我奶奶出了个主意，让我奶奶带上我们去市局打听情况。我奶奶一向胆小怕事，从来就没有出去办过事，这次也破了例，带着我和我四个妹妹和刚过满月的五妹妹小平，我们七口人雇了一辆马车来到沈阳市公安局，下车后，奶奶抱着我小妹妹上了台阶。警卫拦住，问我奶奶："老太太你要干什么？你找谁？"我奶奶边哭边说："我想打听打听，我儿子和儿媳是不是被你们公安抓来了，你看看我怀里的孩子多可怜，她刚满月，正是吃奶的时候，你就行行好，让我们见一面吧。"说着就要跪下给门卫磕头，弄得那个小门卫不知所措，一个劲儿说："老太太，你说的这些事我听不懂，我也不知道你儿子儿媳妇是谁，你快点回家吧。"我奶奶不走，哭着喊着要见当官的，正在这时候，从市局里边走出一个人来，看样子是个干部，他过来问门卫："这是怎么回事？"门卫把经过讲述一遍，那人看看我奶奶又详细地问了一遍，也可能被我奶奶的哭声所打动，看着我们一大群孩子很可怜，就说："老太太别哭，跟我进来吧。"

我长这么大也没进过沈阳市公安局，走廊好宽好宽，房间多得没数。我记得好像这个人把我们领进第三个房门，屋里面有几名警察正在办公，他对其中一个警察说："你把罪犯的名册拿来。"这句话我在旁边听得清清楚楚，那警察奉命走了，领我们进来的那个当官的，安排我们坐下对我奶奶说："你老别哭，稍候片刻。"我奶奶忙说："不哭了不哭了。"可我奶奶不哭了，怀中的小妹妹却哭了，弄得那几个警察也没心办公了，都瞪着眼看我们，这时那个拿名册的警察回来了，拿了一摞罪犯的花名册，那位当官的接过来放在桌上，一页一页认真地查找，一边看一边问我奶奶："老太太，你儿子叫什么？你儿媳叫什么？"我奶奶一一作了回答，等了好长好长时间那位当官的才把名册看完然后对我奶奶说："老太太，你儿子和儿媳妇不是我们抓的，我们公安局没有这两个人。"我奶奶说："您就行行好，跟我说个实话吧。"说着又要给人家磕头，那当官的赶紧把我奶奶扶住："老人家，共产党不讲这个，方才我说的都是实话，凡是我们公安局抓的人，这几本记录上都有，唯独没有你儿子和儿媳，你赶紧带着孩子回家吧。"我一看当官的说话如此挚诚不会骗我们，就劝我奶奶："奶奶人家没骗咱，咱就回去吧。"我奶奶说："回去了怎么办？"我说："再托人想办法呗。"

就这样我们老少七口离开了市公安局，可能在屋办公的警察也长出了一口气。回到家之后，奶奶先用奶粉喂了小平，而后拍着炕沿又哭起来没完，哭得我心急火燎，我对奶奶说："奶奶你哭有什么用啊？这不是添乱嘛，我心里够烦的。"奶奶嘟囔几句什么我也没听清，我回到东屋，望着冷清清的房间心里冰凉，双手抱着脑袋坐在椅子上，脑子里好像一锅糨糊，心里好像塞着一团棉花，那个滋味甭提多难受了，甚至脑子里想到一个可怕的念头，难道我爸我妈被他们秘密枪决了？我狠狠地捶了自己脑袋一下，这怎么可能呢？

正这个时候有一个人开门进了屋，我回头一看是我三叔单永槐，我赶紧起身让座，三叔往外屋看看往里屋看看跟我说："昨天我刚听着信，今天就赶过来了，你爸你妈究竟犯了什么法？为啥这么长时间还没放回来？"我说："不知道。"奶奶听说我三叔来了，赶紧抱着孩子来到东屋，边哭边把经过又说了一遍，我三叔是个大块头，大脸蛋子酒糟鼻子，平时好说好笑，可今天却一反常态，好像木雕泥塑一般，好半天他才说："妈，我二哥二嫂一向不拿我当亲人，净交一些没用的人，换句话说他们俩都是势利眼，要不能有今天的结果吗？"我奶奶不爱听，就说："老三啊，都什么时候了，你还说这种话？你二哥二嫂犯没犯法，犯的啥法你清楚吗？"我三叔还不服气："妈，我知道你心里向着他们，这不明摆着吗，要不是大事，人家早把他们放回来了。"

我奶奶说："你要帮不上忙就拉倒，别说这些丧话。"我三叔说："我说的都是真心话，现在没人串门来吧？过去我二哥爱交朋友，你们家老是高朋满座，现在呢？连个人影都见不着了，这不是狐朋狗友是什么？明天我打算叫你三儿媳妇搬过来，帮着您看家做饭看孩子。"本来我奶奶从心往外的就烦我那个三婶，忙说："不用不用，我自己忙得过来。"可是到了第二天我三婶还真的就来了。我奶奶也没话可说了，三婶帮着我把东屋里外间收拾得干干净净，她身大力不亏，又有劲儿又能干，手脚麻利，一会儿的工夫，就把东西屋都收拾好了，又给我们烙的饼炒的鸡蛋，还做了两盘肉菜，三婶也是个能说会道的人，就差一点不会说书，别看她手里忙活，嘴可没闲着，出来进去地念叨："娘，我知道你对我不满意，没少了在我二哥二嫂面前说我的坏话，可是家鸡打死团团转，野鸡不打满天飞，在关键时刻还得是一家人哪！我们这也是头上顶着雷过来的，外人怕粘包我们不怕。"

我奶奶没说话，但是一个劲儿用眼瞪她，三婶在我家住了几天，全桂大姐来了，拎着半口袋大米还有一大块猪肉，三婶说："这不是全桂吗？你还敢上我们家来？"全桂大姐说："我怕什么！串门还犯法啊！你还不知道呢，我在我大姑家还被禁闭了两天哪。"我三婶没听明白问我："全子怎么回事？"我就把经过讲述了一遍。全桂大姐真热心，对我奶奶说："老人家这二十斤大米是我送给你们的，这块肉也是，吃好喝好，千万别上火。"还从兜里掏出来一沓钱，估计折合现在人民币有三百多块吧，我奶奶说什么也不要，全桂大姐说："就给小平这个可怜的孩子买奶粉用吧。"说着扔下钱转身就走了。

我三婶冲着全桂大姐的身影说了句："毽儿登！"我奶奶反驳说："你可别这么说人家！人家全桂来过好几次了，哪次都不空手。"我三婶说："我还不知道她！老三把她的事都跟我介绍过，到咱家来无非是想给我二嫂打溜须，哼！三分钟的热气。"我听了也不爱听，但是三婶是长辈我不能反驳，我心里说我爸他们都被带走十几天了你们才登门还有脸说别人？虽然形势如此严峻，家庭遭此厄运，但学还是要上的，我已经二十天没上学了，既然三婶看家，我开始收拾书包又上学了。

在这里必须交代一下，在不知不觉中，我早已在三经路小学毕了业，考入了沈阳会文中学。这所学校不属教育局，属东北轻工业管理局，原是沈阳一家很有名的教会学校，师资力量非常雄厚，教学设备基本是欧化。我在初中一年四班学习，老师姓王，是个很好的教师，我说他好是因为他没有老师的架子，跟全班同学打成一片，下课的时候不是跟同学们在一起打篮球就是摔跤玩儿，对我也不错，我跟同学们的关系也十分要好，二十多天没来了，还真有点想念他们。

在我上课的那天，王老师一眼看见了我，就问："你也不请假上哪儿去了？我还以为你转学了呢！"看来老师对我家发生的事一无所知，当着那么多同学的面我也不好说明原因，在中午休息的时候，我单独找到王老师，向他介绍了我家发生的一切，王老师非常认真而且吃惊地听完了我的介绍，他说："人犯家不犯，政府是不会冤枉好人的，你还要安下心来好好学习。"话虽然不多，却温暖着我的心，使我对他更敬重更亲切了。

家庭的经济来源断了，我只好把过去买的那些大洋从抽屉的隔层拿出来，拿到大洋市场去卖，以维持全家的生活，在此期间全桂大姐曾数次到我们家，每次都扔几个钱，我三婶和三叔也给了我们家不少补贴，就这样维持着家庭的正常生活。我老妹妹小平突然病了，发高烧抽风非常严重，全桂大姐帮着我奶奶把孩子送到医院，又打针又开药，虽然说度过了危险期，但始终没有痊愈，我奶奶每天是以泪洗面，每逢夜深人静，我睡不着的时候还能听见她的哭泣声。

时光流逝日月如梭，难熬的一百多天过去了，有一天我放学回来，放下书包，刚要吃饭，周组长兴冲冲来到我家，对我奶奶说："明天开大会，你们得派个人参加。"我奶奶忙问："开什么大会啊?"周组长晃晃头："还不清楚，你们家明儿个派个人到北市分局，上午八点报到。"我赶紧问："周叔，到底为啥?"周叔忙说："不知道不知道，可能是你家的好事吧。"说完转身就走了，看他那个意思，他是知道情况的，但不敢说，恐怕粘包。

我和我奶奶一夜没有合眼，反复琢磨着这件事是吉还是凶，第二天我起了个大早。我还记得那是个星期天，我冒着霏霏细雨，准时来到公安局北市分局，按照周组长所说的地点我走进去，一看这么多人，男女老少有一百多位，一个个表情紧张严肃，我估计他们也是接到了通知的。几分钟之后，有个警察领着我们上了二楼，在楼梯拐弯处有一扇门半开着，我探头往里一看，第一眼就看见了我妈，在旁边坐着我姥爷，其他人坐了个圆圈，我全不认识。我的心怦然一动，真想过去叫声妈，但是领我们上楼的那个警察却把我们领到另一间房子里，他手里拿了个本子，像点名似的挨个叫着名字，有的答应有，有的答应到，还有的说来了，突然我听到那警察说："王香桂王福义的家属来了没有?"我的身子一颤，马上把手高高举起："来了来了。"接下来那个警察又说了些什么叫谁的名字我一句都没听进去，心里就想着一个问题，难道我妈和我姥爷要被释放了？今天是通知我们来接他们？那个警察点完名之后，让我们又回到院里，这时我妈和我姥爷随着人群也来到院里，也没有人看管，我赶紧迎上去，叫了一声："妈！姥爷!"我妈好像有点不敢说话，用微小的声音问我："你是来接我们的?"我说："可能吧。"我妈又问："你爸怎么没来?"看来我爸被带走的事我妈一无所知，我说："在你走后的第二天我爸就被人带走了，说是带他去接你回家，可是到现在也没有音信。"我妈吃惊地问："你爸也被带走了?"我点点头，这时有一个警察高声喊道："大家别乱讲话，都排成一队，跟我走，咱们要开个大会，开完会之后你们就可以回家了。"

雨还在不停地下着，我们冒着雨离开了北市分局，我夹在姥爷和妈妈的中间，妈妈边走边问家里的情况，我简明扼要地介绍了一遍。当时我的心情非常激动，两只脚跟踩到棉花上差不多少，晕晕乎乎，似梦非梦，心里还在不停地想难道这是真的吗？还是在梦中？看看身边的妈妈，较四个多月前分别的时候有点变样，脸上有点浮肿和发黑。我姥爷一步三摇，颤颤巍巍，要不是有人架着，就得摔到街上。说话间我们到了东北京剧院，大会就在这里举行，参加者能有四五百人吧,有的是罪犯家属,有的是过路行人,还有不少临时跑来看热闹的。一名警官首先登台,说了几句简明扼要的话,好像他说的是党的政策是宽大的,这些罪犯在押期间表现都很好,所以从轻处理,会开完之后就可以回家了,还让我妈代表罪犯讲了话,我妈声音极低,还有点儿嘶哑,就说了几句:"感谢党感谢人民政府,从轻发落,把我们释放回家,今后我们一定好好工作,报答党的恩情……"

我妈讲完话后,会散了,警官回了公安局,我们这帮人各奔东西。东北京剧院就在我家的前街,出门几步就到家了,街坊邻居包括周组长有几十人跟着我们到了家里,屋子小人多坐不下,有的人打了个招呼就都散了。这时我奶奶抱着小平哭着从西屋到了东屋:"香桂啊!我的孩子啊,可把你盼回来了。"说着是泣不成声,周组长在旁边劝道:"老太太,这是好事啊,你还哭什么啊?"我妈光掉眼泪并没哭出声来,脸上有点儿发木,多少表现出痴呆的样子,我奶奶把小平往前一递:"快稀罕稀罕你的老姑娘吧,四个多月没吃着妈的奶啦。"我妈心肠真硬,并没伸手接孩子,她看了一眼,问我奶奶:"这孩子怎么变成这样了?"我奶奶说:"孩子病了好几个月了,这两天发高烧,上气不接下气,恐怕小命不长了,你今儿个回来的正是时候,让她跟妈亲近亲近,你喂她口奶吃吧。"

在场的人听了,无不动容,可是我妈并没这么做,我妈说:"既然不行了就算了。"奶奶一看没有办法,又把孩子抱回西屋去了,就在我妈回来的第二天,小平结束了她短暂的生命。

我妈求周组长派个人把孩子扔了,在孩子抱走的刹那间,我奶奶哭得是几度昏厥,我妈也掉了几点眼泪,正好我三婶那几天回她自己家去了。到了晚上,我妈详详细细地问了离别的情况以及发生的事情,我把我知道的一五一十全都说了,我妈突然问我:"我那颗钻石呢?"这下把我问蒙了,我说:"不知道啊。"我妈指的那颗钻石就是从我捡来的日本人的皮包里发现的那颗钻石,我妈说:"在我临走之前,我塞到枕头底下了。"我说:"真不知道,这屋子都收拾好几遍了,也没看见过钻石啊。"我妈不死心,叫我掏炕洞,又把炕上犄角旮旯都清扫了一遍,也没发现钻石的踪影,我妈果断地说:"甭找了,肯定叫你三婶拿走了。"我说:"不可能吧。"我妈说:"没有外人在家住过,不是她是谁?"我解劝道:"妈,你不能这么看人,三婶对咱家还是不错的,帮着咱家打扫卫生、洗衣服、做饭、看孩子,她怎么会偷着拿你的钻石呢?"我妈说:

“用不着你解释，她的为人我最清楚。”我说：“无凭无据，咱也不能赖人家啊。”我妈长叹一声：“唉！丢了就算了，反正也不是好来的。”

最使我难忘的是我一个劲儿追问我妈：“这么长时间你被押在什么地方？我和奶奶都找到公安局了，他们都说没有。”我妈说：“开始的时候我也不知道是什么地方，时间久了，有一次，看守叫我们擦玻璃，我从三楼往外一看，这才辨明方向，原来是南市场一处没挂牌子的大院里。”

我又追问我妈：“他们到底为啥要抓你？还把你关了这么长时间？难道就是为抽大烟的事吗？”我妈说：“是这么回事！”我说：“不对呀，你抽大烟，我爸不抽啊，如果光是为抽大烟的事，他们为什么把我爸也带走了，而且到今天还没有音信？”我妈很不耐烦地说：“算了算了，别问了，就怪咱家倒霉就得了。有些事我也说不清楚。”说着把脸转过去。我从小就怕我妈，都说严父慈母，但我家正相反，在我爸面前我还不那么拘谨，别看他打我骂我，可是在我妈面前，我却显得非常拘谨，她不说的事我就不敢问，但是心中的疑团不但没解开，反而更加重了。

我妈回来后，亲朋好友陆续登门，有时大有人满为患之势，但是最热情的是全桂大姐，她把行李搬到我家来，陪着我妈谈话唠嗑，洗洗涮涮，给她做好吃的，还有时陪着她逛街散心，人哪就是这样，越处越近，所以我妈对她的印象很好。没过几天我妈又开始登台了，她是我家的摇钱树，不挣钱一家老小吃什么？靠别人的接济只能度过一时的困难，而不是永远，所以必须自食其力，我妈又请了位新弦师，技术比我爸强。

通过这件蹲监坐狱的事，我妈的威望不但没受影响，观众反而更多了，钱是不愁了，还是那句话，鼓槌一响黄金万两，可是压在我们全家人心头上最大的一块病就是我父亲的事，他现在被关在什么地方没人说得清楚。我妈释放之后，把我外祖父安顿到我三舅妈家，三舅妈是个非常善良的人，平时少言寡语挨打受气，净受我三舅的欺负了，但是对公婆非常孝顺，我妈可怜她，三舅和二舅跟我爸一样，自从被抓走后，音空信渺，所以她把挣来的钱既养活我三舅家又养活我二舅家，负担是相当重的。

我家又恢复了往日的热闹，虽然我爸没在家，我妈依然能撑起整个家庭，我三叔和我三婶，来看望我妈，我妈叫全桂大姐帮着做了一桌丰盛的酒菜，以感谢三叔三婶对我家的帮助。我三叔说：“二嫂，咱们是一家人，这是干什么。”我妈笑了笑没说话，大约又过了半个月左右，我妈把存的钱买了一只大黄金戒指，亲自坐上车带上我到铁西我三叔家，把戒指送给我三婶，我三婶说什么也不要，认为礼物太重了，我妈坚持着还是放在他们家桌子上了，我记得那次去也匆匆走也匆匆，只坐了十分钟，在返回的路上我妈对我说："你三叔和三婶一向小气得要命，我可不能欠他们的情。"我说："妈，我一直担心你问钻石的事。"我妈说："怎么可能呢？一无凭二无据，她能承认吗？或许不是他们干的，咱也别冤枉了好人，那件事我早就忘了。"我听罢这才放了心。

自从我妈回来之后，门庭若市，盛友如云。我老姨夫从江北也来到沈阳，见着我妈的面就哭，说我老姨已经过世了，我妈听后也哭了好一阵子，她说："这个短命鬼是自己作的，死了也好，省得活着受罪。"因为我老姨夫不会说书，他那二把刀的三弦功夫也派不上用场，只好在我家帮闲。

我大爷前一阵子回了老家一趟，现在也回到我家了，前面我说过他现在离婚了，女儿也没有了，就成了一个光棍汉，在我家负责打水做饭买菜，也算是帮闲吧。

还有那个于叔也就是我们带来的那个小于，白天在茶社当伙计，有空就来我家看孩子，他最喜欢我四妹四凤，天天背着扛着带她去玩儿。我记不住是哪一天了，有一次我妈说书回来对我说："传忠啊，我跟你说件事，有个听书客人对我说他看见你爸了。"我一听几乎跳起来，忙问："在哪儿看见的？"我妈说："在沈阳火车站看见的，被几个人押送着上了通往北京的火车，那人跟你爸走了个面对面，看得非常清楚。"我听罢似信非信："我爸跟北京有啥关系，把他押到北京干啥？"我妈摇摇头说："不清楚，好像告诉我信那个人不像说谎。"与此同时，我们还听见过几次类似这样的消息，究竟我爸是否被押往北京去了就不得而知了。

我们家发生的事终于被学校知道了，有一次教务主任找我郑重谈话，问我："你们家到底发生了什么事，你爸有什么问题，你都要向学校交代清楚。"我只好实话实说，学校不相信，急得我都哭了，我说真的我什么也不知道，大人的事怎么会告诉我？谈话结束后我还接着上学，但是我明显感觉到一向对我很好的王老师明显地对我疏远了，我周围的同学对我也不那么亲热了。我那年十六岁了，已经是正经八百的成熟的少年了，已经能分辨出好坏善恶，于是我心里的压力相当之大，每天上学都憷头，生怕有人问起家里的事，我是那样的感到孤独和无助，在我还不太成熟的心里，承受着巨大的隐痛。

不久学校组织参观反革命分子罪行展览，我们拉着队伍来到沈阳故宫博物馆，首先映入我眼帘的是数不尽的黄金和银元，黄金像码砖一样一摞一摞的足有好几十摞，不是用克能计算出来的，过去我见过黄金，可从来没看过这么多，大洋都是用水缸装的，足有五六缸。再就是在很大的一个院里站着九个人，中间是个大个子，能有四十多岁，长得白白净净，穿着一身灰布裤褂，脚上戴着很重的脚镣，他就是全国著名的假皇帝白云金。他在辽宁某地自称真龙天子，蒙蔽广大群众，骗取钱财，听说受骗的人达几千人之多，方才那些黄金和大洋都是他骗来的。值勤的解放军让他把衣服扣解开当众亮亮肚皮，我一看他肚皮上明显有七个红点儿，解说员说："他自称是星宿下凡，他肚子上这几个红点是北斗七星，象征帝王之相。"他转回头问白云金："你跟大伙儿说说，你肚子上的红痦子是天生的还是人做的？"白云金忙大声回答："人做的。我自称是星宿下凡欺骗广大群众，我罪该万死。"在他两边有两个身材不高的女人，一个是东宫娘娘，一个是西宫娘娘，其实长得都是土头土脸，貌不惊人，在旁边还站着皇太子，就是白云金的儿子，叫白什么我记不住了，我就记得他长得跟他父亲似的，身材高大，那年才十九岁，在两边还有八千岁九千岁还有军师，一个个相貌庸俗，叫人看了啼笑皆非。我真不明白，为什么有那么多人上当受骗，世上的事就是那么回事，有人画出道来，就有人走，到头来作茧自缚，听说他被押送到各地展览，半年后被执行死刑。

在故宫博物院第二馆，我们又参观了一贯害人道馆，他们靠着跳大神行巫术发展会众，说什么共产党掌管不了天下，掌管天下者还是蒋介石，他们就是露骨的反革命分子，遭到镇压是不奇怪的。

参观之后第二天，学校展开参观学习讨论，每个人都要发表心得，自然我也得发言了，可是我们家有那么点儿不光彩的事，我爸爸至今没有回来，究竟是什么案子也说不清楚，所以我的发言显得苍白无力没有什么底气。

赴京探监

接下来我爸从上衣兜里把判决书取出来，交给我说："你看看，这是我的判决书。"

有一天，我家突然接到一张明信片，那时全家人正吃午饭，我拿过来一看，大叫一声："我爸来信了。"我妈赶紧放下筷子，全家人把我围住，叫我快念一念，写的什么。明信片就是一张硬卡片，上面歪歪扭扭又非常潦草地写着几十个字，上写："香桂，我现在在北京，正在交代问题，一切很好，望不要挂念，我急需几样东西，辣椒酱、凡士林油、皮球。"落款是单永魁，时间是1952年某月，我记不清了。

虽说简短的几十个字，它却给我们全家吃了一颗定心丸，一直失踪了十三四个月的我爸终于有了下落，人现在在北京，还活着，这使全家人倍感欣慰，虽然现在问题还没弄清楚，是否可能在不久的将来就会放回来不得而知。

我们饭也不吃了，我妈拿着明信片去找朋友们，叫大家帮着分析，当晚回来对我们说："大家经过判断，这封信是你爸亲手写的，可能他在里边接受了扫盲教育，从大字不识，到简单写书信了。"同时还说，"落款是北京西什库胡同十三号，这是个什么地方需要搞清楚。"于是我妈当晚决定一定要到北京去一趟，全桂大姐自告奋勇陪我妈同行。就这样她们忙碌地张罗了一个晚上，第二天坐上了去北京的列车，我们在家里翘首以望，盼着我妈能带回来好消息。

四天后我妈和全桂终于回来了，从她们流露出的神情看出没有什么不好的事，果然我妈说："我们到了北京西什库十三号，拿着明信片作证明，很顺利见着你爸了。"我奶奶忙问："变样了吗？"我妈说："没变，和当初一个样。"我奶奶又问："把人扣到北京不让回来到底为的是什么？"我妈说："人家说正在调查当中，等调查清楚就把人放回来了。"我又问："我爸都说了些什么？"我妈说："你爸说我在这儿一切挺好，天天学习，告诉你们听话，把家看好，等他回来。"我又说："那到底他犯了什么官司？你咋不问个清楚呢？"我妈说：

“人家有规定，不让谈这些问题，我们谈话的时间只有五分钟，旁边还有人监视着，我们不敢问你爸也不敢说，就觉得一眨巴眼的工夫就到了时间了。”话虽不多，也说明了很多问题，于是我们全家进一步放下了心。

许多亲友同行先后到我家来祝贺，有人问：“永魁干什么要那些东西？”我妈解释说：“那里的伙食油少肉少，只有吃辣的才解馋，所以他才要辣椒酱，要凡士林是手脚干裂不抹不行，要皮球是把它一分两半里面抹上凡士林油扣到脚后跟上，以免脚后跟干裂扩大。”自从我妈从北京回来，我们就经常往北京给我爸寄这些东西，我那时候就盼着时间快点过，希望有一天会奇迹发生，我爸突然回到了家里。

紧接着喜讯传来，朝鲜战争结束了，中美朝三方在板门店会谈，以三八线为界，南边的叫大韩民国，北边的叫朝鲜民主主义人民共和国。这么大的战争可结束了，人们长长地舒了一口气。

转过年来，我爸第二张明信片到了，上边说他已被判处有期徒刑六年，现在在北京第一监狱服刑，家属可以探视，又说如果有人来给带块手表和几件换洗的衣服，还要一双布鞋，我拿着明信片跟我妈说：“妈，我想去北京看我爸。”我妈犹豫了半天没说话，我又说：“我太想我爸了，这些事我全能办理好，你就叫我去吧。”我妈终于点头同意了。

我在学校请了假，消息传出，很多人都求我从北京往回捎香烟，因为名字太多了我记不住，让他们给我开了个条子，我带着路费顺利地登上了沈阳通往北京的列车。

那会儿买票相当容易，比现在上公共汽车还方便，也没人排队，我把钱往窗口一递说了声去北京，人家马上就把票递给我了。列车上没有什么人，车上也就一二十人，你可以随便坐，车又干净又准时，这是我第一次到北京。我从前门火车站下了火车，出站之后先找了一家旅馆，在咸鱼口胡同住在延安二店，服务员都是男的，年岁都不小，延安二店是仿古式的建筑，住在那儿好像回到了古代。

第二天，我就拿着明信片雇了一辆车子，找到北京第一监狱。在监狱的大门外，已经排着二十多人，我只好站在别人的后头等着，等了足有一个多小时，监狱的工作人员给了我一张铁牌，上头有号码，这是允许进门的见证，我又等了将近一小时，心里头顾虑重重，我能见着我爸吗？难道他就住在这高墙的里边吗？能不能有啥变化，不允许我见了？总之胡思乱想，心里乱成一团。好不容易叫号了,我一看跟我的铁牌上的号码相符,知道轮到我了,有一个穿便衣的二十多岁的工作人员对我说:“见着犯人不准大声喧哗,不准哭闹,不准瞎问,唠家常嗑儿可以,你记住了吗?”我说:“记住了。”于是这个人把我领进大铁门旁边的角门。

我进去一看,好宽大的院子,在我面前不远,还有一道墙,墙里边好像有座工厂,这就是我爸改造的地方。我两眼发直正往前走,突然听见有人叫我,那声音既亲切又嘶哑,我转过脸一看,原来我爸就站在墙角,正在等我。老实说两年不见了,好像我爸的脸短了一块,眼袋下垂,苍老了很多很多,他穿着一身家常便装,说话不敢高声,细声慢语的,那名工作人员把我领过去,让我把捎来的东西放到地上,他又仔细地检查了一遍,我利用这段时间拉住我爸的手,眼泪不禁夺眶而出,我爸拍拍我的头先说了一句:“长大了,长大了。”不等我爸再问,为了抓紧时间我连珠炮似的把家里的情况说了一遍,我知道我爸是个孝子,第一件事我就说我奶奶身体非常好,你不用挂念,我妹妹们也非常好,我妈照旧在北市场说书,买卖还是那么好,您就一百个放心,说着我从怀里取出一只手表,亲自给我爸戴在手腕上,我爸说:“因为工作对时间要求得很严,没有手表不方便。”接下来我爸从上衣兜里把判决书取出来,交给我说:“你看看,这是我的判决书。”我打开一看,闹了半天我爸犯的是窝藏包庇反革命罪,被判处有期徒刑六年,我不解地大声问:“你包庇哪个反革命了?”我爸说:“那个王子明就是反革命。”我才想起来,那位卖烧酒酱肉的掌柜的,我说:“他是反革命,咱也不是反革命,干吗给你判刑?”我越说声音越高,越说声音越大。我当时似乎丧失了理智,指着判决书问我爸:“这是哪个政府给你判的?”我爸小声说:“人民政府呗!”在旁边监视我们谈话的那个年轻人一把扯住我的膀子,大声呵斥道:“你胡说些什么? 又哭又闹像什么样子,快走快走!”说着不容分说把我推出监狱大门,我扭回头对我爸说:“爸,你保重,我走了。”我爸木然地站在那儿不知所措。

现在回忆起来,我真有点后悔,为什么头脑那么不冷静,说出那种话来?思念父亲,疼爱父亲是一回事,党的政策又是一回事,我当时的情绪就是满脑子的抵触,认为政府冤枉了我爸,处理得不公,但这些话我可没敢说。

有一位干部模样的人走过来了,问那位年轻的看守怎么回事,那个年轻的看守指着我说:“他不服从接见规定,大哭大叫,我就把他撵出来了。”干部就是干部,那个人的态度好极了,他把我领进办公室,问我多大了,在什么地方念书，又问了家里的情况，他耐心地安慰我说："你爸犯了法，政府判他六年徒刑，已经是从宽处理了，他犯的是包庇反革命罪，可够严重的，尽管如此，政府还是以改造人教育人为目的。你看你爸虽然是改造，吃喝不缺，待遇也不错，只是隔着一座高墙，此外与你们没有什么区别，他犯了法就要服刑，这是国家的政策，你哭喊有什么用？你是个有知识的人，应该理解这些，如果你想你爸爸，随时都可以来看他。"我说："那个人说了，永远不准让我来见。"他笑笑说："那是气话，在北京的犯人家属每月可以来看两次，你们是辽宁人，每月来几次都可以，回家好好念书吧，用不了多久你爸就可以回家了。"

这位干部说的话不多，可是针针见血，温暖着我的心，我站起来给他深深地鞠了一躬；我擦干眼泪走出办公室的门，回头又望了一眼那五米多高的狱墙，回了旅馆。

1994 年，我已经是五十九岁的人了，物是人非，过去的事情好像一场噩梦，转眼几十年过去了，第一监狱的印象还在我脑子里浮现。我应北京电视台的邀请，为他们录制评书《七杰小五义》，住在北广招待所。有一次我带着女儿慧莉，去拜会前辈袁阔成先生，他家住的离陶然亭不远，门前就是第一监狱。看着那座阴森森的大墙，触动了我心中的往事，我问袁先生："你怎么住在这儿？"他说："我住的房子属于公安系统。"我说："我怎么看着像第一监狱啊？"他点了点头说："对啊，我就住在监狱的墙外。"但是我没跟他说以往的经过，看着那座大墙，我心里沉重得不得了，悠悠往事不堪回首。

还回到 1952 年吧，我回到旅馆躺到床上能有半个多小时，尽量回忆着我和父亲见面的那短暂时刻，那个干部说的对，我爸有罪服了刑，这是理所应该的，想父亲哭这是天理人情，但是也要分场合地点，过了一会儿我心里就平静了，下午我决定出去散散心。第一次到首都来，无论如何我也得参观几个地方。

出了旅馆刚到路口，就被十几个三轮车夫围住，他们都是京腔京调，一个劲儿地吵吵："坐我的车吧，坐我的车吧，我的车干净。"我被他们吵吵得有点儿蒙了头，随意跨上了一辆三轮车，那位三轮车夫问我："您上哪儿去？"我说："故宫。"他清脆地答应了一声："好嘞，你哪！"说罢肩膀晃动，熟练地蹬着三轮车离开了延安二店。我在车上第一次认真地领略了大前门的风采，都说前门楼子九丈九，飞檐斗拱，巍巍壮观，今日一见果然不假。那时，前门外边的一条小河，还没有被填死，新马路还没有建成，我们的车子跨过一座石桥，从前门楼子的右侧往前走，前门楼子的左右两翼，都被城墙环绕着，还保存着原貌。为了交通方便，在城墙上扒了几个豁口，当然现在这些早就不存在了，我们来到金水桥，通过天安门城楼，一直往里走，那位车夫非常热心，边走边问我："您是第一次来北京吧？"我说："是。"他说："听您的语音就是东北的，咱们去的这个地方是故宫博物院，您转一天也转不完，饿了里边有饭馆，甭着急，一点一点地看。"到了午门前车子停住了，车夫告诉我："我就能把您送到这儿了。"我付了车钱，买了一张门票，门票折合现在的钱也就是两毛钱。

走进这座神秘的故宫，在我眼前既有金碧辉煌的一面，又有沧桑的一面，那时故宫还没有维修，有些地方满目疮痍，好在三大殿还保存完整。我首先走进太和殿，第一眼就看见了那高高在上的龙椅，因为说书里常说，这就是八宝金殿，我一边看一边心里对号，看看跟说书的说的有什么不同。那会儿参观随便可以用手摸，哪间屋子都可以随便进，现在为了保存古迹，都用绳子拦起来了，或者只允许在门外往里看。我围着皇上的宝座转了几圈，又摸了摸地上的金砖，心说说书里说皇上脚下铺的都是金砖，这也不是金砖，这不是灰砖吗，难道金砖都被人撬走了？接下来我又看了中和殿和保和殿，接下来就是参观内宫，说实在的，我走了一会儿心就烦了，一是地方太大，房间太多，在我脑海中认为这房子大同小异没有什么区别之处，让人看了索然无味。如果有个导游那就强多了，可惜我没有时间雇导游，也没那门心思，就走马观花地看了一遍。

离开故宫后，我又回到旅馆，下午到大栅栏去购买香烟，大栅栏人真多啊，拥挤不动，在大栅栏的路口并排有十几家专售香烟的门面，我信步走进一家最大的，那里面琳琅满目，但都是进口烟，没有国产的，有人说他们在销售国民党剩下的家底，售烟的业务员热情地接待了我："小老弟，买点烟吗？"我把从沈阳带来的条子递给他："按条子上买。"那业务人员喜笑颜开，一看这可能是大买家，一次性就买这么多，他一边给我拿烟，我一边在烟店里浏览，那些进口香烟包装得美极了，有的能叫上名字，有的叫不上名字，一会儿业务人员把我叫过去，对我说："先生你过过数，看看对不对？"我拿着条子逐一核对，一点儿不差，其中给我印象最深的是大象牌、站人牌、咖啡牌，绿锡包、白锡包、粉锡包，还有铁盒炮台等等。我简直成了烟贩子，那么多烟我也拿不了，业务员真热情，到里屋给我找了个双肩背的大背包，把这些烟全装在里边，往身上一背，轻快多了，我付了钱走出烟店，当晚就坐火车返回了沈阳。

回到沈阳后，我向全家人介绍了此行的经过，奶奶最关心我爸了，问得非常详细，我为了安慰奶奶还说：“我爸比过去胖了，显得也年轻了，他们监狱有一座印刷厂，他是切纸工，活也不怎么累，吃的喝的都挺好，从打我爸被抓的那天起还有四年多就可以回家了。”奶奶边点头边擦眼泪，嘴里一个劲儿说：“这就好这就好。”我带回来那些烟，也分别送给了委托我的人。但是有一点我要提及的是我吸烟的坏毛病就是从那时开始的，因为在火车上闲得无聊，又出于好奇，我把口袋打开，信手打开一盒烟，用鼻子一闻挺香，难怪他们爱抽，我就点着了抽了两口，但是咳嗽得要命，那就是我吸烟的开始。回家之后，如果发现桌上有烟我就偷偷地拿走一支，找个没有人的地方去吸两口，因为学校禁止吸烟，小孩儿吸烟怕人家笑话，我妈我奶奶也不允许，所以就得偷偷摸摸地抽，至今算来我已经有五十九年的烟龄了。

从北京回来我们一家人心里踏实多了，剩下的时间就是等我爸回家了。另外需要说明的是，在这个时候我三舅二舅都给家里来了信，我二舅被判处了八年有期徒刑，被押在河北卢台服刑，信上他没说什么，只是需要辣椒酱、换洗的衣服等等。我三舅的信是从黑龙江省密山县发来的，第一封信是明信片，让家里头给他多多地寄辣椒酱，还有换洗的衣服，紧接着他又来了第二封信，跟普通信件一样，我打开一看，上面是用红钢笔水写的，内容是：我现在在密山服刑，被判五年，罪名是窝藏包庇反革命分子，这是最大的冤枉，我和王子明只见过两三次面，也没说过几句话，平素一点来往都没有，怎么能谈得上是窝藏和包庇呢？我已经向上边提起申诉，希望家里的人找到市文联郑文同志和史超同志去了解一下，他们对我的情况最熟悉，最好请他们出个证明，上写千下写万。

老实说我们对这封信为了难，郑文是沈阳市文联主席，史超是市文化局主管曲艺界的头头，要叫他们出证明谈何容易。我前面说过由于我妈对我三舅怀有特殊的感情，三舅的委托她是不能不做的，可她又不愿意亲自出面，把这件事交给了我，我也是顾虑重重，不愿意露面，那时我对干部有抵触情绪，不愿意跟他们说话，尤其是这种事情，怎么张口，但是母亲交代的事又不能不做。我就带着我大表哥小仓子（我三舅的儿子）和表弟小白（二舅的儿子），我们三个人一起去了市政府。在这里需要交代一下的是，三舅二舅都服了刑，他们两家的生活都由我妈来承担，表兄和表弟，经常到我家里去，他们同我一样也是小孩子，什么事情也办不了，因此我和我的家就成了他俩的主心骨。我们仨凑在一起，仗着胆子，找到市文联，很容易地见到了郑文同志。郑文是哈尔滨人，中等身材，长得白白胖胖，鼻子上架着高度的近视眼镜，我说明来意后，把我三舅的来信递给他，他看完之后，把信又还给我，往椅子上一靠，拉着长音说："王来君这个人我清楚，但他犯罪我不了解，这个证明我没法出，要叫我出证明也只能证明艺术不错，会编写几个小段子，至于他是怎么包庇反革命的我一概不知。"

说罢就把我们冷落到旁边不理了，话说到这儿还有什么可说的呢，看着人家一副官架子，对我们冷冰冰的样子，我们只好离开文联，又去市文化局找史超同志。这个史超是四川人，转业军人出身，对文艺界的人没有啥好印象，他到沈阳市曲艺团开过几次会，过去我曾见过他，此人一副高高在上的样子，很难让人接近，我们硬着头皮仗着胆子找到了他，说明来意后，把信交给他，他不屑一顾地看了一眼，把信又塞到我手上，大声说："我是领导曲艺的，不管法律上的事，他犯不犯法，是他的事，跟我毫无关系，叫我证明什么？"又说了一句，"乱弹琴。"他用手指着门口说："走吧走吧。"就这样把我们轰出了文化局。

其实我心里清楚，不来不行，来了也不会起啥作用，果不出我所料，两处都撞了南墙。回家后向我妈详细地介绍了情况，我妈一句话也没说，好半天她对我大表哥说："情况就是这样，你给你爸回封信吧。"于是小仓子给我三舅回了封信。

后来我表弟小白在沈阳考上了测绘学校，学习了一年就毕业了，他们测绘队要远赴云南去做实地测绘工作，临行的时候我们难舍难离，我妈给他买了两套新衣服，对他说："你爸被判了八年徒刑，距离释放还远着呢，你就不要想得太多了，好好安心工作。"小白是很老实的孩子，平日言语不多，但心里有数。我妈除了对我之外，就是对他好，现在父亲服刑，母亲又是继母，娘儿俩合不来，一个年仅十五六的孩子，远赴云南，真有点儿割舍不得，但为了孩子的前途又有什么办法呢？

小白跟我的关系相当好，走的时候哭了有半夜，之后他们到了云南昆明，还给我回过信，介绍了云南风光和他工作的情况。谁也没有想到的是，事隔一年之后，噩耗传来，是他们测绘队来的信，说王佳男（即小白）同志因事故与六名同志在洱海翻船溺水身亡。

我听罢之后，十分震惊，活蹦乱跳的小伙子还不到一年就死到云南了，信上还说王佳男同志有不多的遗物，需不需要给你们寄回去？我妈决定人就地掩埋，就安葬在云南，东西也不必寄了。他们单位还给了不多的安葬费，寄到沈阳后都交到我二舅妈手里，人哪，到了老年就爱回忆，至今有时候我还在想着小白，每当想到当时的情况，心里就一阵绞痛，我经常感叹老天太不公平了，我二舅的命也太苦了，本来是一个吃喝不愁的小家庭，就因为一场飞来横祸，转瞬之间落得个家破人亡。

风水轮流转，日子照样过，很快我到了初中三年级。当时我迷上了篮球，场上总有我的踪影，虽然我个子小，但是痴迷篮球的程度不亚于任何人，每天除了读书之外，就长在球场。可是学校人多篮球少，必须一班一班地轮着玩儿，每班一星期至多能轮上两次，我心说自己家有一个篮球多好，想咋玩儿就咋玩儿，当时学校也有自带篮球的，我羡慕得不得了。于是我鼓足勇气向我妈提出给我买个篮球，我妈一听睁大了眼睛，呵斥道："你的胃口越来越大了，买个篮球得多少钱？"我说："我看了，不怎么贵。"我妈说："我挣一天的钱也买不来一个篮球，不行不行。"我哀求了几次都无果而终。这时候我人大心大了，有时候也会跟我妈犟嘴。

有一次我跟妈妈又提起这件事，我妈还是说不给我买，我坚持要买，我妈就是不答应，正在这时候，贵人来了，正是吉林的那位好朋友齐庆金齐四叔，他的转运公司已经公私合营了，他是私方代表，这次到沈阳来出差，特为到我家来看看。齐四叔是个热心肠的人，重感情，有文化修养，当他听说我们家摊事之后，难过了好些天，故人相见，自然有说不完的话和无限的感慨，我妈热情地款待了齐四叔。

与四叔齐庆鑫合影

齐四叔看着我说："大全子大了，书念得怎么样？"我妈说："书念得一般，就是贪玩儿，这不迷上篮球了，天天磨着我要买个篮球。"齐四叔说："好啊，小孩子正在发育的时候，打打篮球对身心都有好处。"我一听高兴了，齐四叔接着又说："一会儿我上街办事，你跟着我去，篮球的事包在我身上了。"弄得我妈很不好意思，我可乐坏了，吃罢饭后又坐了一会儿，我和齐四叔先到了太原街，他给我买了一只很不错的篮球，当时我喜悦的心情难以形容，我把球放在球网子里用手拎着，有意地对行人炫耀，你看这球是我自己的！挨着体育用品商店就是高级文具店，最贵重的就是金笔，齐四叔把我领进文具店，问售货员："有没有五一派克？"五一派克是金笔中最好的金笔，价钱不菲，平时我连想都不敢想，售货员说："这两天断货了，可是我们这儿有加拿大胜利牌派克笔。"说着拿出来几支，叫齐四叔观看，齐四叔问我："这笔你喜欢不？"我说："当然喜欢了，就是太贵了。"齐四叔又问我："你喜欢什么颜色的？"我说："我喜欢金帽紫杆的派克笔。"最后我们选中一支最满意的，齐四叔把它别在我上衣袋里，拍拍我肩膀说："希望你用这支笔练出一手好字。"

我对齐四叔太感谢太感谢了。齐四叔在沈阳只停留了两天，还和我照了张合影，他坐在前面我站在后面，然后他就回吉林去了，打那儿之后就再也没见着面。

在1982年我率队去吉林演出的时候，特为赶到他住的河南街大安胡同二号去看望他，结果房子已经易主，那主人对我说："老齐在三年前因高血压病故了。"我听完之后心中一颤，人生一世，在印象当中最深的有两种人，一种是对你有恩的人，一种是对你有仇的人，齐四叔对我们家来说是有恩的，所以至今我还在怀念他，我们两个的合影还保留在我的相册里，有时打开相册看一看，往事历历在目……

真相大白

高起铎说："你想什么呢？这是板上钉钉的事，今后交朋友千万要睁大眼睛，别摸摸脑袋就是一个，冤也罢不冤也罢全怪自己。"至此我父亲被捕的原因基本上一目了然。

接下来要说的几件事也令我一生难忘。自从我有了篮球之后，把一大帮同学吸引在我身旁，我一天到晚跟篮球滚在一起，我把父亲也忘了，旁的事也不管了，就知道玩球，看球。有一天是星期日，原本是要打球的，可是场地被别人占了，同学通知我打球取消。我烦闷地躺在床上睡懒觉，由于天热，我光着膀子穿着三角裤衩，因为在自己家里嘛，越随便越好。刚睡着，被一阵脚步声惊醒，我抬头一看，进来一大帮女人，全是来看我妈的，这些人我都认得，其中有我妈的徒孙崔贺云、西河大鼓女艺人张大片，还有女演员陈桂英，还有茶社经理的女儿小田，我一看慌了手脚，急忙从床上一跃而下，找我的衣服，又穿上衣又穿裤子，非常尴尬。她们假装浏览着墙上的相片，问我："大姑呢？"我说："不知道啊。"她们一看扑了个空，坐了一会儿就走了，我的睡意也没了。

我正坐在屋里发呆，有人轻轻敲门，透过门上的窗子，往外看很清楚，我一看，敲门人正是我心中的偶像张小美。我现在在会文中学读初三，她在女子中学读初二，因为不在一个学校了，走的又不是同一方向，所以见面的机会很少，仅能在院里磕头碰脑，我没想到她能主动敲我的门，我心情激动极了。我说："进来。"小美进了屋坐到靠门的椅子上，对我说："你怎么那么黑？"我说："天天打篮球，可能是晒的，要不我也不是白人。"她又说："你家的客人真多，什么时候都不断。"我说："是啊，来的人大部分都是我妈的同行。"她说："不影响你学习吗？"我说："影响不大。"这时她的继母张大娘从我们门前路过，也进屋来坐下了。前面我说过，张大娘是个好说好笑的人，经常去我奶奶的西屋唠闲嗑，对我话不多。她用手指着我说："这个黑小子，你咋晒成了这样？"我嘿嘿一笑没说什么，张大娘说："今天我陪着小美去看电影，是苏联片，好像叫《海军上将》，你去不？"小美也说："要没事就一块儿去吧。"我心里本想是要去的，这个机会实在难得，也不知道为什么，心里想的跟嘴里说的截然相反，晃着头说："不去，不去。"结果人家娘儿俩走了。我这个后悔劲儿就别提了，我狠狠捶了自己脑袋两拳，平时找这个机会都找不着呢，今天人家主动登门约我去看电影，我为啥说不去呢？我简直就是一个笨蛋，我看了看表，还不到下午四点钟，如果我去说一声晚上看电影我也去，也还来得及，结果出于自尊心，我鼓了几次勇气，也没鼓起来，最后一想算了，也可能今后还有机会。

打那之后，小美有时就到我家来坐一坐，她先看看屋里有人没有，有外人她是不来的，来到我屋后，或站或坐，都不超过三分钟，谈论的话题也是学校长学校短，离不开那个小圈圈。原本我对她的印象非常好，那时可能还小，没往处朋友那方面想，几年过去了，我也长大了，想的事也多了，忽然想到要跟小美交朋友。但这话无论如何难以启齿，虽然说男女处朋友男人应该主动，可是我总拉不下脸来，心里非常渴望，表面上却假装无所谓。

之后，每当晚上，我就想着小美，她的举手投足，她的一动一笑，总使我挥之不去。上课的时候，我无心听俄语，脑子里也在想着她的名字，后来实在熬不住了，我决定给她写一封求爱信，可是又不知如何下笔，于是我跑到北市场地摊上，买了一本《如何写情信》的书，回来之后反复看，对我启发很大。

在一天晚上我妈演出去了，就剩下我一个人，我拿起齐四叔给我买的派克金笔，煞费苦心地给小美写了一封求爱信。我把信写好后看了几遍，等到适当的机会好给小美，结果这封信在我兜里揣了将近一个月。为什么没交给小美呢？难道没见过面吗？都不是，是我满脸的磨不开，没有勇气当面递给她。后来终于有一次，我们俩在过道见面了，我鼓足了最大的勇气，把信掏出来递给了她，她一愣，小声地问我："这是什么？"我说："你回去看看就知道了。"说罢我头也不回地回到家里，一天两天没有任何回信，三天五天照旧石沉大海，转眼半个月过去了，没有任何反应，我在过道上又见到了她，我心跳个不停，又想见到她又不敢见到她，也不知道说点什么才好，她脸上显得有点儿发木，冲着我点了点头，我什么也没说，我俩擦肩而过，我就知道信她肯定看过了，她是不愿意和我交朋友，所以才有这种表情，我反复地想，也可能我的判断是错误的，女孩子害羞说不定哪天她会给我回信的。我企盼着企盼着，一两个月过去了，也没有什么消息，我的心就彻底凉了。

还有一天我打球回来，通身是汗，我把运动服脱了，躺在床上休息，我妈没在家，上开原慰问部队去了。正在这时，从门外走进个人来，我一看正是管我妈叫大姑的陈小英。陈小英一家是从青岛到沈阳的，来到沈阳不到半年，跟我妈走得很亲热，她的艺术还算可以吧，因为年纪小不怎么老道，上座率平平，我妈也挺喜欢她，在围绕我妈周围的这些女孩当中，论长相和人品就属陈小英。

我赶紧说："小英大姐来了，我妈没在家，去慰问部队去了。"她说："大姑的事我知道，我就是闲着没事到这儿来看看。"我利用这个机会赶忙穿好衣服，陈小英背着脸看墙上的照片，一边看一边说："今天晚上你有什么安排吗？"我说："没有。"她说："咱们到外头去转转啊。"我听了之后就是一愣，我虽然对陈小英比较了解，也多次见过面，但是我们俩单独在一起的时候却没有，咱俩出去转悠这合适吗？可是我心里这么想嘴却没这么说，也不知道为什么我说了一个可以，就这样，我让奶奶看好家，跟陈小英上了街。

我长这么大，这是第一次单独和女孩上街，也不知道上哪儿去，也不知道说点什么好。开始我们谁也没说话，一直走到十间房，她说："咱就顺着马路往前走吧，要不就到中山公园去坐坐。"我说："行。"

我们俩步行赶奔中山公园，中山公园离我家能有五公里，我出门的时候就憋了一肚子尿，这一走路不要紧，憋得更厉害了，我真恨不得马上跟她分开找个地方痛快地尿上一泡，可是这条路上没有厕所，我又不好意思挑明，只好跟着往前走，好不容易来到中山公园，天色已经见黑。我记得那是一个秋天，夜晚有些凉意，秋风习习，落叶飘飘，公园里空荡荡的，没有几个游人，我们找了一张椅子坐下，中间还保持着一定距离。

陈小英首先开口说："你啥时候高中毕业啊？"我说："明年吧。"她说："你是准备考大学呢？还是结婚？"我一听顿时闹了个大红脸，她笑着问我："难道我不应该这么问你吗？"我说："当然要考大学了，结什么婚啊，连影儿都没有。"她说："别骗人了，我大姑名望那么大，你的条件那么好，肯定有人给你介绍对象，你想选个什么样的？"我一听这话心脏一阵剧烈的跳动，心说陈小英脸皮真厚，居然问一个男孩子这种事，我说："真的没有，我妈也好我也好，对这件事根本就没考虑过。"

她看着我胸前戴着校徽，做得非常漂亮，她说："你这个校徽能不能送我做个纪念。"说着用手要摘，我说："这可不行，校徽上都有编号，不戴校徽不让进校门。"她一听这话才把手缩回去，沉默了半天，我就觉得肚子一阵绞痛，实际上我应该放响炮，说我去方便方便不就得了吗，可是我就张不开口，依然咬着牙忍着，好半天，陈小英又说："你听说部队要招女兵的事吗？还到咱们单位来过，你说我是参军好还是不参军好？"我毫不犹豫地说："这是你自己的问题，你自己拿主意。"

她再也没有说话，我看了看，周围一片漆黑，心里不免有些紧张，虽然当时社会非常安定，但夜深人静，孤男寡女也不可不防，我说："天太晚了，咱们回去吧。"她一句话也没说站起来就走，我在后面跟着离开了中山公园，在返回的路上我们谁也没说话，速度比来时快了一倍，好容易盼着到了家了，陈小英这才说："感谢你陪我，等有时间我请你看电影。"说着转身走了。

我叫开门后，直奔厕所，痛痛快快地方便了一下，回到屋后，我坐下来冷静了半天，回忆着刚才发生的一切，我反问自己，陈小英明知我妈不在家，她看我干什么，又约我去中山公园干什么，还征求我的意见参不参军，又谈到我的婚姻问题，这究竟是为什么，啊！忽然我明白了，难道她对我有那种心思，想要以身相许，又一想不太可能，后来想了半天没有结果，我就睡了。

第二天是个星期日，在我吃早饭的时候，奶奶告诉我："那个叫陈小英的姑娘叫她妹子陈素英送来一张纸条，你看看写的是什么。"我接过来一看，上面写着：中午十二点十分，在天光电影院门前不见不散，下面落款"陈"。我对奶奶说："没事。"

回到屋里我想了想，陈小英究竟想干什么？难道真想向我求爱？我是去还是不去呢？老实说我不想去，当时我心里只有一个女人，那就是张小美，对于旁人我一点印象也没有，对陈小英这种做法甚至还有些反感，我心说不去，孤男寡女的看什么电影，可又一想她写的十二点十分在电影院门前等我，我要把人家晾在那儿不去，似乎于理交代不过去，看看表还有一个半小时，于是我换上衣服，离开家门，刚好遇上了张小美，她从大门外进来我要出大门走了个面对面，当时她连正眼儿看我一眼都没有，我也绷着一张脸，没有任何表示，就这样我二人擦肩而过。一股怒气由衷而发，我心说张小美啊，你有什么了不起，我给你写了封求爱信，你连一点表示都没有，过去见面还能打个招呼，现在连正眼都不看我，难道你把我看成下三烂？我心里还自负地说追我的人多了，你算老几？

我满腔怨恨，登上了电车，时间不大就到了天光电影院，本来我想发泄，陪着陈小英看一场电影，但是一见面我那种反感油然而生，我就见陈小英手里举着两张电影票笑着向我走来:“票我都已经买好了,十二点半的。”我急忙编了几句谎话,我说:“实在对不起,刚才我出门的时候遇上了同学,同学说学校下午有活动,让我必须返校,你看看现在都下午了,我不能陪你看电影,实在对不起。”陈小英愣了一下,笑着对我说:“没关系没关系。”

我头也不回地又上了电车,然后回到家里,往床上一躺心里咚咚直跳,我反问自己这么做是对还是错,我又恨我自己。我想追的人人家不理我,追我的人我还拒之门外,我究竟是属于哪个类型的人?

几天之后我妈慰问部队回来了,她照常说书,生活一切正常。突然有一天,我妈从单位回到家里气色不正把我叫到屋里申斥道:“你跟陈小英是什么关系?”一句话把我问愣了,我说:“啥关系也没有啊。”我妈说:“今天早上开大会,陈小英的哥哥陈连祥在会上大骂说你勾引他妹妹。”我妈质问他:“你有什么证据?”他说:“你回去问问你儿子就知道了。”弄得会场哗然,我一听火往上撞,我说:“陈大驴胡说八道,我跟他妹子什么事也没有,就是去了一趟中山公园,还是她叫我去的,她叫我看电影我也没看,就这么点事什么也没说,这怎么算勾引他妹子呢?”我妈气得把桌子一拍,那明天你就跟我去会场,咱们当众把这事说明白,我说:“行!”

正这时候我妈的几位同事李庆海(我未来的老师)、郝艳霞、王全桂先后来到我家,大伙劝我妈:“你呀千万别跟陈大驴制气,那小子是出了名的无赖,喝二两酒什么难听说什么,你跟他讲理讲得通吗?他说的那些话也没人相信,又没有什么大事就算了。”我是又羞又臊,抹起了眼泪,李庆海拍拍我的脑袋说:“都大小伙子了还抹眼泪,这算个啥啊?有道是一家女百家求,即使你向她求爱也是光明正大的,根本不存在任何问题,你抹眼泪干啥?”我说:“我生气,我憋得慌。”我李叔说:“你小子太单纯了,真讨人喜欢。你要是想说书啊,我非收你当徒弟不可。”当时只是一句玩笑话,谁知日后变成了事实。

这场风波过后不久,我听说陈小英真的参军了,之后就再没有了联系。常言说两座山到不了一起,两个人终有见面的机会。到了1957年我那时已经成为正式的评书演员,有一天正在鞍山市四海茶社说书,忽然从门外走进男女两个军人,其中那个女军人就是陈小英,那个男军人我也认识,是原来沈阳市曲艺团的评书演员,叫安××,我一边说书,心里有一种别样的感觉,我冲着他们点了点头,接着还说我的书,他们坐在门口一张桌子后,伙计给他们

父亲单永奎(右2)、母亲王香桂(右1)、师父李庆海(左2)、师母李春琴(左1)

泡了一壶茶,直到一个小时后我把书说完了,我赶紧走下书台跟他们热烈握手。陈小英变了,无论从气质外貌穿着装束都与过去有天壤之别,显得是那样飒爽英姿,虽然我们没有说什么,但是心里说不出是一种什么滋味,我问:“你们怎么到鞍山来了?”他们说:“我们从大连出差到鞍山办点事儿,听说你落在鞍山了,特为过来看一看。”从眼神中可以看出陈小英依然对过去有所留恋,我不好意思地说:“我跟全桂结婚了,现在有了一个女儿,看来就得在鞍山定居了。”陈小英说:“这些我都听说了,祝你好运,家庭和睦,事业一帆风顺。”我说:“谢谢。”然后我又说:“我家离这儿不远,到家里串个门吧。”陈小英说:“不必了,请你替我向全桂问好,我们还有点儿公事要办,如果大连方面有什么事请跟我联系,我的地点是大连海政文工团什么军什么连。”具体地点没记清,说实话我也不想联系,所以也没往心里去,我们匆匆告别之后,我的心里空落落的,不知道是啥滋味。

回家后我把这件事告诉了我老伴儿,王全桂是个热心人,还埋怨我说:“怎么不请到家里来?都是多年的老朋友了,咱应该好好招待招待他们。”我说:“算了,人家有公事走了。”打那儿之后直到今天,我们没有任何联系,也再没有见过面。

话分两头，还是回到1953年吧，那时我正在沈阳市二十七中高三读书，要考大学了，学习格外紧张。考试结束后，放了几天假。有一天，我妈演出去了，我正在家里看闲书，突然从外面走进一人，见面就说："哈哈，你小子躲在这儿了，我总算把你找着了。"我一看来人高高的，瘦瘦的，非常眼熟，顿时想起来，他就是我在长春的好同学高起铎，一晃五六年没见了，不知道他从哪儿冒出来的，我抓住他的手摇了又摇："哎呀，起铎，你是怎么找到我的?"高起铎说："我现在找人还困难吗? 不管他在哪儿，只要我想找就能找到。我先到北市场茶社去了，有个伙计告诉我你住在这里，真没想到把你堵到屋了。"我俩谈话虽然不多，但我发现高起铎有点变了，嘴里"妈妈的"不离口，有点儿放浪不羁，不拘小节，俨然就成了个社会人。我问他："大叔大婶现在怎么样?"他笑着说："现在我就对你实话实说吧，咱俩同学的时候，我妈我爸都是地下党工作人员，解放后都另外安排了工作，我爸现在住在北京，是中共中央马列学院的教授，我妈被安排在东北人民政府公安部工作。"我说："那你呢?"他说："我爸想安排我入伍，我妈想让我进公安部门，我烦得慌，干那行子没意思，现在正打游飞，关于下一步的事儿我也没工夫去考虑。"他还跟我说："我有未婚妻了，叫小杜，现任共青团陕西省委副书记，她爸爸叫杜者衡，将来可能是咱们辽宁省的省长。"我说："你小子太了不起了，你是高干子弟，我是平民百姓，咱俩的身份相差得太悬殊了。"他满腹牢骚地说："当官有什么好处，铁打的衙门流水的官，在位吆五喝六，下台狗屁不是。"他又说，"你听说高饶事件了吗?"我说："听说了，但不知道内情是怎么回事。"他说："算了算了，不提他们了，我就告诉你吧，东北人民政府要撤了，辽吉黑三省恢复省政府，要不我怎么说我老丈人能做辽宁省政府的省长呢，这都是内部消息。"高起铎所讲的这些我并没有兴趣，对他所说的一切我是半信半疑。

老伴儿，那时我还管她叫全桂姐

当晚我请他在饭馆吃了顿饭，之后他拉着我非叫我到他家串门去，老实说我不愿意攀高枝，人家家里都是高干，我们家只不过是个说书的，何况又有我父亲的问题，所以说什么我也不去。最后高起铎急了，指着我鼻子说："你他妈小子变了，咱哥儿们还是好哥儿们，官不官的顶个屁用，其实当官都不如你们说书的。"在他一再的催促下我没有办法就跟他去了，他家住在东北人民政府公安部后院，房子并不怎么讲究，我们进屋后我就看见了高婶，原来她总是病病恹恹的，现在好了，也显得胖了，穿着一身列宁服，剪着短发，高起铎进门就喊："妈，你看他是谁？"高婶看了半天才认出来："你是传忠？"我说："是。"她说："你妈你爸都挺好吗？"我们刚见面我又不便吐露实情，所以就含糊其辞地说："好好好。"后来屋里电话铃响了，高婶去接电话，之后换了衣服她就走了，连一句客气话也没说。给我的感觉是现在的高婶跟过去判若两人，过去那股亲热劲儿已经不复存在了，都说当官没架子，我看不然，地位变了，一切都变了。我在高起铎家坐了一会儿，就借故离开了。

老伴儿王全桂（二排左1）、父亲（二排左2）、大妹林芝（二排左3）、二妹林华（二排左4）、三妹林荣（前排左1）、奶奶（前排左2）、四妹林玉（前排左3）

打那儿之后，高起铎三天两头找我出去玩儿，一回生两回熟，我控制不住自己这张嘴，就把我父亲的事跟他说了，我求他能不能想办法把我父亲为什么被判刑的事打听清楚，高起铎听了之后并没感到突然，他大大咧咧地说："改朝换代有高兴的就有倒霉的，行，我帮着你打听打听。"我说："你千万别拿此事当儿戏，一定要认真地帮我打听清楚。"您还别说这小子还真办正事，几天之后，他又到我家找我，进门就提到了这件事儿："你小子托我办的事我打听清楚了，千不怪万不怪，就怪你爸没有脑袋，交什么朋友啊？你说的那个叫王子明的那是假名，他原名叫佟荣功，他是国民党驻北平的少将处长，为逃避人民政府的惩罚，化名王子明，跑到沈阳来避难，也就是潜伏下来了，结果你爸收留了他，才落了个窝藏反革命罪。"他又问我："大叔也不傻啊，怎么干这种傻事呢?"我对他的话依然是半信半疑，因为他语无伦次，天一句地一句，叫人难以信赖，所以我又要求他再给帮次忙，有没有类似文件形式的东西拿出来让我看一看，他说："行，咱哥儿们没有办不了的事。"没过两天，他从沈阳市信访办拿来一份证明信，都是铅印的有公章，对我说："你不是要文件吗，你看看这个吧。"我还记得上面大意是说反革命罪犯佟荣功化名王子明，原系国民党驻北平某部督察处少将处长，为逃避人民的制裁，携家眷潜逃到沈阳，以开酒馆为名掩护真实身份，在沈期间受到单永魁、王来君、王来银等人的庇护，以达到不可告人的目的，根据镇压反革命条例第十三条第七款之规定，单永魁犯有窝藏包庇反革命罪，故被判有期徒刑六年，现正在服刑中，王来君是同案犯之一，被判有期徒刑五年，王来银是同案犯之一，被判有期徒刑八年，均在服刑之中。

我看完之后呆若木鸡，高起铎说："你想什么呢？这是板上钉钉的事，今后交朋友千万要睁大眼睛，别摸摸脑袋就是一个，冤也罢不冤也罢全怪自己。"至此我父亲被捕的原因基本上一目了然。

家庭裂变

到家后我奶奶还往我身后看了看，似乎在找我妈，当她发现还是我一个人的时候，就问："看到你妈了吗？"我说："奶，完了，一切全完了！"

不管怎么说我还是要感谢高起铎，是他帮着我弄清了我父亲被判刑的真相，之后高起铎就很少到我家去了，直到今天我也没有见到他的面。

再说说我的学习情况。经过如上这些变故，我的学习大打折扣，从上等滑到中等，再从中等滑落到中下等。一是受我父亲案子的拖累，在学校抬不起头来，老师和同学们都疏远我，开个什么进步会啊、小会啊都把我排除在外，我心里有一种说不出的痛苦，好像变成了另类，以往那种学习的热情一落千丈，甚至不愿登学校的大门，看见学校的大门就憷头；第二，人大心大，也不一心想求学了；第三，一个人的好坏与环境有直接关系，我经常出入北市场，看相声大会听各个名家的评书，打台球，玩克朗棋，下象棋，看摔跤，没事打打篮球，精力全都被这方面占领了，相比之下在课堂上学习太痛苦了，隐隐约约产生了弃学的念头，但是又一想学不念了，将来怎么办呢？思前想后反复琢磨，还得走念书这条路，一个人一旦走了下坡路，想要把心收回来是相当困难的，我咬着牙坚持着念书。就在我高中毕业的时候，一场大病突然来临，什么病，痔疮。经医生检查必须得动手术，于是我在医院住了二十多天，做了第一次手术，那时候没有什么特殊的治疗方法，那个疼劲儿就甭提了，动手术跟上刑差不了多少。

青年留影

就在这时候，又一件意想不到的事情发生了，我母亲当时已经离开沈阳去了齐齐哈尔演出，离家的时候她说几个月就回来，结果半年过去了，她也没回来，但每个月往家寄三百块钱，由我支配料理。后来又听说我妈不回来了，要跟我爸爸离婚，我听罢这个消息后脑袋都要炸裂了，我简直不相信这是真的。

母亲和妹妹

那时全桂大姐经常到我家去，跟我家里人几乎没有什么区别，我就问她："大姐，我听说我妈要跟我爸离婚，这能是真的吗？你跟我妈关系挺好，她是否对你提过这件事？"全桂大姐沉吟半晌，她虽然是个口快心直的人，但对这个敏感的话题，她却支吾了老半天，我一看情况不妙，就连续地追问她："好姐姐，你知道什么就告诉我吧。"她终于说了实话，她说："我大姑临走的时候，就跟我说过，她要与反革命的丈夫划清界限，自己另谋出路。"全桂姐还说，为这件事情，她曾再三劝过我妈，但我妈心意已决，不会改变了，全桂姐还对我说："我大姑走的时候曾向我交代，让我多多照顾你们，因为这是个人问题，我也不便多说，总希望大姑能够回心转意，今天你要不问我我是绝对不会说这件事的。"全桂大姐又问我："你是听谁说的？"我说："我老姨夫回哈尔滨了，临走之前，跟我谈过这件事，但是说的不那么实在，他的意思是说我妈这一走可能不回来了。我问他为什么，他没有正面回答我，只是说你也老大不小了，应该把这个家支撑起来了。打那儿之后我心里就发毛，对别人不便打听，所以才问到你。”全桂大姐说：“人这一辈子，幸福和痛苦都是自己找的，当局者迷旁观者清，有道是清官难断家务事，你妈那个人是个非常内向的人，她一旦决定的事情是无法改变的。”

全桂大姐走后，我一头栽到炕上，脑袋昏沉沉的，心里像堵了一团乱麻，我无论如何也想不通，我妈为什么会做出这种荒唐的决定，难道她把老小一家人都抛弃了！再说我爸还有两年的时间就可以回家了，难道连两年你都等不及了！当晚我实在憋不住了，把这件事情告诉了我奶奶。开始时我奶奶睁大眼睛，竖着耳朵认真地听着，当她听明白之后，咕咚一声摔倒在地，我妹妹们也哭作一团，像这种家庭裂变外人是难以插手的。幸好我李叔，也就是那位李庆海，给我家来送大米，进屋一看就愣住了，问我：“全子，出什么事了？你们咋哭成这样？”因为李叔是我家的座上客，我们两家的关系非同一般，他又是我爸爸的磕头把兄弟，在我求助无门的情况下，只好实话实说了，李叔听罢之后，连连叹气，帮着我把奶奶劝得不哭了，他说：“老人家，别难过，你什么风浪没经过，千万要坚持住，也许香桂大嫂过几天就会回来，我们都是朋友，我尽量劝劝她。”

奶奶回了西屋之后，屋里就剩下我和李叔两个人，李叔问我：“传忠啊，你已经十八岁了，也算成年人了，叔叔问你，你妈真要跟你爸离了婚，你怎么办？”我低头不语，不知道如何回答是好，但我心里总在想这不是真的，李叔接着又说：“你读过这么多年书，知书明理，现在离婚不是什么新鲜事，你妈要跟你爸划清界限，自己要求进步，这也是名正言顺的事，谁也无法阻拦。她有她的追求，她有她的幸福，你这么大了，应该有主心骨了，一定要把这个家支撑起来。”李叔走后，我通宵未眠。

第二天，我跟奶奶说我去找我妈，死活也得把她劝回来，奶奶非常支持我，还对我说：“你妈要是不回来，我也去，我给她下跪，一直哀求她心软了，陪她一起回来。”

简短截说，两天后我到了齐齐哈尔，找到文雅轩茶社，当时我妈正在这儿说书，我妈一看我来了，深感突然，头一句话就说：“你怎么来了？”我也没有客气，一反过去在我妈面前那种懦弱的表现，问我妈：“妈，我听说你要跟我爸离婚？这是真的吗？”我妈反问我：“你是怎么知道的？”我说：“沈阳说书的人没有一个不知道的，我耳朵里早都灌满了，你干脆告诉我到底是真是假？”

我妈长叹一声哭了，好半天才对我说："既然你问到这儿我就实话对你说吧，我跟你爸已经离婚了。"我说："不可能，我爸正在监狱服刑，你在齐齐哈尔说书，怎么能办离婚手续呢？"我妈说："实话告诉你吧，我为这件事，又到北京去过，我一共去了两次，把手续都办完了。"我说："你骗人，手续在哪儿？"我妈没说话，打开皮包，把离婚证拿出来了，往我面前一递："你自己看看吧。"我一看果然是政府颁发的离婚证书，时间是我来找我妈的前三个月，我一瞅就傻了，原本想用眼泪把我妈劝回沈阳，看来木已成舟，一切都枉然了，我呆呆地坐在凳子上不知如何是好了。

我妈接着说："你来了也好，有些事我要向你交代，今后，你要担起家里的生活担子，因为现在我的收入也不是那么多，按法院判决的结果，从下月开始，我每个月只能供给你们六十块钱的生活费，你就看着安排吧。"我说："妈，你能不能跟我回沈阳一趟，当着我奶奶和我妹妹们把这件事交代一遍，那毕竟还是你的家，即便你和我爸离婚了，我也是你儿子，我妹妹们也是你女儿。"我妈真是个铁石心肠的女人，虽然也掉了眼泪，但是她斩钉截铁地说："沈阳我是不能回去了，我要说的话已经都说完了。"任我磨破嘴唇，我妈一句话也不说，后来我实在没办法了，赌着气离开齐齐哈尔，连夜返回了沈阳。

到家后我奶奶还往我身后看了看，似乎在找我妈，当她发现还是我一个人的时候，就问："看到你妈了吗？"我说："奶，完了，一切全完了！我妈和我爸已经离婚了，都仨多月了。"我奶奶哭着说："你去买张火车票，我带着你妹妹们去。"我说："奶奶，你算了吧，你去也是白去，我妈把离婚证都拿到手了，你除了哭，还有什么办法？"

就为了这件事，我们家弄的是鸡犬不宁，您想想我还有心读书吗？没过两天，全桂大姐来了，进门就说："听说，你去找大姑去了，结果怎么样？"我毫不隐瞒地把经过讲述了一遍，全桂大姐说："事已至此，你打算怎么办哪？"我说："在路上我反复地想，男子汉大丈夫应该有骨气，即使离开爹妈，我也要把这个家支撑起来，按法院规定，我妈每个月要给家生活费六十元，看来基本生活费不成问题，我一定要好好读书，早日参加工作，等我能挣钱了，问题就都解决了。"全桂大姐冷笑道："那得等到哪年哪月啊，常言说远水难解近渴。"我一听可不是嘛！

全桂大姐又说："兄弟，别发愁，有困难就找我，我会竭尽全力帮着你们的。"

本来我的痔疮就没有痊愈，由于着急上火，痔疮又发作了，我只好忍着剧痛，用药治疗。正在这时，大学招生开始了，我抱着未来能当一个工程师或者是一个医生的崇高理想，跨入了考试现场。老实说，经过家庭剧变，我上学也是三天打鱼两天晒网，根本没有充分的备课时间，想要考上大学，真是难上加难，但我相信那句话，船到桥头自然直，没有过不去的火焰山。考试的考场是在沈阳南八条原十一中，经过几天的煎熬我终于把试考完了，至于结果如何，我心里一点底也没有。几天后我的一个最好的同学刁永言来了，我们俩从初中到高中一直就没有分开过，两家相距很近，学校有什么事情都是他第一时间通报给我，一进门他就兴奋地说："老单，给你道喜了，咱俩都考上东工了，你说有多巧，名字还挨着。"我听罢之后，简直不相信自己的耳朵，连问了三个："真的？真的？真的？"刁永言说："这么大的事我岂能撒谎，说不定在大学咱俩还是同班同学，这真是缘分。"我问他："什么时候报到？"他说："听信儿。"

为了庆祝这一好消息，我还请他在饭馆撮了一顿，在饭店谈着对未来的憧憬，我把一切烦恼全抛开了，可是回到家里看到年迈的奶奶和我那几个可怜的妹妹，想到父母离异的事，方才那种高兴劲儿一扫而光。就在这几天，我家的人事开始大变动，我大伯搞了个后老伴儿，离开我家到丹东去了，非常喜欢我四妹妹的那个小于叔因患肺病回老家山东养病去了，这真是人去楼空啊。

我妈这一走家里没有客人了，出来进去就是我和妹妹们和我奶奶，正在这时候部队里招考学员，我大妹妹林芝考上了铁路文工团，因此家里显得更冷清了，转眼报到的时间到了，刁永言来了，我们俩一起到东工院部报了到。

可是就在这个节骨眼儿上，我的痔疮又犯了，由于这种病太痛苦，动手术好像上刑，我没敢去治痔疮的医院，就找了我家附近的那大夫，因为他和我家关系较好，我让他给我治了治，那大夫检查后对我说："哎呀，你的病可不轻啊，仗着年轻，要不早就躺下了，我只能给你护理，不能去根儿，要想治好还得去大医院。"我跟他说："马上开学了，我不能耽误学习。"求他想办法给我缓解一下，那大夫只好给我打了几针，后来还警告我说："这只是顶药，你要不及早治会越来越严重的。"

不久学校开学了，我和刁永言一起到了东工，真应了他那句话了，果然分到一个班里，班主任可能姓言也可能姓恕，我现在已经记不清了，课程比较简单，第一年主修课是俄语，这是我最苦恼的一门课程，我的外语成绩本来就不好，我一听就头疼，之后就是政治课，我勉强支撑了一个星期。后来病情果然恶化了，我向老师请了假，又去了医院，因为我身边实在没人了，我只好给全桂大姐打了电话，求她帮忙，全桂大姐真是个热心人，接到电话之后，她急如风火赶到医院，一切手续都是她替我办理的，在医院进行了第二次大手术，其中的痛苦自不必说，家里的事医院的事都是全桂大姐帮忙料理，钱也是她拿的。在此期间刁永言到医院去过两次向我通报学习的进程。光阴似箭，我在医院度过了两个月零四天，躺在病床上我是心灰意冷，首先想到的是学习，本来我的学习一路下滑，就很吃力，这一耽误，恐怕更追不上了，原本厌倦学习的心情一直萦绕着我的心。

好不容易盼着出院了，刁永言又来到家里看我，他说："老师问过你几次了，你再不上学恐怕真的就被落下了。"我跟他说："永言啊，你看看我的情况，现在我连腰都直不起来，一天要换几次药，怎么上学啊？你替我向老师请个长假吧。"刁永言长叹一声，答应下来。虽然我回家了，生活不能自理，也不能让我老奶奶太费劲，饮食起居还是全桂大姐照顾，为此我于心不忍，我说："你老来我家就不说书了？"她说："小事一桩，少挣点钱算什么？"有道是千里姻缘一线牵，通过几年的接触我和全桂大姐产生了一定的感情，与其说是感情还不如说是依赖性，之后我们越走越近，她居然成了我家中的成员之一。

正在这时候，我那位李叔李庆海到我家来看我，看到我家四壁凋零的样子非常伤感，现在在我的眼中他就像我父亲那样亲，我向他诉说了我心中的苦恼，李叔也伤心地掉下眼泪。我首先提到的最大的苦恼是学习问题，如何才能把这五年的学习坚持下来？家里的情况怎么办？李叔语重心长地说："传忠啊，你还记得吗？我说过我非常喜欢你，如果你愿意说书，我愿意收你做我的徒弟，把我身上的本事全传授给你。"这话我不止一次听他说过了，过去全都不以为然，我总觉得万般皆下品唯有读书高，我念了这么多年书，怎么可能放弃了去说书呢？但这次我的确动了心。

李叔说："孩子，就凭你们家的现状，你能读完五年大学吗？即使你真的大学毕业了，又能怎样？当技术员？或者是见习工程师？每个月的工资也不超过百元，与说书比起来差多了，你现在唯一要考虑的是经济收入问题，有了钱才能养家全小，再者一说，说书人大多都是没有文化的人，都凭着口传心授，你读书读了这么多年，在这个行当里就算是状元了，假如你能把这些传统剧目全都记录下来，整理出书，不也是一大贡献吗？学什么工？我看干老本行比什么全强！这是咱两家不外我说的心里话，你好好想想是不是这个道理？”

李叔走后我通宵未眠，思考了整整一个晚上。第二天全桂大姐又来了，我把李叔的话对全桂说了，征求她的意见，她完全赞同李叔的说法，她说：“我们已经走到了一起，我在外边说书，你去读大学，这就叫分道扬镳，如果你同意说评书，我们就是同路人，你如果拜李叔为师，你的造化也不浅，那也是一位大艺术家，轻易不收弟子的，他能主动向你提出收你为徒，这也是你的福分。”

我心中的天平一下倾斜了，于是决定放弃学业从事本行。几天后，刁永言来了，他真是个好学生，兢兢业业、一丝不苟，他把我的教科书、讲义以及学习的课本全都送到家里来了，我对着课本冷笑一声：“永言啊，我不念了。”他听罢之后就是一愣：“你说什么？”我说：“我想放弃学习从事老本行了。”刁永言低着头能有三分钟没有说话，后来他长叹一声：“看来你的情况也只好如此了，掏心窝子说我有点儿替你可惜。”我也沉默了良久，打那儿之后，我们两个人再也没见过面，直到今天。

又过了两天，全桂把我李叔找到家，我们三个人吃了一顿家宴，都是全桂掌勺，我恭恭敬敬跪在地上给李叔磕了响头，提高声音、鼓足勇气说声：“师父在上，受弟子一拜。”李叔惊讶地把我拉起来：“小子，你决定了？”我说：“是。”李叔把大腿一拍：“哎！这就对了，我怎么看你怎么是个说书的料，只要你用功，前途不可限量。”之后他又说，“月末我去营口演出，你既然不念书了，最好跟着我一块去。”全桂大姐说：“我也去。”三人会议就此拍板儿。

之后，我把这件事对我奶奶说了，我奶奶虽然讲不出什么大道理，但也无言以对，为了家庭的生活她也无奈地答应了，我把家里头做了安排，给我奶奶留了钱，现在我们这个破碎的家只能靠这位老人执掌了。

如果我没记错的话，1954 年的初冬，我们踏上了去营口的列车。

学 艺

原本读好书上大学，毕业之后做个大夫或是工程师，但这些美好的愿望都化为泡影不复存在了，而是走上了我本就不喜欢的说书这条路。

有人说客观事物的发展是不以人的意志为转移的，这话我确信无疑。原本读好书上大学，毕业之后做个大夫或是工程师，但这些美好的愿望都化为泡影不复存在了，而是走上了我本就不喜欢的说书这条路，难道这是命运的捉弄，还是天意的安排?

我们到了营口之后，师傅在小茶社说书，说是小茶社其实并不小，能容纳一百五六十人，他在营口有一定的威望，每天爆满，业务非常之好，全桂在群英轩茶社说书，业务情况也还可以，师傅到营口不久，便当上了曲艺界临时的会长，也便于当地文化局联系。他办的第一件大事是在三义园饭店大摆酒席，当众收我为徒。因为按辈分我师傅是庆字辈的，我应该是田字辈的，从此单传忠改名叫单田芳，我师傅还当众宣布，今天是双喜临门，一是收弟子，二是祝贺全桂和田芳的婚礼，同日我跟全桂也领了结婚登记证，成为正式夫妻。做长者的想得周到，有道是名不正言不顺，做什么事情，都要正大光明。我在营口成了家，全桂的收入足以保障我和我们家里的生活费用，我倒出身子每天跟在老师身边认真听他说《小五义》，他在台上说，我在台下记录，每天到了晚上，都是艺人们最愉快的时候，在演艺圈有个不成文的规定，大部分人都是阴阳颠倒，白天发困，晚上精神，到了晚上师傅开始给我上课，教给我说评书的要领，以及表演人物的技艺等等。

由于我师傅没有文化，他需要参考很多书，就由我来读，他来听，我们爷儿俩相辅相成，应该说在那段时间里，对我未来评书的发展打下了一定的基础。后来师傅回了沈阳，我和全桂也随师傅回到沈阳。在家里安顿了一下之后，我们决定去开原演出，在开原演出之后，又转而去了大石桥演出，当时我的心情是十分矛盾的，为什么不在沈阳待着而四处奔走呢？第一怕见到我过去那些同学和老师，我弃学不念而改为说评书，从我心灵深处来讲我认为是一种耻辱，在他们面前抬不起头来，最好的办法就是远走避之；第二我在沈阳多年都管全桂叫大姐，现在突然变成了夫妻，她又大我八岁，我总觉着这也是一件不光彩的事，所以离开沈阳避免很多口舌，虽然这是掩耳盗铃，但耳不听心不烦。

1955 年我们来到了鞍山市，正式落户到鞍山市曲艺团。我对鞍山怀有深厚的感情，一是鞍山是祖国的钢都，解放后百业兴旺，是块风水宝地；第二，鞍山的演员比较多，其中也不乏有名的演员，在这里有学习的条件，是除了沈阳之外的理想之地。提到鞍山我不得不提起两个人来，第一个就是曲艺界的老前辈，名震关内关外的评书大师赵玉峰和我的师兄杨田荣，赵玉峰和我家多少沾点亲戚，我父亲管他叫舅舅，怎么个舅舅我搞不明白，所以我管赵玉峰既叫舅爷爷又叫师爷。我们到鞍山不久，首先提了礼物去拜会了赵师爷，老人家看到两张陌生的脸，感到很突然，问我："你是谁？"当我提到父母的名字之后，师爷转惊为喜："啊！你是香桂的儿子啊。"老人家很热情，留我们吃了晚饭，又跟我说："鞍山这个地方不错，你既然干了这行，就应该好好学习，别看我快六十的人了，我每天都在说书，希望你有时间多去听一听。"我自然满口答应，喜不自胜，打那儿之后我每天的任务就是学习。我在想我现在是个冒牌的评书演员，何谓冒牌呢？从来没有登上过评书舞台，一年多来全靠老婆养活，作为男子汉大丈夫，实在有失尊严，因此我暗下决心，既然走上了这一步，爱上了这一行，我就一定要把它干好，我一定要博采众长，把基础打牢，赵师爷不仅是我崇拜的偶像，也是关内外所有演员崇拜的偶像，跟这样的人在一起，岂能错失良机？

我还记得第一天晚上，我找到鞍山市前进市场的前进茶社，赵师爷就在这儿说书，前进茶社是比较大的茶社，能容纳二百五十多人。令我感到意外的是眼看要开场了，偌大的茶社却空无一人，眼看到了晚上七点才稀稀拉拉来了十几个客人，赵师爷坐在台上不住地吸烟喝水，显得十分尴尬，我心里纳闷，难道人老了不值钱？这么大个赵玉峰怎么会没有客人呢？赵师爷终于开书了，他说的书是《明英烈》。这部书我再熟悉不过了，因为是我们家祖传的评书，我妈也说过，我三舅也说过，我听过不止十遍。可是我听了赵师爷的《明英烈》后，感觉到内容松懈，十分口生（说得不溜）。打那儿之后我天天去听赵师爷说书，老爷子有个习惯，每天必须烫热水澡，我也有洗热水澡的习惯，就这样天天陪他去浴池，在闲谈中我提出来："师爷，你说的《明英烈》内容跟我们家的不一样，比如您说的八宝陀龙枪大破九凤朝阳刀一段就与我家所说的截然不同。”赵师爷听罢眼睛一亮，好像扎了一针兴奋剂，他眼睛一亮对我说：“是啊，《明英烈》是你们家的底活，我在鞍山日久天长，所会的书都说过了，对《明英烈》很陌生，因此说起来心里没有底，难怪客人也就少了。”他又问我：“你记得《明英烈》的内容吗？”我说：“当然记得。”赵师爷说：“那太好了，那咱爷儿俩约定好了，天天到浴池来，你给我念念《明英烈》。”我说：“行。”

为什么我敢大包大揽呢？虽然我不会说评书，对这门艺术也不感兴趣，我从来就没想过我要做个评书艺人，可是因为家里的熏陶，您想啊我们家祖宗三代都是说书的，所交的朋友大部分也是搞曲艺的，说评书的唱大鼓的说相声的，他们每相聚在一起，都是三句话不离本行，我妈也在不断地学习，她怕学到东西怕忘了，就叫我做记录，尽管我那时不会说书，我做的记录太多了，像《隋唐演义》《大明英烈》《五虎平西》《呼杨和兵》《三侠五义》等书，我都做过详细记录，那会儿年轻，脑子好使，听一遍就忘不了，虽然我那时还没有说书，但满肚子都是书。

我和赵师爷达成协议后，我们几乎天天泡在浴池里，我把《明英烈》从头到尾，对他讲述了一遍，老人家高兴极了，后来买卖也渐渐有了起色。有一天老人家跟我说：“你为什么不登台啊？你给我念的买卖有板有眼，横股清楚，人物生动，真没想到你还有这么两下子。”我说：“师爷，我是台下的英雄，别看在台下我给您念买卖行，可是我不敢登台。”赵师爷听罢之后乐了老半天，他说：“孩子，说书艺人有三关，一登台难，你现在就是登台难，只要鼓足勇气，敢上台敢张嘴说就算过了第一关，第二关把客人说住难，你敢说就怕别人不敢听，这就看你的本事高低了，第三是成名难赚大钱难，纵观关内外，有几个成大名赚大钱的？大多数都是庸庸碌碌之辈，但有一点我看清了，小子只要你登台，敢张嘴，我保你是未来的一员大将。”我听罢之后，是备受鼓舞。

老实说我师傅李庆海是名正言顺的老师，教给我许多说书的技巧，但不如赵师爷教给我的多，从手眼身法步，到故事情节设计、诗词歌赋，教给我的东西实在是很多，真使我一生难忘，受益匪浅。再有一个人就是我的师兄杨田荣，杨田荣本来是天津市曲艺团的演员，后来到鞍山市来说书，此人热情、幽默，不小瞧人，其实他对我家的情况了如指掌。我那时刚满二十岁，还是个毛头小伙子，也可以说身无一技之长，但是田荣师哥一点儿也没小瞧我，所以我深受感动。因为我们俩都是田字辈的，他对我师傅又非常了解，所以一见面他就对我说：“我和庆海叔是老朋友了，在天津共事多年，你是他的徒弟就等于是我的亲兄弟，有哪些困难就尽管提，有哪些需要帮助的，我尽力而为。”他的话虽然不多，好像一股暖流传遍我的全身，因此从心往外我拿他当成了亲胞兄，不管大事小事都跟他商量请教。田荣兄的评书艺术也是精益求精，对我的帮助非常大。

第一次登台

一口气说了两个多小时，忘记了休息，忘记了停顿，虽然是数九隆冬，我浑身上下全都是汗，正在这时茶社的赵经理来在书台前，敲着书桌提醒我说："单先生你跑到这儿过书瘾来了，你看看都几点钟了？"

在这里我还要介绍一件有趣的事，题目叫勇闯第一关，我是如何从幕后走到台前的，前面我说过了，我生活虽然不愁，但全靠老婆挣钱养活，我深感愧疚，早就发誓一定早日登台早点挣钱把这个家支撑起来，靠老婆养活太没出息了。到了鞍山之后，评书演员和大鼓演员很多，加在一起有四五十位，既给了我广大的学习空间，也为我早日登台创造了好条件，我岂能错失良机？所以在我到鞍山不久，我就向曲艺团的领导提出我要登台说书的要求，赵玉峰老先生也极力推荐我。那时候要求登台的也不止我一个人，男女一共有几个人，为此曲艺团专门举行了一次测评考试，还请文化局艺术科的领导参加，如果考中了才能有资格登台，否则就得继续学习。

为了顺利过关，我攒足了气力在家里备课。那时全桂已经怀上了我女儿慧莉，我每天在家摆上一张桌子，前面竖一面大镜子，对着镜子说书，全桂就成了我的辅导老师，一边听一边给我挑毛病，还有几个学员像赵书其、杨秀石、石连壁等也到我家来凑热闹，我说他们就当听众，他们说我们就当听众，彼此提意见找毛病，有时长辈从门前路过，被我们发现了，就把他请到我们家中做指导老师。我记得有很多同行老前辈都参与过这一活动，看来收学生就要收勤快的学生、好学的学生，懒惰是不可取的。我准备了一段评书，叫师徒斗智，这个段子是引用了《明英烈》其中的一段，为了这个段子我铆足了劲儿，可以说是倒背如流。

有道是功夫不负有心人啊！考试那天，我一举拿下了第一名，最使我高兴的是文化局的领导点评说："单田芳完全可以做准演员哪。"有了这句话就等于奉了圣旨，我的身份一下子变了，由什么也不是变成了准演员，当时那股高兴的劲儿就甭提了。过关之后我要求上台说书，当时鞍山有七个茶社，每个茶社分早中晚三场，可是没有位置腾出来叫我去说，怎么办呢？曲艺团就开创了板凳头儿的先例，什么叫板凳头儿呢？就是正式演员说早中晚三场评书，人家属于正场，时间又好，钟点又正，板凳头儿是什么呢？是晚场没开始之前和中场结束之后，那段空暇时间就叫板凳头儿，后来领导批准我在前进茶社说板凳头儿。

当时正是冬天，眼看快过春节了，我开始加劲备课，曲艺团为了进行宣传，在大街小巷贴出大红海报，上面写的是前进茶社特请著名评书演员单田芳，于正月初一演讲《大明英烈》，欢迎听众届时光临，风雨不误。您听听这真是忽悠，我连台都没登过，算哪国著名评书演员？其实这就是商业运作。我走在街上看着这些海报，心发跳，脸发烧，非常不自在，压力油然而生，赵师爷知道后，鼓励我说："小子，我对你说过，说评书有三难，这就是第一难，登台难，你一定要有信心，把这关闯过去。"老人家的话对我鼓励相当大，田荣师兄也鼓励我说："上台不要心慌，凭你那两下子肯定没问题。"虽然他们如此鼓励我，我依然是忐忑不安，老实说春节都没过好，年夜饺子是什么味儿我都没吃出来，走路说书，在屋里坐着说书，甚至连做梦也在说书，时间一分一秒地过去了。

转眼到了正月初一，那天是怎么度过的，简直难以形容，从天亮之后我的心就加快了跳动，好像一座大山压得我透不过气来，下午三点多钟的时候，我换好了登台的衣服，拿着扇子醒木，披上棉大衣，赶奔前进茶社，一路上我还在说书，等进茶社之后，屋里头热气腾腾、乌烟瘴气，因为是春节放假，听众比平时多得多，那时正场还没结束，演员是我同门的师姑叫张香玉，我进了休息间候场，把衣服整理好了，扇子醒木拿在手中，那会儿我的心几乎从我的嗓子眼里跳出来，又怕时间到又盼着时间到，心里矛盾极了，正在这时候我听见师姑张香玉说："各位都别走，下面还有评书演员单田芳给你们说一段《大明英烈》。"我还听见几个人鼓起掌来，不知道是起哄啊还是讽刺，这时张香玉师姑下了台走进休息室，她知道我没登过台怕我紧张，就安慰我说："别怕，赶紧上台吧！"我说："好。"于是我把牙关一咬心一横，装作若无其事毫不介意的样子登上了三尺讲台。

现在我还记得当时的情况，我的心依然在激烈跳动，两眼发花，往台下一看，似乎每个人都长着两颗脑袋，现在已经到了背水一战的时候了，怕已然没用，我只好把醒木啪的一拍，朗诵了一首上场诗，接着就滔滔不绝地说书了，因为我对《大明英烈》这套书相当熟悉，完全可以倒背如流，所以忘词停顿的事是不存在的。但是没有舞台经验，控制不住自己的情绪，语速相当之快，头一句话还没说完，第二句就冒出来了，说过十几分钟之后，我的心渐渐平静下来了，我发现很多人都注意在听，我抖个包袱也有人龇牙发笑，我的心这才平静了许多。板凳头儿是四段书，每段三十分钟，按规定，每说完三十分钟，演员就要休息一会儿，观众也好活动活动，上上厕所，可我太激动了，把这些都忘了，一口气说了两个多小时，忘记了休息，忘记了停顿，虽然是数九隆冬，我浑身上下全都是汗，正在这时茶社的赵经理来在书台前，敲着书桌提醒我说："单先生你跑到这儿过书瘾来了，你看看都几点钟了？"一句话把我点醒，惹得听众是哄堂大笑，我急忙说："对不起对不起，今儿个就说到这儿吧，如果您愿意听我明天接着讲。"

这第一关终于叫我闯过了，我如释重负。散场之后，我问赵经理："我说得咋样？"赵经理开茶社多年，是个老油条，什么样的高人都会过，他说："还行，就是说的口太急了点儿，叫人听得心里忙叨，再说的时候你节奏要慢一些。"我听后不住地点头。我还记得第一天登台，我挣了四块二毛钱，因为当时还没有合作，基本上都是单干，除了上交部分公基金、公益金之外，剩下都是自己的，这四块二毛钱，意味着什么？当时大米一斤才一毛八，猪肉四毛五，鸡蛋一个平均也就三分钱，如果老保持这个纪录，就说明每个月可以挣一百多元，比当技术员工程师强多了。头一关闯下来之后，我腰也挺直了，愁云也散尽了，走路也轻快了，那个高兴劲儿就甭提了，回到家之后我把四块二毛钱往全桂身边一放，非常自负地说："怎么样，我也能挣钱了，从今之后，你就在家看孩子吧，我可以养家了。"全桂冷笑说："你美什么，说评书这种事，得拉长线看活，不能看一天两天。"我说："你放心吧，我绝对有信心。"

任何事情都是开头难，只要闯过第一关，十拿九稳会畅通无阻，第一天演出结束后，我激动得几乎彻夜难眠，恨不得马上到第二天接着说书，第二天的效果也不错，第三天也不错，就这样日复一日我越说越有劲儿，钱也越挣越多，终于成了板凳头儿大王，也就是说我上板凳头儿的收入超过很多正式演员的正常收入，人得喜事精神爽，由于事业初见成效，对我的推动力相当大，无论是备课听书还是说书我不敢有一丝懈怠。

如果我没记错，我是 1955 年到的鞍山，1956 年大年初一登台表演，到了 1957 年，我已经成了小红人了。我们家擅长说长袍书，也就是像《三国演义》《隋唐演义》《薛刚反唐》这类的书，但对武侠书很欠缺，为了弥补这个空白，我就请教田荣兄，求他认真指导，田荣说："干脆这么办吧，我给你念一套《三侠五义》和《小五义》你就全明白了。"我一听正中下怀，这简直是一件可遇不可求的好事，于是我们哥儿俩约定好时间，地点在我家。

1956 年全桂与女儿合影

从打那儿开始，田荣兄每天都抽出时间来到我家，也不管是刮风下雨、酷暑严寒他都准时不误，我们哥

与老伴儿、女儿及三个妹妹合影

儿俩对面坐着，把房门关闭，以防干扰，他就像说书似的，开始给我讲述《三侠五义》，时不时还停下来告诉我哪个段落是重点，哪个段落可以一笔带过，这真是起到了画龙点睛的作用。光阴似箭，日月如梭，几个月的时间过去了，田荣兄也实现了他的诺言，我学到了一部精彩武侠评书。正是在赵玉峰老先生和田荣兄的帮助下，我的艺术突飞猛进，再加上年轻，身体好，精力充沛，所以演出的收入蒸蒸日上，使很多老前辈和同行们无不刮目相看。赵师爷笑着

对我说:“小子,我说得不差吧,虽然你现在已经初见成效,可千万不要骄傲自大,还要虚心学习。”田荣兄也说:“只要你绷紧这股劲儿,认真学,要求上进,将来前途无量。”

对我家来说,经济方面也发生了很大的变化,原来是靠老婆养活,现在反过来了,由我承担了家庭的主力,我们在鞍山买了新房,我和赵师爷是邻居,住在楼上楼下,这样学习起来就更方便了,那时我头脑当中只有一个念头,就是一个劲儿地往前冲!

就在那一年的春天,我突然接到一封信,打开一看,不由得喜出望外,原来我父亲刑满释放了,他已经回到沈阳的家。我一蹦老高,跟全桂大声说:“咱爸出狱了,我得赶快回家去看看。”我老伴儿也高兴得不得了,我带了不少钱,坐上火车回到沈阳家里。

我还记得我刚进门的时候,父亲一个人正坐在屋里喝茶,我们爷儿俩几年不见了,这次相见显得多少有点陌生,我进门大叫了一声:“爸,你回来了。”我爸显得不那么亲热,只是用鼻子哼一声,好半天他才说:“听说你跟王全桂结婚了?你也说书了,真叫我大失所望啊,当初我发誓要改换门庭,我恨透了说书这个行当,可是老天爷不睁眼,为什么也叫你说了书?再一个王全桂比你大八岁,怎么能做你的媳妇?这个人我无法接受,你回来看看我可以,但你回去转告王全桂不准进我这个家门。”我听了之后,好像挨了当头一棒,奶奶坐到旁边一句话也没说,接下来我父亲用手捶着桌子仰天长叹:“我是做了哪门子孽?遇上了这么多逆事,今后还有什么脸面活在世上!我在监狱苦盼了六年,好不容易回了家,没有一件事叫我顺心,我呀我呀!命太苦了。”老人家说着说着放声大哭,我奶奶也哭,我也哭,我边哭边心里翻个儿,不知道如何向我父亲解释,也不知道用什么法来安慰他。

后来我想到一个主意,那时我妈虽然走了,可我三舅还在沈阳说书,他是去年刑满释放的,依然在沈阳曲艺团工作,他真不愧是个小圣人,跟我妈一样,鼓槌一响黄金万两,生活不成问题,我爸和我妈对我三舅一向尊重和亲热,也许三舅能把他劝好,于是我离开家门以买东西为名,找到了我三舅家。当时我三舅住在沈阳皇寺大街一所不起眼的出租房里,我们爷儿俩见面之后,我一边哭着一边向他讲述了经过,我三舅是个内向人,平时很少说话,但是说出话来极有分量,他听着我的哭诉,一句话也没说,而后站起身来,穿好衣服,拉着我就走,直接回到我家里。在我没回来之前,他跟我爸已经不止一次见面了，但是每次见面我爸对他都十分亲热，三舅进屋之后，把衣服脱掉，好半天没说话。我站在旁边也不知道说什么好，我爸沉着脸眼里噙着泪水，也没说话。

在十几分钟之后，还是我三舅先说话了，他说："永魁啊，事情到了这步，只好逆来顺受了，说句迷信话这就叫命，你再难过能改变得了现实吗？香桂走了，那是她的自由，随她去吧，传忠现在说了评书，我听说进步很大，有人告诉我，他在鞍山还是个小红人，看来啊，孩子就是说书的命，这又有什么不好呢，改换门庭不改换门庭有啥区别？你难道还想叫他当市长、省长？咱家有那份儿德吗？你有那种本事吗？既然没有，也由他去吧，他将来在曲艺圈里要成了角儿不也是一件好事吗？你何必这么难过呢？"

三舅的话句句说到点儿上，终于把我父亲说服了。半个多小时之后，我父亲长长地出了一口气，说："我认了，不认也不行啊，但是我不承认王全桂是我的儿媳妇，这点不能改变。你走吧，回去说你的书，我的事你就不必管了。"听话听音儿，看得出我爸的余怒依然未消，对王全桂成见极深，我能走吗？我爸好几年才回到家里，怎么的我也要陪他住几天哪？开始我爸不同意，一个劲儿往外撵我，后来我三舅说话了，说："永魁啊，你这么做就太不近人情了，孩子大老远回来看你，有那么多的话需要唠一唠！"我爸不坚持了，我三舅在我家吃过了晚饭就走了，屋里就剩下我们爷儿俩，我奶奶回西屋去了。

那时我家也发生了不少变化，大妹妹在铁路文工团工作，已经结了婚，落户在成都，我二妹妹在抚顺财贸学习，还没有回来，我三妹和四妹被我妈接到哈尔滨去了，现在家里家外就剩下我们三口人。在睡觉之前，我有一肚子话想说但又不敢说，但话是开心锁，不说又不行，于是我仗着胆子打开了话匣子，把我爸没在家这段期间发生的事情向他详细地介绍了一遍，重点是说到我和全桂婚姻的事，我说："爸，王全桂没有文化，说话口快心直，这是事实，但这个人心不坏，在咱家最困难的时候，是她挣钱养活了咱全家，没有她我也不可能在鞍山买了房子，再说她已经为咱家生下了一个女儿，也是老单家的骨肉，难道您真的就不能接受她吗？"

我说我的，我爸一句话也没说，我一看他听不进去，只好转变了话题，我说："爸，您判了六年徒刑，我二舅三舅也判了徒刑，这件事到底怪谁，为什么这么严重，到现在我也解不开这个谜团。"父亲听到这儿长叹了一声，这才打开了话匣子，他说："倒霉就倒霉在佟浩儒身上了，在我去天津找你妈的时候，佟浩儒对我说他有个表弟叫王子明，在国民党的时候混过事，现在解放了，没有了工作，你在沈阳路子宽，能不能帮着给安排一个工作，我问他会什么手艺，他说会熏肉，开饭馆，于是我就答应下来了，哪知道这王子明是假名，他原名叫佟荣功，是佟浩儒的亲堂弟，他又在国民党里做过少将督察处长，这些我全被蒙在鼓里，一无所知，结果吃了大亏，受了株连，落了个窝藏、包庇反革命罪，我恨透了这个佟浩儒，是他给咱们几家带来了灾难，我也恨我自己，处事不慎，才得了这么个结果。"

我又问我爸："现在佟浩儒干什么呢？"我爸说："他被判处了无期徒刑，我在北京西什库十三号被关押期间，曾经见过他一面，有一次提审，两个人戴一副手铐子，我身旁那个人就是佟浩儒，他趁看守不备，对我说了一句话，永魁啊，哥对不起你。"我爸说到这，连连叹息，接着说："佟浩儒就是咱家的克星，事到现在，说什么都没有用了。"我又问道我妈和他离婚的事，我说："爸，你怎么就同意跟我妈离婚了呢？"我爸一听气就不打一处来，他大声说："那时我正在服刑，没有自由，她三番五次找到北京，逼着我跟她离婚，说得冠冕堂皇，政府给她做主，不给我做主，我不离也不行啊。"我一看我爸又要大发雷霆，吓得我不敢再往下问了，我家虽然是个说书的，但父母对子女的要求非常严，我从小就是从棍头下长大的，别看我已经娶妻生子，可在父亲面前，我不敢犟嘴，不敢惹他生气。

简短截说，我在家陪了他三天，后来父亲对我说："你还得说书，赶紧回去吧。"我临行时对父亲说："爸，现在我能挣钱了，生活不成问题，我每个月都会给您送钱来。"我爸说："过去靠的是你妈，现在经过学习了，我也明白什么叫自食其力了，今后我也要改行说评书，不弹三弦了，我还不到五十岁，我相信我还会挣到钱的，这个家用不着你担心。"

在我临走之前，又去看望了我三舅，三舅明白了我的来意，对我说："你父亲受的打击太大了，一般人承受不了，他没躺下就算不错了，有我帮着他，他会逐渐恢复正常的，他说那些气话也是能改变的，你就放心回鞍山吧。"于是我含着眼泪离开了沈阳。

坐到车上，心里边苦辣酸甜涌上心头。回到家里之后，我像泄了气的皮球，把包放到了椅子上，王全桂赶紧问我："见到咱爸没？他怎么说的？"我没好气地说："我回沈阳干吗去了？能见不着吗？爸说了，不承认你这个儿媳妇，不允许你踏进他的家门。”王全桂吃惊地睁大眼睛问我：“这是真的？咱爸真这么说的？”我说：“我难道还造谣不成？”王全桂是个急性子，办事情嘁哩喀喳，从不拖泥带水，她二话不说抱起几个月的女儿慧莉，一溜风地就回沈阳去了。我以为她要回沈阳跟我爸去干仗，心一下提到嗓子眼儿，可是拦又拦不住，用我三舅的话说由她去吧，爱怎么着就怎么着。

几天之后，王全桂高高兴兴从沈阳回到鞍山，二话没说，从怀里取出一张照片，递给我说：“你看这是我跟爸的合影。”我当时又激动又高兴，忙问她：“你跟爸把话解释清了？”王全桂说：“都是一家人，有什么解释不清的，我对你们老单家是功臣，所差者就是比你大几岁，咱俩结婚，你愿意我也愿意，难道这还犯法不成，你爸有什么理由不允许我进这个家门？我们爷儿俩唠了两天两夜，咱爸也特喜欢咱这个女儿，你看抱着她还照了相。”我听后，如释重负，长长地舒了口气。

打那儿之后，我们经常回沈阳去看我父亲，那时我父亲的情绪基本稳定住了，他每天都到茶社听我三舅说书，就像小学生听老师讲课似的，他立志要改行做一个真正的评书演员。家里的事基本稳当住了，把我解脱出来，我又一个心眼儿的开始说书奋进了。

在我女儿慧莉出生后的第三年也就是 1958 年腊月，我又得了儿子，乳名老铁，学名单瑞林。这孩子又白又胖又结实，非常讨人喜欢。曲艺团终于走上正轨，由个体变成集体，开始评定工资，文化局派专人到曲艺团任团长书记。在评定工资的时候，我被评为第五级，每月工资 84 元，我老伴儿是每月 98 元，此后我由准演员变成了正式演员。别看我在曲艺团属于五级演员，每月仅拿 84 元工资，但我每月的收入却遥遥领先，为此我心里产生了不平，为什么我每个月收入这么多钱，才拿区区 84 元，而有些老演员他们却拿着高工资，而收入却不及我的五分之一。我是牢骚满腹，难免私下议论，跟知心的朋友发泄。运动一来了，我就成了众矢之的，首先是攀比思想严重，拜金主义至上，我在会上不得不服，可私下里却丝毫未减。

现在回忆起来，人家批评我是非常正确的，那真叫一个帮助。年轻人啊稍微有点小名气，就容易产生攀比思想，尤其在演艺界，更为严重。我当时充其量是一个小有名气的板凳头儿大王，与那些老艺术家无法攀比，但思想里却滋生了这种恶习，所以奉劝年轻的朋友们在你们小有成就的时候，切记戒骄戒躁，应当虚心学习，不要计较名利，有道是功到自然成，强求的结果都是苦涩的。

到了1962年,文化主管部门规定,凡属传统艺术一律停止,演员必须说新唱新。这道命令使曲艺界的演员傻了眼,因为说书人都是从师傅那里继承的艺术,讲的都是帝王将相才子佳人,从来就没说过新书,这道命令等于砸了他们的饭碗。好在鞍山曲艺团有个杨田荣,也就是我那位田荣师兄,他过去在天津的时候说过新书《铁道游击队》和《新儿女英雄传》,有一定说新书的基础,因此他就成了我们说新书的老师,平时以身示范,还开创了一个新书学习班。不管男女演员全都参加了这个学习,要学习如何说新书,我自然一马当先,其实说新书对我来说并不怎么困难,因为我有文化,喜欢看小说,对许多新书也很感兴趣。经杨田荣一点拨,我马上就可以演出了,除了田荣之外,就属我说新书说的好。我曾一口气说过《草原风火》《新儿女英雄传》《战斗的青春》《林海雪原》等三十多部小说,收入并不比传统书差多少,所以每天我家里都有同行拜访向我学习说新书,我也把我个人的体会如实地传授给他们,于是杨田荣和我成为了说新书的顶梁柱。不久田荣被电台邀请到鞍山人民广播电台播出了长篇小说《铁道游击队》《平原枪声》等,颇受人们的欢迎。每到中午,杨田荣的声音覆盖着鞍山地区,从此他从一个茶社名演员变成了家喻户晓的明星,我羡慕得不得了,心说迟早有一天我也要登上电台,从此之后我在说新书方面下的功夫一点也不亚于传统评书。

随着我说新书小有成就,个人主义也冒出了头,总感觉到我不仅说传统评书是顶梁柱,说新书也不含糊。那时杨田荣上了电台,随着声望的提高,各单位邀请他的人很多,再加上他每天到电台录书,所以难以保证茶社的收入,而我的收入却比他要高得多,想到这些我心里非常不平衡,84元工资对我来说太少了。不仅是我,我老伴儿比我闹得更凶,她的工资是每月98元,按她的水平以及从艺的年头,应该挣到一百一十一块五,由于她认死理儿,不会顺情说好话。这使她的工资比别的女演员低了一等,为此她更是不平,当时又有孩子,她又闹情绪,所以说书是三天打鱼两天晒网,那时候有一天不演出就要扣工资,所以她每月的工资顶多开四五十元,我们俩的工资加到一起,难以维持家里的生活,尤其我们当初单干的时候收入多花费大,现在骤然减少,难以适应,每月都往里赔,把我们几年的积蓄都要赔光了。我老伴儿实在不想在鞍山待了,要离团,可是申请了几次,领导不批,后来她一赌气带着孩子离开了鞍山,跑到外面单干去了。我嘴头上说反对她这么干,其实心里支持她,也希望她找个好的落脚地，把我也带出去。

1962年2月，她落脚到内蒙古的海拉尔市，海拉尔的曲艺团正缺演员，对这个主动上门的女演员非常欢迎，当时答应每个月给她开工资180元，尽管如此，当时粮荒还没过去，在外边生活还要花钱买粮票，一斤粮票大约是三到四元，除去买粮票之外也剩不下什么钱，所以她给我来信说你快来吧，这儿的崔团长对人非常好，也希望你参加他们曲艺团，工资跟我一样也是180元，我接信之后，连考虑都没考虑，立马作出决定，把鞍山的房子托人看管，坐上火车直奔海拉尔。我们一家四口终于在内蒙古团聚了，说来也怪，我在海拉尔的收入也相当可观，海拉尔属于边远地区，说新书可以，说传统书也可以，因此我就拿出拿手的绝活《三侠五义》，结果在海拉尔一炮走红。

哪知好景不长，一个多月之后，鞍山市曲艺团的副团长石富居然找到了海拉尔，要求我们回曲艺团，被我们当场拒绝，我老伴儿更是直言不讳地说：“回曲艺团可以，你给我们多少钱的工资？”石团长说：“这是国家规定，我无权更改，但根据实际情况可以往上调一调。”我老伴儿说：“那你就回去调整去吧，多咱调整好了我们再回去，老单也是如此。”石团长赌气离开了海拉尔，通过鞍山文化局和海拉尔文化局向我们施加压力，可是有句话您别忘了，山高皇帝远，海拉尔文化局根本不理鞍山文化局那一套。

又过了一个多月鞍山市曲艺团业务团长张树岭也来到海拉尔，毕竟都是同行，我们推心置腹地进行了长谈，张树岭说：“从公家的角度说我是奉了领导的指示来督促你们回鞍山，从私人的角度说咱们都是同行我很想念你们，也借这个机会来看看你们。”当天我请他在呼伦贝尔大饭店吃了烤牛肉，我们边吃边聊，张树岭说：“田芳啊，自古至今，私人不能跟官方斗，小胳膊拧不过大腿，这样僵持下去，迟早你要吃亏，再说现在文化局已经把你家四口人的粮食关系冻结了，粮票又这么贵，你们在这儿虽然挣的钱比较多，除去人吃马喂，也剩不下多少钱，还是跟我回去吧。”我当时大发牢骚，嫌工资太少，不涨工资我是绝对不回去的，张树岭没有办法，只好叹了口气，离开了海拉尔。我跟全桂俩人商量，张树岭说的不无道理，虽然咱俩的工资都比鞍山多得多，但是除去花费真也所剩无几，看来海拉尔也不是咱们久居之地，我想找一个真正单干的地方，老话说得好，好汉不挣有数的钱，我老伴儿非常同意，为了感谢海拉尔曲艺团，我们还是坚持着说了一大截书。

之后我老伴儿又联系上营口的田庄台，在同年的八九月份，我们离开了牛羊成群的海拉尔，来到田庄台，至今回忆起来，田庄台给我的印象太深了，我在田庄台居然大红大紫，收入超过所有的地方，从腊月到正月我们除去花费还存了 4600 块钱，这可是 1962 年的钱，与现在的 4600 块钱没法相比。

我与老伴儿、儿子、女儿、妹妹们

书说简短，过了年之后，我们又到了苏家屯，从苏家屯又到了营口的盖县，一路过关斩将，几乎全是火穴大赚，但是形势不容人哪，人家都是国营或者是大集体，却冒出我这么个单干户，而且收入相当可观，这对挣工资的老艺人来说，负面影响实在太大，因此有人把我告到营口市文化局，要求文化局下令禁演，理由是我是鞍山市曲艺团的演员，跑出来单干，属于黑户，必须停演。一是形势所迫，二是同行是冤家很多人挣不着钱眼气，自然不能说我的好话，迫于这种压力，我又想到女儿慧莉该上学了，无论如何不能耽误孩子的学习，思前想后再三斟酌，我们还是回到了鞍山市曲艺团。当时曲艺团规定我的工资长一级，每月 98 元。由于私自出走，违反了组织纪律，需要象征性地在大会上做一次检查，另外罚款 800 元，对于过去的事就算一笔勾销。还有个条件是收留我回曲艺团，不收留王全桂，理由是她不会新书。全桂冷笑说："更好，我讨厌死他们了，你在团里说书照顾家和孩子，我到外面单干去，没有你的拖累他们也不会找我。"就这样我们达成了协议，女儿上学了，了却了我一个大心愿。表面上看，孩子上了学，又长了一级工资，是好事一件，可是万万没有想到，两年多之后，遇上了文化大革命，从那儿开始，受了大罪，倒了大霉，几乎把命搭上，这是我一生中不可饶恕的错误。因为回鞍山是我决定的，这一下子就栽进了火坑，假如在外面继续单干下去，也不会摊上这场横祸，后来我总结说命啊，这就是命，该着倒霉，城墙也挡不住。我又说起了新书，结束了长达一年半在外的奔波。

1965 年冬我儿子老铁也上学了，我参加了四清工作队，到辽阳县唐家房

1963 年妻子和儿女

子去搞四清,什么叫四清呢?就是清政治、清思想、清组织、清经济。我们在农村搞四清搞了一年多,突然接到上级命令,四清队解散,我长出了一口气总算可以回家了。

1966 年 6 月,晴天一个霹雳,史无前例的文化大革命开始了,一场风暴席卷神州大地。书不说了,戏停演了,全要坐下来学习,参加这一场触及灵魂的大革命,我们每天准时八点上班学习,曲艺团的演职员工齐聚一堂,要学习批判三本书,批判吴晗邓拓廖沫沙,同时批判他们的《燕山夜话》,开始的时候大家懵懵懂懂,大伙心里都还挺高兴,因为不说书了,放下了千斤担。随着运动的深入,市里和文化局派来了工作组,领队的人是艺术科科长刘磊还有位女秘书王燕,由他们和曲艺团的骨干分子组成工作组,我一看就知道情况不妙,这不是普通的运动,否则不会这么兴师动众。

在批判完《燕山夜话》后,开始了群众斗群众。第一个被揪出来的就是老艺人、曲艺团业务团长张树岭,也就是去海拉尔找我们那位,说他是封建堡垒头子,又说他欺压同行、垄断市场,十几顶大帽子扣到他头上,还号召他的三亲六故以及子女跟他划清界限,揭发他的问题,张树岭不堪重压,当场晕倒，被送进小号单独看管，小号就是我们曲艺团的食堂，单独看管说明问题严重。第二个被揪出来的是鞍山市茶社的代表崔吉昌，说他是市场无赖，对高级演员阿谀奉承对没有名气的演员欺压污辱，又说他贪污了大笔的钱，每天都叫他登台低头交代问题，大家高呼口号揭发他的所有问题，老崔也是肉人，架不住这顿炮轰，也晕倒在会场，被送进了小号。

当时我就预感到我的情况不妙，迟早把我也得揪出来，为什么这么想呢？因为每次运动都漏不下我，一是我父亲的问题，使我受到株连，说我父亲是反革命，说我替反革命喊冤叫屈，说我有严重的资产阶级思想，又说我拉山头搞独立等等，虽然都侥幸过了关，但看这次有点儿在劫难逃了，每天回到家里我都把会场的情况介绍给妻子，我告诉她你要有充分的思想准备，迟早他们也不会放过我，何况咱们还出去跑单干，挣了那么多钱，他们本来就眼红，再加上我父亲的历史问题，肯定不会轻易放过我。

我的猜想果然不错。有一天我骑着自行车来到会场，把车停好一进会场大门就看见醒目的大字，上写揪出反革命黑帮头子单田芳，再往里面一看，嚄，绳子上挂的，墙上贴的，到处都是揭发我的大字报。人哪就是这样，没事怕事，当事情真出现了，反而倒镇定了，我避开大家那种异样的眼光，若无其事地喝着水抽着烟，心中暗想爱怎么地就怎么地吧，我也豁出去了。果然会议开始，炮口一下全都对准了我，曲艺团的骨干分子振臂高呼：打倒单田芳打倒单田芳，单田芳站出来，上台！由于我有充分的思想准备，所以很从容地登上了三尺高台。对比我说书闯关的第一关，反倒轻松多了。接着大家给我揭发问题，陈年旧账翻了个底朝上，言论问题成了焦点，许多到我家经常串门的朋友，也当众揭发我某天某月某日都说了哪些反动言论，有人说我反对大跃进，有人说我反对三面红旗，有人说我反对大炼钢铁，什么污蔑党的政策，攻击党攻击政府，是从骨子里就反党的反革命分子，然后叫我一一回答。当时我一边听着，心里一边在想，尽管他们提的绝大多数都是造谣生事，但也有的说的是真的，全怪我平时嘴角不严，显摆自己知识丰富，摸摸脑袋就是朋友，这回可好，这些所谓的朋友都成了揭发我的骨干分子，揭发大会进行了两天，也把我送进小号，让我们在小号里边冷静思考交代问题。

我心里那气不打一处来，对他们提的问题，抵触情绪极高，但是我又冷静地反思了几天，后悔自己有些言语失当，比方说大炼钢铁的时候我曾经说过："咱们都是说书的，懂得什么炼钢铁，把书说好才是为人民服务，要都懂得炼钢铁早成了炼钢工人了,还说书干什么?”我还说过:“传统书有什么不好,为什么不让说,没有古哪来的今,没有过去哪有现在?连四大名著都不让说了,简直是荒唐至极。”类似这样的话的确说过,因为我爱交朋友,我家每天晚上都有许多同行去串门,朋友之间无话不谈,我觉得没什么就说了心里话,其实他们也说了。现在要整我就把这些所谓的罪行加到了我的身上,您想我能服气吗?

我们在小号待了一个月,到了1966年9月,秋高气爽的时候,突然我们这些被关在小号的人又被放回大队中,工作队也宣布撤离了,还有人说整人的材料都属于黑材料,一定要退还本人当众销毁,于是我们这些挨整的人管这些整人的人要黑材料,整人的人拒不交出,双方剑拔弩张,形成了严重的对立。

有一天休息日,我正在家里头看书,突然评剧团的好朋友李少岩来了,他带着慌张和惊恐的样子对我小声说:“田芳,你听说没,北京都造反了。”我听罢大吃一惊,这句话不亚于晴天霹雳,我问他你听谁说的?他说北京来了不少学生,搞串联,到处讲演,大呼革命无罪造反有理,这不是造反是什么?尽管他说的如此认真,我还是不敢相信,心里怦怦直跳,难道说世道变了,谁有这么大的胆子敢造反,难道还有人敢挑头推倒共产党?当天晚上,我带着全桂到多日不去的市中心广场,但见左一圈右一圈,人头攒动,多达数万之众,有不少北京来的学生,正在登台讲演,号召群众组织起来,大呼革命无罪造反有理。

老实说对这种从来没有发生过的事情,我感到非常茫然,我不相信这是真的,他所指的革命无罪是革的什么命,他说的造反有理指的是造什么反,不但是我,我身边所有的人都不太理解,于是我们每天晚上都去听这些学生的讲演,但有一条我听明白了,据说中央有一股黑势力,反对毛主席,反对党中央,挑斗群众斗群众,唯恐天下不乱,造反就是要造这帮人的反,革命就是保卫毛主席,保卫党中央。接下来不久各单位各团体,所有的党政部门,工矿企业,像雨后春笋般成立了名目繁多的战斗队,比如说捍卫毛泽东思想战斗队,横空出世战斗队,房产局武工队,钢城飞虎队,成立战斗队成了一种时髦,我们曲艺团也成立了好几个战斗队,整人的人成立了捍卫毛泽东思想战斗队,被整的人成立了红色文艺造反队,还有一支中间队伍,他们既没整过人也没被人整过,对立的双方都管他们叫中间派,这三十多人也成了对立双方拉拢的对象，都想扩大队伍以壮声势。

晚上没事，我跟全桂私下里闲谈，她问我："这究竟刮的是哪股邪风？怎么这么乱，现在书不说了，戏不唱了，各行各业都上街造反了，生产谁抓啊？日久天长怎么得了？"我说："谁知道啊！"我虽然说不出什么道理，但我感觉到这场运动非同寻常，通过历次运动的经验，凡是运动都是整人的，谁知道究竟要整倒哪些人？总而言之，言而总之，不是一件好事，我跟我老伴儿说："我真想坐到中间队里，什么战斗队也不参加，但是整咱们的人坚持不退黑材料，迟早有一天还要对咱们下黑手，不通过造反队抢回那些黑材料，肯定没有好果子吃，我参加战斗队这也是逼上梁山啊，明知山有虎偏向虎山行吧。"我说的这些都是心里话，但有一线之路，我也不会参加什么造反队的，因为没有了退路，只好豁出去了。接下来那段日子，就是舌枪唇剑，我说你假造反你说我假革命，要不就到处串联，就像滚雪球似的越滚越大。

父亲与继母、妹妹与妹夫等

1967年年初，武斗开始了，由于讲理讲不通，就得武力解决，人少了肯定不行，所以人们千方百计地组成了跨行业集团，我们这些被整的人参加了钢都红色文艺造反团，直接归鞍山钢铁公司领导，而且队伍里不仅是曲艺团的人，京评歌曲话大家组织在一起足有一百多人，由于上面有鞍钢的支持，下面有众多团体的人员参加，声势十分了得。整我们的人也不示弱，他们参加了鞍山市捍卫毛泽东思想战斗队，也是跨行业的组织，声势也十分强大。在这时候武斗不断发生，街上的宣传车一辆挨着一辆，宣传喇叭越来越大，声音越来越高，各说各的理，谁也不让谁，由于有的宣传车被对方给砸了，所以被砸的这方，就组织了武装护卫，头戴柳条帽，手拿钢管儿制成的标梭，还有三截棍、大刀片，对方也是如此。于是街头巷尾一旦相遇，武斗不可避免地发生，往往打得腿断胳膊折，有的宣传车还被汽油点着了，弄得火光冲天，好不吓人，此种情况越来越严重，市领导都成了走资派，各局各厂的领导也成了走资派，公检法也瘫痪了，简直成了混乱世界。

后来我们组织了一批人到北京学习经验，正赶上北京批判彭陆罗杨大会，我们也参加了，那时候我们白天到处看大字报，晚上就住在文化部大楼里，文化部已经瘫痪，各司局已无人办公，到处都被造反派占领，先下手为强，谁先占领的地方就归谁说了算，我们也夺了一间房子作为站脚地，白天开会参观大字报，晚上就席地而睡，就睡在办公室里。那会儿的人简直都发疯了，不仅街上乱成一团，几乎每个家庭也搞起了内战，比方说丈夫是鞍钢派，媳妇是市政派，回家后各说各的理，往往辩理不成也上升为武斗；父子之间因为立场不同，观点各异，也吵得脸红脖子粗，甚至大打出手，简直乱得一塌糊涂，现在回忆起来真是荒唐透顶不可思议。父子不和夫妻不和，一个家庭四分五裂，各有各的观点，各有各的立场，白天跟别人辩论，晚上回家还是大辩论，您说这不是邪门是什么？

因言获罪

> 到了午夜时分，被派出那十个人回来了，还背回几麻袋黑材料，当他们把麻袋打开，把这些黑材料往地上一倒，嚯！真多啊，堆得跟小山似的。

我们从北京回到鞍山后，武斗还在继续，比过去还混乱。于是我们钢都红色文艺造反团就占领了鞍山市文联大楼作为办公地点，这座楼一共有三层，能容纳下一二百人。我们每天的工作就是写大字报，因为我们当时保的是王鹤寿（原鞍山市委第一书记兼鞍钢党委书记），对方管我们叫保皇派。而对方支持的是赵敏（原鞍山市第二书记）、罗定风（原鞍山市委书记），我们也管他们叫保皇派。究竟谁是保皇派，这是一笔糊涂账。总之武斗和舌战持续不断，各说各的理，斗了个天昏地暗，我在造反团属于笔杆子，每天起草写大字报，然后有人到街上去张贴，在张贴的时候，倘若遇到对方，对方上去就把大字报撕了，往往贴大字报的人被人家打得头破血流。对方也是如此。

我们造反团有两位团长，大团长是陈强（原京剧团花脸演员），二团长叫冯世福（曲艺团的评书演员），有一天我们接到鞍钢总部的命令，派出十个人去抢黑材料，其他的人在文联大楼里听信儿。

到了午夜时分，被派出那十个人回来了，还背回几麻袋黑材料，当他们把麻袋打开，把这些黑材料往地上一倒，嚯！真多啊，堆得跟小山似的。我翻了几本看了看，原来都是文艺界被整的那些人的材料，有话剧团的，也有京剧团的，于是我问他们："你们这些材料是从哪儿弄回来的？"去的人回答说："总部有人领我们到公安局仓库去了，这些材料都是从公安局仓库里翻出来的。"正在这时有人惊叫一声："看哪！这还有单田芳的材料呢？"我一听吃了一惊，心说怎么还有我的材料，这是哪弄的，谁搞的？赶紧伸手把那材料拿过来，仔细观看，一共有三大本，每本都有一寸多厚，那上面有我的编号和名字，我心头突突直跳，两手冰凉，赶紧把黑材料打开观看，闹了半天，都是同一个人检举我的黑材料，上面有年月日、星期几、几点到的我家、都跟我谈了些什么，下面的落款是"李明白"三个字。

这件事太出乎我的意料了，李明白是什么人呢？在1955年我们刚到鞍山的时候，他是曲艺团的会计，家里很穷，穿的衣服十分破旧，整天嘴里叼着个木头烟袋，但为人随和，工作认真。时间长了，我才知道，原来他家离我家不远，有人告诉我，在旧社会他参加过国民党的三青团，三青团属于反动组织，虽然他没戴上反革命帽子，但也属于灰色人物，灰色人物是不被政府重用的，所以才在曲艺团当了会计，有很多人瞧不起他，冷嘲热讽，对他大发雷霆，就因为他出身不好，他也不敢还口。我看见这些事，觉得很不公平，对他很可怜，有时候他也到我家坐一会儿，时间长了我和全桂都管他叫关大哥，管他爱人叫关大嫂。此人很有文化底蕴，对古典书籍也很精通，往往我们在闲聊之中，他讲的故事对我都很有帮助，因此越处越近。我老伴儿是个热心人，看到他生活困难，经常把我们不穿的衣服送给他家，有时候也借钱给他，但他有了钱就还，绝不占你的便宜，有时候我和全桂到外地去演出，就把家交给他看管，他也非常认真负责，简直就像我的亲哥哥一样。文化大革命开始之后，他也是挨整对象，所以他也参加了红色文艺造反团，跟我们在一起搞起了革命，因为他家里孩子多，生活困难，又是一个普通工作人员，所以他经常不在办公室值班。就是这样一个人，背着写了那么多检举我的信，我们相处了几年，几乎他把这几年我说过的话都写成材料交给公安局了。您说可怕不可怕，这真叫世界之大无奇不有，有想不到的事，没有做不到的事，这个一向对我很好的朋友闹了半天是真正的敌人，我被他蒙蔽了这么多年，一点儿也没看出纰漏，我看着材料，头上冒出了冷汗，心里气得不行，我把这三本材料装进挎包里。

第二天我找到了李明白。他一家正吃晚饭，看见我来了，李明白热情地打招呼："田芳啊，这么晚了你咋来了？今天晚上没值班吗？"我控制着满腔愤怒，没在他家人面前暴露，平静地说："我今天找你有点儿事，咱哥儿俩找个地方谈谈。"李明白说了声："行。"他痛快地放下了碗筷，披上衣服就跟我走了，我们俩都骑着自行车，一路上谁也没说话，我把他领到曲艺团的老团部。现在曲艺团的老团部只留下一个老头看门，人都去造反了，院子很大，空荡荡的，我们俩把车停到院里，我把他领到一间空房里，李明白意识到有点不对劲儿，也顾不上抽他的大木头烟袋了，忙问我："田芳，把我找到这儿有啥事啊？"我那时实在控制不住情绪了，我指着他的鼻子对他吼道："李明白你不是个人，你是个禽兽。"李明白被这句话惊呆了，低声下气地问我："田芳你这是怎么了？哥哥哪点事做错了，你干吗发这么大脾气？"我依然吼道："你别在我面前装好人了，我问你，你背着我都干了哪些事？”他把双手一摊，委屈地说：“没有啊，你指的是哪方面的事？”我说：“别在我面前演戏了，你看看这是什么？”说着从背包里取出三本黑材料，“啪”的一声，摔在他面前，他顿时就明白是怎么回事了，脸色苍白，呆若木鸡，半天没说出话来，我两眼噙着泪花，指着他说：“几年来我和全桂拿你当亲哥哥，两个孩子拿你当亲大爷，哪点亏待了你？你到我家又吃又喝，没想到你背着我把我说的话都记录下来，偷着送给公安局，你这招可够狠的，你这是往死了整我啊。”

李明白听到这儿双腿一软，给我跪下了，伸出两只大手，啪啪扇自己的嘴巴子，一边打一边说：“我不是人我不是人，哥哥对不起你。”接着他是声泪俱下，边哭边狡辩说：“因为哥哥有历史背景，是国民党三青团员，解放后就不得烟儿抽，市局给我下了任务，让我监视两个人，一个是你，一个是马凌云，我也是迫于无奈才这么干的。”

我冷笑了两声说：“你不必狡辩了，你是个真正的特务，你看看你给我写的这些材料，哪篇都是往我命根子上扎，哪件事都是敏感问题，你这不是要我的命吗？你也太心狠手辣了，真感谢文化大革命，要不是砸出这些黑材料，我还拿你当好人呢。”

接着他一再地跟我解释，我心里烦透了，大声吼道：“不要再说话了，我算认识你是什么人了，今后咱俩分道扬镳，我不认识你，你也不认识我。”说罢我一摔门蹬上自行车回家了。

我把这件事对我老伴儿说了，我老伴儿听了更是火冒三丈，披上衣服要去找他，我把她拦住了，我说：“算了算了，人能知耻而退，就已经不错了，真要把他逼得翻了脸，你能把他怎么的？咱们接受教训也就是了。”在我的苦劝之下，老伴儿才放弃了这个念头，她把三本黑材料要过去看了又看，一边看一边骂，看过之后，她把材料扔到炉子里烧了。通过这件事，使我长了很多见识，也使我接受了沉痛的教训，看来交朋友千万注意，不能摸摸脑袋就是一个，当年我爸要不是因为这样岂能蹲监坐狱？我这不是重蹈覆辙吗？我使劲儿用拳头捶我的脑袋，气得几天没有睡好觉。

鞍山的武斗更升级了，居然从武斗发展到绑架。所谓绑架就是劫持对方的领导人和骨干分子，把他抓起来关到黑屋里，连打再揍叫他交代问题，你不让我我不让你，绑架是双方的行为，吓得我也不敢在家待了，深恐睡到半夜被人家绑架走了，于是我跟老伴儿商量一下，就搬到鞍钢二宿舍造反总部去住，那里住的人都是鞍钢的造反派，控制着一座大楼，人多力量大嘛，彼此有了依靠，晚上也好睡个安稳觉。我住在二宿舍把门口的二楼，同屋的一共是三十三人，其中有房产局武工队的，还有钢管厂的，我们同属于鞍钢派。文艺界的人里有我、杨田荣、毛科星、周子龄、冯世福、王宝生等人。屋里是很大的大木床，由于情况特殊，也不分男女了，大家睡在木床上，床边和枕头下面都准备了应手的武器，钢管、大刀片、三截棍、砖头瓶子，以作防身之用。吃饭一开始是在门前的饭馆，后来呢武斗越来越厉害，随时有可能碰见对方的人，为避免流血冲突，家里开始送饭，全桂每天骑着自行车，都往二宿舍给我送饭，顺便给我们介绍一下市里面发生的情况。据说对方现在武器充足，是拥军派，有部队的支持，我们这些挨整的人倒成了反军派。除了那些原始的护身武器之外，跟对方相比差得太多了。为此钢都大联合的领导提出我们也应该配备武器，听说大连可以买到枪，就委派杨田荣、毛科星做“特使”到大连去购枪，因为杨田荣有名望，认识他的人比较多，成功率比较大。就这样杨田荣他们第二天就起程了。

每天晚上我躺在床上翻来覆去的睡不着觉，心说这叫什么事啊，有家难奔有国难投，每次运动来了我都挨整，闹了一年多的革命，又站错队了，怎么糊里糊涂地变成了反军派了，谁反军了！解放军是老百姓最爱戴的人，包括我在内，对军人都有一种特殊的感情，怎么无缘无故的我们就成了反军派了呢？因此每天我们都在打口水仗，我在二宿舍总部负责刻钢板印刷宣传品，有时候还通过高音喇叭向外界宣传我们不是反军派，还诉说我们造反的理由。对方也不闲着，经常开着几辆大卡车停在二宿舍外面，用高音喇叭广播，指责我们是反对解放军的罪魁祸首，口水战满天飞，公说公有理婆说婆有理，没有哪个人能说得清是非关系。

1968 年 3 月中旬各地都成立了革命委员会，鞍山也成立了革命委员会，三十九军军长张锋为革命委员会主任，这下我们真成了反军派了，因为张锋说捍卫毛泽东思想宣传队是拥军派，指责我们是反军派，叫我们放弃反动立场，交出所有武器，所以我们的对立面就理直气壮地说我们是反军派，必须立刻投降，否则就给予消灭。我们钢都大联合的领导人坐不住劲了，以老戴(鞍钢钢都技术员)为首的几个领导人，去北京上访，几天后他们从北京回来了，在鞍钢总部召开了大会，介绍了他们去北京的经过，他们说到北京后见到某某中央文革的领导人了，领导人说我们不是反革命组织，是群众组织，革命无罪造反有理嘛，又说鞍山市革命委员会的做法是不正确的，任何镇压所有群众的革命组织都是不对的。其实他们到北京见没见到中央领导，以及他们介绍的情况是否属实，下边的人根本不了解，目的只有一个，给下边的人鼓舞士气。

4月12日，形势急转直下，我早晨起来洗完脸后，透过窗户往大门外一看，数百名学生头顶柳条帽手拿钢管扎枪，开始围攻二宿舍。一时间砖头瓦块像雨点一样抛到二宿舍院里，这是一种严重的挑衅行为。钢都大联合的领导马上派下面的人予以反击，一时间砖头瓦块瓶子从四楼顶以及各个窗口向学生们砸去，同时还把铁大门紧紧关闭，战斗持续了二十几分钟。学生们退了，战斗也暂时告一段落。谁知半个多小时之后，上千名学生第二次又围困了二宿舍，来势甚猛，攻势凌厉，他们砸开铁大门，冲进院里，还有的冲进了一楼，钢都大联合的人也急了，殊死反抗，经过一场惊心动魄的短兵相接，终于把学生们赶走了，虽然打得很激烈，我没发现谁受伤，对方也好我们也好，人员都比较安全。

当时我们的最高领导老戴又召开了一个紧急碰头会，他说形势对咱们极其不利，这些学生背后有人操纵，指使他们这么干的人就是三十九军军长张锋，这是严重的挑衅行为，希望大家提高警惕，每个人坚守岗位，睡觉的时候机灵点儿。

4月12日真是个不平静的一天，经过两次武斗，下午形势有所好转，双方都比较克制，我老伴儿按时给我送饭来了，在我吃饭的时候她把我叫到没人的地方对我说："形势对你们可不利啊，现在学生们到处集结，我听说要举行大规模的清剿活动，要把你们彻底铲除，军队都向着造反派，都支持他们不支持你们，你看咋办？"我当时一听也毛了，如果当时想撤出也不是没有这种可能，可是我没有那么做，在这关键时刻就应该同舟共济，精诚团结，我要半道溜走了，岂不留下骂名？我对老伴儿说你先不用给我送饭了，这里的情况十分不妙，再把你裹进来，家怎么办？孩子怎么办？你的任务就是把家看好，把孩子照顾好，我的事你就不必管了，天塌大家死，过河有矬子，我也豁出去了，即使这会儿我溜走了，他们也不会放过我，我绝不能当逃兵，我老伴儿想了一想，觉得我说的也有几分道理，她说："你可千万要保重啊，听说对方还有枪。"我说："爱怎么地就怎么地吧。"就这样她走了。

当天晚上平安无事，双方的高音喇叭都停止了喊叫，二宿舍周围一片平静，我心里纳闷，这么多天以来从来没有这么安静，冷不丁安静下来反倒不适应，我心里有一种山雨欲来风满楼的感觉。那天晚上，我似睡非睡，天刚蒙蒙亮我就起床了，洗完了脸之后，我先上了四楼，在凉台上往大街上一看，顿时好像冷水泼头起了一身鸡皮疙瘩，为什么？因为我发现每条街道都挤满了全副武装的学生，人数不下数千，正向二宿舍围攻而来。我赶紧把我所看到的一切向老戴作了报告，老戴披衣而起也登上四楼察看情况，这时从四面八方赶来的学生已经把二宿舍围了个水泄不通，老戴一看不好，立刻召集紧急会议，他从床铺底下拽出两只大木箱子，他把箱盖儿打开之后，我一看就傻眼了，里面装的是满满的两箱木把手榴弹，每人发了一颗。当时文艺界的就剩下我、冯世福、王保生和周子龄四个人，我们共领了四颗手榴弹，其实这玩意儿我连摸都没摸过，光从电影和小人书上见过，如何开盖儿如何拉线我一窍不通，老戴说："假如对方冲进楼里，你们就投掷手榴弹，咱们就跟他们拼了。"

我们奉命回去坚守二楼，说句心里话，面对如此严峻的形势，我心里空空的，不知道如何是好，当我领到那颗手榴弹的时候我就下定决心，不管在任何情况下我是不能扔手榴弹的，这东西一响不得炸死多少人，人命关天哪，我岂不成了杀人犯？无论如何，我是不能那么干的。我把我的想法通知了冯世福三个人，他们都同意不扔手榴弹，本来我们就有理，要一扔出这玩意儿就没理了，浑身是嘴难以分辩，至于这么多的手榴弹从哪儿来的，我就不知道了。

上午十点左右，围攻二宿舍的学生集结完毕，展开了进攻，他们很快破门而入，冲进了一楼，结果被房产局武工队的人给击退了，他们又攻进来，又被我们击退了，双方这一拉锯难免有人受伤，我们文艺界的四个饭桶平时咋呼都行，真要交上手我们比饭桶还饭桶，很快学生们就占领了一楼和二楼，我们四个文艺界的人形影不离，跑上了三楼，大约在中午左右突然听见手榴弹的爆炸声，因为楼里头拢音，那声音特别响，紧接着又听见一阵杂乱的喊叫声和叫骂声，我听得清清的，学生们喊道："他们有手榴弹，我们的人被他们炸死了，血债要用血来还。"当我听到手榴弹爆炸声后，一股凉气从头顶到脚底板，心说完了，彻底地完了，这是哪个不要命的扔出去的手榴弹，真要把学生炸死了，炸死人的人成了杀人凶手，我们也成了杀人的从犯了。

武斗继续升温，一攻一守喊声连天，接近中午十二点一楼二楼终于失守，被红卫兵占领，我们只好逃到三楼四楼，我忙里抽闲把我们几个文艺界的人找在一起，我向他们交代说：“你们听见手榴弹声音没有？”他们一个个面带惊慌地说：“听到了。”我又问：“你们知道是谁扔的手榴弹吗？”他们摇摇头说：“不知道。”我说：“问题实在太严重了，没想闹到这步田地，咱们四个人都难逃干系，为了证明咱们的清白，请你们把手榴弹都交出来。”说着我也从腰间把手榴弹拿出来，又对他们说：“看见没，这四颗手榴弹完好无损，证明咱们谁也没投，咱四个人要彼此见证，到任何时候不能胡说八道。”说着我把四颗手榴弹放在四楼的一间厕所里，厕所里边有个粗粗的管道，我把手榴弹塞到管道的后面，我一再叮咛：“看见没有，咱可把手榴弹放在这儿了。”他们三个连连点头称是，这时楼下又响起喊杀声，武斗在继续，学生往楼上冲，三楼的人拼命抵抗，我们四个无能为力的文艺工作者，谁也没敢动手，只是东躲西藏，想躲过这场生命游戏。

二宿舍是个山字形的大楼，属于鞍山钢铁公司，职工宿舍，完全是单身职工住宿的地方，这座楼好大好大，能有二百个房间左右。在武斗发生的时候，楼里边还住着不少单身职工，因为那会儿抓革命第一、促生产第二，很多职工都没上班，待在宿舍里，看到如此规模宏大的武斗，他们也倍感吃惊，生怕牵涉其中，我们想找个房间躲一躲，结果叫开几座门，都被人家拒绝了。我们只好跑上四楼阳台，那时二宿舍周围没有什么高大建筑，登上阳台往下看一览无余，成千上万的学生已经把二宿舍围了个里八层外八层，我还隐隐听见有哀乐的声音，可能是学生们悼念死去的同学，接着传来血债要用血来还，打倒反革命分子，给死伤的同学报仇等等撕心裂肺的口号。空气中弥漫着血腥味，形势紧张至极，我突然想到都过中午了，全桂能不能听我的话不来给我送饭，她真要是来了可要了命了，你说怪不怪，在人山人海当中，我还真看见了全桂，她推着自行车，车把上挂着饭盒，被人群挤得摇来晃去，那时造反派已经封锁了现场，任何人不得进内。事后我才知道，我老伴儿果然给我送饭来了，想要进二宿舍被人家给拦住了，这也算老天有眼，真要把她放进来，那就是死路一条，在我身边的冯世福也看到全桂了，忙对我说：“师兄，看见我嫂子没有？”我说：“看见了。”我跺着脚骂道：“这个败家女人，就是不听话，不叫她来送饭，她到底还是来了，这不是自找倒霉吗？”转瞬间我老伴儿被人群淹没，再也看不到了。

我们又从四层的阳台返回到宽大的四楼过道里，就见每个窗户的前面都挤着一堆看热闹的人，他们都是鞍钢的单身职工，扒着窗户往下看热闹，我灵机一动，也假装是单身职工，挤在他们中间往楼下观看。有一帮学生手拿扎枪，冲上了四楼过道，我们一看顿时紧张到极点，一旦被他们发现，肯定得死于扎枪之下。也许是人年岁大了有点儿经验，我就装作是职工跟没事人似的，用手指着窗户外面假装当观众，那三位是怎么配合的我无暇观看，结果骗过了搜捕我们的学生。他们从我们身后擦肩而过，天哪！总算过一道险关，之后我们敲开了一间好心人的宿舍，跟屋里的工人说："我们是钢都大联合的，现在正遭追捕，想在你们屋里躲避一下。"他们稍微愣了一下，而后就同意了，让我们进屋躲在床铺底下，可见鞍钢的人向着鞍钢的人，虽然他们不属于什么战斗队，对鞍钢的人都怀有一种特殊的感情。接下来我们就听见咚咚的砸门声和稀里哗啦砸碎玻璃的声音，他们正逐个房间搜查我们，我趴在床下心都提到嗓子眼儿，在这屋住的几个职工也紧张得要命，可是不知为什么，砸门的这些学生却越过了我们躲避的这间房子，既没砸玻璃也没砸门。我在床下默默地祷告，老天睁眼又躲过了一关。

后来那几位职工实在沉不住气了，就对我们说："实在对不起，你们赶紧走吧，再待下去，一旦被人发现，我们这几个人也好不了。"人家说的在情在理，我们只好冒着风险离开了这间宿舍，接下来就展开了捉迷藏活动，二宿舍房间多，走廊长，上下的出口也多，造反派从东边上来，我们就从西边下去，造反派从南边上来我们就从北边下去，就这样一直坚持到天黑，好难熬的一天啊！我们几经风险，始终没被他们抓获，我跟冯世福商量，天黑之后我们要想尽一切办法混出二宿舍。后来不知道为什么，搜楼的学生全都撤出去了，武斗刹那间停止了，喊杀声、谩骂声也都停了，简直冷清的叫人害怕。

不知道他们下一步还要采取什么措施，二宿舍的电源被他们断了，大楼一片漆黑，造反派在二宿舍四周架起了几十盏探照灯，那灯光照起来非常刺眼，我们透过窗户往外窥视，发现包围二宿舍的学生越来越多，密密麻麻不知道是几千还是几万，别说是人就是一条小牲畜也逃不出去。我们几十个人挤到四楼一间小房间里，大家谁也不说话，可能都在考虑自己的生死，冯世福偷着对我说："师兄，看样子想要逃出去已经不可能了。"我点了点头，大约在晚上九点多钟，突然外面的广播车通过高音喇叭做起了宣传，大致的意思是说：鞍山市革命委员会第一号通令，通令在宿舍里边的反革命分子赶紧放下武器举手投降，你们从正门出来，我们保证你们的生命安全，假如再负隅顽抗，后果自负，时间是半小时，望你们认真考虑。

我们听得非常清楚，于是大家议论了一番，百分之九十多的意见是不听那一套，这是个骗局，谁出去谁上当，你想杀红了眼睛的学生们，一旦失去了控制会是什么样的结果，他们一再呼喊着血债要用血来还，又奏哀乐，又哭又闹，真要落到他们手里头，那还有个好吗？半小时很快就过去了，我们没有一个投降的，谁也没离开这间屋子。大约又过了二十分钟，高音喇叭又开始广播了：鞍山市革命委员会第二号通令，限令你们放下武器，举手投降，双手抱头从正门走出来，我们保障你们的人身安全，如果你们再不出来，我们要开始搜查了，后果自负，时间还是半小时。

我听罢这番话之后，感觉再这么闷下去不是解决问题的办法，我跟大家说："看来咱们再这样坚持下去是行不通的了，学生们肯定要搜楼了，真要把咱们堵到这屋里，一顿乱刀和乱枪，咱们谁也活不了，既然他们当众宣布，叫我们投降，还说保障我们的生命安全，咱们就索性闯一闯，假如他们言而失信，有意骗咱们，咱们宁愿死在众目睽睽之下，也不能这么窝囊地死在屋里。"

大家经过认真考虑一致同意了，我把牙关紧咬，心一横，带头走出这个房间，来到一楼，从大门走了出去。刺眼的灯光，照得我们什么也看不清楚，只能恍恍惚惚看到在包围圈的最前面是学生武装队伍，他们一个个头戴柳条帽，手拿扎枪头儿，横眉立目地盯着我们，在他们身后就是人民解放军，因为他们是拥军派，受到解放军的保护，在解放军的后面，就是数万观看热闹的群众。我们双手抱着脑袋，迎着刺眼的灯光走到二宿舍门前的马路上，那时我心里在想，一切都听天由命吧，完全有可能在几秒钟之内就横尸大街上，也有可能被乱棒打死，但我尽量保持着心里的平静，死也要死个有骨气，因此我虽然双手抱头，依然是昂首挺胸地走到最前面。在我身后跟着多少人我不清楚，我也不敢回头看，就听见造反派的一个头头说："你过来。"指着我，让我坐到地上，我双手抱头遵命照办，凡是从二宿舍出来的人都一个挨着一个坐到马路上。后来我才知道我们总共是四十六个人或四十四个人，原本二宿舍里的造反派多达一二百人，现在都到哪里去了，没人说得清楚，为什么仅剩下我们几十个人了呢？

我们坐下之后大概过了有五六分钟，突然有几个学生从人群外走进来，用手指着我、冯世福、周子龄、王保生四个人说："你你你你跟我们走。"我们站起来刚要跟着走，旁边过来一个解放军军官，那军官伸手把我们拦住了，问那个学生："你们是哪个学校的，谁叫你把他们四个人带走的？"我也没听见那学生是怎么回答的，就见解放军连连摇手："不行不行。"然后又让我们坐到原位，我心里咚咚直跳，不知道是吉是凶，那学生为什么要把我们四个人带走，带到哪儿去，直到现在几十年过去了，我也弄不明白。大约半小时之后，那个解放军军官说："都站起来，跟我走。"于是我们横过马路，来到二宿舍对面的炮师所在地，进了院子，让我们上了二楼，我们一边走旁边就有人喊："低头低头。"我们双手抱着脑袋，鼻子都要碰到楼梯上了，到了二楼上，我被送到紧前面的一间房间里，人家嘭的一声把门关上了。我进屋一看吓了一跳，就见横穿房间的暖水管子上，吊着一个人，此人裤子几乎都脱落了，露着半拉屁股，他是大孤山矿的一名工人，也是我们鞍钢造反派的，姓什么我记不住了，也不知他是什么时候被抓到的，因何被吊到这里。他低下头来看了我一眼，痛苦地摇摇脑袋，什么话也没说出来，我靠着墙呆呆地站在那儿，随时等待造反派的摆布。

第一个进屋的是公安局的，那时警服是深蓝色的，他拿着一捆绳子，往办公桌上一摔，用手指着我说："你个反革命分子，你等着瞧我们怎么收拾你。"他光说没做，一没捆我二没打我，正好外头有人叫他，他拎着绳子又走了。正当我莫名其妙的时候，从外边闯进十几个人来，他们都是京评歌曲话的造反派，领头的人姓张，是京剧团敲大锣的，外号叫张大锣，在文化大革命之前，我们都彼此很亲密，现在形势陡变，成了势不两立的仇人。张大锣走在最前面，二话不说就给我来了个通天炮，因为我靠墙站着，他这一拳打的又重，我的后脑勺正好碰到墙上，前后夹击，使我难以承受，结果眼前一黑，我瘫倒在地上。您想连日来睡不好觉吃不好饭，从 4 月 12 日起到现在，又担心又害怕又没吃东西，体力大大减弱，所以造成了暂短的昏厥，张大锣一把把我拽起来说："你小子装什么蒜！"紧接着众人上手，把我胖揍了一顿。人真是一种怪物，就在那种情况之下，紧张归紧张，疼痛归疼痛，我还没忘了护住我的双眼和右手，我还在想，你们把我打残废了，只要给我留下双眼和右手我还可以看可以写，我一定要把你们这些罪恶用笔记录下来，让人们知道知道你们这些罪行。人这种东西很经揍，开始觉得有点疼，后来麻木了，也感觉不到疼痛了，"啪啪啪"打我的声音就好像来自遥远的地方，我一点儿感觉都没有。

正在这时候进来一个解放军，把他们都赶了出去。我利用这段时间把鼻子和嘴里淌出来的血用袖子擦了擦，活动活动四肢晃晃脑袋，知道仅受了些皮外伤，眼睛和胳膊完好无损。门又开了，造反派又架进一个人来，命令那个人挨着我站着，然后他们退了出去。我回头一看，非是旁人，正是评剧团著名女演员、和我们在一起共度患难的周子龄。开始时我没认出她来，因为她满脸是血，衣服破烂，头发也被剪短了，男不男女不女好像是个怪物，好一会儿我才认出她来，就见她双手捂着肚子靠着墙蹲下来，我问她："伤重不重?"她小声对我说："他们拿大皮鞋，猛踢我的肚子，恐怕我的肠道受伤了。"我又问她："冯世福和王保生现在何处?"她晃了晃头说："不知道。"

大约在午夜十二点，进来几个全副武装的解放军，他们把手一招："走。"我们也不知道上哪里去，乖乖地跟他们下了二楼，来到院里，我恍恍惚惚地看见，有许多解放军战士站在四周看热闹，他们都是炮师的炮兵。又待了一会儿我们被抓的这些俘虏从不同方向在院中集合起来，如果不认真看谁也不认识谁了，好在我们还活着，尽管每个人都饱受了一顿胖揍。一辆刑车从对面开过来，后车门被打开，解放军逼着我们上车，我是最后一个上的车，让我们在车上双手抱头，蹲在地上，解放军押解着我们，汽车发动了，我双手抱着脑袋，用眼角的余光盯着窗外，透过刑车的玻璃看见了灯光闪闪，心里头顿时升起了莫名的恐惧，心说他们这是想把我们送到哪儿去呢？难道说要找个地方集体屠杀？又一想不太可能，难道就这么不问青红皂白稀里糊涂地把我们杀了，我们究竟犯了什么罪？车子左拐右拐终于停住了，车门被打开。

我长长地出了一口气，就听下面有人喊："下来。"由于我是最后一个上车的，紧挨着车门，下车我是第一个，我忙从车上跳下来，哪知双脚刚一沾地，不知道是哪位英雄，飞起来一脚，踢到我的脸上。这一脚重有千斤，那是一双军用带钉子的大皮鞋，与血肉之躯相撞还有个好吗？我一个踉跄好悬没趴在地上，顿时鼻子和嘴血流如注，我用一只手堵着鼻子和嘴，一只手捂着脑袋，随着押解我的人走进一幢建筑。

我记得好像是三楼，我们一行被押进一间挺大的房子，好像是教室，屋里有一张木制的大通铺，可以睡下十几个人，押解我们的人让我们一字排开坐在床边。我利用这个机会把手伸进嘴里检查一下究竟是哪儿破了，当时我的嘴唇厚厚的，牙膛里全是麻木的，我用手一划拉觉得好像有东西贴在上牙膛上，结果拿出来一看原来是两颗门牙，贴在我的牙膛上，上面还连着点肉丝，我把门牙取下来塞在兜里，我心说，这可好，才三十三岁的人就成没牙佬儿了。

大约过了十几分钟，门外响起一阵杂乱的脚步声，我们的心一阵紧张，这时一个身材高大的披着棉大衣的解放军军官出现在我们面前，他的身后跟着几个战士。那军官四十岁上下，身材魁梧声音洪亮，一张嘴就是男中音，他怒目地看着我们，几乎挨个给相了相面，指着我们说："五一六五一六五一六。"我心里糊涂极了，啥叫"五一六"，我从来没听说过这个词，虽然不了解这个词的意思，准知道不是一句好话，那军官对我们说："凡是反动的东西，你不打他就不倒，就像灰尘一样，扫帚不到灰尘照例不会自己跑掉，你们现在已经身犯重罪，应当彻底坦白交代，谁胆敢反抗就是死路一条。"接下来他又说，"你们记得昨天是什么日子吗？4月13号，你们知道你们所作所为是什么性质吗？我们已经电请中央定性为'四一三'反革命事件，问题相当严重啊！杀人的要偿还血债，从犯也要判刑坐牢，就看你们的表现如何了！"说罢他转身走了，看那样子官还不小，后来才知道，他是三十九军政治部主任，叫什么名我记不住了，他走之后我心中反复想着他讲的话，"四一三"反革命事件，这下完了，我们变成了真反革命了，连中央都批了，看来一点儿翻案的余地也没有了。另一个解放军的军官对我们说："你们听好了，方才首长说得清清楚楚，你们都是罪犯，从现在开始要背诵毛主席语录，凡是反动的东西你不打他就不倒，扫帚不到灰尘照例不会自己跑掉。"这个军官还警告我们说，"要反复地背诵，不让你们停，你们不准停。"于是我们大声背起这条语录，一遍接一遍，再来个一遍接一遍，也不知背了多少遍，好不容易盼到天亮了。

我们都一夜未眠，东方的太阳照亮了天地，透过窗户我才看清楚，对面就是高大宏伟的胜利宾馆，胜利宾馆的前面是五一广场，我们所处的位置正对着胜利宾馆，我这才知道我们被押的这个地方是工人业大，过去演出的时候我来过两次。不久开早饭了，解放军战士端进一大盆白米饭，还有一大盆熬豆角，还把筷子和碗摆在我们面前，那个解放军军官说："吃早饭吧，革命者就是讲人道主义，别看你们是反革命，也不能叫你们饿着肚子。"说真的，经过两天两夜水米没沾唇的我真的有点饿了，我们谁也不敢说话，都低着头吃早餐，我一口饭进嘴，就感觉到不得劲儿，两颗门牙没了，下面的两颗门牙也松动了，这么说吧，没有一颗牙不疼的，我只好泡了点儿菜汤，把饭送到肚子里，早饭过后，我才发现在这个房间里被关押的一共是十四个人，其他的人被关在什么地方不知道。

接下来，严厉的审讯开始了，我们被一个接一个带出房间，别人的情况我不清楚，我被两名解放军和两名造反派从楼道的这一头押到另一头，在走路的过程中，我听见有的房间内发出打人的噼啪声和惨叫声，我心说看来这道关是难过啊，既然木已成舟我就把这一堆这一块也豁出去了，怕也没用，爱怎么收拾就怎么收拾吧。我被推进一间比较小的审讯室，靠着窗户放着一张办公桌，桌后面坐着一个戴墨镜的造反派。旁边还有一张小桌，小桌后面也坐着一个人，拿着纸和笔，看样子是做笔录的。旁边还站着两名造反派，一个个气势汹汹，一个手里拎着三角带，一个手里拿着一条木棒，我心说这下完了，这回不死也得扒层皮。押送我的那两名解放军和造反派站在门口，我一个人走了进去，坐在办公桌后面那个小头头问我："你叫什么名字？"我说："我叫单田芳。""职业？"我说："是评书演员。"他又问我："你是什么时候参加的'五一六'，谁介绍你参加的，你都搞了哪些反革命活动？马上坦白交代，不然的话你也出不了这间屋子。"我据实答道："我根本就不知道什么是'五一六'，没法坦白交代。"他又问我："'四一三'事件是反革命事件，是不是你扔的手榴弹，要不是你，是谁？你如实交代。"我忙说："谁投的手榴弹我没看见，我光听见手榴弹的爆炸声，那会儿太乱了，命都顾不过来，上哪儿注意这件事去？"他听罢之后拍案而起，指着我的鼻子说："你这也不知道，那也不知道，纯粹是个顽固分子，不给你熟熟皮子（打人），你不能老实。"这时那两名打手一拥而上，我把眼一闭准备迎接胖揍。

有道是吉人天相，说来简直太巧了，正在他们要打我的时候，审讯室的门开了，从外面走进五六个人来，为首那人我认识，正是捍卫毛泽东思想宣传队的总头头叫魏炳魁，此人当时是鞍山市革委会副主任，之后又升为辽宁省革委会副主任，他是极具权威的人，连三十九军都得高看他一眼。魏炳魁还是我的书迷，当初他在鞍山钢管厂工作的时候，是一名铸管厂的工人，经常到茶社听我说书，我俩虽然没打过什么交道，但彼此都认识，魏炳魁进屋一看是我，冲那个打手一摆手，然后走在我面前，拍拍我的肩膀说："你呀你，放着书不好好去说，反什么革命啊？"虽然我有满肚子话要说，但我话到舌尖又咽了回去，由于当时地位悬殊，我说了他也不信。然后魏炳魁冲门外的人一招手就把我押出了审讯间，避免了一场恶揍。我从心里往外感谢魏炳魁，尽管他后来从高位中又回了铸管厂，当了工人，但我还是很感谢他的。

这一关刚刚过去，下一关接着又来了。第二天早晨，我们刚吃罢早饭，就集体被带到一楼的审讯室。这也是跟教室大小一样的房间，学生的桌椅不见了，正中央放着一张乒乓球案子，转圈有十几把凳子，我坐在第七号位上，我们十四个人正好围着乒乓球案坐了一圈，我心想这又唱的哪一出？正在胡思乱想的时候，突然从外面闯进一帮学生，他们臂戴红袖标，一个个像煞神附体似的，怒视我们既不问五一六也不说是反革命，进来就一顿开打。为首的那个学生头头，我记得非常清楚，十六七岁，长得面孔白皙，二眉中间有颗很大的红痣，他是打人最狠的一个。他首先把坐在第一位的那个人先是两个开花炮，紧接着照肚子上踢了一脚，那人疼得跟鬼嚎似的，摔倒在地上，椅子也倒了，他又奔向第二号人，接着就是一顿连环拳，把那个人也打倒在地。我坐在第七号位上，看得清清楚楚，心一下提到嗓子眼儿，心脏在猛烈跳动，看得出这个人是很会打人的，而且打人手法绝不相同，接下来很快就轮到我头上了，当时我戴着一顶帽子，他来到我的近前我就感觉到身子忽悠一下，好像腾空而起，猜不出他将用什么方法收拾我，就见他不紧不慢，把我的帽子摘掉，一只手薅着我的头发，一只手指着我眼睛，我当时还在想要注意保护眼睛和我的右手，在任何情况下也不要忘记，因此我眼神闪动着，注意观察着他的手，就见他把两手扣在一起，抓住我的头发，冷不丁往下一摁，抬起右腿用他的膝盖奔我的面门顶来，那真是势如闪电，防不胜防，我似乎听见咔的一声，一股剧痛传遍全身，我忍不住喊了一声："啊！"顿时鲜血从鼻孔中流出。他就打了我这么一下，好悬没要了我的命，然后他奔我身旁去了，我利用这个机会蹲在地上，墙角正好放着个草垫子，我顺手抓了一把草，把鼻子和嘴全堵上，鲜血顺着草滴滴答答往下淌，当时我光顾疼了，两眼发花，也没看清，下面的人是怎样挨的打，正在这时一个解放军从外面走进来，对那学生说："住手，住手，你们是从哪来的？为什么上这儿打人？赶紧出去出去。"就把这帮学生撵走了。我看得清清楚楚，听得明明白白，知道他们这叫演戏，明明是解放军放他们进来的，唆使他们揍了我们一顿反过来又装好人，说实话当时我对解放军的印象不像从前那么好了，作为军人怎么可以这样呢？挨打之后，我们又带回了住处，再看我们这十四个人，一个个鼻青脸肿，五官挪移，看见他们那狼狈相就知道我是什么德性了，我心说这真是暗无天日啊，这要熬到何年何月？

谁知吃晚饭之前，解放军又走进来了，招呼我们到院里集合，那辆刑车就停在院里，还从不同的方向走出不少难友，他们每个人都是伤痕累累不堪入目，于是我们又被推上了刑车，像装饺子似的挤得满满的，连气都喘不过来。时间不大，车子开动了，透过窗户我看清了，车子通过虹桥直奔鞍山铁西区，在永乐街一拐弯，停在了鞍山市收容所门前，我们几十人被赶下车，排着队走进大铁门，分别押在二楼几间房里。我这房里一共住着十八个人，两张大木床一边九个，中间是片空地，房门上了锁，门口有解放军守卫。我几乎三天三夜没睡觉了，身上除了疼痛之外，就是一个字——困，至于后果结局全无暇多想，只要睡上一觉就是最幸福的，果然审讯暂时结束了，晚上八点左右就叫我们睡觉了，因为没有被褥，大家全是和衣而眠，一个个头朝里脚朝外，我一躺下就觉得嗡的一声，跟失去知觉差不多少，马上进入了梦乡，人常说做了一场噩梦，什么是噩梦，这就是！

第二天早晨，我们全都起床了，十八个人面对面坐好，迎接残酷的新的一天。七点半左右门被打开了，先放了十分钟的风，让我们到厕所方便了一会儿，然后又把我们带进食堂，每人分了一个大眼儿窝头，一块咸菜，白开水随便喝，这就是我们的早餐。吃完之后又把我们带回房里，房门又被锁上了，谁要上厕所，事先得报告，经允许才能放出去，否则谁也休想走出房间半步。眼看九点了，我们就直愣愣坐着，一没提审，二没有运动，不知道他们想干些什么？

正在我们胡思乱想的时候，门哗啦一声被打开了，几名解放军和造反派从外面推进一个人来，把我的心吓得忽悠一下，就见那人进屋就趴到地上了，头上缠着层层白色药布，鲜血从药布中渗透出来，左胳膊也是缠着层层药布，腿上身上到处都是伤痕累累，他吃力地喘着粗气。紧跟着又进来一位解放军军官，中等个，四十岁左右，满脸严肃，倒背着双手，审视着我们十八个人的脸，然后他说你们认识这个人是谁吗？大家没有回答，因为一没有看清他的脸，二此人伤势很重几乎都到了奄奄一息的地步，五官已经挪移，就是亲爹也认不出来啊。

这位解放军军官姓王，是三十九军炮兵的副团长，人们都管他叫王副团长。王副团长见我们都不说话，他又提高声音重新问了一遍："你们不认识他是谁？你们张大眼睛好好看看。"说罢两个造反派把受伤人拽起来，拽着头发让他扬起了脸，我一眼就认出来了：辛树成！是他，没错，他是我们钢都大联合房产局武工队的队长，年轻有把力气，好斗，胆大不怕死，所以当了武工队队长，每逢武斗他都冲锋在前，没想到今天落到这步田地，看来这条小命危险哪！忽然有人说话了："我认识他，他叫辛树成，是我们房产局的。"说话的这位也是房产局的，姓什么叫什么我记不住了，现在跟我一样都成了被管制的人，王副团长看了他一眼，而后对大伙儿说："对，他就是反革命小头头辛树成，还是个杀人犯，在'四一三'武斗期间他一个人扎死了我们六名红卫兵，还有几个身受重伤，现在抢救当中，恶有恶报，善有善报，他终于被我们抓了俘虏，等待他的将是严惩，现在的辛树成已把所犯的罪行供认不讳，今天让你们见个面，看一看反革命是个什么样的下场。"说罢把手一挥，过来几个人把辛树成架走了，王副团长又对我们说："坦白从宽抗拒从严，还有一条叫立功者受奖，你们谁揭发的问题多，就可以立功，也可以减轻处分。"说罢他也走了，门哗啦一声又被锁上了。

我的心一直在跳个不停，心说树成啊树成，六条人命啊，你还活得了吗？曾几何时还在二宿舍笑语欢声，没想到几天之后，你就变成了这个样子，看来世道险恶，福祸难料啊！

在这里我要向大家交代清楚，王副团长所说的并非事实，后经多方查明，辛树成在武斗当中被革命小将围攻，扎伤了几个人并不假，可哪个也没死，他并不是一个杀人犯，相反的他倒身中了十一扎枪，头上还被砍了一刀。据说人们都认为他死了，把武斗当中的死者送往火葬场其中就有辛树成一个，在火化之前，有人发现他手脚还在动，惊叫了一声："这个人没死。"后经领导同意，把他送到钢都医院去抢救，说来此人命也真大，身受重伤，反而没死。十一年后，也就是1979年我被落实政策，彻底平反昭雪回到百花茶社说书，辛树成也去听书了，还朝我招了招手，说书结束后，我俩热烈拥抱，我发现辛树成跟没受伤似的，身材威猛，神采奕奕，他也被平反了，还在房产局工作，手下管着一些建筑工人。

让咱们还是回到十一年前的收容所吧，接下来，市公安局的人也介入了，他们的任务是分别找我们个别谈话，了解情况，我也曾被带到特别审讯室进行过谈话，两个面目极其严肃的便衣对我拍桌子瞪眼大呼大叫，一问我到底是不是"五一六"分子，二问我"四一三"那天是谁扔的手榴弹，我如实地做了交代，他们做了详细的笔录，然后让我按上手印，警告我说这可是你说的，如果与事实有出入你要

负责任的。我们在收容所待了十天，每天三顿都是大眼儿窝头，咸菜白开水，剩下的时间不是被提审就是在屋里反省。突然有一天有个解放军进屋了，给我们带来一件好消息，他说："你们每个人写张纸条，把家里住址写清楚，你们都需要什么东西也要写清楚，还允许家属来接见你们。"说着每人分了一张纸，大家争先恐后地写着，您想在那个节骨眼谁不思念家里的亲人，我已经离开家半个多月了，除了老伴儿之外还有一双儿女，他们的情况我一无所知，揪心死了，听说可以接见了真是喜出望外，立刻填写了详细住址，以及需要的东西，我的烟瘾非常大，第一条就写上了需要香烟，第二条写的消炎药和镇痛药，第三条写的是换洗的衣服，写完了之后交给那个解放军，然后我在想这是真的还是假的，难道真能跟家里人见着面吗？在没得到这个消息之前，心里是死水一潭，在得到这个消息之后，激起了我心中的浪花，连觉也睡不好了。

三天之后，有一天正吃午饭，我刚拿起了大眼儿窝头，就听见一个造反派喊："谁姓单？"我赶紧把窝头放下回答说："我姓单。"因为这几十人当中就属我这个姓儿特殊，那人说："你出来一趟，你家属来看你来了。"我闻听此言乐得找不着北，三步两步来到收容所院子里，就见全桂带着我一双儿女并排站在大门里边，手里还拎着个包，相见足有一分钟，谁也没说话，好像陌生人差不多，原来那时我已经变了模样，脸和鼻子一边平，牙也没有了，身上的衣服破旧不堪，前心和领子全是血糊糊，所以把他们娘儿仨吓愣了，好半天全桂才说："他们怎么把你打成这样？"我以目示意，让她不要提这样的问题，因为旁边有人监听，我说："家里怎么样？你们过得还好吗？孩子还上学吗？"全桂说："除了惦记你之外，别的都挺好，你看你需用的东西我们都拿来了。"其实她有满肚子委屈，因为有人监听不敢多说，后来我才知道，我们家已经被抄过两次了，鱼缸也被砸碎了，养的燕儿鱼也死光了，我最心爱的一盆大茉莉花也死了，他们娘儿仨不敢在家里待着，东躲西藏地度日，使我最痛心的是我多年积累的评书手稿以及很多参考资料全都被抄走了，他们有满肚子委屈道不完的心酸，只是不敢说而已。全桂问我："你什么时候才能回家？"我摇摇头，叹

口气说:“我也不知道,看样子短不了啊!”正在这时那个看守说:“时间到了,走走走。”把他们娘儿仨赶出了大门。

我拎着包回到屋里头,首先把香烟取出来,使劲儿地过了把瘾,还有许多吸烟的人,因为没见到家属,都伸手管我要烟抽,这下可好,一条烟不到十分钟就分光了。我一边吸烟,一边想着心事,假如“四一三”我真的死到二宿舍,全家人就没有见面的机会了,幸亏老天保佑,我大难不死,今天全家人又见到面了,假如今后我恢复了自由,我一定把“四一三”这个日子定为我后半生的纪念日,我是这么想的,后来也是这么做的。平反落实政策之后,我们每一年的4月13日全家人都要凑在一起祝贺一番,说是祝贺,实质全家人都有道不尽的辛酸,我们边吃边谈,说到痛心处全都流下眼泪,直到今天,我们还在纪念这个特殊的日子“四一三”!

几天之后,我们又接到转移的消息,开始叫我们收拾行李,我还以为要叫我们回家了呢,激动得手有些发抖。后来才知道,把我们几十个人转移到鞍山铁东区二一九公园里边的射击场,平时这是练打靶的地方,现在已经军管。射击场周围原本就有一道围墙,现在建了一个高高的岗楼,上面有人持枪放哨,院里边两栋红砖房成了我们安身之地,每四个人一间房子,论条件比收容所强多了,集体吃饭,集体下操,每天早上集体跑步,跟监狱里的犯人差不多少,我们每天的活动主要还是交代余罪,互相批斗,互相揭发。那位炮兵的王副团长是这儿的最高领导。

哪一天我记不清了,突然又被送进了几个人,我一看全认识,一个是鞍山市委秘书王海山,一个是公安局刑侦科的科长关英纪,一个是钢都大联合的头头徐福祥,他们三个人都戴着手铐,一个个胖头肿脸,并排站在我们面前,王副团长说:“认识这仨人吗?这是你们反革命集团的三个头头,也落入了法网,从今天开始你们要跟他们三个人划清界限,揭发他们的罪行。”

他们三人每人一个单间一张木床,开始时脸朝里边坐着,不准看窗户,每天吃完早饭之后,轮流上阵,接受大家的揭发和批判。其实有什么揭发和批判的,别看都是钢都大联合的,他们仨是头头不假,究竟干了哪些事我们根本不清楚,说揭发批判也无非是老调重弹,车轱辘话来回翻,就那么几句而已。十几天后,他们的手铐被摘掉了,也放到群众之中与我们同吃同住。

我们在射击场被关押了一个多月,有的时候吃饱了没事就是打扫卫生,上后山修理树木,这时不断有家属前来看望,全桂带着俩孩子也来看望我几次，因为有人看着，不敢多说，仅是问问家庭眼前的状况而已，家里人为了安慰我说挺好挺好，我也说挺好挺好，谁都能猜到大家说的是谎话，可在那个节骨眼儿谁敢说真话啊！

终于盼到了6月下旬，有一天王副团长让我们全体集合，他说："你们这个特殊的学习班结束了，明天你们就可以回单位了，回到单位之后，还要继续交代问题，重在表现嘛！只有你们自己才能救自己。"我一听可以回单位了，既有点高兴又有点压力，高兴的是离家又近了一步，压力是落到那些对立面手里也没个好，那天晚上我通宵未眠，心早飞到了家里，不知道这个家真实情况变成了啥样。

第二天，有的人被单位接走了，没被接走的人都在屋里听信，我们几个人看着大门口，真盼着单位快点来人。吃罢中午饭之后，总算把我们单位的人盼来了，还真不少，有十几位。为首的是当初我一个师弟，他是造反派的小头头，我一看这十几个人没有一个是受迫害的，全是当初我们的对立面，也可以说都是冤家对头，他们来接我们，这可不是好兆头，心当时就缩紧了。我的那个师弟办完了手续之后，到屋里来提人，第一个就是我，接下来就是冯世福和王保生，因为我们仨都是市曲艺团的人，我那位师弟笑着说："走，回家吧！把行李拿上。"我们拎着东西跟着单位的人离开了射击场。

走了很长一段路，谁跟谁也没说一句话，气氛非常紧张，当走到二一九公园游人非常少的地方，我的那位师弟说："站住，单田芳，你把东西交给冯世福，给你来点特殊的。"当我还没弄清怎么回事的时候，有个叫小林子的打手，从腰中取出绳子，把我五花大绑起来，又把我的外衣披在我身上，避免走在路上有伤风雅，我回头一看，冯世福、王保生没被捆起来，他们都散着手拎着东西跟在我的身后，看样子我的案情比他们要严重得多啊。

在工人剧场挨斗

门外就是一条小土路，门是木头制造的，上面有几条缝隙，出了这个门就是自由世界，门里的我们就是囚徒，我一边抽烟一边想着我的一双儿女。

从二一九公园到曲艺团的工人剧场，相距能有六七华里，路上没有人说话。当走到工人剧场的时候我才发现，现在曲艺团办公的地方已经挪到剧场了，这座剧场原是鞍山市评剧团专用的剧场，现在已经划归到曲艺团造反派的名下了。剧场大门外，全都是造反派，中间还有许多原来保持中立的人，现在都变成了我的对头冤家，足有七八十号。他们一见着我的面就振臂高呼："打倒反革命单田芳！打倒反革命冯世福、王保生。"还有一位女士我不便提及她的姓名了，二话不说就给我一顿耳光子，一边打一边说："我叫你反革命，我叫你反革命！"打得我两眼冒金花。

本来剧场里就黑，所以一进剧场什么也看不清了，后来我定了定神，被两位造反派架着俩胳膊像上刑场一样架到舞台上，这时我才看清楚，舞台已经变成了批斗现场，周围已经坐满了曲艺团的造反派。我们三个刚刚站好，我的那位师弟提高声音说："把他们都带出来，让他们难兄难弟见见面。"我抬头一看，从后台被押出来一串人，走在最前面的就是我的师兄杨田荣，在他身后是毛科星，还有曲艺团的作家王×、原地方戏的管家王文斌、相声演员马凌云、会计李明白等七个人。我这才明白，原来他们早就被造反派逮住了，关押在工人剧场，他们被押出来之后跟我们站成一排，首先弯腰向毛主席的画像鞠躬请罪，然后各自通报姓名，如反革命单田芳、反革命冯世福、反革命王保生、漏网右派杨田荣、枪贩子毛科星、反动作家王×、历史反革命李明白、反革命坏分子马凌云、人贩子王文斌，我们通报了姓名之后，群众开始批斗，看得出来，这是有预谋有计划、安排好的一次批斗大会。我审视着在场的每一个人，在七八十名造反派当中有三分之一是我的对立面，他们恨我恨得牙根痒痒，恨不得把我们置于死地而后快，这些人当中有我过去的好师弟好师妹、亲如兄弟的好哥儿们，还有一部分就是茶社的服务人员，这帮人过去是服务员，提壶续水卖票打扫卫生，现在一下子都变成了造反派，可以随便打人随便骂人，由过去的普通劳动者变成了专政者，可想而知他们的心里有多么的平衡有多么的痛快。过去都是演员说了算，他们净为演员服务了，现在地位变了，他们可以打骂演员，从中得到平衡，这也是一帮死硬分子，在座的三分之二的群众，都是随声附和的，他们大多数都是中间派，谁成功谁失败对他们来说都无所谓，只是由于形势的需要他们随大溜而已，从不同的眼神和表情中我能看透他们每个人的内心。

第一个被批斗的是杨田荣，我的那位师弟说："杨田荣，你跟大家讲一讲，你到大连去买枪，买了几把枪啊？多少发子弹啊？枪都藏到哪儿了？"杨田荣低着头回答说："我是去大连买过枪，因为没有遇上接洽的人，连枪影也没看着，实际上我根本就没有买到枪。"我的那位师弟跳过去就是一个嘴巴，他揪着杨田荣的头发说："你昨天是怎么交代的？你不是说你买了两把枪吗？怎么今天又翻案了？"杨田荣赶紧解释说："昨天是因为你们把我打急了，我顺嘴胡说，我不说怕你们还打我，所以今天我的交代才是真实的，并不是翻供。"接着跳上两位造反派，对杨田荣一顿拳打脚踢，田荣哥的身体本就不太好，那年已经四十六岁，被他们这一打，趴在台上动不了了。我的那位师弟说你装什么㞞，你他妈的吓唬谁，就是把你打死，跟踩死个臭虫差不多，然后又踢了两脚。后来有人发现杨田荣脸色苍白、嘴唇发紫、浑身冒汗，好像心脏病发作了。

有一位女造反派提醒我那位师弟，说什么我们没听清，可能是提醒他别打了，再打非出人命不可，我的那位师弟住手了，让人搬了把椅子，让杨田荣坐在椅子上，暂时休息休息。我就发现田荣哥大口大口地喘着粗气，双手扳着椅子背儿，勉强地在那儿坐着，我心疼得不得了，但在那个节骨眼儿上，我是有其心而无其力，我的心在流血。

接下来就是毛科星，审问的内容跟杨田荣差不多，也问他你到大连买了几把枪，多少发子弹，把枪藏到哪儿了，毛科星的回答跟杨田荣差不多少，因为当时是他俩去大连买枪的，结果还用问吗？也挨了一顿拳打脚踢，好在毛科星是军人出身，身体结实多了，也比杨田荣禁揍多了。接下来轮到我了，好像这次批斗大会我是批判的中心对象，因为人家谁都没被绑着，就是我被五花大绑起来，我被推在台口，"打倒单田芳、打倒反革命"的口号此起彼伏，震得工人剧场四面都有回音，审问我的内容无外乎啥时间参加的"五一六"、谁介绍你参加的、你们开过几次会、内容都是啥？又问我“四一三”那天谁第一个扔的手榴弹，你那颗手榴弹跑到哪儿去了，你打伤了多少革命小将？我理直气壮一一据实回答，他们看出我有点儿不服不忿，于是就下了狠手，首先给我挂上一块十几斤重的牌子，上面写着“反革命分子单田芳”，还打了个大大的红叉，那牌子是用铁丝串成的，挂在我的脖子上，一开始没觉得怎么沉，时间长了铁丝往肉里杀。您想当时正是6月天气，骄阳似火，我们身上只穿着单衣，没有任何防护措施，一口气走了七八里路，接下来又是没完没了的批斗，我实在有些顶不住了，至于拳打脚踢已经成了家常便饭，我和我那些被整的同志们已经不是个人，早已变成了奴隶，任人宰割任人打骂，他们可以踢过来打过去，为所欲为，接下来是没完没了的询问，翻来覆去就是那套词，我也是翻来覆去就是那套词。

造反派一看没啥结果，我又有点不服不忿，于是他们开了个小会，后来我才知道他们要把我的威风打掉，老老实实听他们摆弄。接下来就是群众揭发我的罪行，您想几十个人有十个发言的得占用多长时间，他们那发言有意思极了，全都是程序化的，首先背诵伟大的领袖、伟大的统帅、伟大的舵手、伟大的导师毛主席万岁万岁万万岁、祝林副主席身体健康永远健康；接着就是背诵毛主席语录，凡是反动的东西你不打他就不倒，就像扫地一样，扫帚不到灰尘照例不会自己跑掉；这段话背诵完了以后才转入正题，有一个服务员揭发我说：“单田芳你从骨子里就反对中国共产党，恨透了中国共产党党员，为什么这么说呢，在你说《新儿女英雄传》的时候，主人公牛大水被敌人抓住了，受尽了酷刑，你那段书说得活灵活现，你简直就变成了日本鬼子，把各种酷刑全都用在了共产党党员身上，你借助书的内容来发泄你心中的私愤。”我低着头认真地听着，一看发言的这位，就是茶社的服务员，现在是造反派的小头头，因为她眼睛斜，外号叫王斜眼，我看了她一眼，她怒火中烧，跳起来冲到我面前，大吼道：“怎么的，你还不服吗？告诉你，你现在不是名演员了，你现在是反革命分子，快点放下名演员的臭架子。”说着给了我一顿耳光，因为我挨的耳光太多了，我也记不清有多少了，现在挨耳光成了小菜一碟，打到脸上麻酥酥的，一点儿也感觉不到痛。继王斜眼之后，又有人站起来揭发我的罪行，一个两个三个，足足换了六七个人，他们每个人一开始都背诵那套术语，叫人啼笑皆非。因为我被绑的时间太长了，我的两个膀子从酸疼变成了麻木，又从麻木变成了酸疼，好像脱臼一样痛苦难当，这会儿会场的气氛不像开始时那么热烈了，也许造反派们也累了，连呼喊口号的声音也低沉了。

要说我真是个没骨气的男人，我实在疼痛难忍，被牌子坠得上不来气，两只胳膊也失去了知觉，腰也疼痛得要命，出汗出得太多，眼看就要虚脱了，我用眼角的余光一看，有一个小师妹离着我不远，在“文革”之前，我们双方处得都很好，两家走动得非常亲近，在她困难的时候我也曾给他们夫妻帮助过，当时我在想运动嘛就是人整人，他们现在这样兴师动众，也是迫于形势，不得不如此，其实我们私人之间谁跟谁都没有个人恩怨，既然过去我有恩于她，那就跟她说两句小话，让她把我的绳子松一松，于是我小声地哀求道：“师妹。”她先是愣了一下，而后走到我面前，满脸严肃地问我：“你要干什么？”我说：“师妹，我被捆的时间太长了，两个膀子疼得要命，你能不能跟师弟说一下让他给我放松一点儿。”她听罢之后毫无表情，然后高声对我那位师弟说：“单田芳刚才说了，捆他的绳子太紧了，他有点儿受不了了，想叫你给他松一松。”由于她的声音很高，在场的人听得非常真切，我那位师弟背着手走到我面前，似笑非笑地打量我一会儿，两眼放出凶光，这哪里是原来的师弟，分明是冤家对头，他阴森森地问我：“怎么？胳膊疼？让我给你松一松？好，我就给你松一松。”说着他一只手按着我脖子，另一只手抓着捆我双臂的绳子，用力往上一扳，从牙缝里挤出几个狠毒的字：“我叫你疼！我叫你疼！”

各位，你腿麻过吗？胳膊麻过吗？如果麻了，您肯定说：“别动别动。”如果有人在这时候用力扳你的胳膊和腿那是个啥滋味？当时我思想上毫无准备，也没想到他乘人之危，下此狠手，他按我脖子的时候，由于用力过猛，我的鼻子和上嘴唇正碰到我脖子挂的那块牌子上，顿时鲜血直流，叫他这一扳我的胳膊好像被粉碎似的那么疼痛，于是我情不自禁地喊了一声：“啊呀！”

刹那间我终于明白了一个道理，他们并非是走走形式，而是真心实意地想把我置于死地，什么师兄师弟师妹全都是扯淡，我方才心里仅存的那点侥幸此刻全都破灭了。也许由于我这位师弟下手太重的缘故，批斗会到此结束。然后他叫人把我的绳子解开，把牌子也摘下去。

我被人架着送到舞台旁边一间小屋里。原来这个地方，是评剧文武场待的地方，现在他们用木板间隔起来，变成了一个暗无天日的小拘留所，我在众人当中受到特殊的“待遇”，被单独关押在这间小屋里，其他人都住在后面的化妆室里，屋里面用两条长板凳搭了一条临时的床铺，上面并没有被褥，他们把我架到硬板凳上，我痛苦地呻吟着，虽然说绳子被解开了，由于捆绑的时间太长太久也太紧，我的两只膀臂已经失去了知觉，依然背在身后下不来，我痛苦地抬起头往门口看了一眼，造反派都到前厅休息去了，就留下几个人看着我们。

正好有一个是单独看我的，我一看是我同门的小弟弟叫张全友，他父亲张树岭，在运动开始的时候就被揪出来，成为曲艺团的封建堡垒头子，张全友和他的哥哥姐姐们被逼无奈，也加入了造反队，表面上成了我们的对立派。说实话在全友小的时候我就很喜欢他，他聪明伶俐，有说书的天赋，每次我说书，他都到茶社来听，从感情上来讲，我们的私交不错，虽然他现在戴着红卫兵袖标，腰里系着皮带，气势汹汹的好像个造反派，我猜想他也是被逼无奈，到了现在我也顾不了许多，我再次厚着脸皮低声要求他："全友，帮我一下好吗？我俩胳膊不好使了，你能否帮着我把它扳下来，恢复原位。"全友往四处看了一眼，觉得可行，于是快步走到我近前，慢慢地把我两只胳膊扳下来恢复原位，他还利用这机会压低声音对我说："田芳哥，别太犟了，他们爱说什么就说什么，要不价他们得把你整死，为你的事他们都召开了几次小会了。"说到这儿他再也不敢往下说了，三步两步离开了这座小牢房。

我休息了大概有半小时，两只胳膊渐渐恢复了知觉，我试着活动了一下，老天保佑，还没残废，我把鼻子和嘴里的血清理干净。怎么清理？都是用衣服擦的。当天晚上我就睡在冷板凳上，第二天，造反派才把我的行李送来，说是家属送来的，我心说看来全桂他们已经知道我被转移到工人剧场了，他们既然能给我送被褥，就说明家里头没有太大的事，于是我悬着的心多少放松了些。早晨，天还不亮，我就起床了，我在屋里做了做广播体操，晃了晃脑袋。跟您这么说吧，那时我三十五岁，如日中天，年富力强，身体棒极了，在"文革"之前，我经常参加篮球比赛，虽然个子小，技艺也不精，但我十分着迷，这对我锻炼身体十分有好处，还参加过百米赛跑，用时十四秒多一点儿，还得了一块手绢，在拉力器比赛时，我能拉开五根钢绳的拉力器，一口气能拉十三个，也曾经获过奖，平时我高烧了还坚持说书，就觉得头有点儿沉，浑身上下不得劲儿，散书之后回家一量，居然高烧到三十九度多，把我吓了一跳，赶忙跑到医院打了一针，第二天就好了，这说明我体质还不错，否则从"四一三"折腾到现在，早被他们弄散架子了。我时常警告自己，不管何时何地都要锻炼身体，现在锻炼身体是为了迎接他们的揍，我好有抵抗力，同时我心里翻来覆去骂自己，我叫着自己的名字说单田芳啊单田芳，你活着太没骨气了，难道不求那个小师妹你这两条胳膊就能残疾吗？你为什么辨不出真人假人，厚着脸皮去央求人家，结果当众出丑、还让人狠狠收拾了一顿！我又骂我自己，该！该整你，都是你自己找的。我说书里边常说自己的梦自己圆，事到现在，谁也救不了我了，只能是豁出去了，不就是一百多斤吗？全交给他们了，今后我再也不能做那没骨气的事，打死也不会再哀求他们。

吃罢早饭后，批斗会又开始了，但主角不是我，而变成了相声演员马凌云。说起来我跟老马的关系相当好。老马是沈阳人，在城里开了一家小作坊，就是卖箅子的。在旧社会他父亲是掌柜，雇用了五名伙计，由于市场竞争激烈，他们做的产品也过于陈旧，所以经常入不敷出，他爸爸早想关门，但是这五名工人无处可去，谁也不走。后来他爸爸跟五个人商量，管吃管住不开工资，五个伙计也同意了。解放后，这五名伙计把马凌云的父亲告到工会，说他是剥削工人的小资本家，逼着他给五个人发工资，而且这五个人还提出，要吃大米饭，一周还得有两次炖肉，使老马家叫苦不迭，后来实在没办法了，欠债养着他们，这五个人一看，老马家确实也挺苦，就各自散去了。老马头一股急火，卧床不起，不久就与世长辞了。马凌云没念过几天书，天天游手好闲，东游西逛，他平生有两个爱好，一是下象棋，一是听相声，父亲在世的时候还能满足他的要求，父亲不在了，他只好把箅子铺卖了，变现了点零花钱，拜沈阳市曲艺团相声演员杨海全为师，开始说相声。由于他底子薄，功力差，他说的相声很一般，不久他就离开了曲艺团，到了鞍山，那会儿鞍山市曲艺团正在招兵买马，除了书曲队、地方戏队，又组织了一个曲剧队，正缺人手，马凌云报名参加了，顺利地通过了考试，成了鞍山市曲艺团一名相声演员。可是相声演员需要两个人来说，就他一个人也说不了，逐渐地他放弃了相声，成了曲剧队的勤杂工，有时候演大兵，有时候演小坏蛋，总之哪儿出了窟窿就叫他堵，按他的话说就是鞍山市曲艺团的碎催，因此平时牢骚满腹，再加上说相声的人爱抖包袱开玩笑，他的嘴又不饶人，所以人们给他起了个绰号叫坏马。其实坏马并不坏，他为人正直，爱找死理儿，既不溜须上级，也不讨好进步分子，一直是我行我素，爱谁谁，因此很多人都恨他。据说在国民党统治沈阳的时候，还把他抓去当过几天保安队，由于他受不了那个苦，干了二十天就跑了，跑到辽阳一所寺庙里当上了假和尚，解放后他又回到沈阳。就这段小小的插曲，成了老马的历史问题，大运动小运动，他都跑不了，一次交代再次交代，总是没完没了。方才我说了，他嘴挺损，爱开玩笑，当时曲剧队的队长是毛科星，是党员，有一次到外地去演出，演出前需要装台，可能那个剧场太陈旧了，老毛没注意，把台板踩折了，从台上掉了下去，后来被人拉上来，马凌云在旁边打趣地说："大伙看哪！咱毛队长成了豆处子了。"这本是一句开玩笑的话，结果就变成了他一条罪证，理由是他辱骂中共党员，说党员是豆处子。还有一次，曲艺团开办了食堂，为了省钱，自制了一批啤酒，分给大伙儿喝，老马喝了一口又吐到地上，别人问他什么味，老马风趣地说："这哪里是啤酒，简直是马尿。"就这一句玩笑话，也成了他一条罪证，说他辱骂革命群众，酿出来的啤酒是马尿。在"文革"之前，他的工资一降再降，每月只能开三十七块五，按老马的话说我四十多岁的人了，干了这么多年，才挣三七点五，后来这话被党支部知道了，正好运动来了，居然把老马送去教养了三年。教养回来之后，他又被分到炼钢场去捡碎铁，受的那个罪就不用提了，我非常同情他，他经常到我家去做客，他非常喜欢我的女儿慧莉，每次见面就说："来，马大大抱抱。"而且他经济虽然那么困难，哪次到我家也不空手，不是拎两个苹果，就是带几个南果梨，叫我好生不忍，因此我经常留他在家吃饭，如果钱不够花，就由我来资助他，老马是个有骨气的人，从来不白花，肯定按时归还，绝不占别人的便宜，这次文化大革命他跟我一样站错了队，变成了反军派，被曲艺团造反派定成反革命坏分子。

那天上午整个批斗会都在马凌云身上展开，时不时惹得大伙哄堂大笑。我那位造反派头头的师弟，严肃地对群众说："不准笑，这是批斗会，是革命者对反革命分子的打击。"同时他还警告马凌云："你还没忘了你是相声演员呢？在这儿你抖什么包袱，快把你爸爸剥削工人以及你当保安队员的情况交代清楚。"马凌云说："我就这点儿事，早都交代一百遍了，你们看着办吧。"自然他是躲不过一顿胖揍。

我们这些人一直站在旁边陪斗，我有时也是被老马逗得肚子疼，心说老马呀，真是一块顽肉，蒸不熟也煮不烂。说到老马真是个苦命的人，以他的遭遇一般人承受不了，而他仗着他的诙谐幽默、心胸开阔却一直顽强地活着，在"文革"之前他就饱受苦难，被人瞧不起，支过来呼过去，就跟个不值钱的皮球似的。他家住在沈阳，还有一个上了年纪的老母亲，完全由他妻子赡养，他的两个儿子也收入有限，对家里支援甚少，老马每月的工资是三十七块五，他单身住在鞍山，除去吃喝哪还有富余钱？我最赞成他的一点是对上从不阿谀奉承，对有钱的人也不溜须拍马，顺情说好话的事他不做，往往还钻牛角尖说真理，竟给别人直罗锅，所以大伙才管他叫坏马，可我俩偏偏处得非常近，有人奇怪地问过我："老单，马凌云那么坏，别人都不爱理他，你为啥跟他走得恁近乎？"我说："你说错了，老马并不坏，那个人说实话讲真理就是有点不分地点和场合，他一不偷二不抢，为人正直，诙谐归诙谐，正事归正事，公私分明，坏在何处？"经我这么一说，有不少人对他改变了看法。

到了1978年，十一届三中全会之后，他也被彻底平反，卸下了沉重的历史包袱，思想解放了，政治待遇平等了，他才变成了真正的老马，从此焕发了青春。那年他已经五十五岁了，相声艺术大有提高，曲剧演的也不错，受到很多人的青睐，马凌云还跟别人合伙走过穴，这也是时来运转福至心灵吧，他挣了一大笔钱，一狠心买了一件价值几百元的皮大衣，存折里存上了几千块钱，又做了几件新行头，高高兴兴跑到我家，我突然眼前一亮，这是老马吗？跟换了个人似的，他兴高采烈地对我说："感谢党的好政策，感谢邓小平同志，把你我从地狱拉了出来，我们从鬼变成了人，你马大哥不是从前的坏马了，为了赌口气，让整人的那帮人看看你马大哥是何许人也，我在外面坚持演出，挣了不少的钱，人生在世不吃馒头就为争口气，现在政策好了，趁着身体还好我要大干几年。"说着让我看了存折和他的衣服，我非常高兴，为此还热烈为他祝贺了一番。六十岁后他退休了，回到了沈阳，全家团聚。我那时应辽宁电视台的邀请为电视台录制电视评书，住在沈阳人民旅社，所以一有空闲时间我就到他家做客，他家的房间很小，东西也比较简陋，但吃喝不愁，那时他每月工资是四十五元，曲艺团三个月给他寄一次，他省吃俭用，用养鸟和倒腾自行车挣点外快，弥补经济上的不足。但他的精神面貌始终是一流的，现在很多年没见到他了，他比我大十岁，应该依然健在。

咱们再回到那残酷的批斗现场，老马被批斗完了，下午又换成了作家王×，我们十几个人依然是陪绑。对王×此人我不太了解，就知道他原是北京文联的编辑，也就是耍笔杆子的，好像是国民党时期，他在山西太原国民党创办的刊物中担任过编辑，这也成了他的历史污点，被打成反革命作家。那时北京大清理，凡是历史上有污点的人一律清除出北京，所以他被下放到鞍山，加入到了曲艺团。文人有文人的特点，王×生就胆小，平时少言寡语很少串门，别人谈话他很少参与，生怕摊了污水，结果也没逃掉，文化大革命还是把他卷进来。在我们这些人中挨揍最少的就是他。到了吃晚饭的时候，批斗会结束了，造反派也累了，我们弯着腰也累得不轻。我又回到我所住的单间，开始休息，心说这也好，我们十来个人轮着挨斗怎么的也能让我缓几天。

每天清晨起来，叫醒我们的就是联营公司楼上的高音喇叭，天刚亮就放起了“伟大的毛主席我们心中的红太阳”，声音能波及到几里地之外，当我们听到歌声马上起床，梳洗完毕，赶紧吃早饭。在这里顺便说一句，公家不管饭了，我们吃的早饭都是家属送来的，每天要送三次。全桂为了我身体的健康，尽管生活非常困难，还是节衣缩食在饮食上下了功夫。不是饺子包子就是大米饭炖肉，后来听我女儿说每送一次饭都要经过一次检查，造反派看到我的伙食很好，就讽刺说一个反革命分子吃这么好的东西，太不配了。吃完早饭之后，待不了个十几分钟，就开始批斗，今天是张三明天是李四，不定轮到谁头上，问题严重的就斗一天，分上下午，问题较轻的每天就斗两个。

没过几天我们又增加了新内容，造反派规定，听到歌声之后，十五分钟内要梳洗完毕，然后每人挂上牌子，站在工人剧场的大门前，弯腰请罪，半小时后才允许我们回来吃早饭。工人剧场地处闹市中心，我们往那儿一站，简直成了怪物，引来很多人驻足观看，其实不光是文艺界，各行各业皆是如此。

大约我被带回工人剧场的一周之后，哪一天我记不清了，那天我们照常起来先到门口去亮相然后列队进了剧场，在毛主席的巨幅画像前请罪，然后回屋吃早饭。我刚吃罢早饭，就听见下面有人喊：“集合，马上集合！”我隔着门缝往外一看，就见这些造反派们，楼上楼下乱窜，乱作一团，不知发生了什么大事，五分钟之后，两位造反派气势汹汹来到我被押的地方，高声对我吼道：“单田芳，把牌子挂上，跟我们走！”我心中纳闷，这一圈还没轮到头呢，怎么又轮到我头上了。我被他们押上了二楼一间很大的房间内，这个房间原是评剧团的会议室，屋里挤满了革命群众，在前边地上画了个白圈，让我站在白圈里面，我不知道将要发生什么事情，心情有些紧张，好在我每时每刻都有充分的思想准备，反正我也豁出去了，你们爱怎么地就怎么地吧！我的那位师弟一手叉腰，一手在空中比画着，唾沫星子喷出老远，脑筋绷起挺高，好像如临大敌，高声吼道：“请各位同志们高声朗读毛主席语录。”还是老调重弹，凡是反动的东西你不打他就不倒……读完毛主席语录之后，我的那位师弟又说：“今天我们要开个控诉大会，控诉单田芳是如何毒害拉拢青年的，他把一个纯洁的青年人拉进了火坑，在党的政策感召下，那位被害的青年人已经翻然悔悟，今天就由他控诉反革命单田芳。”我哈着腰低着头认真地听着，心中好生纳闷，我拉拢谁了？谁控诉我啊？正在这时从人群中走出一人，站在我面前，高声大叫："单田芳，今天我要控诉你。"我抬头一看非是旁人，正是我平日一贯疼爱的小师弟王保生，我们在"四一三"同时被抓，也同时被关在收容所，后来又同时在射击场学习，也被同时押回工人剧场，没想到时隔不久，王保生却跳出来控诉我。我心里清清楚楚，这是造反派的离间手段，他们善于利用这一套，鹬蚌相争渔人得利，想不到这么快，王保生就转变了立场，把我们都出卖了。

曾经有人说过文化大革命就是一座大舞台，每个人都要在舞台上表演。王保生就是其中之一啊，我不知道他控诉我什么，看了他一眼，又把头低下了，王保生对我说："我平日到你家去串门，你经常对我说人活着就要有本事，钱压奴婢手，艺压当行人，在这个圈儿里你要没有真本事就要被人歧视，你要想方设法地钻研艺术，争取做人上人，你还说世上什么最有用，金钱最有用，金钱就像人的血脉，没有血人就活不成，你把我推上资本主义道路，让我满脑子都是资产阶级享乐思想，打那之后我很少学习政治，离党越来越远了，你说你不是腐蚀青年是什么？要不是因为你我怎能搬到二宿舍去住？我为什么要参加红色文艺造反团？我为什么要反军？究其原因都是你一人捣的鬼。"

紧跟着会场上响起了炸雷般的口号声："打倒反革命分子单田芳，单田芳腐蚀青年，罪该万死！"

我听罢这些机械的言辞，心里好生难过。原本王保生是锦州人，由于鞍山曲艺团招生，他才到了鞍山的，一开始说相声，后来学评书，每月工资仅三十元，一个人住在单身宿舍，非常苦闷。我第一次认识王保生还是马凌云介绍的，因为马凌云始终找不着搭档，想培养王保生捧活，所以他们二人形影不离，有时他把他带到我家里，一来二去我对这个年轻人很同情，的确跟他讲过他所说的这些话，我觉得我没有恶意，王保生也把我家当成了他的家，赶上饭就吃有活儿就做，我把他当成了亲胞弟。没想到，今天他却控诉起我来，说到激动的地方，王保生竟然放声大哭，声泪俱下，为了在造反派面前表示决心，与我划清界限，他哭着哭着竟然飞起一脚把我踢倒在地，紧跟着从墙角抄起竹竿大扫帚劈头盖顶对我打个不停，旁边有人喝彩助威，口号声助威声扫帚打在我身上的声音交织在一起，那个热闹劲儿就甭提了。

也许是我挨打挨惯了，身上产生了抗体，也许是由于神经过于紧张，我并不感到痛，心里只有一个字：气！王保生边控诉边打，持续了能有十分钟左右，我的那位师弟还没完没了，高声命令召开全体大会，移师到舞台上，于是我被从地上拖起，从二楼拖到了舞台，时间不大，造反派到齐了，在舞台上围坐了一圈，我站在中间。杨田荣等人照例是陪绑，站在我身后，王保生接着控诉，他又揭发我说："你在二宿舍对我说过什么？"这句话把我问住了，因为我们无话不谈，说的话太多了，不知他是指的哪句话，我摇摇头表示想不起来了，王保生说："你忘了？你告诉我在批斗会上不要顺口胡说，但能不发言就不发言，但能不打人就别打人，他们是在利用咱们，咱可千万别猪八戒啃肘子——自残骨肉啊！"

马上口号声又响起来，我的那位师弟说："大家听听，单田芳有多么反动，在关键时刻还挑拨青年人跟革命群众对着干，真是反动的东西你不打他就不倒。"说着他抄起一条三角带在我的背上狠劲抽打起来。老实说一般人受不了，当时正是炎夏，我穿着一件半截袖的透窟的背心，三角带每抽一下我身上就起一道血道子，啪啪啪，雨点一样的三角带在我的身上飞舞着，接下来我另一位师弟也拿着一条皮带走过来，指着我大叫："单田芳，你不是不服不忿嘛，今天就打你个不服不忿。"接着他代替了另外那个师弟又是一顿猛抽，他下手更狠更重了，他居然用皮带的铁头儿猛抽我的后背，我实在是有点儿招架不住了，最后打得我满台翻滚，就在刹那间我看见坐在群众当中有一部分人对我抱有同情的眼光，还有几个人不忍再看，把头低下了。要说我这两位师弟，一龙一虎，可真是够狠的，打完之后又把我架起来用三角带抽我的脸。我生怕把我的眼睛抽瞎了，三角带一下来，我一躲，正好抽到我的右耳朵上，顿时嗡的一声什么也听不见了，打那之后，我就落下了耳聋病，一直持续了十年，在落实政策后，经过多方治疗右耳才逐渐康复。那一天可以说是我最难过的一关，打了我三起三落，从二楼打到舞台，从舞台打到地上，打得我满身是伤，后来我的那位师弟说："停，大家可以回去吃午饭了。"又对我说，"单田芳你听好，今天这不是打你，是给你点儿点心，真正打的日子还在后头呢，你回去把如何拉拢王保生的罪行交代清楚，用书面交给我们，假如你编瞎话，跟我们说书，你可别忘了这顿点心。"

我回到独身牢房内，足足趴了一个晚上没起来。第二天，联营公司的高音喇叭又响起来了，我起来上厕所，才发现我的右耳像塞了棉花一样什么也听不见，我揉了好半天，毫无作用，厕所里有一面大镜子，我转过身照了照，发现我的后背全都是血糊糊儿，透窟背心已经粘在身上。接下来是门前列队请罪，然后回到屋里准备写材料，其实我的心早飞了，哪还有心写什么交代材料，就是：又气又恨！我恨王保生忘恩负义，我深知王保生并非个别现象，从古至今，像他这种没有骨气的人大有人在，全当我瞎了眼养了一头恶狼。接下来我又想到打我的那两位师弟，我弄不明白"文革"之前，他们和我称兄论弟，感情如何之好，彼此之间并无恩怨，为什么对我下此毒手，非要把我整死不可，我一没偷二没抢，又没有触犯过他们的利益，这股仇恨从何而来，他们真是在保卫毛主席吗？我看得非常清楚，他们都在演戏，都在假装进步，利用整别人来抬高自己，用别人的血和泪换取他们的进步，这等人何其毒辣！恨了半天别人，我又恨起了我自己，古语云：君子无德怨自修。这全是我自己找的，怨不得旁人，谁让我平时愣装能耐梗，觉得自己有点文化，不看时事瞎分析乱批评，才招来今日之祸，但我又想我也没说错什么哪？我无非说了几句实话，讲了几句真理，难道就犯下了不赦之罪，于是在气恨之余，又增加了几分不忿。

后来我才知道在家属送饭的时候，有位好心的造反派冒着风险对我家属说："给田芳找两件衣服吧，他都被打坏了。"后来家属给我送来两件新背心，但是老背心粘在背上脱不下来了，我想了个土办法，到厕所用凉水浇身，把血糊糊儿润开了，一点一点脱下来，家里还送来不少止疼药，我把镇痛药碾成粉末撒到后背上，也许造反派这顿揍得我太狠了，在接下来几天中我除了陪斗之外，没有直接挨斗。

在我们十来个被批斗的人当中，挨打最多的最重的还不是我，而是会计李明白，就是前面提到的那个给我写黑材料的人。自从我挨了那顿胖揍之后，目标转移到他身上，他们经常半夜提审他，审讯地点在二楼，也就是我挨打的那间房子，而不是在舞台。由于剧场空旷，回声挺大，再加上夜深人静，在李明白受刑的时候，我在屋里听得清清楚楚，鞭子抽到他身上，发出来闷声闷气的声音，就好像捶破鼓差不多少，随之而来的就是李明白的号叫声，经常叫到天亮，让听到的人毛骨悚然。第二天我发现，李明白是鼻青脸肿，走路困难，连上厕所都得扶着墙，可见打得实在是不轻，我心说，该！可怜之人必有可恨之处，谁让你昧着良心给我写黑材料来着，这也是报应。

我还记得在工人剧场的后面是民居，住着许多普通老百姓，由于天热，窗户都敞着。住在附近的老百姓，经常听见我们受刑时的喊叫声，他们有时候扒着窗户往里面看，其中有位叫刘佳的邮递员对我们非常同情，每到夜深人静,他就扒着窗户问我们:“你们又挨打了吧?”说着随手投进几包镇痛药和消炎药,而后就消失不见了。好心人啊,世界上还是好人居多,同情我们的大有人在,只是迫于形势,有心无力罢了。

在我们平反昭雪之后,我和马凌云、冯世福,曾经找过这位叫刘佳的恩人,那时他已经成为铁西区邮政局的副局长,谈到往事,感慨万千,于是我们成了好朋友,他经常到我家做客,以后我离开了鞍山,听说他又调转了工作,就再也没见到面,论年纪他跟我差不多,在这里我衷心祝愿他健康长寿!

在接下来的日子里,我们这十来个人轮流被批轮流被斗,就是那点事,翻来覆去没完没了。最使人不可谅解的就是我的那个小师弟王保生,他就是一条疯狗,自从反戈一击之后,他成了响当当的造反派,打人他最狠,斗人他最积极,这就像小说和电影里面那叛徒一样,他的所作所为比我那两个师弟有过之而无不及。他爱喝酒,有时候晚上喝多了,就拿我们这些人撒气,当时造反派为了利用他,委任他一个分队长,有一天,他醉醺醺地把我们赶上舞台,让我们一字排开,弯腰低头,他用聚光灯的电线折成了几折作为武器不容分说挨个地抽打我们,他又年轻又有力气,再加上喝完酒有点发狂,这顿揍把我们打得着实不轻。

当时驻在曲艺团的是解放军的连长,因为当时是市里成立了革命委员会,各单位都实行了军管,如果我没记错的话此人姓王人称王连长,他是曲艺团的太上皇,许多工作批谁斗谁都是由他来拍板定案。那天晚上正好王连长也在,他看见王保生发了疯似的抽打我们,有点太过分了,于是上台制止,他把王保生拉走了,我们才避免了更严厉的酷刑。

1970 年 2 月我们被遣送到农村之后,我依然不认罪,在劳动之余写了许多申诉材料,让我老伴儿到市里上访,有一次我老伴儿在鞍山上访途中偶遇王保生,可能我这位小师弟有一点良心发现,他顺手掏出五斤粮票给了全桂,二话不说转身就走了。

在我们落实政策之后,同在曲艺团工作,王保生声泪俱下地向我赔礼道歉,尽管还是称兄论弟,但关系远不如从前啦!在前几年,四十多岁的他因患病离世而去,很多人都说他造孽太多了,这是报应。现在家家日子都过好了,唯独他没有享受着,这不是报应是啥?对这种言论我不以为然,我看还是古话说得好,修桥补路双瞎眼,杀人放火子孙全!这个世界上,好人未必有好报,坏人未必有坏报。

接下来还发生了许多啼笑皆非的事。有一次造反派带着杨田荣去买粮，粮店的人都认识杨田荣，有人问他："老杨，今年你多大岁数了？"他顺口答道："我六十四了。"其实杨田荣那年才四十六，毛主席正是六十四岁，杨田荣抖了个包袱没想惹了大祸，被造反派揪回工人剧场，在舞台上放了个凳子，给他脖子上挂个牌子，让他站在凳子上，我那位师弟问他："杨田荣今天你为什么散布反动言论，污蔑伟大领袖毛主席？你明明四十六岁为什么说六十四岁，毛主席他老人家才六十四岁呢。"杨田荣解释说："我想抖个包袱，苦中作乐一下，绝不敢污蔑伟大领袖。"造反派岂能容他，把他从凳子上踢下来，扭住他的胳膊对准他的两肋一阵拳击。

前面我说过了，杨田荣细皮嫩肉，身体素质本不太好，哪架得住这顿拳头，造反派戏称这种拳术叫掏肝，杨田荣真被掏肝打坏了，此后他得了心肌梗塞，一病不起，与掏肝不无关系。

再有一个就是那不爱说话的王文斌，造反派在工人剧场召开群众批斗大会，把王文斌架上台，说他是人贩子，过去曾开过妓院，拐卖过妇女，逼良为娼，王文斌矢口否认。这时台下有名年轻女子跳上台，又哭又喊地控诉说："王文斌，我就是被你拐卖的人，你还敢否认吗？"其实这名女子是王文斌夫妻的养女，后来嫁给一位鞍钢工人，那位鞍钢工人给了王文斌一笔钱，并非买卖婚姻。现在可好，从本质上变了，通过那位妇女的哭喊声，引起很多妇女的同情心，她们纷纷登台，把王文斌团团围住，嘴里喊道："好你个人贩子，我们要给妇女出气。"接下来是又打又挠，又踢又咬，王文斌是个小老头，体质本来就很虚弱，他跟王×相似，不该说的话他向来不说，这回成了众矢之的。

批斗会结束之后，我的那位师弟宣布，明天大会照样进行，多咱把王文斌批臭批倒才能结束。当天晚上发生一件意外的事，也不知道王文斌从哪里整来一小瓶敌敌畏，趁别人熟睡的时候他吞下去了，马凌云半夜起来上厕所，发现王文斌满嘴吐白沫，面色铁青，四肢抽搐，他马上向值班的造反派作了报告，不多时造反派的人都来了，把王文斌送进医院，经过灌肠，倒吐，一番抢救措施，王文斌这条命算保住了。

最残忍的事是第二天批斗大会照样进行，王文斌躺在床上动都不能动，怎么批斗呢？他们在台上竖立一把很高的凳子，有几名造反派架着他的胳膊，抱着他的腰，坐在凳子上批斗，追问王文斌敌敌畏是从哪儿来的？你服毒就说明是对革命的反抗。王文斌连说话都没有力气，头也抬不起来，嘟囔了半天谁也听不清。没过半小时，王文斌头一歪就昏倒在台上，批斗会不得已提前结束。

1978年落实政策之后，王文斌也被平了反，但是他坚决不回曲艺团，在离曲艺团不远的地方开了一家小商店，专营布匹鞋袜，我们每次上下班都从他的门前经过，对他过去的遭遇非常同情，但是此人性格变得很古怪，对任何人也不亲不近，不管你问他什么，他仅仅是一龇牙，连句话都没有。有人说他犯了神经病，我看不是，他是被批斗吓破了胆，既不跟任何人来往，也不跟任何人谈话，这也是明哲保身的一种办法。

在没完没了的批斗中，我发现一个窍门，就是造反派说你是什么，你就承认是什么，只有这样才能避免挨揍，少受皮肉之苦。因此除了手榴弹我没扔之外，他们问我什么我就承认什么。扔手榴弹这关系着人命，说什么我也不能随声附和。

一晃我们回到工人剧场三个多月了，已经到了秋天，我看了看没有半点放我们回家的意思，我天天都在琢磨，下一步该是个什么结果呢？放我回家？还是定个什么罪名？也完全可能把我送进监狱，反正不会有好果子吃，这么长的时间跟家人都没见过面，也不知道我的家变成啥样了，我既想念妻子也想念我的一双儿女，扯心连肺那可不是个好滋味。

造反派命令我们打扫剧场旁边的院子，把院子里的仓库也要收拾干净，我们十来个人忙活了两三个小时，总算有了点儿眉目。我坐在院子里的台阶上抽烟，看着工人剧场旁边的大门，门外就是一条小土路，门是木头制造的，上面有几条缝隙，出了这个门就是自由世界，门里的我们就是囚徒，我一边抽烟一边想着我的一双儿女，要是此时此刻能见上一面能有多好！说来也巧，正在这时，我发现大门的缝隙里闪过一个小黑影，好像一个小孩儿扒着门缝往院里看，我心说这要是我儿子该有多好，于是我走到大门边，扒着门缝往外一看，果然是我儿子老铁，我的心猛烈地跳动了一阵，回头看了看无人监视，我这才仗着胆子说："是老铁吗？"外边那个小孩儿说："爸，是我。"我问他："你来干什么？"他说："爸，我想你，我来看看，正巧看见你了。"我有一肚子话想对他说，更想把他拉在我身边抱一抱亲一亲，但那种情况下怎么可能呢？我又怕被造反派发现，对孩子不利，所以说："老铁，快回家吧，我这儿挺好的，你不要挂念。"老铁问："爸啊，他们又打你没？"我说："没有没有，都挺好都挺好。"他又问："他们什么时候叫你回家？"我说："快了快了。"这时我听见身后有脚步声，可能是造反派来了，我赶忙对老铁说："孩子，快走吧，告诉你妈和你姐我挺好。"说罢我转回身接着又干活去了。可是那条小黑影没动，老铁还在外边盯着我，好半天才不见了，那时我心里难过极了，我心想要不是有儿有女，还有老人，我就跟他们拼了，死又算得了什么？可惜办不到啊！

出了龙潭又入虎穴

我是个说书的，当官的升堂问案动刑的事不少，还从来没听说过往耳朵眼儿里插炮仗的，这真是独特的发明。

没过多久曲艺团造反派接到上级命令，全市文化系统要大集中，文化系统的牛鬼蛇神也要大集中。于是我们离开了工人剧场这座人间地狱，搬到了远离市区的财贸干校。这真是出了龙潭又入虎穴，财贸干校院子很大，分主楼和侧楼，侧楼就变成了牛棚，牛棚是牛鬼蛇神住所的简称，一楼分成几十个单间，每屋住着七八个人，廊道上是造反派巡逻放哨，京评歌曲话、市图书馆、市文化馆，所有文艺界的牛鬼蛇神全被关押在侧楼里，造反派们则集中在主楼里，他们按着部队的建制成立了连排班。我的那两位师弟成了连长和指导员，其他的积极分子成了一二三，三个排的排长。

这回人多了，事也更复杂了，每当开大会的时候，不光是批斗我们曲艺团的人了，哪个团都有不少“牛儿”，都拉出来重点批斗，如果我没记错的话，在“文革”那段时间有十三个人被迫害致死，有的跳楼自杀，有的用削铅笔的小刀抹了脖子，还有的人用打行李的绳子上了吊。

其中最使人难忘的是评剧团的老罗锅子，其实这个人没有什么历史背景，就是嘴不好，爱讲黄故事。在“文革”之前，很多年轻的演员都爱找他去聊天，他就大讲特讲那些不堪入耳的黄段子，运动来了，他属于毒害青年罪，宣扬淫荡罪，被关进牛棚。斗他的情况我不清楚，因为我们不是一个单位的，我就听说在斗他的时候，除了严刑拷打之外，就是给他直罗锅，怎么个直法呢？就是他的腿和头部坐上人，罗锅朝下，使劲往下坐，要把他的罗锅抻直了，可见这种刑罚的厉害，老罗锅忍无可忍，实在受不了这些酷刑，在半夜的时候，居然用削铅笔的小刀挑开自己的气嗓，死在厕所里。后经发现，造反派叫我们这些“牛儿”帮着处理后事，我也被叫去了，我发现男厕所地上全是一摊摊鲜血，老罗锅斜坐在便坑旁，脖子上有一道长长的黑口子，手里还拿着把小刀。我们按照造反派的指令，把老罗锅从厕所抬出来，放在临时做的软床上，想要送到铁西医院去抢救。其实人早就死了，说抢救无非是掩人耳目而已。那件事之后，我几天晚上睡不好觉，我自己劝自己没有过不去的火焰山，天塌大家死，过河有矬子，不管遇上什么险恶的处境，我也不能自杀。活着我能说话，我能申诉，死了就什么都办不成了，因此我暗下决心，鼓励自己，即使被他们打残废了，我也不能死，我一定要活下去，看看这个世界是如何发展的，我要亲眼看见这些恶人是个什么下场。

在接下来的日子里，还发生了几件不同寻常的事。

当时大兴学习毛主席著作之风，红宝书要读一万遍一千遍。有些学习好的人就来个集体讲座，其中有位说书艺人张某某，在“文革”之前我们的关系相当不错，我尊称他一声叫师叔，他的艺术水平也很高。在文化大革命之中，他原属中间派，后来就投身到造反派当中了，但他从没打过我们，从没骂过我们，只是举举手喊喊口号，走走形式而已。据说他学习红宝书，学得好，成了造反派里的先进分子，张某某分别到京评歌曲话讲学，还把我们这些牛鬼蛇神集中起来给我们授课，介绍他学习毛著的经验和体会，看当时那样子他得意得不得了。可是没过几天他就被挖出来了，成了反革命红袖头，于是造反派召开了全体大会，不但革命群众参加了，也破例允许我们这些“牛儿”参加了，当时我的那两位师弟一位连长一位指导员主持会议，把张某某拉到台上，叫他向大家坦白交代。原来张某某在民国的时候曾经在黑龙江省当过江防军，因为江防军穿的制服都是红袖头，所以简称红袖头，过去他隐瞒了这段历史，现在被造反派查出来了，说他假装积极，藏得极深，是个深埋在革命群众中的一颗定时炸弹。我听了之后心中十分好笑，头几天还红得发紫，大讲毛著，又是先进分子，几日之后又成了埋在革命群众中的定时炸弹，这简直是洪洞县里没好人了。

还有一位学习毛著的老积极分子姜某某，在“文革”之前，他也是一位很了不起的评书演员。此人一贯标榜自己积极，谁对现实有些不满或是发几句牢骚他就怒斥别人忘恩负义，因此别人背后都管他叫假积极，在财贸干校的时候他成了学习毛著的积极分子，也是到处讲学。从文艺界讲到街道和社区，军代表和工宣队对他非常器重，在入冬后不久的一天，突然我们在牛棚里得到消息，这位老积极分子横刀自尽了。我听后疑惑不解，心说他有什么问题啊？头两天还对我们夸夸其谈，怎么平白无故地就自杀了呢？后来听说他从财贸干校回家后，在街道上大讲毛著，可能由于太激动了，说错了一句话，说错了什么话我弄不清楚，反正是有关政治上的话，他回到家里坐到炕上，左想不是滋味，右想不是滋味，怕被造反派揪出来，挨批斗，所以这位老积极分子用一把快刀抹了脖子，军代表和造反派们也疑惑不解，曾花费不少力气还花了很多经费对他进行内查外调，结果没找出任何蛛丝马迹和自杀的理由，直到今天，几十年过去了，包括他的家人在内，也说不清他为什么要自杀。

还有一件令人啼笑皆非的事情。京剧团有位演花脸的演员叫木得魁（化名），他是京剧团的造反派，平时开大会都是他领头喊口号，也许唱花脸的人嗓子都好，声音也高也洪亮。此人极爱表现，越是在军代表和工宣队的面前他跳得越欢，有一次开大会，他又带头喊口号，居然把共产党万岁，喊成了国民党万岁，顿时全场愕然。就这一句口号，使他从造反派变成了“牛儿”，当晚也被送进了牛棚，我们对此人不屑一顾，心里都说活该，你不是跳跶嘛，这回看你怎么跳，其实大家心里都清楚，这是一种口误，在牛棚里被关押了一段时间，军代表打算把他释放出去，找他谈了一次话，结果这个倒霉蛋在谈话当中又把话说错了，他本想说感谢共产党感谢毛主席，结果他又说成了感谢国民党感谢毛主席，军代表一听气得鼻子都歪了，结果又把他送回牛棚，后来大伙提到这件事，无不捧腹大笑，若干年后，落实了政策，我还曾经问过他：“老木，你是咋搞的？怎么总把话说反了？”他不好意思地挠挠脑袋，回答说：“谁知道怎么回事？倒霉呗！”

除了上述的事情之外，我后来才知道，受罪的不光是牛棚这些被关的人，那些造反派也没闲着，天天集中起来学习，由军宣队掌舵，工宣队主持，天天深挖阶级敌人，今天揪出这个，明天揪出那个，没过多久我们牛棚的队伍逐渐扩大，连床位都没有了。比较而言，在财贸干校的日子比工人剧场轻松多了，我们除了每日交代余罪之外，就去农场劳动。是收获白菜的季节了，我们就去农村砍白菜，该收土豆的时候我们就到农村起土豆，时间久了，好像造反派对我们的管束也比较放松了一些，“牛儿”与“牛儿”之间也敢偷着交谈了。

有一天，我们从农场回来，吃完晚饭，回到牛棚休息，毛科星跟我关在同一间屋里，我们俩睡觉还挨着，他怕造反派发现，把被子盖在头上捅捅我说：“老单，今儿个我听见一个消息。”我忙问：“什么消息？”他很低沉地对我说：“他们要把你送进监狱。”我一听这话，浑身起了一层鸡皮疙瘩，忙问他：“你是听谁说的？”他说：“听看守我们的造反派说的。”由于不敢多说，话到此停住，顿时我睡意全消，我知道毛科星不是个说谎的人，在这个节骨眼儿他告诉我的事肯定是事出有因，我更知道，军宣队也好，造反派也好，他们是不会轻易放过我的，听了毛科星的话之后，我就不住地盘算，要让家里知道我的情况，让他们有一个充分的思想准备，以免我真被送进监狱，他们承受不了。

从那天开始，我借写交代材料为名给家里写了封长信，这封信足有七八篇，内容大致是我得到一个消息，可能被送进监狱判处徒刑，你们知道这个信儿后，千万不要惊慌，因为我们住的牛棚，跟监狱也差不了多少，进监狱还有个盼头儿，几年就出来了，在牛棚待着，不知要关到何年何月，我又告诉全桂，注意爱护自己的身体，培养两个孩子，要坚强地活下去，等我回去……信写好后，我揣在衬裤的兜里，生怕被造反派发现，每天上厕所我都格外小心，恐怕掉到地上，我已经做好了充分的思想准备，等着哪天开大会他们宣布我的罪状把我逮捕，可是左等右等，杳无音信，半个多月过去了，一点迹象也没有。

我问毛科星："也没有动静啊？你是不是听错了？"毛科星晃晃脑袋说："也许我听错了，明明他们提到过你的名字，或许又改变主意了。"其实这件事毛科星并没有骗我，他对我说的也是实话。果然有这么件事，工宣队和造反派一致同意把我送进监狱，已经把我的材料报到市中级法院，要求判处我十五年徒刑，那时候虽然混乱，没有立法，没处讲理，但还是有主持正义的人，法院看完我的材料之后，又原样给驳了回来，说查无实据，此人构不成反革命，不能判处十五年徒刑。造反派不甘心，非要把我送进监狱不可，他们重新又整理材料，第二次又交到法院，要求判处我七年徒刑，结果又被中级法院驳了回来，理由是查无实据，构不成犯罪，不能判处徒刑。

有人会问你在牛棚里怎么会知道得这么详细呢？当时我一点都不知道，这是后来落实政策的时候他们造反派内部发生分裂，有一女孩跳出来揭发他们的内幕，道出了这些真相。这位仗义执言的女孩原是造反派里边专管文案的组长，她的父亲也是说书的，由于她的揭发才使我们的平反提前落实，她现在依然在鞍山工作，在这里我要衷心地感谢她，祝愿她工作顺利。

不久我耳朵发炎了，什么也听不见，急需治疗。因此我向专案组请假，开始时他们不准假，后来一看我耳朵往外淌脓，果然挺严重，这才同意我去医院看病。我清楚地记得那次看病一共是三个人，另两个"牛儿"也有病，我们被两名造反派看押着，来到了铁西区人民医院，这家医院离我家本不远，走路十分钟就可以回家，可现在是近在咫尺却如隔万重山哪！我恨不得一下能飞回到家里，哪怕看家里人一眼也心满意足了，可是没有条件啊，那天医院看病的人特别多，我们挂号是耳鼻喉科，因为人多只好在外面候着。

这时从人群中走出一个女孩，大高个梳着一条辫子，我一眼就认出来了，她是书曲队的年轻女演员叫爱贺春，爱贺春管我叫师哥，学习很努力，也是年轻人当中艺术比较不错的演员，此人极其善良，别看她也是造反队的，从来没动手打过人。在这儿巧遇，我突然有个想法，希望她能跟我家里通个信儿，就说我一切都挺好，叫家里人放心，我利用看守人员没注意的时候，来到爱贺春面前，爱贺春也看见了我，我们双方稍微愣了一下，我小声说："贺春啊，我拜托你一件事。"她说："师兄，有事你说吧。"我对她说："我的情况你都了解，你能不能到我家去一趟，看看你嫂子和两个孩子，告诉他们我一切全好，叫他们放心。"爱贺春点了点头对我说："师兄你放心吧，我一定办到。"

话刚说了一半儿，突然在我身后一阵骚乱，我回头一瞅，就见一伙工人架着一个人往急诊室跑，急诊室就在我身边不远的地方，大家忙围过去看热闹，我不知道发生了什么事，也凑过去看一看，闹了半天，这伙人都是鞍钢工人，被抬来那个人也是挨整的"牛儿"，也不知道为什么事他触怒了造反派，造反派可劲儿地收拾他，居然有人想出了一种特别的刑罚，就是在他的耳朵眼儿里塞个炮仗，然后点燃，炮仗在耳朵里炸开了，这人当场昏倒，从耳朵里冒出黑紫色的血，他们这才抬着他到医院来就诊，当我知道这个事之后，心里翻了好几个个儿，世上真有狠心人哪！

我是个说书的，当官的升堂问案动刑的事不少，还从来没听说过往耳朵眼儿里插炮仗的，这真是独特的发明。

经过医生检查之后，就听那大夫说："他的伤太重了，恐怕脑子都出了问题，我们这儿治不了，你们去中心医院吧。"因为这件事我们耽误了半个多小时，好不容易轮上我了，大夫让我坐到椅子上，拿镜子照了又照，他问我："你有中耳炎吗？"我说："没有。"他说："为啥肿成这样？里边都化脓了。"我说："被他们打的。"大夫摇摇头，轻轻地叹息了一声，之后就是给我治疗，擦干净脓血，上了消炎药粉，又给我包了一包药，还打了两针消炎针。回去之后，耳朵果然见好，别人大声说话，我也能听清楚了，我等了很长一段时间，送我进监狱的事还是没信，我判断他们肯定是改变主意了，那封给家里写的信始终带在我身上，终究是个祸害，我把它撕碎了，扔在厕所里了。

有一天我的女儿来给我送东西，足有半年没见着了，我发现女儿长大了，她把烟和换洗的衣服交给我，我忙问："你妈怎么样？你小弟怎么样？"当着监督者她又能说些什么呢？只能说：“都挺好，你放心吧，我妈让你保重身体，好好交代问题，争取早日回家。”我知道她说的全是假话，只是不便深问而已。

在那段岁月里，我在牛棚遭罪，家里也不好受，我老伴儿也遭过几次批斗，家里先后被抄了三次，弄得人不人鬼不鬼，生活非常困难，我的工资早就停发了，每月仅给三十元生活补助费，四口人三十块钱怎么个活法？我最喜欢的凤头自行车以及家中比较值钱的东西全都当卖了。

女儿走后，我心里很不平静，思家之心油然而生，我也不知道还能不能再登台说书，更不知道还能不能过上安定的生活，这真是剪不断理还乱，后来把牙一咬心一横干脆就不想它了。

冬天到了，北风大雪下了一晚，造反派都放假回家了，就剩下我们这一百多个“牛儿”，还有二十几个看守我们的人。那天的任务是扫雪，把我们累得可不轻，财贸干校有个很大的操场，光雪堆就堆了几十个，正在这时候有个叫王振文的看守，突然喊我的名字，我忙跑过去问他什么事，他说你儿子看你来了。说话间我儿子老铁出现在我的眼前，他穿着肥肥大大的破棉袄，脚上还绑着铁滑子，一只手拎着棉帽子，脑袋上腾腾地冒着热气，我忙摸着他的脸说：“这么冷的天，你怎么还冒汗？”我儿子说：“我是滑着脚滑子来的，才用十几分钟就从家滑到这儿了。”我忙说：“路上车多人多，你可千万要当心啊。”他扬起了脸对我说：“爸呀！今天是我生日，我妈就给了我两毛钱，你有没有钱给我几个。”我听罢心中好生难过，几句话道出了实情，说明家中的生活相当困难，我赶紧从兜里头摸了半天也摸出两毛钱来，我说：“孩子，我也没有钱，你拿着这点儿钱买点糖吃吧，就算爸爸给你过生日了。”其实我儿子也知道我很困难，非常理解地把钱接过去了，他望着雪堆问我：“你们扫雪呢？累不累？”我说：“不累，你妈怎么样？”他说：“我妈前两天病了，吃了点药打完了针现在又见好了，我这次来是背着我妈来的，你可千万别告诉她。”然后他又小声地问我：“爸，他们还打你不？”我说：“不了，告诉你妈和你姐放心好了。”

看守王振文就站在身边，这是个老实巴交的人，跟别的造反派有点不同，他全当没有听见，也没有阻拦，我怕对他有影响，赶紧催促老铁快走吧，我们还得干活呢，老铁恋恋不舍地看了我几眼，这才打着脚滑子离开了财贸干校。

望着儿子的背影，我心如刀绞，有道是母子连心，父子天性，天下有几个当爹的不爱自己的子女，看看人家的子女一个个笑语欢声，而我的子女受到我的牵连落到如此下场，我有一种深深的自责感，我强忍着悲痛，使劲地扫雪，希望我的思想快些麻木起来，不想这些。

转眼春节到了，造反派大发善心，还让我们这些牛鬼蛇神吃了一顿饺子，我们一边吃着造反派站在旁边一个劲儿地数落我们："你们都是反革命，如果我说了算，就应该把你们都枪毙了，现在还给你们饺子吃，简直是浪费粮食。"我们的脸皮早就练厚了，类似这种挖苦人的损话，早已司空见惯，你说你的，我吃我的，你越数落我们吃得越多。

好不容易盼到了春暖花开，上级下令我们又开始了大迁徙，从鞍山市转移到营口市管辖的干圩沟去。这次迁徙不同寻常，也不知道哪位出的主意，要学习红军两万五千里长征的做法，徒步行走，从鞍山走到营口去，不但"牛儿"们要走，那些造反派也得去，我们每个人都背上行李，拎上应用的东西，排成大队，跟在革命群众的队伍后面，总共有几百人，浩浩荡荡地离开了财贸干校。

灾难在继续

工作组到我家来过两次，一是看看我的腿伤好到什么程度了，二是告诉我们做好下乡的准备，我父亲仗着胆子问了句："我们家田芳究竟犯了什么罪，上级是怎么处理的？"

1969年春天，我们和造反派一起学习红军长征的例子，列着大队向干圩沟进发。我从没听说过干圩沟这个名字，也不知道是个什么样子，人到了这个时候，只能任人摆布，我们背着行李提着应用的东西，跟在造反派的后面，一边走一边胡思乱想。造反派倒是蛮有精神的，他们边走边唱革命歌曲，一浪高过一浪，很快就离开了鞍山市区。还有两辆载重汽车，跟在队伍的前后，最可笑的是汽车上贴着标语，写的是"俘虏车"三个大字，意思是谁要是掉了队坚持不下去，可以坐上汽车，但你就不是战士而是俘虏了，谁也不愿意玷污了自己的名字，有的上了年纪的人和有些妇女只好咬着牙坚持着往前走，大有累死也不当俘虏的气派。

第一天走了大约四十里，晚上住在大屯公社。我们这些人被分派在革命群众的队伍里，一面接受监督，一面给革命群众干活，换句话说也就是每个小队增加几名奴隶。我忘了是几小队了，小队长把我们领进了院里，接待我们的是一个二十来岁的年轻人，那人细高挑的个头，五官清秀，文质彬彬，一看就是读过大书的人，他热情地接待了我们，接行李安排住处，又给我们烧水烫脚，这所住处还是蛮不错的，宽房大屋很是干净，我们刚要躺下，突然大队长气势汹汹地跑了进来，对我们说："各位，这个地方不能住，看见没有？"说着他用手一指接待我们的年轻人："他是个右派分子，他家是中农，怎么能接待革命群众呢？怪就怪那小队长不懂事，我一定要严厉地批评他。"我听完之后非常扫兴，赶紧起来收拾行装，我们离开了这所院落，即使这样，那位年轻人还把我们送到门外，我心里真替那个年轻人难过，一表人才的小伙子，怎么会被打成右派分子呢？就因为这顶帽子，断送了他的家和他自己。之后我们又安排在一位老乡家，由于这么一折腾，已经到了晚上九点多了，大家疲惫不堪，倒头就睡，不管是造反派还是"牛儿"全没有力气说话了。

第二天早晨，我们在这家吃罢了早饭，集合号响起来了，几百人的队伍从四面八方集中在一起，在一面红旗的引导下继续前行。这第二站住的是什么地方我想不起来了，只不过我发现了一件新鲜事，第一天俘虏车空无一人，第二天有些人实在坚持不下去了，宁愿丢人现眼也坐上了俘虏车，其中最叫人啼笑皆非的是那个打人最凶的斜眼子服务员，也上了俘虏车。我蔑视地瞪了她一眼，心说这个假革命，平时喊口号比谁声音都高，打人比谁都狠，到了关键的时候第一个尿了，队伍越往前走俘虏车上的人越多，后来两辆汽车居然都装不下了，对所谓的革命群众来说这真是一奇耻大辱，而对我们这些牛鬼蛇神来说就是走不动也得走，我们是没有资格上俘虏车的。

队伍出发的第三天，突然阴云密布掉起了雨点，这个地方属于营口地区，远离城市，没有柏油路，全都是土路，春天一翻浆，再加上下雨，路面泥泞不堪，给我们行军带来极大的困难，好不容易盼着雨停了，一个个累得精疲力竭，革命歌曲早就不唱了，喊口号的声音也消失了，我们就好像一大群哑人，低着头卖着力往前走，有人就问：“还有多远啊？怎么还不到？”有人说：“二百多里地呢，那还早呢！”

我的那位当连长的师弟，看来比别人都精神得多，他跑前跑后，给大家鼓劲，他高声喊道：“快了快了，再往前走二十里就到达目的地了。”有人听罢精神一振，手搭凉棚往前一看，好像很远处有个村庄，门前还有个旗杆挂着一面旗，他们就问连长：“是不是那个地方？”连长说：“对对对，那就是。”正在这时，队伍当中有位老人说话了：“唉！望山跑死马啊！别看瞅着近，走起来还不定多远呢！”那位连长师弟一听，马上向上级作了报告，往前走了不远，队伍突然停止了前进，有很多造反派呼喊着：“有敌情，有敌情。”

我听了心里一愣，在这空旷的郊外，怎么会有敌情呢？那会儿新词也挺多，不知道“敌情”二字指的是什么，队伍停住之后，团团围坐在土路旁边，开始了批斗大会，把那位说“望山跑死马”的老人拉了出来，我一看非是旁人，正是我们的文化局老局长张蔚然，她已经是五十岁挂零的女同志了，属于国家十三级干部，多年在鞍山文化教育部门工作，写得一手好诗词，是文化界人士最尊崇的一位老人，她被打成了走资派，也成了牛鬼蛇神。我的那位师弟连长，指着张蔚然的鼻子说：“你刚才散布什么反革命议论，什么叫望山跑死马，你跟大家解释清楚。”张局长少气无力地说：“这是一句成语，意思是说别看山在眼前，似乎几步就可以走到，实际走起来，还相当之远，除此之外我没有别的意思。”我那位连长师弟吼道：“张蔚然你拿我们当混蛋了，你甩的那个破词谁不懂，你是恶毒地攻击造反派是马，马是什么？是牲畜。”他又转过脸对群众说，“同志们，张蔚然把咱们当牲畜了，该不该斗她？”一时间革命群众高呼：打倒张蔚然，张蔚然是反革命分子，辱骂革命群众罪该万死！最后我那位师弟说：“同志们，要提高警惕啊，敌情无处不在，大家要擦亮眼睛，保持高度警惕。”说罢这才放了张局长。

队伍接着整队前行，往终极目标前进，天黑之前我们终于来到干圩沟的中心区苇场。干圩沟属于营口市大洼县管辖，是很大很大的一片苇子地，周围的苇子能有一房多高，人要钻进去没个找，每年都有割苇子的工人住在苇场，苇子割完之后，他们才各自回家。据说苇子的用途很广，能造纸能造化学产品等很多很多东西。苇场是很大的一片住宅，能有十几排红砖房子，周围有围墙有大门，门前还立着一根很高的旗杆，那时我们这些“牛儿”，就可以归队和群众住在一起了，我被安置在靠东边的一栋大房子里，屋是长筒形的，对面大炕，每座炕上能睡二十多人，屋地也很大，堆放着行李和用品。

我们吃饭也和革命群众在一起，不过每月要交伙食费十二元，吃的都是大米饭熬豆角，更多的是鱼和螃蟹，本地除了苇子之外，沟沟汊汊、坑坑洼洼，都有一种特别的螃蟹，密密麻麻、层层叠叠，这种螃蟹比我们吃的螃蟹个头小，但厚许多，本地人管它叫骚夹子，开始时大家不敢吃怕中毒，也不知道是什么味道，人要多了，什么胆大的人都有，后来有人大胆地煮了几只，惊呼道：“跟咱家那螃蟹没有什么区别，可香了。”打那之后，我们周围的骚夹子就成了盘中餐，人们成锅成锅地煮，但是我一口也不吃。

来到干圩沟后，主要的工作是劳动，斗争也在继续，不过变成了次要地位。三天后繁重的劳动开始了，上级命令我们从苇场门前直到海叉子口修一条二十多公里长的小铁路，以便运输船上的货物。那块儿的土地全是盐碱地，除了长苇子之外，什么庄稼也不长，没有苇子的地方就是淤泥，上边是一层硬盖儿，下面是泥，人不小心要踩上去，就得陷进泥潭里，要在这儿修铁路，一没有沙石，二没有黄土，全都靠着这些盐碱土堆砌路基，好不容易修一段，刚把枕木铁道铺上，车子一上去就给压垮了。

艰苦的劳动进行了一个多月，工地上红旗招展，热火朝天，鞍山市各单位，被流放到苇场的共有一千多人，分成五个大队，每个大队下设三个连，我们所住的苇场属于第五大队第三连，大部分住的都是曲艺团的人，和一部分文化局的领导干部(领导已经都是走资派了),我们的最高首领就是我的那两位师弟,一位三连长一位指导员,还有姓王的那位军代表,每过几天就要开一次批斗会,被批斗的对象都是被新挖出来的阶级敌人,连失目人阎春田也被揪出来了,费了九牛二虎的劲儿小铁路也没修成。

我们这些“牛儿”又增加了一项工作,由于交通运输困难,我们承担起买菜买粮等运输工作,一个个肩扛手提,供应着一百多人的吃喝。很多人因为不服水土,再加上劳动量太大,都病倒了,医务所也忙不过来了。唯有我一直没有病倒,我经常恨我自己为什么身体这么棒,能病几天有多好,因为病了就可以不干活,好好地休息一下,可就是不病。

过去我和赵玉峰、杨田荣在浴池洗澡的时候,经常雇按摩师,因此我对按摩多少了解一些,我就自告奋勇给那些病号按摩,你说怪不怪,按摩一个好一个,他们都说老单有两套,又去火又止痛。我听了后很高兴,但是却招来了大祸,没过两天就在我们住的这个屋里,召开了批斗大会,我再次挂上牌子站在群众面前,我的罪名是拉拢革命群众,企图混淆阶级斗争。打那儿之后,我再也不敢按摩了。

我们十四个“牛儿”包括曲艺团和京剧团的每天早晨吃罢早饭带上钱拿上麻袋和绳子,从干圩沟苇场出发,去大洼县进行采买,往返需要五十公里,去前是轻装,回来的时候肩扛手提每人负重都超过五十公斤,再走那么远的路,实在是不堪重负,因此在回来的路上,十分艰难,走走停停,停停走走,很多时候都是在天黑回到住处。除了辛苦之外,还有一件使我很难忍受的事,那就是饥饿。我们每天早上吃罢早饭出发,一口气走上二十五华里,必须经过的地方叫五叉沟,可以到那儿休息一会儿,我们那些“牛儿”们,生活条件都比我富裕,他们可以在五叉沟吃点东西,喝瓶啤酒或汽水,抽口烟缓缓乏,其实花钱不多,也就是块八角钱,等歇够了,再接着往前走。可是我囊中羞涩,却拿不出这点儿钱来,因为我每个月只发三十块钱,十五块钱作为家庭三口人的生活费用,我个人还需要十五块钱,除去每月十二元的伙食之外,我仅剩下三元钱,还要买牙膏等生活用品,早已入不敷出,哪有钱买果子充饥,因此别人在喝啤酒吃卢果的时候,我就坐在一边抽叶子烟。有人问我:“你怎么不吃点儿东西?”我说:“不饿。”其实我早已饥肠辘辘,因为怕人笑话,不敢说实话。

有一次,“牛儿”当中有位姓马的朋友,是京剧团的,他是从北京下放到鞍山京剧团，唱老生的，为人善良厚道，他看出来我是因为困难才不吃的，所以他那天多买了一份儿，塞到我手里，他说："兄弟，你是不是没钱哪？"我长叹了一声点点头。马大哥说："咱们都是患难兄弟，你怎么不早说呢？我比你挣钱多，家属全在北京，用不着我花钱，我一个人开的钱每月都有富余，给你几个算不了什么，如果你没有粮票和钱，尽管说话。"我听罢之后，深受感动。第二天，马大哥偷着给了我十斤粮票和十块钱，我说什么也不要，马大哥说："拿着吧，这算得了什么？花没了再告诉我。"在那种情况下，我不好拒绝他的真情，怀着万分感恩的心情，把钱和粮票收下了。此后，我也可以买上半斤卢果、喝上一瓶汽水了。

我心里除了感激马大哥之外，边走边浮想联翩。回忆过去，在我挣钱的时候，大红大紫不说，这点儿小钱算得了什么，就是从手丫缝里挤的那点儿钱也比现在多得多，悔恨我当初不知道治家理财，总认为钱算得了什么，花完了再挣呗，我又这么年轻，又有本事，挣钱还困难吗？谁能想到，时隔不久，我却落到这步田地，不但钱早就花没了，人还遭了这种洋罪，我就忘了，你即使有通天的本事，人家不叫你挣，你也挣不来，现在的情况是，是龙你得盘着是虎你得卧着，你即使是顶天立地的英雄也没有了用武之地，我还在想，假如有一天我还能挣大钱，我一定要吸取这个血的教训，不能浪费不能乱花钱。我在说书的时候常说长将有日思无日，莫把无时当有时，我净用这话警示听众了，却把我自己置身事外，如今落到这步田地，别怨天别恨地，全是自己找的，我悔得肠子都青了。同时我还想，对马大哥的恩情我一定加倍奉还，加倍报答，可惜的是我们在干圩沟的那段时间我无力偿还，光有其心无有其力，在落实政策之后，马大哥早已故去，我欠下了人家一份恩情，至今仍念念不忘，祝愿马大哥在天之灵能够安息！祝他的家人平安幸福！

转眼"五一"到了，造反派大发善心，破例让我们在后院空房里自己动手做了二十个菜，鸡鸭鱼肉俱全，还破例让我们喝了啤酒，我们二十几个"牛儿"凑在一起，第一次，没人监督，可以放量吃喝，也给我们放假一天，开始时大家都非常高兴，一年多来，这是享受的特殊待遇，可是吃到半道有的人在酒的作用下放声大哭，有的人蹲在外面呕吐，我十分了解他们的心情。

我一向不喝酒，那天破例也喝了半杯啤酒，酒至半酣，我提前离席，一个人走出驻地，来到荒无人烟的苇场，顺着一条土路，漫无目的地往前走。天空非常蓝，没有一丝云彩，风吹苇塘，好像大海的波涛，周围安静极了，好像地球上就我一个人存在，我哪里是在散步，而是通过这种方法，发泄我心中的怨气。那时候，我只有一个念头，就是想家，想念我那多病的老妻和一双儿女，一年了，他们的日子过得怎么样？可想而知是非常困难的，我在这天天想他们，他们会更牵挂着我，不知何时才能云开雾散，更不知道什么时候才能回家，未来的命运是啥样，还是个很大的问号，难道我单田芳刚过了而立之年就这样倒下了，就再没有出头之日了，我究竟犯了什么法？触犯了哪条例律？为什么遭受了这么大的磨难，而且这种磨难还在继续还在延长？为了抒发我心中的怨气，我对着远处用力地喊叫："老——铁、慧——莉、全——桂，你们听见我的声音了吗？我在遥远的干圩沟正在叫你们的名字，你们能听得见吗？"我边喊边往前使劲地走，两眼不停地流着泪，大约走出去十几里路天快黑了，我这才转身往回走。

又有一次，不知道啥原因造反派都集中开会去了，苇场里只留下了几个监督我们的人。那也是比较轻松的一天，我们的老局长张蔚然负责给我们这些"牛儿"做饭，我负责添火抱柴火，那些"牛儿"干什么去了，我不清楚，厨房内外只剩下我们两个人，我看见老局长披散着头发，艰难地投着米，费力地掀起大锅盖，一边干活一边喘粗气，我说："张局长，坐下歇会吧。"张局长回头看了我一眼，对我说："我已经不是局长喽，我是走资派，你还敢这么称呼我？"我说："不论是现在还是过去，您一直是我心中的老局长。"我还说："张局长有很多的话我想对您说。"她说："说吧，今天没人监督，咱们也唠唠嗑，痛快痛快。"说着她坐在我的身边，我多日没有打开的话匣子终于打开了，我这人有个毛病，就是脑袋一冲动管不住自己这张嘴，我望着张局长说："过去您虽然是我们的局长，我从来没去过您住的地方，逢年过节也没去看过您，只是在开大会的时候见个面，可是在斗您的时候我从来没发过言，更没动过您一手指头，您再看一看，斗您最厉害的是些什么人？打您最狠的又是些什么人？那些人都是您平日最宠爱的人，在您有势的时候，他们围前围后，对您歌功颂德说尽了好话，您误以为他们都是您的亲人，现在形势变了，您成了走资派，这帮人也变了，他们变成了所谓的最坚决的造反派，跟您划清界限，打您最狠，揭发您最多，斗您斗得最厉害，您说是不是？"张局长听罢长叹一声，掉了眼泪，她说："单田芳啊，毛主席说的对啊，文化大革命是一场触及人们灵魂的大革命，每个人都在舞台上表演，是人是鬼看得清清楚楚，我张蔚然活到五十岁了，才明白什么是真什么是假，什么是好人什么是歹人，什么是善什么是恶。”说到这儿她再不多说了。

数年后，张蔚然官复原职，还兼任市委宣传部副部长，我也重返舞台，恢复了自由，我们的关系相当密切，是她提拔我做了曲艺团业务副团长，这是后话暂且不提。

还是回到现实中来，接下来的日子里，我们这些“牛儿”除了买菜买米往返于大洼之外，就是交代余罪，学习《毛选》，对比过去在工人剧场、财贸干校要宽松多了，后来我才发现，原来我们都在等待上级命令，一是对我们这些“牛儿”如何处理，二是对文艺界这一千多人如何安排，因为上级没有定论，我们这些人只能在干圩沟等待消息，无论是革命群众还是“牛儿”都可以轮流回家去看看了。

有一天，我的那位连长师弟找到我，他说：“单田芳，你劳动认罪都挺好，经连部研究决定，可以给你五天假，让你回家去看看。”这一消息完全出乎我的意料，当时真有点儿受宠若惊，不知所措，我问他：“什么时候让我走？”他说：“明天吃完早饭你就可以回家了，不过你要记住，五天后你要返回来，如果不回来，后果可想而知。”我连忙点头称谢，那天晚上我几乎通宵未眠，思想早已回到家里。

第二天我早早起来，吃罢早饭之后，提上简单的行装，跟大家辞行。有很多“牛儿”享受不到我这种待遇，他们带着羡慕的眼光把我送到苇场外，祝我一路平安。我还记得，有几个“牛儿”边送我边掉眼泪，因为他们也想家，可是得不到这种待遇。我顺着大道一口气走过五叉沟，吃点卢果喝了一瓶汽水，又一口气走到大洼县，下午来到码头，过了河到了营口，买了一张火车票，恨不得立刻飞到家中。顺便说一句，因为我生活太困难了，经再三再四要求，造反派每月多给我开十块钱，这会儿我已经比过去富裕一些了。

在当天的下午，我终于踏上鞍山的土地，看什么都没变，又好像变了，看什么都熟悉，又好像十分陌生。我一口气走到家里，三步两步推开房门，全桂和两个孩子毫无思想准备，见到我之后全都愣住了，我发现孩子们长高了长大了，老伴儿比过去苍老多了，家里几乎一无所有，只有一张桌子两个板凳，还有一只破立柜，当年的鱼缸、花草树木、摆设已经荡然无存了，我老伴儿惊呼地问我：“你被他们放回来了？还走吗？是不是一切都结束了？”我难过地摇摇头，一边把两个孩子搂在怀里，又摸又亲，两个孩子靠在我的身上，一边流泪，一边抚摸着我的身体，儿子仰起脸来问我：“爸，他们还打你不？”我说：

"不打了。"女儿问我:"你天天能吃饱饭吗?"我说:"能,大米饭,熬豆角,哪顿饭都有鱼和虾,吃的蛮不错,你看我的身体有多好。"女儿流着眼泪笑了,我老伴儿二话没说从衣柜的下面掏出来一件我最喜欢的皮夹克转身往外就走,因为她动作快我没来得及问是怎么回事,时间不大她回来了,手里拿着鱼和肉,给我做了一顿大米饭红烧肉,我问她钱是从哪儿来的,她苦笑着说:"我把你那件心爱的皮夹克押到卞大婶家了,管她借了二十块钱。"我说:"这是何苦,我不缺吃的。"邻居们发现我回来了,不敢进屋,在院墙外探着头往屋看,有人说:"他单大哥回来了? 还走不?"我跟他们没做过多的解释,只是笑着打打招呼,也不愿意正面回答。

我们一家四口,吃完饭之后,两个孩子高高兴兴地围坐在我的身边,这才唠起了家常,话从少到多,从短到长,谈到这一年多离别的情况,我才知道我心爱的自行车被卖了,心爱的大梅花表、海陆司手表也被卖了,很多没有穿过的衣服大部分也卖了,两个孩子天天到铸管厂去扫煤,有时候我老伴儿也参加,靠着这些弥补家中的生活,我家先后被抄了三次,他们娘儿三个东躲西藏,没过过几天安生的日子。这些东西我都不怎么痛心,唯独最痛心的是自从我说书以来积攒了不少珍贵的日记和书面材料,那里边有诗词歌赋和我说书的心得笔记,这些精华也被他们抄走了,这可是我多年的心血啊。

我在家住了一个晚上,心里一直牵挂我多病的老父亲,因此第二天带着儿子登上火车奔沈阳去了。那时我父亲患了中风病,半身瘫痪,已经不能上班,全靠后老伴儿照顾,我的那位继母还是不错的,我们第一次见面。我父亲问我的情况,我没有说实话,全拣好的说,我安慰说:"没事没事,过些天我就回家了。"我父亲长出了一口气,闭上眼睛说:"怎么倒霉的事全摊到咱家了,这是缺了哪辈子损德,我没得过好,你没得过好,难道孩子们也不能得好吗?"他说罢老泪纵横,欷歔不止,我劝了他好半天,他才止住悲声,我在沈阳住了两天,由于时间有限,不得不离开沈阳,返回鞍山,五天的时间只是转眼一瞬,越怕它过得快,它过得越快,就好像一场美梦,还没做够呢,就醒了。

在我临别的时候我老伴儿问我:"你这个事有完没有? 难道他们还想给你定个什么罪过?"我摇摇头说:"吉凶难料啊!"我还说:"又不是我一个人,倒霉的人多了,天塌大家死,爱怎么地就怎么地吧,你只要把俩孩子照顾好,把这个破家维持住,我相信咱们就有好的那一天。"说罢我提着应用的东西离开了家,又返回到令人讨厌的、荒无人烟的干圩沟。

一切都照旧，割苇子、买菜、劳动、学习，日复一日没有什么新鲜内容。那会儿别说我们“牛儿”们想家，造反派也是人他们也都想家，别看嘴上不说，从一举一动和表情上全都反映出来了，日久生厌嘛。突然有一天，好消息传来，五连人全体集合，包括“牛儿”们也参加了，我的那位师弟连长当众宣布，干圩沟的工作告一段落，今天下午放假，大家整理行装，打扫卫生，要给苇场留下个好印象，明天大家要返回鞍山。一句话引来大家的欢呼声，哎哟！可盼到回家了，一个个笑逐颜开，按着连长的指示一切就绪。

第二天，列队出发，走的还是来的那条路，不同的是不必模仿长征了，码头上有几辆大载重汽车，等待着我们。我们分乘了几十辆大车，从公路上返回鞍山，到了鞍山铁西广场之后，车子停住了，我们一个个从车上跳下来，我的那位连长师弟宣布道：“大家都可以回家了，今天是周四，周一全体到大众剧场报到，接受新的任务。”众人嗷的一声作鸟兽散，全都提着行李朝不同的方向走去，我背上行李提着应用的东西又回到了家。

全桂早就把屋子收拾好了，我感觉到很奇怪，我问她：“你知道我今天回来吗？”她说：“听说了，家属昨天就接到通知，说你们今天回来，我把屋子早就收拾好了。”我一边洗脸漱口，更换衣服，全桂一边问我：“还走吗？”我说：“不知道，没接到通知。”她又问我：“下一步怎么安排的？”我说：“连长师弟通知了，下周一到大众剧场集合，听候安排，我也不知道要干什么？”我老伴儿说：“管他呢，回来就好。”于是离别了一年多支离破碎的家，终于又拢在一起，但与过去的生活相比，已有天壤之别，尤其是心中的压力，因为我的问题始终未下结论，就好像是一座无形的大山，压在家人的心头上，还是那句话：吉凶难料啊！

打这儿之后，我们每天都到大众剧场去学习，学习什么呢？学习毛主席著作。那时其他剧团也各回到自己的单位了，唯独我们曲艺团在大众剧场里，我们这些“牛儿”被分在各个组里，跟群众一起学习毛选，同时还选出来学习好的人到各组进行讲座。

正在这个时候，上级又下来指示，号召各单位各团体上山下乡，接受贫下中农再教育，这下引起来轰动和不安，究竟谁走谁不走，谁下乡谁留城，谁也说不清楚。那时工宣队进驻各个单位，工宣队的成员大部分由鞍钢工人组成，工人阶级领导一切嘛，他们也参与到曲艺团的领导班子，决定曲艺团每个人的命运。接下来毛选也不学了，开始筹备下乡工作。整个文化系统成立了一个斗批改领导小组，其中有军人也有工人代表，他们每天都在计划着谁下乡谁不下乡，说起来容易做起来难，文化系统一千多人，往哪里送，怎样安置，这都成了具体问题，那时我的结论还没有下，还没接到处分的通知，我每天都有思想准备，说不定哪一天就要召开大会，再次宣布我的罪状，然后给我定性或治罪。可是一天两天过去了，十天八天过去了，一点消息也没有，曲艺团的领导们每天坐在一起估算曲艺团这些年剩下的家底，这些家底如何分配呢？每人分多少？每户分多少？其实曲艺团是属于最穷的团体，别看人不少，过去有十几个茶社，但大部分茶社的房子都是租的，现在已被房主收了回去，茶社里有什么？不是桌子板凳就是茶壶茶碗，这些东西加在一起能值几个钱？虽然不值钱，但分点儿总比不分好，于是我们这些“牛儿”们又有活可干了。

我的那位师弟连长把我们十几个“牛儿”分成了四个组，每天负责给各家各户送桌子板凳茶壶和茶碗，我们组一共是三个人，有我、李明白（就是挨打最厉害的那个会计），还有一个年轻的地方戏演员董青。董青犯了什么错我一直不知道，反正是造反派排斥的人，换句话说也就是身上有污点的人，据说他经常酗酒闹事，喝醉了就打人骂人。还有一次造反派到沈阳去开大会，地址是原东北局大院，东北局大院非常高雅，庄严肃穆，走廊都铺着厚厚的红地毯，有一次董青喝多了，在走廊又吐又尿，后被领导查明他是鞍山市曲艺团的地方戏演员，所以通报鞍山市文化局，把文化局和曲艺团的领导都痛批了一顿，为此董青也受到了停职反省的处分，好悬没进拘留所。你说这种人造反派能待见吗？我们三个人还分了一辆倒骑驴，每天到原茶社把桌椅板凳搬出来，用绳子扎好，而后各家各户地送，附近的送完了就往远处送。

没想到有一天，一场灾难又降临到我头上。

那时我老伴儿领着孩子不在家，去了长春市老家的一间铺（我老伴儿的老家在农村），联系一旦我们下放到农村就回一间铺去，因为上级给你两个志愿，一是自己选下乡的地址，二是组织分配，所以我老伴儿选中了回老家，领着俩孩子走了好几天了。

我吃罢早饭之后，把门锁好，在指定的地点见到李明白和董青，骑上倒骑驴去送桌椅，其中有位演员住在立山，离鞍山十五华里，道路是比较远的，我们把桌椅装好之后，用绳子勒紧，三个人倒班骑，一会儿是我一会儿是董青再一会儿是老李。我们走的是五一路，因为这条路又宽人又少，走起来比较顺畅,老李和董青经常骑倒骑驴都很有经验,唯独我没骑过,那玩意儿又好骑又难驾驭,人在后头蹬,货物在前面,有时候东西高了就影响视线。我们仨骑到鞍钢小东门的时候,是个大上坡,所以谁也没骑,我们仨往上推,当推到高坡顶上,眼前是个大下坡,长有二里多地,直角能有十五度到二十度,正好轮到我骑车了。他们俩一边一个坐到车上,手里拽着绳子扶着桌椅,我在后面双手扶把两脚用力,从上坡往下坡骑几乎不用使劲儿,开始我们都觉得很舒服,又快又轻便,转眼之间情况变了,没想到从上坡滑落的时候,车子跟飞起来一样,速度非常之快,越是重车跑起来越快,我一看车子太快了,想把车子刹住。由于我过去从来没碰过这种车,连手刹都找不着了,这时车速越来越快,正赶上鞍钢工人上早班和下早班,他们横穿马路,人越来越多,我一想这下可坏了,这要闯进人群,少说也得撞伤十几个人,弄不好就得出人命,因为车子是铁的,再拉着那么多桌椅,你想有多大的分量,那要撞到人身上还有个好吗?我顿时魂灵出窍,两眼发花,四肢颤抖,心中想到完了这下彻底完了,一旦出了人命,我不被枪毙才怪呢,怎么办?怎么办?坐在车上的李董二人也傻了眼,他们想下车来不及,也只好听天由命,情急之下我想到了自己翻车,宁愿我们仨自己翻车,也别撞着人,因此我左臂用力,把车把用力往左边一扭,结果倒骑驴两个轱辘着地,一个轱辘腾空而起,以四十五度角的角度从马路的右边飞快地转到左边。

你说怎么那么巧,在我们倒骑驴的后面,有辆解放牌载重车,车上拉着好几十人,后来才知道,车是沈阳的,他们去大石桥参观万人坑,从大石桥返回的路上,由鞍山穿城而过,司机一看,倒骑驴冷不丁改变了方向,他也发毛了,他把方向盘往左边一扭,也奔了左边的马路边,结果汽车正撞在我们倒骑驴上。你说怪不,就在刹那间,我看见汽车迎面而来,连站在车上第一排的人是男是女都看得非常清楚,还看清司机戴着白手套,就听哐的一声,我们的倒骑驴被汽车撞出去两三丈远,桌椅板凳散落了一地,我顿时失去了知觉。我估计大约十几秒钟之后,我醒过来了,我躺在马路边上,周围都是人,那个戴白手套的司机,站在我身边,面色发黄,紧张得要命,不知什么时候,交警也来了,也站在我身边,司机见我睁开眼睛,马上哈下腰问:“你觉得怎么样?要不要送医院看一看?”民警也问:“你觉得哪受伤了,能不能坐起来?”其实他们不说我也要进行一下自我检查,我双手撑地坐起来,先摸摸脑袋再摸摸肩膀和两肋觉得不疼,左边这条腿也不疼,就是右边这条腿有点发沉,不动还没事，一动膝关节就疼得要命，司机又问我："是不是腿疼？我拉你到医院去看看吧。"民警也征求我的意见说："你看这个事怎么处理？"我心中暗想这件事纯属怪我自己，怪不得旁人，我现在已然倒了大霉，落入这步田地，何苦再去牵扯旁人，看到司机那张僵黄的脸，我顿生怜悯之心，连连摆手说："没事，不用看，警察同志，这件事跟司机一点关系都没有，全是因为我不会骑这种三轮车造成的，你就让他们走吧。"

警察一听，既然我没有意见，他也乐得省事，一挥手，让这辆解放牌汽车开走了，司机还不错，临走前告诉我他姓名、地点和电话号码，叫我有事跟他联系，因为我从心里就不想牵扯他，他说的那些我根本就没记住，我还一个劲儿地挥手说："走吧，走吧。"于是司机上了车，开走了，警察也走了。

在我周围就剩下十几个看热闹的，这时，李明白和董青出现了，我真有点儿纳闷，原来他俩坐在车上左右各一个，车子被撞飞了，怎么把他俩也撞没了？没想到转眼间他们又出现了，李明白只是头部和胳膊肘擦伤了两处，董青完好无损，他们的确被撞飞了出去，幸好摔在路边的草地上。他们把我架起来，问我："你咋把司机放走了？他得负责任啊！"我说："事情明显在这儿摆着，怪我不怪人家，咱们倒霉都倒到天边上去了，还拽三扯四的干什么？"老李说："人现在受伤了，也得上医院去看看哪！"我说："这你就不用管了，我自己坐三轮车上医院看腿去，你们俩去修理车把桌椅板凳给人送去。"

分别之后，我雇了一辆三轮车到医院。幸好医院的骨科医生是我朋友，我说明情况之后，他让我躺在床上认真地检查，之后他对我说："没有大问题，你右腿的膝关节有点错位了，上点止疼药，打上夹板儿，个把月的也就好了。"他给我处理好之后，还借给我一条拐杖，我付了钱，拄着单拐回到了家。

到家后我就觉得头沉、腿沉、关节酸疼，我往炕上一躺就睡着了，这一觉睡到半夜，我醒了，因为没吃饭，觉得肚腹饥饿，我一坐起来，顿觉得膝关节像针扎似的那么疼，右腿好像一百多斤，需要用两只手扳着才能动弹，我勉强烧了点水，熬了一锅粥，吃罢之后，又躺下了，心说我怎么这么倒霉，这个霉还要倒到何年何月？我老伴儿和俩孩子去了长春一间铺，到现在信息皆无，也不知道事情办到什么程度了，又想到我还没被下结论，等待我的厄运是什么尚不清楚，腿疼事小，心疼事大，后来昏昏沉沉就睡着了。

第二天李明白和董青来看我，还买了点儿水果和点心，他俩说："你安心养腿吧，我们已经如实向上级汇报了，上级也同意你在家养病，但是得有医院的证明书，也就是诊断证明。”他们坐了一会儿就走了，我吃了点儿点心，架了拐，又到了人民医院，让大夫检查了检查病症，大夫说：“没什么变化，别忘了伤筋动骨一百天，何况你撞的这么重，我看三个月两个月的未必能康复。”我让他给我开了一张诊断书，然后求别人送给了我那位当连长的师弟和工宣队的头头老于。

几天后，我可以离开拐，手拖着伤腿自己走路了，就是蹲不下，一蹲疼得要命。我心里有事，想利用这段时间到长春去看一看，问问我老伴儿安排的怎么样了，于是我架着拐买了一张火车票直奔长春，首先到了长春七马路全桂舅舅家里，这是她到长春唯一的落脚地，结果巧了，我老伴儿和俩孩子、舅舅和表弟全在家，他们一看我的到来全都愣住了，不相信这是事实，又看架着拐，也疑惑不解，我老伴儿问我：“这是咋了？”我长叹一声：“别提了，绝处逢生啊，和死神擦肩而过。”于是我把经过讲述了一遍，接着我问她：“你的事办得怎么样了？”我老伴儿摇摇头说：“我老家一间铺的亲戚都不同意咱们回去，他们有个传统习惯，一荣俱荣，一损俱损，你要是当了官回去，大伙都高兴，你要是受了处分回去，大家都没有颜面，连大小队的干部都拒绝接收。”我说：“那就由组织安排吧，如果天底下的农村都不要我，那才好呢，咱们省得上山下乡了。”

全桂的舅舅是个瓦匠，手艺一般，他就是凭着勤勤恳恳的劳动，把两个儿子国忠和国柱培养成人，由于在我们好的时候，他受过许多惠顾，现在我们落难了，他没有忘记前情，想要留下我们多住几天，然后请一位好骨科大夫给我检查检查，但被我拒绝了，我说：“既然事情没办成，还是及早回到家里安定。”就这样我在长春待了三天，全家四口人都回了鞍山。

现在别的事情都搁在一边，主要的事情就是治我这条伤腿，经过几次检查虽无恶化，但也没好转。有人还介绍了许多偏方，其中最可笑的还介绍了某屯出了一位大仙，只要叫她念几句咒，这条腿就能好。我从心往外就不信这一套，可我老伴儿非常信，她非逼着我去看看，她说有病乱投医嘛，万一瞎猫碰上死耗子，你不也省得痛苦了嘛。我被逼无奈，跟她上了小火车，来到某乡。这位大仙的买卖那叫一个红火，屋里院外挤满了人，一打听，都是从四乡八镇和鞍山赶来的，大仙是个女的，五十多岁，她现在一个人已经忙不过来，还传授了几名弟子给她做助手，因为我头一次来没有挂上号，就由她的掌门弟子——一个不到四十岁的中年人给我治，他先叫我躺在床上，检查了伤处，又端过半碗凉水用小刷子抹了半天，旁边还点了一炷香，我就见他嘴里念念有词，不知嘀咕些什么，然后他含了两口水喷到我的伤处，然后又给我抹了黑紫色的药膏，用纱布缠好，他对我信心满满地说："没事，一次减轻痛苦，二次大见成效，三次就能全好。"

等我们返回的路上，我问我老伴儿："花了多少钱?"我老伴儿把巴掌一伸，我大吃一惊："什么？五十块，天哪！这可真是天价啊！咱每个月开的工资才四十块，看一次病就超支了，那日子还怎么过?"我老伴儿说："没事，这次到长春舅舅家他偷着给了我二百块钱。"我说："哎呀，可不来了，你看他那土头土脑的样子，纯粹是骗人。"我老伴儿说："求人家看病的人多了，啥人才没有，人家怎么就信，你就不信呢?"我说："算了算了，也别抬杠了，病在我身上我知道，折腾了半天一点儿也没减轻，还不如在家躺着好。"

转眼一个月过去了，我的腿依然没有见好，造反派派人到家来看过两次，因为有医院的诊断书，他们也不好说什么，又过了一个月，还是没有见好，造反派有点沉不住气了，特派了两名文化系统斗批改小组的干部，亲自陪我到市中心医院去检查，检查结束后，我躺在病床上就听见这两个干部对大夫说话，声音很低，但我听得非常清楚，其中有个干部说："单田芳是个有严重问题的人，也可以说是反革命分子，上级决定遣送他到农村去，就因为他这条腿，迟迟走不了，您看就这样下去，行不行?"那位大夫是比较认真的，他的声音比较高，我听得更清楚了，他说："凡是到我们医院的人，不管他是什么身份，都是患者，我们也一视同仁，他这条腿很严重，根本下不了乡。"两位干部碰了壁，没有办法，把我送回家里，他们也回文化局汇报去了。

那时天已经很冷了，还飘过两次雪花，在11月中旬，我们谁也没想到，我那半身不遂的老父亲，拄着拐杖，从沈阳到鞍山来看我们。这真是滑稽绝伦，父亲拄拐杖，儿子架着拐，真是洪洞县里没好人了。

说到我父亲他真是一个苦命的人啊！据我祖母介绍，由于我祖父过早地离世，是我祖母把三个儿子一个女儿拉扯成人，在我父亲八岁的时候，由于家境困难，把他送进麻袋厂当徒工，那个黑心的老板往死了用人，我父亲才八岁每天工作要十六个小时以上，天天坐在机器旁嘎达嘎达打麻袋，工钱只挣成人的三分之一，酷暑严寒折磨着他，我父亲工作到半夜的时候，一边打麻袋一边睡着了，连小便尿到裤子里都不知道，久而久之，他患上了头翁病，脑袋肿得好大，两眼成了一条缝，老板一看这个小孩儿活不长了，就把他辞退了，我祖母在那最困难的时候，求亲靠友使用了无数的偏方，总算把我爸从死神那边拉回来了。

那时全家的生活全靠着我伯父单永生来维持，我伯父在天津学说书，外号八岁红，就是说他八岁的时候就已经小有名气了，他嗓子好唱的好，又是个孩子，颇受观众的欢迎，要没有我伯父的收入，老单家都得冻饿而死。后来我爸也跟随我舅爷学习说评书，因为他悟性差又没有五音，唱的不行说的也不行，后来就改工学习弹三弦，还不错，这条路走正了，若干年后经人介绍和小他八岁的我的母亲结了婚，我母亲号称白丫头，嗓音高唱的好，登台一亮相就红了，从此一发不可收拾，我父亲给我母亲伴奏，多少年来都是这么走过来的。在家庭成员中我妈是主力，我爸充其量是个助手，经过多次动荡，好不容易盼到解放了，他还摊了官司，被判刑六年，在释放的前一年又和我母亲离了婚，这是不幸中的不幸。

出狱之后他一直住在沈阳家里，我想把他接到鞍山住，他不同意，理由有两个，一是他跟王全桂合不来，对我们的婚事他极不赞成，但又改变不了事实，因此不愿意在一起住；二是他一直希望我能把书读好了，改换个职业，按他的话说，咱家不能光说书，应该改换门庭，结果他的想法落空了，我还是说了书，他心里更是不痛快，但这也是改变不了的事实。综上所述，他不愿意离开沈阳那个家跟我们住在一起，顶多三五个月来鞍山一趟，看看孩子，再要俩钱。我心知肚明也不便勉强，他即使到了鞍山也是来去匆匆，吃顿饭拿俩钱下午坐车就回沈阳了，我由于工作忙，琐事缠身又很少回沈阳去，所以我们爷儿俩见面和谈话的机会非常之少。

我父亲回家后，我在鞍山，我大妹妹参加了铁路文工团，经常在外面演出不回家，我二妹妹又在抚顺财贸学校学习，也不回家，那时我妈每个月给家里的六十元生活费也不给了，把我三妹和四妹接到了哈尔滨她的身边，所以我家只剩下了父亲和奶奶两个人。为了维持生活，我父亲下了决心，要学习说书，过去他是弹三弦的，从来没说过书，尽管有丰富的舞台经验，但隔行如隔山，要想说评书还得从头学起，我父亲下了狠心，一定要混出个人样来，他曾对我说：“过去几十年全依赖你妈了，这次她走了，我也要混出个样来让她看看。”所以他一心扑到学评书上。

那时沈阳市曲艺团对我爸爸的遭遇很是同情，他被释放后不久就回到了曲艺团，每月给他开八十四元的工资，但有一个条件，每月的收入必须超过工资才能开满资，如果收入达不到八十四，就不能开满资，因此对我爸的压力非常大，跟谁学呢？在那关键的时刻，还是亲人护着亲人哪！我三舅感觉到我妈的做法很不对，心里对我爸产生愧疚，因此倾尽全力教给我爸说评书，我爸起早摸黑都不回家，家里只剩下老奶奶一人，我爸回来后连口热饭都吃不着，为此经人撮合我爸又娶了个老伴儿，头一个老伴儿是大连人，小个儿不大，能说善讲，进门来就想主掌大权，又看不上我奶奶，家里三天两头口角不断，严重影响了我爸的学习，所以勉强过了半年，又离异了。因为我奶奶年事已高，实难支撑家庭，我爸迫不得已又娶了个老伴儿，我的这位继母姓甚名谁，家乡何处，我是一概不知，我也不想问，更没理由干预我父亲的事，不过这位继母还比较通情达理，我在财贸干校牛棚时，她还代表我父亲到牛棚看过我一次，我奶奶跟后儿媳妇说什么也过不到一起，后来被我大妹妹林芝接到成都去了，因为我大妹妹已经结了婚，在成都安了家，日子也还过得下去，所以我奶奶有了落脚地。

我们在沈阳的那个家，只剩下我爸和后老伴儿两个人。那时已经到了三年自然灾害时期，百业萧条，说书人的黄金时代已经不复存在，靠着说书挣钱非常困难，曲艺团又进行了组合，把精干的人留下，余者全经过领导的安排送到了各个单位去工作，我爸爸被淘汰下来，被送到沈阳市大东区塑料八厂当了工人，每月工资六十元钱，但是我父亲挺乐观，虽然钱少了，压力也少多了，不必天天去说书，为挣钱而发愁，这六十元钱是必保的，按时开资一分不差，同时工厂的待遇也不错，医保健全，工会对职工也很好，热天发冷饮，冬天发棉护具，比起曲艺团来强多了。但厄运一直伴随在他身边，当工人不到两年，有一次帮着同志去修房子，中午累了靠着墙边睡了一会儿，结果中了邪风，落了个半身不遂，虽经多方抢救，但始终未能好转，打那儿以后，我父亲就在家养老了，工厂每个月把工钱送到家里，还截长补短地到家里去看他。就在我父亲饱受折磨的时候，我在鞍山也成了水煮鱼，一个不幸接着一个不幸，父亲的遭遇凄惨，儿子的遭遇更是雪上加霜，现在我有时回过头去想一想，为什么灾难都落到我们家头上，是天意还是人为，难道说是我们真干了缺德的事情应该遭到惩罚？

这次父亲是听别人说我被车撞了，他放心不下，带着病来鞍山看我，毕竟是父子连心啊。如果说我家不是摊了那种不幸的事，一家人见了面那得多高兴，可是现在情况不同了，在背难时候的相遇，既有几分欢乐，又有几分心酸。

全桂对我父亲还是比较孝顺的，赶紧上炕给他铺了厚厚的褥子，我扶着他靠墙坐着，其实我父亲的半身不遂还是比较轻的，就是左胳膊左腿不好使，动作有些笨拙，头脑还是清楚的，说话也不碍事，我说："爸，这次好了，你多住些天吧！咱们爷儿俩好好地聚一聚。"我爸说："我也是这个意思。"不知道我爸说的是真是假，他告诉全桂："什么都不要给我做，我就是想吃窝头，喝小米粥。"难道他知道我家条件困难，有意提出这种要求吗？可是我们还是尽可能地每顿饭上加个肉菜，这回真的有富余时间了，我腿被撞伤了，天天在家休养，我父亲因病退休了，也没有任何工作，一天二十四小时想谈什么就谈什么，今天谈不完还有明天，于是我们爷儿俩都打开了话匣子，从过去谈到现在，简直是无话不说无话不谈，我一连串向我父亲提了上百个问题，先是谴责他不该对我两个师姐那么手狠，她们俩人挨了多少冤枉揍，我父亲边听边点头，虔诚地忏悔道："我做的是有点儿过分哪，我对不起两个孩子。"我又提到我父亲没有那个本事就不应该做买卖，结果左边赔，右边被骗，把很多钱都扔进了无底洞，我又问他："你为啥交了个王子明，结果你蹲了六年监狱，和我妈也离了婚，全家人落得四分五裂。"我父亲听到这儿动了肝火，用巴掌拍着桌子说："怪就怪那个佟浩儒，是他把我坑了，如果当初他跟我说实话，我也不会上当受骗，结果落了个包庇反革命罪，才落到这步田地。"我父亲还说："佟浩儒被判了无期徒刑已经死到监狱里了，该！谁让他坑别人来着。"

我怕引起他的伤心，赶忙岔开话题，又谈别的事了，谈着谈着，我爸恨起了我妈，他就像发神经似的大喊大叫："这个没良心的女人，太毒辣了，太自私了，她跟别人跑了，扔下老小一家人，她的良心简直被狗掏去了，要不是我替她顶罪，她能提前放的出来？"我一看我父亲真的动了肝火，赶忙又改变了话题。

我父亲住在鞍山那个阶段，他最高兴的就是他的小孙孙老铁，老铁跟他爷爷有一种特殊的感情，每逢走路他都主动搀着爷爷，每逢爷爷坐着的时候，他就给他揉腿揉手。我们家是个大杂院，共用一个厕所，很不讲卫生，每次我父亲上厕所之前，老铁都拿把扫帚把厕所打扫干净，又撒点白灰粉，把他爷爷搀进厕所。我父亲有时把老铁拉在身边拍着他的头说："多好的孩子，长得虎头虎脑，浓眉大眼，一副富贵相，也不像倒霉的样子，为什么偏偏生在咱这个家庭，让孩子吃苦受罪，漫说你这个当爹的对不起孩子，我这个当爷爷的也不例外啊。"说着说着，我父亲竟然痛哭起来。女儿慧莉言语不多，心肠虽热，却表达不出来，就知道站在旁边擦眼泪。

于是我们的话锋一转，谈到了我下乡的问题，我父亲说："看来下乡的事已成定局，你和全桂都是成年人了，遭罪对你们来说也能挺得住，我最心疼的是两个孩子，他们招谁惹谁了，这么小就跟你们去遭罪，我实在是于心不忍，但又无能为力，我那可怜的俩孩子。"说着他把慧莉和老铁搂在怀里失声痛哭，我掉了一会儿眼泪，假装坚强地说："爸，你不用太难过了，关于下乡的事，我已经做出决定，我一个人去，把他们娘儿仨留在城里，有罪我一个人去遭，绝不牵连他们。"我爸听后点了点头说："这也是个好主意，你自己作的孽，你自己去遭吧，可是话又说回来了，这个事咱家都做不了主，还得听上边的。"我说："我已经打听了，很多人对我说现在的政策是人犯家不犯，即使我是反革命，和家属也没有关系，假如他们娘儿仨坚决不跟我下去，政府也只好答应，这样一来，我在农村也好安点心，即使有回城的时候也有个家，也有个落脚地。"我父亲说："我赞成，有天大的事你一个人顶着吧！"可是，这件事却遭到我老伴儿的坚决反对，我老伴儿说："那怎么行，田芳长这么大都没到过农村，他连个饭都不会做，身旁没有人照顾，他能活得下去吗？就是再苦再累我也要跟他在一起，分开不是好办法，一旦田芳真有个三长两短，我们这个家也就毁了，人家在农村都能活，咱们为啥活不了？那也不是人间地狱，别人能受得了，我们就受得了，反正我是不同意分开，要走一起走。"尽管我父亲劝她我也劝她都无济于事，她是铁了心的要跟我一起走，为这件事当着我父亲的面我俩吵得不可开交，后来我父亲说："全桂说的也在理，既然你要照顾丈夫又要照顾孩子，那一切就由你决定吧。"

在这期间，工作组到我家来过两次，一是看看我的腿伤好到什么程度了，二是告诉我们做好下乡的准备，我父亲仗着胆子问了句："我们家田芳究竟犯了什么罪，上级是怎么处理的？"有个姓陈的工作队员说："可能是定的现行反革命吧，这叫戴着帽子遣送下乡。"全桂马上问道："这个事决定了吗？怎么也没开会宣布啊？"老陈说："我可是听说啊，到底怎么处置的我也说不清楚。"说罢他们就走了，我爸说："假如戴上现行反革命帽子，这不是一件小事，起码他们得找你签个字，你认可才行，然后还得开个大会，向群众宣布，现在这些程序都没有，看来姓陈的说的不见得是真事。"此后这件事是真是假，一直萦绕在我的心头。

转眼 1970 年元旦过了，离春节还相差十几天，我父亲要回沈阳了。临走的时候，他还是老话重提："田芳啊，你就做好思想准备吧，要做好吃大苦受大累的准备，我看遭罪的事还在后边呢，不管你是个什么，你还是这个家的顶梁柱，你一定要咬紧牙关挺住，当年我在蹲监狱的时候就是凭着一颗恒心混过来的。"我连忙点头称是，由于我爸行动不便，我的腿又有伤，由全桂把他送回沈阳，在鞍山汽车站我父亲拄着拐杖上了汽车，掉着眼泪对我说："回去吧，回去吧。"我两眼模糊，心中一阵绞痛，连汽车什么时候开走的，我都没看清，这也是我和我父亲最后的诀别，也是我至今难以忘怀的刺痛。

几天后，全桂从沈阳回来了。我们接到上边的通知，说腿不好也要走，可以到农村去养着嘛，现在曲艺团的人大部分都送走了，就只剩下了你一户，你走后，安置办就可以解散了，要不我们都得拉着架子等你一个人。我所住的房子，被房产局公价收购了，三间砖房给了我四百二十块钱，每个下放户，每人给一百块钱，我们全家四口人又得了四百块钱，我用这笔钱买了一辆自行车，是长春产的金龙牌二手车，以备到农村后使用，家里的东西能带的带能卖的卖，东拼西凑，又凑了一百块钱，那时这几百块钱就成了我们的生活保证金。

好不容易挨到腊月二十六，上级通知，明天就来车送你们下乡，地点是台安县新开河公社杜达莲泡大队。我问他们："我一没拿到处理通知，也没签字画押，你们也没开大会当众宣布，难道我的事就这么决定了吗？"他们不耐烦地说："反正是一回事，你签字不签字也是反革命，宣布不宣布也是反革命，总之这件事就这么决定了。"

到了第二天早晨，我手里头还有一张买木材的木头票，因为当时买什么东西都是凭票供应，这些木头是专供下乡的人使用的，不买可惜了，所以我起了个大早，蹬上了新买的自行车，赶到木材厂，木头不多，用自行车就可驮回来，在我返回的路上，天公不作美，竟飘起了雪花，我边往回走，边胡思乱想，是否奇迹能够出现，万一上级改变了主意，我就可以不下乡了，人到了这个时候，难免存在一些虚幻的想法，总希望万里有个一。结果我来到胡同口一看，心就凉了，我家门口停着两辆解放牌汽车，其中还有一辆带挎斗的，这就说明铁板钉钉了。全桂和帮着我们下乡的人正往车上搬运东西，我赶忙下了车把木头搬到车上，本来我家就没有什么东西了，可是敛吧敛吧也装了一车。我老伴儿带着俩孩子坐在头一辆车的司机棚里，我和其他人坐在车斗里，负责遣送我们的是文化局的两个老职员，也是我过去的老朋友，一个叫安广全，因为他经常叼着个木烟袋，所以绰号叫安大烟袋，另外一个姓陈，由于眼睛大，绰号叫陈大眼珠子，过去是过去，现在是现在，过去是要好的同志，现在却变成了革命派和阶级敌人。我还记得有不少街坊邻居都出来揣着手看热闹，事到现在还有什么话好说，没有告别的言语，只有惊疑的目光，不知道那些邻居们心里是咋想的，我看了一眼我在这儿住了多年的房子，心说永别了，今后恐怕再也看不到这所房子了，就这样车子冒着北风大雪，开出了鞍山市，奔一个陌生的地方驶去。

我心里默默地吟诗一首：雪花飘，路漫漫，背难之人心痛酸！有理无处讲，无处去申冤，浑身是嘴难分辩！那叫一个冤！冤！冤！到了陌生地，接受新考验！我要豁出一张脸，一定要咬紧牙关越过难关，争取早日回到我向往的地方鞍山。其实这根本够不上一首诗，连顺口溜都不配，但它代表了我当时的思想。

台安县，隶属鞍山管辖，据说这里是著名爱国将领张学良将军的诞生地，县城离鞍山仅五十华里。由于地势低洼，十年九涝，是个兔子不拉屎的地方，农民的生活非常苦，有许多公社都是靠着政府救济生活，我下放的新开河公社，也名列其中，据说一个劳动力干一年，也挣不了三百块钱，除去口粮几乎没有剩余，家家穷户户穷，是有名的穷县。您想，好地方能让我这号人去吗？虽然路程不远，但是要过三道河，还要过浮桥，因此耽误了很长时间，好不容易来到新开河公社，车子停在公社门外，负责遣送我们的老安和老陈下了车到公社办了交接手续，然后上了车接着往前走，这会儿雪停了，放眼望去，一片洁白，真是银装素裹，也分不清哪是村庄哪是田地，在当天的下午，我们终于来到了目的地，是杜达莲泡大队第三生产队，我们的车子拐入后街，我从车上就看见在一所院落前站着十几个妇女和男人，他们看见汽车就说来了来了，从这简单的话语中我已经知道这儿早就做好安排了。

车子停住之后，我们先后下了车，就见院里走出一条大汉，二十多岁，四方大脸，白净面皮，五官端正，一看就是个善良的人，有人向我们介绍说："他是我们生产队的负责人叫卢必光，是民兵排长，专门负责接待你们的。"卢必光跟安大烟袋和老陈打过招呼之后，还跟我握了握手。这都出乎我的意料，在我的想象中，生产队的负责人和我的那位师弟连长指导员没有什么区别，见着我们不是吆三喝四就是一顿痛批，我哪里有资格跟干部握手啊？没想到这位卢必光却没有计较这些，他说一切都给你们安排好了，炕也烧热了，说着他用手往房子一指："这家房东姓张，老太太当家，人好着呢，听说你们要来，她让几个儿子现刷的墙现糊的顶棚，现糊的窗户纸，都给你们安排好了。"我听罢心里热乎乎的，没想到现实与我的想象截然不同，于是恐怖的心情大有好转。

随后，卢必光把大手一挥，告诉那些村民："大家都伸手帮着搬东西。"真是人多了好干活，不一会儿的工夫，东西就搬完了，当我们走进屋里的时候，热气扑脸，这是朝阳的三间砖房，老张太太领着三个儿子住在东面，把我们安排在西面，中间的房间两家共用，是烧火做饭的地方，老张太太也非常热情，把慧莉和老铁抱上了炕，嘴里还说："大冷的天走这么远的路把孩子冻坏了吧，快上炕暖和暖和吧。"我老伴儿本就是一个热心人，她就是见不得好，虽然眼前都是陌生人，可这些村民对我们都没有敌意，而是伸出热情的双手，因此我老伴儿备受感动，她把从城里带来的花生、瓜子、糖块分给大家，因为还有三天就过春节了，这些东西都是凭票买的，村民们自是高兴。

再说老陈和老安，一看都安排妥帖了，把我叫到了院外，很郑重地对我说："老单哪，今后你就在这儿度过余生了，你要好好表现，争取立功赎罪，早点儿把帽子摘掉，回到群众中来。"我心想："什么？我要在这儿度过余生，怎么可能？要真是那样的话，我宁愿自杀了此一生。"但嘴里不能说，我不住地点头称谢，向他们道了辛苦，于是两个人登上汽车回鞍山了。

我转身又回到陌生的房间里，一看房东老张太太正跟我老伴儿唠得热火朝天，她说："你们是城里人，没到过农村，缺什么少什么，尽管说话，我家里什么都有。"我老伴儿连声称谢。老张太太一共有四个儿子，长子和三子、四子都是务农为业，二子是小学老师，他说："孩子要上学找我，我就是大队的小学老师。"我听罢满口称谢，接下来看我们的人陆续不断，村民们一是好奇，二是听说我们过去都是说书的，想要看个新鲜，所以走了一伙儿又来一伙儿，他们才不管什么是革命什么是反革命呢，他们最注重的是人事关系和个人的利益。

正在这时，卢必光也就是那个民兵排长进屋来冲我一招手，对我说："老单你过来一趟。"说着把我领到东屋，也就是老张太太的住处，我发现又有几个陌生面孔出现在我的眼前，其中有个高个子四十八九岁，满脸皱纹，咋咋呼呼，见到我满脸不屑一顾的样子，卢必光介绍说："这是第三生产队的政治队长，杜景贵杜队长，我们的一切都要听杜队长的指挥。"我点了点头说了声：

"队长好。"杜景贵用鼻子哼了一声，指着我的腿说："你怎么负的伤，怎么还架拐?"我说："是汽车撞的，现在伤还没好。"他哼了一声："那你就先回去吧，等你腿伤好些，再找你谈话。"于是我又回到自己的房里，对全桂说："那个卢必光是好人，刚才我见到的那个杜景贵是政治队长，肯定不是个好东西，今后短不了找咱们的麻烦，你可千万留神，不是我自夸海口，我闯荡江湖也数载了，所见识过的人多得是，是好是坏是忠是奸用眼一看就能猜到八九。"

喧闹的一天过去了，我们又累又乏，猜想变成了现实，今后不知要走多远，唉！一切听天由命吧。

在乡下

他听后豁然站起，把炕沿一拍，提高声音说："我问你是什么人？你知道不？"我说："是啊，我是说书的。"他说："你装什么糊涂？我是问你的身份是什么？"我说："不知道。"

1970年2月2日是我终生难忘的日子，在城市里生活了三十六年的我，第一次迁居到农村去住，真是两个世界两重天啊！到农村之后的第三天正好过春节，这也是我第一次在农村过春节。村民们都非常热情，人来人往到我家来拜年，虽然我们素不相识，但看那热情劲儿，跟多年的老熟人差不多，村民们是质朴的、实在的，也没有把我视为现行反革命，多日没有的笑语欢声，在农村里出现了，我们一家都非常高兴。

我老伴儿私下对我说："看来咱们下乡下对了，这儿的人比城里的人强多了，你看看城里人街坊邻居那副嘴脸，就好像欠他们八吊钱似的，一个个冷冰冰的，没有半点热乎气儿，再看看人家农村，真是两个世界两种人群。"我说："对。"

大年初五那天，突然大队通信员小王到了我家，对我说："大队干部叫你到大队部去一趟。"我一听"干部"两字心里就是一惊，刚摆脱那些恶劣的环境，过了舒舒服服的一星期，没想到大队干部要见我，我就知道没有好事，于是我跟着通信员小王来到杜达莲泡大队部。这是一个很大的院子，属于第三队的地盘，院里有两个很高很高的柴火垛，地上全是积雪，大队部是一溜七间房子，小王把我领进办公室，这是一间很大的办公室，屋里有一铺大炕，足能睡下十个人，地下放着几张办公桌，还有很大的空间，有几个人在炕上坐着，有的半躺半卧，有的盘膝打坐，有的坐在炕沿儿抽烟，虽然衣着不同但都是一个面孔，板着脸，翻愣着眼睛，连一点儿笑容都没有，我顿时后脊梁冒凉气，好像从热被窝掉进冰窖里。

可能我这两年被调教出来了，在干部面前没有我的座位，我只能站着听教训，这次也不例外。我对着几个陌生人垂首站立，等待他们训话，那个斜躺在炕上的大个子，看上去比其他人年轻几岁，他就是杜达莲泡党支部书记杜

××，他看了我几眼，问我："你是从哪儿来的？"我说："鞍山市曲艺团。"他又问我："你是干什么的知道吗？"我说："我是说书的。"他听后豁然站起，把炕沿一拍，提高声音说："我问你是什么人？你知道不？"我说："是啊，我是说书的。"他说："你装什么糊涂？我是问你的身份是什么？"我说："不知道。"他听了之后十分恼火，对我嚷道："你装什么糊涂？你是戴帽的现行反革命知道不？你们家是从鞍山遣送到我这儿来的，一是叫农民监督你劳动，二是交代余罪，我可警告你，你是阶级敌人，你只准老老实实，不准乱说乱动，否则罪上加罪。"坐在炕沿上抽烟的就是第三生产队的政治队长杜景贵，此人我来时已经见过一面了，他接着说："这两天你在家干什么呢？"我说："过年了，也没有分派我做活，再加上我腿不好，在家休息呢。"他的声音比支部书记的声音还大，近似吼叫道："我可警告你单田芳，别动不动的就说你腿有伤，你到农村来是接受群众监督劳动的，我们这儿不是疗养院，腿上有伤也得干活。"我问他："我干点什么活呢？"他说："活多了，在农村就是干不完的活，看见院里那些雪没？从今儿个开始，你把大队和第三生产队的院里的积雪都要打扫干净，革命群众可以放假，你是个现行反革命，放哪门子假？"我只好点头称是。

接下来大队通信员给我找了把扫帚和铁锹，我瘸着一条腿在院里打扫积雪，他们隔着窗户往院里看了我几眼，嘀嘀咕咕不知说了些什么。我一边干活一边想，干部跟群众就是不一样，群众是那样的热情，他们却如此冷酷，看样子他们不比我那位连长师弟差什么，看来厄运还没有结束，真是从屎窝挪到尿窝来了。唉！反正我也豁出去了，爱怎么地怎么地吧，劳动就是好，不仅锻炼人的体魄，还锻炼人的意志，我赌着气用力地扫着雪，累得我通身是汗，脑袋呼呼直冒热气，不到两个小时我就干完了，我看见大队的领导已经陆续回家了，只剩下通信员小王了，小王背着手看了我一会儿就说："行了行了，回家吧，明天是初六，社员们都要干活了，明天你就到你们第三生产队去报到吧。"

这个姓王的通信员叫王成文，长得五官清秀，年纪不大，高中毕业后没考上大学，就留在大队部当通信员，他待人非常随和，对我从来没发过脾气使过性子，说话一向很和蔼，因此我对他心存好感，回家后我老伴儿急得直嚷嚷："你怎么一去不回头，去了这么长时间？"我把经过讲了一遍，我说："咱们已经从屎窝挪到尿窝来了，别看群众挺热情，干部可不一样，比那城里的造反派只凶不次，尤其是咱们三队的那个政治队长杜景贵最不是个东西，对我又吼又叫，根本没拿我当人。”我老伴儿长叹一声：“唉！我早有思想准备啊。”

大年初六社员们开始到生产队报到了。因为农村有个不成文的规定，不过了正月十五，不算过完年，初六到那儿无非是大家互相问候一下，没有事可做，大家聊聊天谈谈心，因为他们几乎都到我家去过，彼此也熟悉。我按着政治队长的指示，没有资格在屋待着，只好抄起扫帚打扫院里的积雪，这时饲养员老王头过来了，他说：“别扫了，咱们这个穷地方三天两头下雪，扫也扫不过来，等攒到一块儿再收拾吧，我提个建议好不好，大过年的，你给我们来段评书吧，让大伙儿也乐呵乐呵。”还有几个社员连声称好。您想在那种环境下我怎么敢说书，政治队长早已明令宣布只许我老老实实，不许我乱说乱动，以往我就吃了嘴不严这个亏，再不吸取教训，就更完了，所以我婉言谢绝了，说什么也没答应他们的要求，虽然他们挺扫兴，但是也理解我的处境。

因为节日没过完，我家的客人依然是络绎不绝。他们到了我家一点儿也不见外，有水就喝，有烟就抽，有几次正赶上我家吃饭，结果一让就吃，我心里反倒非常高兴，这才是人与人之间的真情，比起城里那些华而不实的人，他们的品质要高多了。

十五过后，生产队正式干活了，因为是数九寒天，别的活干不了，不管男女老少，都起粪，为将来春播做准备。我长这么大还是头一次干这种体力活，生产队的东院有个大坑，这是积肥的地方，有牲口粪和人粪，都冻在了一起，需要把它们打开，用车送到地里，隔几步一个小堆，送粪倒容易，起粪可不容易，因为冰天雪地，那些粪已经冻成了铁块，需用大锤和凿子把它们一点一点地解开，一柄大锤有十四磅，抡两下还可以，多抡几下膀子就疼，我早就下定决心，再苦再累也比挨批挨斗强，因此我脱了大衣加入到凿粪的行列，社员们热心地告诉我怎么使锤怎么用凿子，怎么才能把硬如铁块的粪便打开，我才抡了七八下就冒汗了，社员看着我笑着说：“行，还真有把力气。”有的社员说：“打得还挺准，当心别把锤子打空了，砸在自己的迎面骨上。”

此后，起早贪黑就是起粪就是送粪，虽然累了些，我心倒比较安定，因为不挨批了，省去了多少人前受辱的烦恼，饭量也显著增加了。随着时间的推移，我抡锤的本事越来越成熟，一点儿不比社员差。

开春了，万物复苏，大地解冻，春耕开始了，一年之计在于春，这是社员们最忙的季节。我自幼生长在城市，对农活一窍不通，连苗和草都分不清，全依赖社员手把手地教我。农活是相当累的，社员们起早贪黑地干，两头不见太阳，天不亮就下地，天黑了才能回家，只有中午一小时可以回家吃顿午饭。对我来说，比他们的负担还要重得多，每个周六杜达莲泡的“牛儿”们（地富反坏右）都要到大队部去汇报，社员们可以回家休息，我们晚上还要加班，一干就干到晚上十一二点，简直是又困又累。说来也怪，我那条受伤的腿没治也没吃药就自然而然地好了，腿也不疼了，跟正常人没有区别，我心里说这真是老天保佑啊！

儿子单瑞林（老铁）杜大小学毕业合影

杜大大队一共有七个“牛儿”，除了我之外，一队有两个地主，六队有父子二人，也是从鞍山遣送到这里来的，一个是老周头，一个是他儿子周士，老周头是历史反革命，周士是坏分子，我们第三生产队还有个老杨，他是沈阳人，孤身一人被遣送到这里，据说他是国民党的一个连长，被定为历史反革命，再有一个姓施，据说他在国民党的时候当过士兵，论理他不应该是四类分子，可是此人有个毛病，就是手脚不干净，爱偷东西，属于屡教不改，因此也划到我们这个小团体中，每次加班都是我们七个人在一起，真可以说是风雨同舟患难与共啊。

那时我女儿慧莉和儿子老铁都上了杜大小学，老伴儿在家也学着农民的样子开始养猪养鸡，好心的房东张大娘曾经告诫我们说：“咱们这西下洼子苦啊，一个好劳力一年挣不了三百块钱，除去口粮二百四十块，剩下才五六十块，够啥用的？全靠着猪啊、鸡蛋啊能挣点外快，为了长久打算，你们也得养猪养鸡，来弥补生活的不足。”我们接受了老人的好心劝告，所以我老伴儿也买了头老母猪，还下了一窝崽子，老母猪下崽子那天我也很兴奋，结果下了七个崽子只活了两个，但这俩崽子非常活泼，使我们这个破败的家多少增加了一线生机，也添了一点乐趣，眼看着猪崽子越长越大，心里非常高兴。没想到好景不长，叫老黑的那个猪崽子不到一百天就死去了，剩下的那只花猪好不容易长到五十斤也无缘无故地死掉了，使人好不扫兴。怪不得有人说家缠万贯带毛的不算，不管是牲畜还是人他们都要吃喝都要生病，有一点儿照顾得不对，就难以存活，后来我老伴儿一赌气把老母猪也卖了。

杜达莲泡旧居所在地

我家那台金龙牌的自行车成了公共自行车，从我们家下乡那天起就不断有人来借，今天张三要赶集借车用一下，明天李四要看病借车骑一下，各式各样的理由把车借走，我们又不敢得罪他们，只好把车借出去，我儿子老铁气愤地说：“那不是咱家的车嘛，我还想学车呢，结果车子老不在家，这个地方的人脸皮真厚，用别人的东西跟自己家的差不多。”我只好劝慰儿子说：“人家管咱家借车是瞧得起咱家，千万别说这种话。”

在春耕正忙的时候，通信员王成文突然到地里找到我，他在地头喊道：“单田芳，电报。”我一听就是一愣，谁能给我来电报啊，什么紧要的事情？尽管我不知道是啥事，心头升起不祥的预感，我赶紧把手中的家伙放下，从王成文的手里接过电报，上面有简单的几个字：父病重，速归。我的心顿时被掏空了。想到我那半身不遂的老父亲，临别时那副伤心的样子又浮现在我的眼前，他肯定是疼子心切，一股急火病倒了。

我赶忙拿着电报以最快的速度来到大队部，进屋一看，大队支部书记、大队公安都在，我把电报交给书记，我说："书记，我爸病重，我想请个假回去看看。"杜××连眼皮都没撂，把电报推给我斩钉截铁地说："不行！"他又训斥我说："你知道你是什么身份吗？刚来这么两天就想请假，谁家的老人不闹病，去去去，回去干活去。"我碰了一鼻子灰，只好又回到地里干活，社员刘凤齐是我们三队的生产组长也就是打头的，此人为人忠厚，对我非常同情，他问我："老单，啥事？"我把经过说了一遍，他说："那得回去啊。"我说："大队不给假，说我刚来的日子不多，像我这种身份的人不给假。"他眉头紧锁，晃晃头说："真他妈不像话，要是他爹有病，他早就尥蹶子跑了。"

我没言语，一直想着我父亲。病重？病到什么程度？难道卧床不起了？要不是情况严重他不会给我发电报的。当晚收工之后，我把这件事跟全桂说了，全桂急得连晚饭都没吃，她要找大队论理去，我知道她嘴不饶人，所以没让她去，我说："也许过两天咱爸的病就好了，用不着这么着急。"我的嘴虽是这么说，可心里却急如火焚，一宿觉没睡好。

我强忍悲痛坚持着下地干活，没出三天，王成文又到地里找我："老单，电报。"我听后，马上心就缩紧了，我把电报接过来一看，字不多，上写：父病危，速归。上次是父病重现在是父病危，我实在控制不住自己的情绪了，硬着头皮又找到大队部，正好这几位都在，我把电报往上一递，又提出请假的要求，杜书记说："我不管病危还是病重，反正不能给你假，你就死了这份心吧，去去去，干活去。"我反驳说："书记，上一次是我父亲病重，有好的可能，我不回去也就罢了，现在电报上明明写着'病危'二字，看来人已经是不行了，我是他唯一的儿子，难道说连见上一面的资格都没有了吗？"杜××把桌子一拍说："你白话什么？行就是行，不行就是不行，快走走走。"说着把我赶出大队部。

在我回到地里的时候，社员们正歇气儿，大家把我围住问怎么回事，我一边抹眼泪一边把电报读了一遍，许多社员都说人都有父母，将心比心，人都病危了，怎么还不给假，这也太有点儿说不过去了，有的人甚至嘟囔道当干部的没他妈的好东西。社员们可以口无遮拦地随便说，这些话我哪敢说，只有默默地承受着痛苦。

收工后，我把电报让我老伴儿看了，我老伴儿说："看来老爷子是保不住了，他们要不给你假，我替你回去怎么样？不管怎么说咱家得回去个人啊！"我说："你是你，我是我，你能代表儿子吗？"她说："可也是，我走了，这个家咋办？"又过了几天，王成文又交给了我第三封电报，上面写着几个字使我眼前一黑，几乎摔倒，上写：父病故，速回。此时此刻，我也顾不了许多，手持电报，迅速跑到大队部，正好几个当家人都在，我控制不住情绪，边哭边说道："书记，我父亲死了，我想请假回去，料理后事，您看可以吗？"他把电报接过去看了几眼，好半天没说话，这次他的态度有所缓和，寻思了一会儿对我说："你先回去听信吧，因为你的情况特殊，大队没权做主，我们需要向公社请示，给假不给假全由公社决定。"

还说什么呢？我也没回地里，直接回到家里，王全桂把电报拿过去一看，也失声哭了起来，房东张大娘不知道发生了什么事，赶忙过来询问，我老伴儿说明了经过，这位心地善良的老太太受了我们的感染她也哭了，她说："人都到了这个份儿上，还不给假，那也太没有良心，太缺德了。"

中午老铁、慧莉放学吃午饭的时候，通信员来了，跟我说："大队请示过公社了，决定给你五天假，允许你回家料理后事，但有个条件，必须准时归队。"我一听如蒙大赦，忙说："谢谢，谢谢。"既然上边给了假，我得马上开始行动，于是打点行囊，带了一百元路费，就要起身，我儿子老铁说："爸，我也去，我爷爷最疼我了，我得回去看看。"我说："你马上到学校请个假吧，咱爷儿俩一块走。"我儿子一溜烟跑到学校，时间不大就返回来了，他说："爸，老师准我假了，咱们马上走吧。"

我们爷儿俩急匆匆离开了杜达莲泡，一口气走到十八里，来到台安县城，这是我头一次进县城，好不容易找到客运站，坐上了去鞍山的公共汽车，我们爷儿俩一路上不断地掉泪，谁也没说话，我的脑子里一直闪动我父亲的身影，不知道此时此刻谁在他的身边，他的后事由谁来料理，想到这儿，我恨不得肋生双翅飞到沈阳。两个小时后，汽车到了鞍山站，我看了一眼这个使我身败名裂的城市，眼前一片模糊。我急忙拉着儿子跑进火车站，买了两张去沈阳的火车票，连夜赶到沈阳。

因为春天天长了，早晨五点多钟已经大亮，火车到达沈阳后，我带着儿子风是风火是火回到我父亲在沈阳的住处，由于时间特早，我用力地砸房门，砸开房门，开门的是我的继母，跟她在一起的是我二妹妹林华，我没想到我二妹妹已经先我一步来到沈阳，进屋还没说话呢，我二妹妹对我发起了脾气，指着我的鼻子说："你好狠心啊，爸爸病成那样，想你想得用头撞墙，又喊你的名字，又喊老铁的名字，结果到死也没把你盼来，你真是一个大逆不道的不孝之子啊！"二妹说的虽然言辞有些激烈，但也是实情，我边哭边对她解释："林华啊，并非你哥不孝，可你哥是什么身份，你是清楚的，我现在已经没有人身自由了，形同奴隶，我早就想回来，可人家不允许啊！"二妹听罢气儿才逐渐消了，问起我爸的后事，继母对我说："你爸所在的塑料八厂，很够意思，都是厂子工会派人处理善后，因为天要热了，尸体不能久存，已经被火化了。骨灰盒就在东塔火葬场寄存着。"我一听急得直跺脚，心说无论如何也得等着我见上一面哪，怎么我没回来就火化了呢！可一想人家也是出于好心，替我处理了后事，以我的处境，有什么理由埋怨人家？于是我提出要到火葬场去取骨灰盒，我二妹妹陪着我带着老铁坐着车子来到东塔火葬场，按号牌找到了我父亲的骨灰盒，他的骨灰盒是最便宜的，才八元钱一只，但质量还交代得过去，上面贴着父亲一张生活照。

我和我妹妹手捧骨灰盒坐在大厅里号啕大哭，老铁也放声大哭，嘴里不住地喊："爷爷我和我爸来看你了。"我二妹妹也哭得死去活来，在那种场合，到处都是哭声，谁也不笑话谁，我们一直哭够了，才逐渐地止住悲声，回过神来，我才问我妹妹我父亲死去的经过。

我二妹已经结婚，爱人是北京人，是钻研矿井勘测的，现在在沈阳矿务局清水台二井工作，跟我妹妹也在二井安了家，因为当时我的处境非常艰难，自顾不暇，二妹已经成人了，她的婚姻她做主，所以我一点儿消息也不知道。因为二井地处沈阳边缘，她跟我父亲是有联系的，我父病重后，是继母给她拍了电报，她才赶到沈阳，那时我和大妹三妹四妹都不在父亲身边，全靠二妹替我们尽孝了，再加上塑料八厂工会的支持，才给我爸安排了后事，钱都是工会出的。

我跟二妹说："大队只给了我五天假，我还要急着赶回去，关于父亲骨灰盒的事，我是儿子我应该带走，至于将来安放在何处还不好说。"二妹同意了。另外就是继母的问题，我俩一商量，父亲家里本就贫穷，没有什么值钱的东西，破东乱西的东西倒也不少，就全给继母了，她自己的事情她自己处理吧。我俩决定之后，办理了取骨灰盒的手续，用个包袱包着，捧回到我父亲家中。

我俩跟继母介绍了情况，也对她说了些感激的话，继母边哭边说："你父亲命苦啊，我的命更苦，本想找个依靠的人，没想到他半道走了，既然你们兄妹都同意，咱们就各走各的路吧。"就这样，我和二妹带着老铁赶到二井，第一次与我二妹夫见了面。二妹夫是个知识分子，为人也很好，对我的事深表同情，但又无能为力，他找出很多件劳动服和劳动手套，让我带到农村去，我的确需要这些东西，在农村干活，又费衣服又费手套，他还给我买了两条烟，拿了二十块钱路费，我和老铁匆忙地住了一个晚上，就向他们辞行，赶回杜达莲泡。回家后，我把骨灰盒放到桌子上，用一块红布盖好，不知道的也不知道是什么摆设，我对全桂介绍了经过，全桂说："这骨灰盒咋处理啊？"我说："天不是咱的天，地也不是咱的地，我也不知道埋到哪儿合适，就暂时放到咱身边吧，等将来选块好地方再让他老人家入土为安。"我老伴儿同意了，接下来我赶紧到大队去报到，大队一看我四天就回来了，也没说什么，此后照样下地劳动。

我这个人除了说书之外，干什么都不中用，笨手笨脚，无一长处，在劳动当中既陌生又拙笨，出了不少的笑话，难怪生产队的领导经常批判我。不是我找客观原因，一是我没干过农活，二是从未参加过这么繁重的体力劳动，就拿挖沟来说，每人一段，人家早都完成了，连妇女都干在我前面，而我却一个人还在汗流满面地吭哧吭哧地干着，而且挖的那沟又浅，坡面又不平滑，政治队长杜景贵站在沟边指着我鼻子说："单田芳，你连一个老娘儿们都不如，看你干的活，跟狗啃似的。"社员们听了哈哈大笑，队长说的确实在理儿，虽然我用尽了全力，却依然干不快，的确不如女人。因为干活我总被落在后头，挨训是免不了的事，为此我很苦恼。许多老农在背后对我说："老单哪，你过去说书是一门学问，农活也是一门学问，看似简单，不会技艺你也干不了，就拿挖沟来说，如何用力如何下锹都有一套学问，你光靠两个膀子用力是不行的，还得用腿顶，借助腿的力量和腰部的力量，才能挖得深，速度才能提高，另外土跟肉差不多也是讲横茬和竖茬，你得顺着茬口挖，一锹挨着一锹这样才顺当，否则你东一锹西一锹，就会挖个乱七八糟，所以你费力不出活儿。"我听罢之后心存感激，往往在收工之后，我找个没人的地方，开始练习，一点一点摸索经验，有道是世上无难事就怕有心人，经过无数次的练习之后，我的劳动速度大大提高，半年之后，比任何人都不差，我颇感自负。

还有就是推土车修大坝的事儿，这是一年当中冬季的重头戏。每到冬天，农活干完了，劳力都得修坝，防止第二年洪水来袭，这可是一项强体力劳动，开始的时候我不会推土车，一推车就翻，车上装的土撒了满地，妨碍了后面的人过去，同时我装的土比别人都少，尽管我使尽浑身的力量，也是驾驭不了土车，正因为如此，在分组干活的时候，哪个组都不要我，嫌我是个累赘，往往人家都分完组了，就剩下了我一个人，站在地边没人要，非常尴尬。我心说我活在世上还有什么用，简直就是废人一个，跟买货一样，好的都被人挑走了，破烂的谁要，我就是那堆破烂，但每次都遇上好心人，像刘凤海、刘凤江、刘凤齐、张士凡等人还主动提出来要我，我真是受宠若惊，下决心不给人家丢脸，但是事与愿违，依然是推不动车，经常车子翻到过道上，严重影响了别人干活，虽然我两条膀子都要累折了，却怎么也改不了失败的痛苦。后来我农村的好朋友刘凤齐偷着教给我，他说："老单啊，推土车要有窍门，你看见没，我们每个人都有一条袋子，叫挎袋，往脖子上一搭，一边还有个套，套在土车的手把上，推的时候腰要往前弓，两只手驾驭方向，全靠脖子和腰上用力往前推，这样才能平稳，还不用太费力，这就叫有钢使到刃上，你想一车土都有六七百斤，光靠两个胳膊哪能支持得住。"我听罢如梦方醒，哦，这里边还有这么多学问，刘凤齐还建议我，自己掏钱买辆好点的土车，因为这种交通工具不是属于公家的，是每个劳动力必备之物，我回家和我老伴儿说完之后，花了二十五块钱买了一辆土车，还特意请刘凤齐过来帮着做指导，我老伴儿帮着我做了两条挎袋，用麻绳编的，能有五尺多长，外面包了一层厚厚的布，恐怕把脖子和两臂勒伤了，经过不断地学习和努力，我推土车的本事迅速提高，后来竟成为三队一流的土车手，往往一车重有六七百斤，我都可以轻松驾驭，从过去没人要的我，变成了抢手货。

每年的秋收，是最忙的季节，不管是割麦子割高粱，还是玉米秸，都离不开镰刀。我是左撇子，用普通的镰刀不好使，我也不会使那种劲，结果割的七长八不短，人家全干完了，我还吭哧吭哧地在后面干，说什么也赶不上人家，有几次不小心，竟用自己的镰刀把自己的迎面骨划伤了，往往遇上这样的时候，就有社员挑头说："来，大伙都搭一把，让老单快点把活干完，大家一起歇着。"结果大家一动手三下五除二就把活干完了，真是人多好干活啊！

就在我下放的第二年，铲地的时候，公社下来调查组监督各生产队的劳动。他们也像模像样地干活，其实是监督农民干得咋样，我知道这都是找碴来的，因此倍加小心，干得虽然很慢，但是保证合格，除了速度跟不上，其他方面没的可挑。人家都早干完了，站在地头上歇气，一个个手拄着锄头看着我干活，我使劲地干哪干哪，好不容易干到地头了，只有两米就干完了，我一看工作组的人也在盯着我，结果一紧张，嚓嚓两刀砍下两根苗来，这下可捅了马蜂窝。当天晚上生产队召开批斗大会，我站在群众当中弯着腰低着头，当年工人剧场的情况又重复出现了，工作组说我有意挑衅，在他们的眼皮底下破坏生产，铲苗不铲草，这是阶级敌人有意破坏，应该严厉批判。自从我到农村后，也被批斗过几次，但是生产队的批斗也就是走走形式而已，有两个人发几句言就结束了，唯独这次不同，大队干部、小队干部显得格外严肃认真，那位政治队长杜景贵还朝着我的屁股使劲儿踢了一脚，然后问我："你是不是有意破坏？"我心里委屈极了，把双手亮出来叫他们看，我两只手全是被锄刀杆磨出的大泡，我分辩说："那是因为我紧张过度，眼一花铲错了，即使我想破坏生产，也得偷着干，怎么能在众目睽睽之下铲苗不铲草呢？我用心没用心全在两只手上体现出来了，你看我满手的血泡像是偷懒的样子吗？"他们说我不老实，一顿猛烈炮轰，当天晚上还不允许我回家，要把生产队收拾干净才能回家睡觉，因为社员们发言不积极，工作队得给他们打气儿，这些话都不能让我听见，所以叫我到院里去听信儿。

我离开生产队，找个没人的地方往那儿一坐，一边抽烟一边生闷气，首先恨我自己怎么那么笨，越怕出错越出错，还怪人家批我斗我？都是自己找的。那时我发现草垛后面有个小黑影闪了一下，我敏感地预感到是我儿子老铁，我马上走过去，一看果然是老铁，他是奉母命来打探情况的，一见面他就小声地问我："他们又打你了？咋这么晚还不让你回家？"我说："爸今晚上不能回家了，现在批斗会还没结束，即使结束了我也回不去，领导叫我把院里的卫生都收拾干净了。"老铁说："我回去告诉我妈，再把我姐找来，我们俩帮着你干。"我说："算了算了，快走快走，万一被人看见不好。"正在这时有人喊我的名字："单田芳。"

我知道批斗又开始了，急忙回到会场，往原地一站低着头等候批判，至于他们说什么我记不清了，我就知道阶级敌人长阶级敌人短、阶级敌人搞破坏，要密切监督阶级斗争的新动向等等，总而言之、言而总之，谁嘴上都离不开阶级斗争这几个字，我在那儿弯着腰听着，头脑都有点麻木了，要不是我尽量控制着，我都要睡着了，好不容易盼着批斗会结束了，社员们可以回家睡觉去了，就剩我一个人抄起扫帚打扫院落。生产队那个院太大了，占地足有二亩，要想打扫干净，实在不是一件容易的事，正在这时援兵到了，我儿子老铁、我女儿慧莉奉母命前来支援我，我心中好一阵难过，多好的孩子啊，若不是受我的牵连何至如此？原本不想叫他们帮忙，因为我实在干不动了，才同意他们动手。生产队的院里有一台小驴车，于是我就当那头驴，把驴套包子套在我脖子上，架起那辆小驴车，儿女们往上装垃圾，装满之后我拉他们推，送到该送的地方，我心说我现在已经不是人了，变成一头毛驴了。我们爷儿仨一直干到半夜三点，总算把院子收拾干净了，这才起身回家。在我下放之后，儿女给我帮了不少的忙，每逢割地、铲地或者是挖沟，他们都会放下书包帮着我干，人家是一个人干活，我们得三口人干，别看儿女当时还小，可是帮着我解决了不少问题。我老伴儿给我准备了夜宵，她一直盼着我们回来，我看着桌子上的饭菜，一点食欲也没有，到了自己家里，才可以说几句实话，我说："我就是个倒霉鬼，怕什么来什么，你说今天挨的这场斗，冤不冤？"我老伴儿长叹了几声："唉！你就别发牢骚了，这不过是个开头，往后还不定有多少次呢？我劝你该吃吃该喝喝，千万把身子骨保护好，就当他们狗放屁了。"我一听也对，把桌上的饭菜吃干净了，倒头便睡，迎接第二天更加繁重的劳动。

1971年秋天，我们正在繁重的劳动中忙活着，突然通信员王成文叫我的名字，我不知道什么事，问他："怎么回事？"王成文说："你回家把行李准备好了，到大队去集合。"我一听就蒙了，不知道又发生了什么祸事，难道要远征吗？要不拿行李干什么？但是上命难违，只好忙不迭地回家收拾行李，我老伴儿忙问："你这是要上哪儿去？拿被褥要干什么？"我不耐烦地说："谁知道他们又出什么鬼点子，人家叫我拿我敢不拿吗？"

就这样我拿着行李赶到大队，往院里一看，杜达莲泡几位显赫的人物全都到齐了，其中有三队的我和老杨、二队的周氏父子、六队的两个老地主，还有那个当兵的小偷老施，每人身边都放着行李，看样子谁脸上都带着茫然不解。我们彼此之间谁也不敢说话，就等着上边的命令，一会儿大队公安王凤山出来了。王凤山是杜达莲泡人，当过兵，转业回来就被选上了大队公安，此人长得人高马大一张黑脸，对待我们好像对待牲畜似的，毫不留情，从来就没有个好脸，对我们干的活是横挑鼻子竖挑眼，有几次，我们到大队汇报思想活动，都是他命令我们把大队里比三间房子还大的柴火垛从东边挪到西边，我们几个人手刨脚蹬干了一个晚上也没挪完，本来白天就累了一天了，晚上又得不到休息，这么繁重的活，焉有不累之理？累得我腰酸腿痛，眼前发花，后来躺到地上，直了半天的腰，一队的老地主看了，压低声音对我说：“老单，快起来吧，这要叫王公安看见，那还了得？”我说：“他早就回家睡觉去了，能看见个屁！”他说：“那也不行啊，你知道谁要坏给咱们告密。”我一听他说的有理，又咬咬牙站起来接着干，没隔几天也是这位王凤山命令我们把柴火垛从西边再挪回东边去，结果我们又是通宵的一场苦干，在他眼里我们就是牲畜不是人。

我从心往外恨透了他，但表面上又不敢有丝毫的反抗，现在他又出现在我们面前，告诉我们规规矩矩地站好，哪儿也不准去，听候他的命令。我们几个人谁也不知道这葫芦里卖的是什么药，大约十几分钟之后，王凤山和民兵排长卢必光来了，卢必光对我们说：“向右转，跟着我走。”说话的声音不高，也不怎么严厉，跟王凤山截然不同。我们七个人跟着卢必光来到三家子一处空房里，三家子离杜达莲泡三里地，这所空房是三家子小学被遗弃的房子，原来是教室，现在变成了仓库，说仓库其实里边没什么东西，卢必光让我们打扫卫生，放下行李，对我们说：“从现在开始，人民群众要对你们进行管制行动，不论是上厕所，还是干什么，都要先请示，任何人不准随便行动。”说完了有两个戴袖标的民兵（也是三队的社员）在门前站岗，卢必光也走了。当天晚上有人给我们送饭，吃完之后，我们坐在炕边儿，王八瞅绿豆，大眼儿瞪小眼儿，谁也不说话，都在想着心事，谁也猜不到下一步是什么样的命运。

点灯之后，我心里又烦又恨的王凤山又出现在众人面前，还有两个公社的干部，他们像审视贼人一样看着我们七个人，我们赶紧站起来，一字排开，站在他们三人面前，他们大模大样坐在我们对面，王凤山说：“你们知道为啥把你们集中起来吗？”我们齐声说：“不知道不知道。”王凤山说：“好，那我就告诉你们，林彪叛国出逃，摔死在温都尔汗，你们知道不？”

我听了这个消息之后，身子一震，神经立马紧张起来，心说林彪是我们的副统帅啊，是党章规定的主席接班人，我们喊了几年林副统帅永远健康永远健康，他为什么要叛党呢？又怎么会摔死在温都尔汗呢？顿时心中升起种种疑团，这的确是震撼人心的一个消息。

正在我胡思乱想的时候，王凤山又说话了：“今天晚上把你们集中在一起让你们汇报一下思想，对林彪的死你们是怎么看的？必须得说实话。”他首先问六队的那个老地主：“你先谈谈吧。”那个老地主平时本就胆小，口齿也不伶俐，早就吓破了胆，经公安这一问他，他当时傻了眼，一边擦汗一边说：“我也不知道是咋回事，叫我说啥啊？”一句话把王凤山惹恼了，他走上前去，拍着老地主的脑袋说：“方才我说得清清楚楚的，林彪叛国出逃摔死了，你听到这个消息是难过啊还是高兴，谈谈你的思想活动，难道这个你也听不明白吗？”老地主说：“他叛党出逃，是错误的，应该摔死。”王凤山大声呵斥道：“叛国出逃是重罪，这能叫错误吗？干脆你就回答一句话你是高兴啊还是难过？”老地主不知道是咋想的一句话说错了，他说：“我难过。”这下把公社来的那两位干部也气乐了，赶忙问他：“你为啥难过，你心疼林彪咋的？”老地主知道自己说错了，吓得差点瘫倒在地，一个劲儿摇头晃手说：“不、不、不，我不是难过，我是高兴。”王凤山又问他：“你高兴什么？”他说：“党内出了个大坏蛋，摔死了少了个祸害，所以我才高兴。”有个公社干部问他：“你到底是高兴还是难过，说真心话。”他说：“要叫我说真心话，我是难过。”王凤山说：“哎，这就对了，这才是真心话，这就叫兔死狐悲，物伤其类，林彪叛党你反党，你们是一丘之貉，能不难过吗？”老地主一听不对劲儿，又改口说：“我不是那个意思，我是说林彪官够大的了，挨着毛主席，多光荣啊，他又是接班人，摔死了怪可惜了的，我才难过，要不叛党有多好啊。”王凤山说：“这么说你是可惜他了，心疼他了？”老地主好像发神经似的举起一只胳膊说：“打倒反革命分子林彪，林彪罪该万死，他死了我高兴得要命。”王凤山说：“你说的都是什么玩意儿，乱七八糟的，连句人话都说不明白，你给我滚到院里去，叫风吹吹你那地主脑袋，想好了词再回来答复。”这位老地主涨红了脸，满头是汗，赶紧到外面听信去了。

屋里剩下我们六个人，第二个审问的是周士的父亲老周头，他叫周什么我记不住了，王凤山问他：“老周头，你咋想的？别兜圈子，照直说。”老周头毕竟读过几天书，又是从鞍山被遣送来这儿的，说话自然比那老地主强一些，他回答说：“林彪死了我高兴。”王凤山问他：“为什么？”老周头回答说：“林彪背叛共产党，驾机出逃，就是背叛祖国背叛人民，罪该万死，他摔死了是一件好事，所以我心里很高兴。”王凤山冷笑一声说：“你说这话骗谁呢？实话告诉你，林彪没死之前，曾经主持过几次秘密会议，其中有一条就是如果他掌握了政权首先就废除四类分子和反革命分子这个规定，林彪如果真要走到那步，你们都不是反革命了，从这一点来说他应该是你们的恩人哪，你怎么还高兴呢？”老周头说：“他开没开会我不知道，他都说些啥我也不清楚，我就知道他是个大坏蛋,他死了是罪有应得,所以我才高兴。”说着他用手中的拐杖还咣咣地直杵地,表示对林彪的气愤,王凤山说:“你老拎着个棒子干什么?是不是想随时随地进行阶级报复?”老周头说:“我老了,直不起腰,走路也困难,全靠这棒子借劲。”王凤山上去一把把老周头手中的拐杖夺下来,扔到了外屋,老周头一侧歪,好悬没摔倒。

挨着老周头的是他儿子周士,周士长得人高马大,个头能有一米八以上,又年轻体力又健壮,他赶紧把他爹扶住,狠狠地瞪了王凤山一眼,我见势不妙,因为我挨着周士站着,所以我偷着拉了周士一把,示意他一定要稳定情绪不要闹出乱子,周士心领神会,把他爹扶稳当了,什么话也没说,也许王凤山没觉察这一点,接着问老周头:“咱就说实话吧,林彪死了,你到底是高兴还是难过?”老周头大声回答:“我高兴,像他这种大坏蛋死了才好呢,不但我高兴,全国人民都高兴。”王凤山又说:“你是人民吗?你有什么资格高兴?”老周头说:“虽然不是人民,但好和坏我还是分得清的。”王凤山用力一拍炕沿高声喝道:“你能分清个屁,你要能分清好和坏来,何至于变成了反革命分子?快滚到院里去,陪着那老地主过过风,清醒清醒再回答。”

接下来他又问周士:“林彪死了,你是什么心情?高兴啊还是难过?”因为这句话反复问过多次了,周士早有思想准备,他直截了当地说:“高兴、高兴。”王凤山问:“为什么高兴?”周士说:“坏人死了,好人都高兴。”王凤山又说:“这么说你是好人了?”周士大声说:“我不是好人,我是坏分子。”王凤山说:“你也不是好人,林彪也不是好人,你怎么能高兴呢?骗谁呢你?”周士也是个不知道天高地厚的人,他大声回答说:“那你叫我怎么说,你教教我怎么说才对?”那两个公社来的干部一听就急了:“哎哟,你小子要翻天哪?还敢质问国家的公安干部?来人!”他就像县太爷升堂似的,一声喝喊从外面进来两个民兵,王凤山说:“去找条绳子把他给我捆起来。”两个民兵也不知道到哪儿去找绳子,当时就愣住了,周士也不是个省油灯,见势不妙又把话拉回来了,他说:“三位领导,你们消消气,我天胆也不敢质问公安干部,我是因为没有文化不知道怎么回答是好,一着急才那么说的,请你们给我一个机会。”这句话果然起了作用,这叫君子不吃眼前亏,王凤山一挥手把那两个民兵打发走了,也不问周士了。

下一个就轮到我头上了,我早就听得清清楚楚明明白白,心里也做好了准备,如果他们问我我该如何回答,总之在这种场合,人家是小炉匠戴眼镜找碴来的，你怎么回答也不对，现在轮到我头上了，王凤山还是那套词，我说："因为平常我们看不到报纸，也听不到广播，关于林彪是怎么回事，我们一点儿也不清楚，既然公安说了，他叛党出逃，摔死在温都尔汗，我心里非常高兴，因为国家少了个祸害，毛主席身边少了个定时炸弹，这是人人都高兴的好事，我虽然是现行反革命，对他的死我也是非常高兴的。"王凤山听罢冷笑着说："你不愧是个说书的，说出话来，八面玲珑，我再问你一句，你是真高兴吗？"我把胸脯一挺说："当然。"王凤山不问我了，我也没想到就这么顺利地过了关。

结果在审问当过兵的小偷老施的时候，出了大笑话，王凤山问他是难过还是高兴，他不言语，问他是不是聋子，老施说："我才不聋呢。"王凤山说："你不聋咋不说话？"他说："我早就想好了，咋说也不对，还是让我也到院里去过过风吧。"说罢转身就走，被王凤山一把拽了回来："谁让你出去了？我的话还没问完呢？"老施说："问也是那么回事儿，不问也是那么回事儿。"王凤山说："你表个态度，林彪死了，你倒是难过还是高兴？"你猜老施是怎么回答的？他说："林彪死不死跟我没有任何关系，我就知道吃不饱肚子难过，吃饱了高兴，别的一概不知。"王凤山气得给了他两个耳光，还没等问他，他又说："我就知道谁打我我难过，不打我我就高兴，现在地里活儿那么忙，放着活儿不干，把我们圈到这儿，这是何苦？"那两位公社的干部说："冲你的意思是说我们没事找事了？"老施低着头嘟囔了一句："我看也是。"王凤山气得又踢了他一脚，他说："踢我就难过，不踢我就高兴。"

我心里乐得肚子疼，这下王凤山遇上滚刀肉了，不知道出于什么原因，第一次审讯就此告一段落，有位公社的干部说："你们听好了，现在是特殊时期，对于阶级敌人我们要严加看管，你们彼此之间也要揭发检举，立功赎罪。"说完，他们三个人走了，一贯不爱说话的老杨，那位杨连长对老施说："兄弟，谢谢你了，要不是你，我还得接受审问。"老施苦笑了一下说："林彪叛逃，坠机身亡，死了活该，我也想坠机身亡，临死坐回飞机过把瘾，可惜没有那个条件，连死的资格都没有。"我怕外边有人偷听，马上制止他们说："别说了别说了，谁也别说了。"

不一会儿民兵排长卢必光来了，他跟那三个人截然不同，他说："待会儿你们就休息吧。"跟在他身后的是老周头和老地主，他俩问卢必光："王凤山叫我们出去过过风，说一会儿还得问我们呢。"卢必光一笑说："问什么啊，休息吧，什么也不问了，你们就老实点儿，听点儿话就得了。”他又说，“现在秋收，社员们都忙死了，你们几个在这儿一待，多清闲啊，从明天开始，你们也得参加劳动。”我问：“我们干什么活儿啊？”卢必光说：“生产队没有土坯了，你们几个人就脱坯吧。”

从第二天开始，我们七个人和泥的和泥，浇水的浇水，找了块儿空地，开始脱坯。那周士，一看没人监督，好像孙猴子摘掉了紧箍咒，乐得在空地上翻了几个跟头，老地主神秘地说：“周士你还会这两下子，过去练过武术吧？”周士把胸脯一拍说：“正经练过几年呢，真要动起手来，他们仨也不是我一个人的对手（指那几个干部）。”说着他脱掉衣服，又挑水又和泥，一个人顶我们好几个人。三天之后，卢必光来了，跟我们说：“大家把东西收拾一下，明天就可以回家了。”大伙儿听了非常高兴，卢必光把我单独叫到外面对我说：“你老伴儿说家里困难，求我把你家的自行车卖了，卖给四队的一户人家了，四十五块钱。”说着他把四十五块钱交给我：“明天你回家交给大嫂。”说着他又问我：“你的腿还疼吗？”我说：“一点儿都不疼了。”话语虽然不多，我对卢必光这种一贯善解人意的人是非常敬重和感谢的。

第二天我们背上行李各自回了家，我把钱交给我老伴儿，我老伴儿问：“受罪没？”我说：“没有，除了扯淡就是扯淡，无非就是走走形式呗。”当天晚上我老伴儿偷着问我：“队上人都说，林彪摔死了，真有这回事吗？”我说：“看来是真的，这种事怎么可能是谣言呢？”我老伴儿又说：“不是说林彪是毛主席的接班人吗？他怎么会背叛共产党呢？”我说：“你问我我问谁去，肯定是有原因呗。”我叮嘱她说：“类似这种大事，别人爱说什么说什么，咱可别跟着掺和，别人说错了没什么，要是咱说错了，就不得了了。”

第二天，我们又下地干活去了。1971 年收成还真不错，苞米棒子非常大，高粱长势也很好，社员们来了精神，每次在拉苞米的时候，我都是那个装车、跟车的，车老板都喜欢我，并不是因为我能干，而是知道我不给他们泄密，因为他们每个人都偷苞米，十个有九个换成大裤子，肥肥的裤裆里能装上几十穗苞米，卸车完了，老板们回家，把裤裆里的苞米棒子放下，又带上我装车去了。有几次，车老板一边往裤裆里装苞米一边对我说：“老单，你也装几穗吧，没关系，这是公开的秘密，我也不会跟大队说。”我连忙谢绝说：“不用不用，我可不敢干这种事。”

当时在农村流传个顺口溜，说什么十个社员九个偷，人人都缝个大挎兜，只因口粮不够吃,不偷也是白不偷。

我记得每年秋收的时候,公社都要派工作组到各个大队驻扎,监督各大队的收成,防止社员偷盗,可是在我眼中看来收效不大,只不过走个形式而已,比如说掰苞米每个社员分成几趟,有的社员不把苞米掰净,有意留下几棵,等晚上没人的时候,或者方便的时候就把残留下来的掰下来拿回自己家里。难道社员成心当贼吗?不是,因为他们的口粮问题解决不了,十家九户粮食不够吃,他们又没有挣钱的办法,被逼无奈,才这么干的。

不说别人了,还说我自己吧,在秋收结尾的时候,我们的房东老张太太不知道出于什么原因,向小队提出要求,叫我们搬出她家,她说房子有用场,说什么也不收留我们了,小队开始做她的工作,但是老太太就是不答应,而且把这件事还向大队做了反映,甚至到了限令我们搬家的程度,生产队考虑再三答应了老太太的要求,但是把我们一家安置在什么地方呢?小队发了愁,平心而论,谁家也不愿意跟外来户住在一起,何况我还有问题,即使有空房子,人家也说没有,为此生产队开了几次会。

由于老太太逼得急,最后生产队队长刘凤久挺身而出,他说:“谁让我是队长呢?那就叫老单家搬到我家去吧,然后咱们再选地址抓紧时间给老单家盖一处房子,这件事迟早是要解决的。”刘凤久一锤定音,两天后,我们从张家搬出来,住进刘凤久大哥的家里,依然是三间房,他们住东边我们住西边,中间的房子两家使用。说到刘凤久我要多说几句,在杜达莲泡刘姓几乎占了五分之二,户大人多,你随便拉过一个人来,一问就姓刘,另一个大户姓杜,其他的属于杂姓,正因为老刘家户大人多,所以他才被选上生产队长。此人性情随和,心地善良,从来没有小瞧过我们,对我们虽然谈不上有什么照顾,起码没欺负过我们,就这件事来说他是救了我们的急,我们一家人对刘凤久大哥千恩万谢,刘凤久的爱人刘嫂是个女中豪杰,也是一个生产能手,干活干净利落,是个很爽快的人,有什么说什么,从不拐弯抹角,她跟我老伴儿也很合得来,每到晚上没事的时候,刘凤久就到我屋里闲坐,他是我在杜大第一个相信的人,我把我一肚子苦水曾经向他倾诉过,刘凤久说:“你既然这么冤枉,为啥不向上边反映?”我说:“反映过,但是毫无结果。”他说:“那就一个劲儿反映,木头就是木头,石头就是石头,迟早有一天就会辨清楚。”在他的鼓励下,我抽时间给市里面写了几份申诉,说明我被迫害的经过,以及定性的不准等情况,希望市里能重新审查。

在此期间，我老伴儿拿着我的申诉信，回过几次鞍山，把信投递到市访办，也跟市访办的工作人员详细谈了我的情况，我虽然抱有一线希望，但总感觉这件事有些渺茫。秋收之后，大家的工作闲下来了，生产队抽出男女十几个人，包括我在内，在前街给我盖新房，那时的天已经很冷了，早晚都有霜冻出现，所谓的盖房其实就是用土坯垒，全是泥和草，一锹一锹堆砌起来的。还是那句话，人多了好干活，再加上工期短，时间不等人，在入冬之前，一定要把房子盖好。不到半个月，果然一处新房盖成了，还没等房子干透呢，全桂就主张搬家，因为住在刘家，我们实在于心不忍，一旦迁怒了人家，再被人家赶出来就没有意思了，凤久大哥说："不忙不忙，现在天气凉，湿土还没干透，这样住进去对人不好。"

我老伴儿跟我商量了多次，最后还是决定提前搬走。就这样，我们又迁进了前街的新房，这是分里外两间的房子，里屋住人，外屋做饭养猪，堆放杂物。不到二十天就盖成了一处房子，质量可想而知，入冬之后，天上飘着雪花，屋子里比外边都冷，全靠着一铺火炕取暖，我身体好，顶得住，我老伴儿的老病又犯了，她原本就有严重的气管炎，每年入冬都要犯病，今年由于着急上火，比往年的病要重了一些。为了给她取暖，我们在屋里给她盘了个炉子，外边烧大灶，里边烧炉子，好提高温度，房盖和房山都是缝子，外边下雪我家屋里也飘着雪花，我只好带着孩子用棉花和报纸以及不用的东西去堵这些空隙，让病重的老伴儿住在炕头，头前拉个帘挡风，晚上睡觉还给她戴上棉帽子，可是她的病日渐沉重，卧床不起。家里的顶梁柱倒了，没人做饭喂猪了，给我增加了极大的压力，只好靠着女儿做饭、喂猪、喂鸡，我每天还得起早贪黑地下地去干活，后来我看老伴儿病情太重了，心说这下完了，当初我劝你不要跟我下乡，你执意不听，非要跟我一起来分担痛苦，结果把小命扔到这儿了，在农村没有医院，只有赤脚医生，都不住在我们队，一个住在二队一个住在四队，一个姓谭，一个姓杜，都是男孩。说起来这两位赤脚医生还是比较负责的，自从我老伴儿病倒之后，我们没短了给人家找麻烦，他们轮流着到我家给我老伴儿诊治，但始终不见功效，这是因为我老伴儿得了肺气肿，需要好药治疗，条件又那么艰苦，所以病情日甚一日。

有一天晚上，我老伴儿眼看就不行了，我也认为她大概坚持不住了，就趴在她的耳边问她："你还有哪些话说，有什么要求没有？"她晃晃头跟我说："药、药，快买青霉素。"我忽然想到我们三队住着个叫张金凡的，他爱人叫张凡贵，平日跟我老伴儿处得不错，因为她能干，心肠又热，外号叫假小子，我连夜找到金凡家，见着凡贵弟妹，向她提出要求：“你能不能给我弄几支青霉素，我在这里两眼一抹黑，谁也不认识，也不知道到哪儿去买这种药。”因为金凡媳妇和赤脚医生小谭沾点亲，她说话比我管用多了，那天已经晚上九点多钟了，外边下着雪刮着北风，金凡媳妇要想找着小谭往返得十几里路，换成旁人谁都不愿意去干，可是金凡媳妇却侠肝义胆、见义勇为，听罢之后，二话没说，戴上帽子穿上大衣就找谭大夫去了，她对我说：“大哥，你回家服侍大嫂去吧，这件事就包在我身上了，实在弄不着药，我就托人到县城去买，救大嫂的命要紧。”

望着金凡媳妇的背影，我感激地流下了眼泪，多好的人哪，我们跟人家一不沾亲二不带故，关系平平，没想到危难之时人家竟能伸出援手，我说过许多部书，经常提念某某人侠肝义胆、见义勇为，但只是那么一说，事实上没见过几个这样的真人，金凡媳妇可谓其中之一，我回到家里跟全桂说了，她也感动得直掉眼泪。

当晚十一点多钟，有人敲门，我就知道是金凡媳妇来了，就好像迎接救星一样，把金凡媳妇和谭大夫接到屋中，只见他二人满身是雪气喘吁吁，进屋脱掉衣服，摘掉帽子，谭大夫就开始给全桂打针，金凡媳妇说：“大哥，人用的青霉素没有，我给弄了十支兽用的青霉素，小谭说给人注射也没关系，作用是一样的。”我连忙点头称谢，青霉素打完之后，谭大夫说：“明天早饭后，我还来，看看病情再定。”说罢人家连口水都没喝和金凡媳妇就走了，我老伴儿少气无力地对我说：“千万记住，金凡媳妇和谭大夫可是咱家的恩人哪，不管我在不在，你要想办法报恩。”我说：“你安心养病吧，我心里早就有数。”

也许是王全桂命不当绝，这一针兽用的青霉素果然发挥了作用，第二天早饭前她精神多了，还主动地喝了半碗粥，不一会儿谭大夫来了，看到全桂病情有所好转，他也是满脸欢喜，他说：“大嫂你不必害怕，青霉素的事就包在我身上了，实在不行，我还能给你找着好药，这十瓶兽用的青霉素是应急用的，因为时间不等人，我没有办法，只好仗着胆子给你注射了，昨天晚上我回家一宿没睡着觉，怕药起副作用再把你小命搭上，我可就作了孽了。”说罢他和全桂都笑了。

十针青霉素打完了，我老伴儿的病也好了八成，可以下地给我们做饭喂猪了，我长出了一口气，谢天谢地，真遇上好心人了。春节快要到了，我破例叫我儿子老铁到三家子买了两挂小鞭，三十晚上和初一早上各放了一挂，以示祝贺，我老伴儿从包袱里面拿出一件她最喜欢的紫色毛衣，自从下乡之后，不敢打扮，这件毛衣从来没穿过，我老伴儿把毛衣用包袱包好，带着我以给金凡拜年为名到了他家，金凡媳妇看到我老伴儿好了非常高兴，她边掉泪边说："大嫂啊，说句心里话，我认为啊，你这条小命保不住了哪，即使弄来青霉素也怕救不了你的命，没想到老天睁眼，福星高照，你这叫死而复生啊，可见你做了不少好事，老天爷都保护你。"我老伴儿说："我们一家要感谢的人是你，是金凡和谭大夫，要没有你们帮忙，我真的就活不成了。"说着把毛衣递到她手上，我老伴儿说："我手头上没钱，这点东西不成敬意，你留下做个纪念吧，全当作为你的跑腿钱和药钱了。"金凡媳妇说什么也不要，她说："大哥大嫂你们把我看成什么人了，救人救急是应该的，我可没有叫谁报答的心，天这么冷，你留下自己穿吧。"她俩像拉锯似的，折腾了半天，金凡媳妇说什么也没收，我老伴儿含着眼泪说："好妹妹，姐姐绝忘不了你的大恩，一旦我家混得好些，姐姐一定加倍报答你的恩情。"之后，我们两家走动的是比较亲近的，每次我老伴儿从鞍山上访回来，总是捎回一些小物件送给金凡媳妇。

人是离不开大夫的，尤其我老伴儿那小体格，一年四季总离不开打针吃药，谭大夫和杜大夫这两位赤脚医生为我家付出了许多辛苦，我们也给人家找了许多许多麻烦。

春天快到了，有一天早晨我突然发现，杜达莲泡大队的副大队长叫杜新春，他在去大队部的路上必须从我家门前通过，他每次都是站在我家门口，背着手打量半天，我心生疑虑，不知道这位副大队长老打量我家房子干啥？

后来我才知道，原来这位话语不多的副大队长也是一位好心人，他打量我家房子，是因为房子有点垮塌的危险，他怕春天一开化，房子突然倒塌，就得出人命，因此他跟第三生产队商量，还要给我盖新房，他说："这房子危险，不管单田芳是不是反革命，真要出了人命也不是闹着玩儿的，应当抓紧时间给他盖新房，那个房子不能再住了。"类似这样关心我们的干部少之又少，可见杜新春心地善良是个负责任的好干部，在他的督促下，三队开始考虑给我盖新房的问题，到什么地方选房址呢？生产队真是大费周折，后来终于选定了一处叫孟家岗的地方，决定在那儿给我修一处新房。孟家岗在三队的东边，原是三队最高的地方，所以叫孟家岗，当初岗上有座小土地庙，很多村民都到那儿烧香，传说那儿的地皮太硬，一般人不敢冒犯，土地庙消失之后，就成了一片荒地，谁也不愿意去那儿盖房，总觉得不吉利，容易引来灾祸，这些事情都是我后来听说的。

有一次生产队通知我，那位刘凤久大哥说："老单啊，给你道喜了，这回大队小队联手在孟家岗给你建新房，那可是块肥的地方，离着水塘不远，又可以养鸭子又可以放猪，前后园子也不小，如果侍弄好了，你家的吃喝就不愁了。"我一听真是大喜过望，从内心感激大队和小队对我们一家四口的关怀。不久开工了，生产队派出二十多人，给我建造新房，我也参加在内，这所新房子也是里外两间，因为是春天盖的，论质量比原来的房子强得太多了。因为这里是个高岗，种东西不方便，我就用土车带着我一双儿女每天平整土地，最终把地弄平了。房子盖好之后，我们搬了进去，有许多村民还前来贺喜，我老伴儿给他们贴了两大锅甜饼子，以示感谢。我把外屋分成两间，里间算仓库，首先把我父亲的骨灰盒供在小里间，怕社员发现害怕，外屋是做饭和放农具的地方，能住上宽房大屋这在当时是不幸中的大幸。我老伴儿一看我们在农村终于有自己的家了，不用再给别人找麻烦了，心中自是喜欢，所以她养猪养鸡，收拾房前房后的农田格外卖力。我家前后农田有一亩多地，苞米棒子长得格外的大，地瓜也好土豆也好，当年就是个好收成，连村民们每当路过我家时，总要称赞几句："老单家真是有能人啊，你们的自留地比我们本地人种的都好。"也有人说："这是土地爷待过的地方，能不长出好庄稼来吗？"

说起孟家岗，我们这所新居，真是个好地方。靠东边不远就是水塘，可以放鸭子，水里边有鱼也有虾，还有喂猪用的猪草，两岸垂柳成行，枝繁叶茂，景色宜人。在我们的房后不远处还有一条小河，清可见底，水里边也有鱼虾，只要你勤快，摸鱼捞虾不成问题，有时候有的社员和我儿子老铁都到那儿洗澡。西边不远处是个很大的水泡子，占地十几亩，夏天有三分之一的地方都是荷花，堤坝上也长满了各式各样的野花，成排的防风林和各种各样的树木连成片，不亚于一座小公园。我家养了十三只小鸭子，全是我老伴儿在热炕头捂出来的，每天早晨，她把鸭子轰出圈，放到池塘里边，快要天黑的时候，她站在门口高声一喊"鸭鸭鸭"，这十三只鸭子排成队主动就回到家里，叫人看了十分开心，我家还养了十几只小鸡，其中有一只大芦花鸡，绰号叫老花，长得威武雄壮，这只鸡非常精通人性，还会看家护院，每逢生人从我们门前路过，它都乍着翅膀要啄人家，社员们都说你家那个大花鸡真厉害，像狗似的还能看家护院。我家的前后园子在我老伴儿精心护理下长势非常好，1973 年获得大丰收，如果不是我顶着一顶现行反革命帽子，在那儿安家落户，也不错，我曾经想过，但盼着早日把帽子摘掉，把我的问题弄清，做个自由人，要真是那样，我宁愿在农村度过我的后半生，至今我还在留恋着我们第三生产队的风光，以及那些农乐，在梦里我也魂游数次，念念不忘。

1972 年，生产队重新选举队长和班子，有一位最厚道对我最好的老农叫张少武的当选为政治队长，刘凤久依然是生产队长，他俩搭班子对我来说无疑是件好事，起码我能少受点折磨和体罚，少挨点申斥。这一年我身上的压力减轻了不少，但是也不敢掉以轻心，依然是兢兢业业地干活，同年还传来好消息，有一次我女儿赶集回来对我说：“爸，县里的新华书店，允许卖《三国演义》和《红楼梦》了，还有许多禁书也摆在书架上。”我听罢之后，心中非常高兴，用卖鸡蛋的钱让我女儿再次跑了一趟县城，给我买了一部《三国演义》和字典。在城里的时候，除了说书就是听书，很难静下心来读书，结果书到用时方恨少，说明我肚子里空啊，现在除了劳动之外，要抓紧时间多读点儿书，以弥补不足，将来万一有一天能重返舞台，这都会大有用场的。

40 年之后儿子老铁重回杜达莲泡

白天我下地干活，晚上挑灯夜

读，把《三国演义》逐字逐句认真地读了一遍，凡是有不认识的字就查字典，把我读书的心得也写成了日记，这些事情都是偷着干的，因为文化大革命还没结束，很多禁令还没公开解除，所以要慎之又慎。劳动又枯燥又艰苦，就拿铲地来说，一条垅少说也有几里地长，上午从这头铲到那头，下午再从那头铲回来就是一天，我又不敢乱说乱动，怎么才能消磨这两头不见太阳的一天呢？于是我想到干脆我的脑子别闲着，也别胡思乱想，全神贯注地背书吧，于是从第二天起，我就开始背《三国演义》，有忘了的地方回来我就翻书看看，其他的书没有脚本，全凭脑子去回忆，接下来我又背《隋唐演义》，从第一回的上场诗开始，一段一段地背下去，不久，《隋唐演义》背完了，我又背《明英烈》，这么说吧，凡是我所会的书，我全都背诵了一遍，而且边背边改，觉得有不妥的地方，就重新杜撰，时间有的是，背完了之后再背，实在没有什么可背的了，我就背我小时候读过的教科书，以及看过的小说，这些背完了，我又想起我过去所有看过的电影和小人书，总之凡是我脑子里有的东西，我都背了一遍又一遍，所以 1978 年落实政策之后，我重返舞台时，出口成章，说得十分流利，有些同行问我你脑子真好使，这么多年了都没忘，我们几乎把会的书都忘光了，连人名都想不起来了，这是咋回事？我心说这么多年来，别看我身在劳动，脑子一直没闲着，哪有忘的道理？

就在这一年，我大妹妹林芝千里迢迢从四川成都来到杜达莲泡看望她落难的哥哥，我们亲人相遇，悲喜交加，先是哭，后是笑，心里边五味杂陈，什么滋味都有了。我大妹妹除了给我们捎了许多应用之物外，还有不少粮票，在没人的时候，她一再叮嘱我：“哥，你太冤枉了，这件事绝不能就此罢手，再困难也要往上面申诉，功到自然成嘛！你不说谁知道你冤枉？”我摇摇头叹息说：“我已经申诉几十遍了，都是石沉大海，没有任何结果，假如政策没有变化，恐怕我的问题难以解决，因为天下的人多了，类似情况的人也大有人在，上边岂能给我一个人平反？”我大妹妹说：“那也要坚持，要不头上顶着现行反革命的帽子，祖宗三代都不得安宁，连孩子和亲属也要受株连，拿我来说，领导上为你的事和咱爸的事曾经不止一次的找我谈过话，可见这负面的影响太大了，政治是什么？政治是生命，再困难你也要争取。”大妹妹的话无形中对我是个巨大的动力，我说：“你放心吧，我一定要申诉到底，绝不甘心就此了结一生。”

我大妹妹在农村住了十天左右，因为家务缠身又要工作就离开了我们，送走了亲人,我心里难过了好几天,不知哪年哪月才能相见。

没想到压力减少的岁月过得如此之快,到了1973年领导班子改选,张少武张大叔不干了,又换了一位新的政治队长老包子,此人叫刘凤武外号黑老包,并非说他铁面无私,而是他总绷着脸,好像生下来就不会笑,一副冷酷的脸令人厌烦,因为他家的园子和我家的园子相连,平日他总是跟我老伴儿发生争吵,没想到这次他当选为政治队长,一种不祥的预感升上我的心头,果不其然,新官上任三把火,这老包子当众把我叫出来训斥道:“我看这一年,你有点乍翅,忘了你是现行反革命了,从明天开始全队的尿由你来收,然后送到积肥坑里。”人们管收尿叫齐尿,这是个苦差事,得提前一个多小时起床,把五十多户的尿齐完了,也到了下地干活的时候,我只有唯命是从,从队上领了一副尿桶一个扁担,从第二天开始,走街串户的齐尿,别看社员们吃不饱,尿还不少,两只桶不够用,我还得跑第二趟,尿刚齐完,下地的哨声响起来了,我赶忙放下尿桶拿起农具赶到地里,经常是饿着肚子下地干活。

老包子一上台,就瞅我不顺眼,左也不是右也不是,铲地的时候,别人他不检查,专门检查我那条垅,稍有不如意,他就站到地里大骂:“老单你给我过来,你铲的这叫什么××玩意儿,从头再给我来。”我只好唯命是从,不敢有分毫的反驳。

真是福无双至,祸不单行,当初大队公安王凤山调到公社工作去了,大队公安换了人,换了个二队的姓安的人,接替了公安的工作,这个姓安的叫什么名我不记得了,因为他舌头大吐字不清,人们背后都管他叫安大舌头,这小子小个儿不高,小肚溜圆,据说平日游手好闲是二队有名的刺头,因为他跟大队长沾点亲,结果也进了领导班子,他平时说社员,社员都不服气,经常发生口角,有的社员指着他鼻子说:“你是个啥人谁不知道?装什么凶?你觉得当了大队干部就了不起了?老子就不屌你。”几句话,堵得安大舌头直翻白眼儿,别看社员们不听他的话,可我们这七个“牛儿”却落到后娘手里了,安大舌头一上任,首先拿我们这七个“牛儿”开了刀,本来生产队的活就够重的了,他是没事找事,没碴找碴,每天都给我们安排点重活,比如给大队砌猪圈,给大队铲草,总之是不能让我们闲着,动不动他就把我们集中起来训话,拎着个大舌头对我们说:“你们是四类分子,是阶级敌人,别忘了自己的身份,你们必须在群众的监督下好好接受改造,叫你们干啥得干啥,还得干好了,谁要是不听话,瞧我怎么收拾他。”

转眼“五一”劳动节到了，社员们都要到公社参加庆祝大会，我是阶级敌人没有资格参加，黑老包告诉我：“明天我们去公社开会，交给你个光荣的活，你必须要完成，就是把大队门前的公共厕所收拾干净了。”他又发着狠地说：“如果我发现你没收拾干净，剩下的你就给我吃了。”这倒好，我除了每天早上齐尿之外，又增加了一份淘厕所的工作。

大队的西北角上，有个很大的公共厕所，每逢大队开会，六个队的人来参加，都使用这个厕所，还有些外地人从此经过的，也利用这个厕所，但是光用没人打扫卫生，于是这份光荣的差事，赏给了我。第二天社员们三三两两都奔新开河公社去了，我在家吃罢了早饭，从队上领来粪桶和扁担以及应用之物，开始打扫厕所，好家伙，那里边满满登登全都是好农家肥，简直连下脚的地方都没有，我感到一阵眩晕，真想找个地方痛痛快快地吐几口，后来我对自己说世上没难事，不就是臭点吗？有什么可怕的，苦是人吃的，罪是人遭的，这点儿活绝对难不倒我，人只要把自己豁出去，就没有什么可怕的事，于是我牙一咬心一横，就开始工作了，我左一桶右一桶，把这些黄金粪便挑到积肥坑里，返回身再淘再挑，一口气干了几小时，累得我满头大汗，你说邪门不，也闻不着臭味了，开始时倒挺顺利，结果越淘越深，越接近尾声越难干，我只好跳进一米多深的水泥池子里，把桶也拿下去，一勺一勺地淘，然后又把重重的粪桶抱起来，举过头顶送到粪坑边上，我再从粪坑里爬出来，把粪挑走，有几次不小心，粪汤溅了我一头一身，还溅进我的嘴里，您知道粪便是什么滋味吗？我可知道，是带咸味的，人要到了那种地步，管他是咸还是臭呢？

中午我也没吃饭，接着茬儿还照旧干，粪便终于被淘干净了，我又从泡子里挑了几担清水倒在粪坑里，然后找了把扫帚，开始刷洗粪池，刷了一遍又一遍，直到我满意为止，在太阳往西转的时候，这所肮脏的厕所终于被我打扫得干干净净，简直跟新盖的似的，我又从生产队弄来半袋子白石灰，里里外外用白石灰消了毒，余下的时间我把厕所外面也扫得干干净净，因为我身上溅满了粪便，我就到泡子里面好好地洗了回澡，把头洗了一遍又一遍，把衣服都泡在水里，回家又换了一套干净衣服，我老伴儿问我：“臭不臭？”我说：“还用问吗，连屁都那么呛人，何况是屎？”她说：“你真行。”我说：“人到了这步，不行也得行，这就应了咱说书那句话，人生在世有享不了的福，没有受不了的罪。”

我在家吃了两个饼子，又返回厕所旁，坐到地上边吸烟边等着黑老包回来检查，公路上渐渐地有了人影，可能庆祝会结束了，不久社员们三三两两的都回家了，我就看见黑老包朝厕所走来，我马上迎了上去，信心满满地说："队长，按你的指示，我已经把厕所打扫干净了，请你验收。"黑老包先是一愣，看样子他好像把这件事忘了，经我这么一说，他又想起来了，他背着手，把厕所里里外外仔细检查了一遍，可能他心里也在想，完美无瑕无可挑剔，他转回身来对我说："都是你一个人干的？"我说："是。"黑老包第一次露出了白牙，对我说："干得不错，下午也不必干活了，回家休息去吧。"我如蒙大赦，长出了一口气，心里十分轻松，算过了一个清静的晚上。

那年真是个多事之秋，老包子并没有因为我打扫厕所有功而对我减轻压力，相反的变本加厉。有一天晚上，生产队又召开批斗大会，我刚一走进生产队的院子，就被拦住了，说你等一等，我一听就知道不是好事。十分钟之后，屋里响起来口号声：打倒单田芳，打倒现行反革命分子单田芳。然后有两个民兵把我领到屋里，我一看主持会议的是黑老包，正中央还坐着安大舌头，看见整个会场那个严肃劲儿就知道非同寻常，我习惯地站在屋的中央，低着头等他们问话，黑老包狠狠瞪了我一眼说："今年咱们队收成不好，收成减了一成，你们知道是什么原因吗？因为我们遭到阶级敌人的破坏，我们必须把阶级敌人挖出来，生产才能正常进行，这个阶级敌人不用我说大家也知道，就是单田芳，今天晚上要求各位都要发言，痛批阶级敌人，确保生产正常进行。"

接下来是安大舌头讲话，安大舌头手里拿着一张报纸，在众人面前展示了一下，我也看了一眼，那是一张《人民日报》，哪天出的我没看清，上头有又黑又大的几个铅字，叫痛批右倾翻案风，我的心动了一下，看来今天的会是有所指的，因为自从我大妹妹走后，我连续给省市投递了许多材料，自我申辩，要求复查，这篇报道正好跟我反其道而行之，难道我成了右倾翻案的一员吗？

安大舌头开始讲话，他说："今年咱们大队普遍生产下降，这与阶级敌人的破坏有直接的关系，尤其是你们三队有一个最危险的敌人，那就是现行反革命分子单田芳，据我所知，他千方百计地拉拢社员，还散布他是蒙冤受屈的人，在我们队里产生了严重的负面影响，他还唆使他老婆那个臭老娘儿们拿着材料上省里市里乱跑，到处喊冤叫屈，现在这些材料已经被上面给驳回来了，全放在公社和档案室里，阶级敌人要翻案，翻案是什么？就是跟革命群众针锋相对，我们为确保生产，就是要响应中央的号召，痛批翻案风，把他们打翻在地，老老实实不敢翻案。"他叽里呱啦讲了能有半个小时，然后转回身来问我："单田芳，你来到杜达莲泡已经快三年了，你从来就没认过罪，一直在喊冤叫屈，咱们党屈枉过谁？你这本身就是一种反党行为，今天你跟大家好好讲讲，你为什么要喊冤叫屈，你冤在何处？屈又在何处？”

我一看该到说话的时候，既然问到这一步了，必须正面回答，于是我抬起了头，说：“不错，自从定案那天我就不服，因为它不是事实，我不是现行反革命，他们给我定案，一没叫我签字画押，二没有当众宣布，那材料充满了不实之词，大多是强加在我头上的，所以我才写材料向上边申诉，共产党不是讲实事求是吗？这怎么算反党呢？”

我刚说到这儿，黑老包抓住我的衣领，把我按了个大哈腰，他厉声吼道：“不准你当众放毒。”安大舌头又带着喊起了口号。我说：“你们不是叫我说实话吗？结果我说了，你们又说我反党，叫我如何是好？”

安大舌头和黑老包商量了一会儿，不准我说话，叫大家发言，轮番痛批，社员当中也有几个能说的，虽然说的张冠李戴，驴唇不对马嘴，可也说的够狠的，于是安大舌头又号召大家揭发我的新罪行，比如走关系，买青霉素，到谁家串过门了，跟谁说过话了，为什么有人帮着我干活了等等，天一句地一句无所不包，会议一直进行到半夜才告结束，安大舌头说：“这事没完，等以后还要接着批他。”又警告我说：“你回去好好想想，你在鞍山市那些事我们不了解，也不想多问，你就想想你从到杜达莲泡那天开始，直到今天所犯下的新罪行。”黑老包说：“你回去转告你老伴儿那个臭老娘儿们，让她也给我老实点儿，她再要上蹿下跳，群众也不会答应的，她也得挨批。”

会议结束后，我回了家，对我老伴儿讲述了经过，我老伴儿说：“别听他们吓唬人，共产党说的好，人犯家不犯，我又不是反革命，他们敢随便批我吗？”接下来她把黑老包、安大舌头痛骂了一顿，她还鼓励我：“越是这样越写材料，大妹妹不是说了吗，只有坚持才有水落石出那一天。”我心里暗说，全桂啊，你傻透了，安大舌头说了一句实话，我所有的申诉材料全被驳回来了，上面根本就不理你这一套，谁要申诉谁就是右倾翻案风，看来喊冤叫屈的不止我一个人，何止千千万万的人，否则《人民日报》不会轻易发表这篇社论，看来申诉一点作用都没有啊，反而招来大祸，换句话说给你定错了，你也不能喊冤叫屈，只有老老实实认命，这就是现实，但这些话，我没对我老伴儿说，心里却感到无限的空虚和绝望。

黑老包也好，安大舌头也好，联起手来对我施压，我哪里还有活路？摆在我眼前的唯有一条路，那就是逃走，离开这个地方，自己去找个说理的地方，于是我产生了逃走的念头，打那之后，干活的时候我不背书了，整天想着逃走的事，说起来容易做起来难，能走得了吗？粮票户口都掐在人家手里，天下虽大哪有我容身之所？再说经济方面我又如此困难，靠什么吃饭生活啊？想来想去，还是放弃的好，千万不可铤而走险，否则后果难以预料。

就在这年的秋天，暴雨不断，台安县内外全都是水，社员们的工作更加重了，白天在地里排水，晚上还要加班加点，堵漏洞，修水渠，展开夜战。有一次我们举着火把连夜修水渠，天气非常寒冷，晚上穿着棉大衣也不能保暖，大队书记杜××亲自督战，他站在一段堤坝上说："这坝上肯定有老鼠洞，为了防止洪水外泄，保护堤坝，必须把老鼠洞全堵上。"可是冰冷的雨水谁愿意下去，这倒霉的差事又轮到我头上了，黑老包说："单田芳你下去堵老鼠洞。"我急忙把衣服脱了，光着膀子穿着裤头，跳进齐胸口的水中，那水扎骨头一样那么凉，我刚下去就打起了冷战，水流冲得我身子来回直晃，我仰起头来问老包："队长，老鼠洞在哪儿我也看不见哪，怎么个堵法？"老包说："你真笨，你眼睛看不见就用脚蹚，你感觉哪个地方有窟窿哪儿就是老鼠洞。"于是我沿着堤坝，一步一步用脚蹚着，您还别说，这招还真有效，我接连发现了两个窟窿，因为水往外淌有一种吸力，所以我说："这有老鼠洞，这还有一个。"社员们就把事先准备好的土袋子沙袋子按我指的方向投到水中，然后叫我用脚把洞口堵住踩结实，我接茬往下寻找，找了半天也没有发现新情况。由于太冷了，冻得我上牙直打下牙，是一种控制不住的寒冷，我一想你们也看不见，我就胡说得了，要不再这样下去，非把我冻死不可。明明没有异常，我却用手一指说："这有老鼠洞。"他们就投袋子，一个多小时过去了，我实在有点儿受不了了，我说："队长能不能叫我上去取取暖，我两条腿都木了，两只脚也失去了知觉。"他们也是人，知道这个活的艰巨性，因此也就同意了。

几个社员把我拉出了水，我在堤坝上冻得直蹦，那种蹦是自然的想控制也控制不住的蹦，有人给我取过大衣，把我包裹起来。堤坝上有几堆篝火既能照明，又能取暖，于是我蹲在火旁一个劲儿地打哆嗦，就好像五脏六腑都冻在一块儿了似的，心里揣着个冰坨子，说什么也暖和不过来，好不容易盼到天亮了，杜××说："大家干了一夜，都够辛苦的了，都到副业队去喝点儿热豆腐吧。"大家听罢非常高兴。

我急忙把衣服穿好，跟在队伍后头来到副业队。副业队是大队创办的，是一种创收方式，这里经常做豆腐和粉条粉皮之类的东西，还卖猪饲料和鸡饲料，院子还挺大，一溜五间房子，因为经常有人上这儿来吃饭，所以还有一间挺大的食堂。我随着队伍进了食堂，随便找了个地方，拿起碗筷等着吃点儿稀豆腐，好暖暖身子，这时候，副业队的工作人员忙里忙外，正把一盆盆稀豆腐端在每个桌上。

正在这时那个安大舌头来了，他一眼就看见了我，不问青红皂白地吼道："你在这儿干什么？这是你来的地方吗？"我说："杜书记说了，大伙儿干了一晚，都到副业队来吃碗豆腐暖暖身子。"安大舌头说："那指的是社员群众，跟一个反革命分子有啥关系？滚！你马上给我滚出去！"当时上百只眼睛都盯着我，人们的脸上没有表情，不知道他们是怎么想的。早知这样，请我来我也不来，为喝一碗不值钱的稀豆腐在众人面前挨一顿奚落，实在是得不偿失，人有脸树有皮，我也是奔四十的人了，被人当众羞辱，简直死的心都有，假如地上有缝我恨不能钻进去。

我乖乖地放下碗筷，到院里找个地方坐下，天已经放亮了，可日头还没有出来，一阵阵凉风透骨，可我并不觉得寒冷，似乎心里揣的那个冰坨子也化了，我就觉得浑身上下热血涌动，五内如焚，一股怒气冲天而起，人不敢说话，甚至不敢发作，不等于没有气，这种气越发强烈，我从脸烧到身上，从五脏烧到皮肤上，就觉得腾腾冒火，哪里还知道寒冷？我仰天长叹，默默地说单田芳啊单田芳，想不到你落到这步田地，你的尊严何在？脸皮何在？要照这样活下去还有什么意思？不如一死了之！可是我又转念一想，骂起了我自己，骂我自己忘记了过去的誓言，我曾说过谁死我也不死，我要咬着牙坚持下去，等待水落石出的那一刻，我要看看那些整人的坏蛋是个什么下场。人为一口气，佛为一炷香，正因为我有这种坚定的信念，才从工人剧场、财贸干校、干圩沟挺了过来，难道就为了这几句话伤了我的脸面而自杀不成？我也太没有骨气了，我自己劝慰自己，要有阿 Q 精神，我就是鲁迅笔下的阿 Q，要活得脸皮厚一些，骨头硬一些，你越骂我，我越结实，你越整我，我活得越有奔头，没有这种骨气哪能行？想到这儿我长出了几口气，心里才舒服了很多。

正在这时，突然有人叫我："老单，到我屋里来一趟。"我回头一看，叫我的是副业队的管事叫闵龙山，他过去也在鞍山钢厂工作过，后来辞职不干回到家乡，在副业队任职，这个人经过世面，心肠也好，爱打抱不平，方才那件事他都看在眼里，所以叫我上他屋里去一趟，我不知道什么事，跟在他身后到了另外一间房里，一进屋就感觉到热气扑脸，原来闵龙山给我盛了一盆热气腾腾的稀豆腐，对我说：“别听他的，他不让喝，你就在我这屋喝，暖暖身子要紧，可别冻出病来。”我的眼泪夺眶而出，没想到在那极其困难的情况下，还有好心人向我伸出援助之手，可是那时候我什么也吃不下了，我说：“谢谢你，我不想吃。”闵龙山说：“为啥不吃？不吃白不吃，反革命也好，不是反革命也好，都是人，都得吃饭，冻了一宿了，喝点稀豆腐算得了什么？你不喝白不喝。”我一看他出于挚诚，却之不恭，只好勉强喝了几口，又给老闵深深地鞠了一躬，说了声：“谢谢你。”

在我们从副业队返回三队的路上，我走在队伍的最后面，在我前面的是生产组长刘凤齐，刘凤齐有意地留在后面，对我低声说：“老单哪，人哪一辈子七灾八难不好活啊，你是说过书的，明白的事理非常多，人到了这个地步就得想开点，千万别钻牛角尖，那安大舌头本来就不是个好东西，你全当他的话是狗放屁就得了。”这真叫良言一句三冬暖，恶语伤人六月寒，刘凤齐的一段话给我的身体里注入了一股活力，我无限感激地点了点头，我说：“凤齐啊，你放心，我这脸皮磨得比你鞋底还厚，不价我早就死八回了。”刘凤齐笑笑说：“唉，这就对了。”

你说邪门不？在冰冷的水里冻了一个多小时，白天又干了一天活，结果也没感冒也没病倒，你说当时的身体情况有多么好，还是那句话，我真希望能病倒几天好好地休息休息，可身体跟我飙劲，说什么它也不病。

1973 年的春天，一件使人非常震惊的事发生了。那是个星期六，我们这些“牛儿”们按照规定，晚上收工后需要向大队、向领导汇报思想情况，不知道为什么少了一个周士，等了一会儿他还没来，大队书记叫我上二队去找周士，我只好奉命从事，二队离三队不到一公里，找到他家后老太太给我开的门，她是周士的母亲，我问：“周士在家没？”老太太说：“去大队汇报思想去了。”我说：“不对啊，我们都去了，就少他一个，大队书记叫我来看看。”她说：“早就走了。”我只好回到大队汇报，我们又等了十几分钟，还是不见周士的面，书记问周士他爹老周头：“你儿子到底上哪儿去了？”老周头说：“我们爷儿俩前后脚一块儿离开的家，他走得快在前面，我走得慢在后面，按理说早就应该到了，谁知道这个畜生上哪儿去了？”结果那天晚上周士一直没露面，安大舌头说：“是不是他妈的跑了，那个小子平时就不老实，这得向公社报告啊！”结果那天晚上我们也没汇报也没干活，就都被放回家了。

躺到炕上我一直也睡不着，心里盘算着周士这小子到底上哪儿去了，突然想到前两天我们在一起修桥的时候他对我说:“这个地方我不能待,早晚我得走啊!”我吃惊地问他:“你往哪儿走啊?你爹妈全在这儿,万一被人家抓回来那还得了?”周士冷笑道:“我心里有数。”说到这儿就不往下说了,我以为他是说气话,结果几天之后他真的不见了,莫非他真跑了不成?这个小子胆子真大,说干就干得出来,我从心往外祝愿他能走得了,千万别被干部们抓回来。

两天之后,周士逃走的消息大队上下都知道了,安大舌头晃着镰刀对大伙儿说:“周士跑不了,现在是天罗地网,他往哪儿跑?我们已经向有关部门报告了这件事,过不了几天他就得被逮回来。”为这件事,还把我们剩下的“牛儿”集中在一起开了个会,安大舌头问我们:“你们还有谁想跑,要跑就快跑,看把你们逮回来怎么收拾你们?这叫罪上加罪,你们懂吗?”

在铲地的时候,我心里没有别的,光想着周士的事,希望一路平安,千万别发生意外,因为我也想跑,希望周士能给我树立一个榜样,他如果能成功,我就有希望。

一天两天三天过去了,什么消息也没有。在周士逃走的第九天,也就是下午四点多钟,我们正在地里干活,往大道上一看,突然从公社的方向来了一伙儿人,走在前面那个大个子,好像是周士,后边跟着的人是谁看不清楚,我心里一翻个,心说坏了,周士真没跑成,被人家抓回来了。这伙儿人越走越近,终于看清楚了,头前那个大个子的确是周士,还戴着手铐子,后边跟着原公安王凤山,还有几个公社干部,他们直奔大队而去。社员们也看见了,一时之间停止了活计,人们议论纷纷,周士被抓回来了,看大队怎么收拾他吧。

我的心顿时堵了个疙瘩,心说难怪大舌头说现在是天罗地网,谁也跑不了,这句话算他说对了,我又埋怨周士真是个笨蛋,这么大个中国,怎么才九天就被抓回来了,内幕究竟是怎么回事我不得而知,也想及早弄个清楚。当晚收工后我得到通知,全体社员到大队会议室集合,还用问吗?肯定是为周士的事,连我老伴儿也跟着去了,因为她也担心周士的命运,她从来就不参加会,这次破了例了。会议室里贴着一张大横幅,写着“法网难逃、必须低头认罪”,社员们把小会议室挤得满满的,前面的桌子后头,坐着王凤山和大队干部,以及公社的干部,我们另外六个“牛儿”是属于陪绑的,站在两侧低头哈腰。

王凤山讲话,他说:“大家大概都知道了,几天前,坏分子周士逃跑了,他要摆脱群众的专政，结果怎么样？到处都是革命群众，到处都是监视敌人的眼睛，我们现在已经把他抓回来了。现在就让周士向大家说一说他逃跑的经过，以及被抓的经过。”这时周士被两个民兵架到会场上，不知何时手铐被摘掉了，周士站在中央，低着头哈着腰，安大舌头说：“周士，还不把你犯罪的经过向群众做个交代。”我比谁听得都认真，虽然我低着头，也能看清周士的一举一动，我发现周士和跑之前没什么变化，只是略显得瘦一些，周士说：“因为我受不了农村的苦，在这儿吃的不好，喝的不好，连点油星都没有，起早贪黑，累得要命，一年下来，连口粮都挣不下来，所以我才决定逃跑。”有人问他：“你往哪儿跑？你是怎么策划的，你爹妈知道不知道？”周士说：“我做事向来都是自己做决定，我爹妈一点儿也不知道，我也没有什么计划，就知道跑得越远越安全，我头天晚上离开杜大，连夜坐车到了沈阳，第二天我又买了张车票，赶奔天津，我在天津有个堂兄，我想上他那儿借俩钱，去大西北。”王凤山问他：“你说具体点儿，大西北什么地方？”周士说：“没有目标，方才我说了，走得越远越安全，大西北离台安县好几千里地，我想到那儿干点零活，维持生活，我堂兄并不了解我的身份，我没跟他说实话，我就说我父亲病了，上你这儿来借俩钱，我堂兄家也不富裕，凑了几天才给我凑了五十块钱，我要求在天津打几天工，再挣点钱，就住在他家里，结果我堂嫂不同意，两口子为我的事还吵了一架，我被迫无奈，离开了他家，当晚住在天津火车站票房子里，买了一张去太原的火车票，因为买新疆的票钱不够用，我想到太原再想办法。”安大舌头厉声喝道：“你能想什么办法，难道是偷？”周士说：“完全有这个可能，活人不能叫尿憋死，没有钱啥也干不成，我不偷哪儿来的钱？”一句话把全场的干部都激怒了，大声高呼打倒反革命坏分子周士！群众也跟着一块儿喊，我就看着周士眼睛翻了翻，透出不在乎的样子。

说到这儿我要补充几句，我跟周士的关系比较好，一是命运相连，同是“牛儿”；二是这个小伙子很直爽，有啥说啥，我们这些“牛儿”在一起干活的时候，他总是替我干，有的活我干起来非常吃力，可是到了他手上，三下五除二就干完了；另一个主要原因，他还是我的书迷，他曾偷着对我说：“我听过你的《童林传》，你讲的《童林传》棒极了，没想到在杜大咱们又见面了。”因为有这层关系，我对他比那些“牛儿”要亲近得多，我们俩几乎无话不谈。每逢修桥补路的时候，这些艰苦的活都是“牛儿”干，因此我们经常见面，在周围没有人的监视下，我们就坐下来边抽烟边长谈，他曾经问过我：“老单，你是个说书的怎么成了现行反革命了?”我说:“天知道,连我自己也闹不清楚是怎么回事,我觉得我没说错什么,结果我说的那些话都成了反革命话了,简直冤死了。”我又问周士:“你是怎么回事?为啥定了个坏分子?”周士也挺难过地对我说:“因为我父亲是历史反革命,他从年轻的时候就替日本人干活,在鞍钢做保卫工作,后来还做了保卫队的头头,解放后,他被定为历史反革命,还判了二十年徒刑,我们家的生活那时苦透了,我妈好不容易把我拉扯成人,她给别人家当保姆,我也没念书,也没有人管,从小就成了街溜子,结果认识了一帮朋友,不是抓切糕就是抢馅饼,跟你说的那程咬金差不多少。”我说:“你真偷过东西?”周士说:“偷老了,不过没有啥值钱的东西,不偷我咋活着啊?”我问他:“你叫人家抓住怎么办?”周士说:“何止抓住过一次?我是一进宫二进宫三进宫,抓进去放出来,放出来抓进去,拘留所监狱我住了个遍,要不咋给我定了个坏分子呢?这次我爸下乡我也跟着来了,你瞅我们爷儿俩多好,一个历史反革命,一个坏分子,这杜达莲泡就是人死王八活的地方,要不是管得严,我早他妈走了。”我曾劝过他:“人到什么时候说什么话,你都是快三十岁的人了,千万别捅娄子。”周士有时毫不介意地说:“唉!听天由命吧,爱咋地咋地,反正我这辈子也好不了了。”我知道他是个天不怕地不怕的人,真担心他闯出大祸来,果不其然,因为这次逃走,惹上了大麻烦。

这时王凤山对周士说:“你不是说想去太原吗?怎么没去成啊?”周士接着说:“我买了张去太原的车票,在票房里等车,不知道为什么来了困劲,我就睡着了,正好车站的工作人员和铁路警察查票把我叫醒了,看见我手中没有行李又贼眉鼠眼的对我产生了怀疑,把我带到办公室进行盘问,我一开始编瞎话,没敢报真名,也没敢说我是从杜达莲泡跑的,结果他们不停地打电话,问一个不对,问一个还不对,最后逼得我没有办法了,只好供出实情,就这样他们跟新开河公社取得联系,公社派人把我带回来了,这就是以往的经过。”

周士讲完了,我也听清楚了,心说这个蠢货你跑到票房子睡哪门子觉,本来那个地方查得紧,你又挺高的个子,孤身一人本就引人注意,你这不是自找倒霉吗?批斗周士的大会进行了一个小时,最后公社决定,不给周士加刑,依然是坏分子,留在大队强制监督劳动,以观后效。我真替周士松了口气,我认为他可能被送进监狱,结果我猜错了,现在周士的处境比我们这些“牛儿”还“牛”,一是不准回家,就住在大队旁边的小房里,每天挂着坏分子的牌子,在大队里干活。这下好了，我们每周六去大队汇报思想的事暂停了，也不给我们安排活儿了，全由周士一个人担下来了。

二十多天之后，周士终于被解放归队了，还是从前那个样子，有一次我们几个"牛儿"奉命修桥，我抽空问了周士详细的经过，周士一副满不在乎的样子，笑着对我说："真他妈倒霉，没想到这么快就被他们抓回来了。"我说："你是够倒霉的，跑到票房子睡什么觉？难道你忘了那是个敏感地区吗？"周士说："谁说不是呢，要不怎么说倒霉呢，我早不睡晚不睡偏等要上车了，打了个盹儿，要不我这会儿早到新疆了。"我问他："你到新疆有投奔的地方吗？"他说："有好几个朋友呢，那块儿地大人稀，想抓我也难，到现在说什么黄花菜也凉了。"我警告他："你呀，就死了这条心吧，踏踏实实干活吧，要再犯一次，恐怕就不是这个结果了。"周士说："人在屋檐下怎敢不低头，就先这么忍着吧。"他是说者无心我是听者有意，其实我心里头逃走的念头一直没有打消，但周士被逮回来给我敲响了警钟，即使我逃走的话也不能犯他那样的错误，应当更周密，更周详，但这些话都深埋在我的心底，不到成熟的时候，连我老伴儿我都没说。

转眼秋天到了，那年的雨水更大，台安县几乎变成了水乡泽国，全体社员奋力抗洪，抢收庄稼，那活儿那个累就甭提了，可能因为凉水浸泡时间长了，我多年没犯的痔疮又犯了，天天拉血，腰疼得要命。每天咬着牙坚持着，后来实在坚持不住了，向老包子请假，去县医院看一看，老包子虎着脸说："像你这套号的，死了才应该，你没看见现在多忙吗？还有时间去看病？死你也给我死在地里。"我撞了南墙，依然带病坚持劳动。

有一次老包子给我一份艰巨的任务，让我跟着几个社员去另外一个公社借抽水机。我们几个人上路之后，遇上了暴雨，而且雨越下越大，结果我跟那几个社员走丢了，后来就剩下我光身一个人，天眼看要黑了，四外一片汪洋，是沟是河是坑什么都分辨不清，我又不敢回家，只好按着老包子指引的方向奔那个公社走去。公路全被淹了，根本无路可走，我是一步一步小心翼翼地蹚着水往前挪动，天黑了，雨还在下，周围一团漆黑，我第一次感到一个人的孤单和惧怕，这真要死到半道儿上，连个人看见都没有，我心里想着还是接茬往前走。大约晚上九点钟，我忽然发现在不远处有灯光闪烁，不用问那不是办公的地方就是住户，可见着人家了，我精神一振，就奔灯光走去。由于过于兴奋，放松了警惕，一脚蹬空掉进沟里，说是沟，其实跟小河一样，很深很宽，我一下子没了顶，还喝了几口水，幸亏我身上穿着一件雨衣，对我起到保护作用，因为有浮力，我拼命地手刨脚蹬，终于从水里爬上来，我找个水少的地方，趴在地上喘粗气，还呕吐了几口，我这才想到一天没吃饭了，于是攒足气力奔灯光走去。好不容易到地方了，闹了半天这是一处抽水站，屋里点着很大的灯泡，没有门窗，所以光亮照出去很远很远，只有一个值班员在这儿看着机器。

我对他说："我是杜达莲泡的，要到兴隆去拉抽水机，结果迷路了。"他说："你走错了方向，兴隆在你的身后边。"哎呀，我一看实在没法走了，就向他要口吃的，他苦笑了一下说："我这还饿着呢，哪有吃的？"我说："外边下着雨，我又不认识路，想借用你这睡一晚，明天再走，可以吗？"他说："这屋大了，你爱在哪儿待着就在哪儿待着，不过这屋蚊子太多了，小心蚊子把你吃了。"我找了一处墙角，把雨衣紧紧裹在身上，把手脚裹好，刹那间我被数千只蚊子包围，就像飞机轰炸似的，我清楚地听到它们碰撞雨衣的嘭嘭声，要不是我防范得严密，真有被它们吃掉的危险。

我掉进坑里，衣服早就湿透了，湿衣服裹在我的身上那是个啥滋味？但我不敢脱，也没有衣服可换，只好强忍着闭目养神，人哪，没有受不了的罪，在那样恶劣的环境中我还真睡着了。一觉醒来，天已大亮，不知什么时候雨也停了，蚊子也少多了，我利用这个机会把湿衣服脱掉，尽力把衣服拧干，抖搂抖搂把衣服又穿到身上，按着那个人指引的方向，找到兴隆公社，到大队一打听，有人告诉我："水泵根本不够用了，你们大队昨天来过人，我们把情况都告诉他们了，你赶紧回去吧。"

因为这是个陌生的地方，我谁也不认识，尽管饿得要命，我也没抹得开要吃的。我离开兴隆往回走，路不远才二十四里，可是肚内无食，四肢无力，腰也疼，屁股也疼，实在是走不动了。俗话说，天无绝人之路，道旁就是一片瓜地，我向看瓜的人说了几句小话，看瓜的说："你随便吃吧，一分钱我也不要。"我捡了个大香瓜，坐在地边上，几口就吃下去了，香瓜这东西也能解饿，一只瓜入肚，把肚皮胀起来多高，我顿时又有了精神，一口气回到家里。我老伴儿看我像个落汤鸡似的，赶紧拿出干衣服让我换上了，又给我做了一顿干饭。我吃饱了之后，赶忙跑到大队汇报，结果大队干部谁也不在，没人理我这个碴儿，我只好回到第三生产队，黑老包子也不在，就是刘凤久大哥在那儿值班，我说："水泵没借来。"刘大哥说："算了，现在闹洪水，谁家不等水泵用？

也没什么活,你就回去休息吧。”我如同大赦,回家好好地睡了一觉。我以为老包子肯定得找我的邪碴,可能因为太忙的缘故,他把这个事也忘了,几天过去了,他也没提借水泵这件事。

洪水退了之后,我的病情日益加重,只要一大便就拉血,实在有点儿支持不住了,我把两位赤脚医生请到家里,他们看过之后,对我说:“你的病可够严重的,不看可不行。”我说:“老包子肯定不给我假,这可怎么办?”他们说:“官不打病人,对一个人的改造,不是要把人整死,他冲啥不给假?你去请假吧,我们可以做证明。”后来经两位赤脚医生做证明,老包子没办法了,才给了我几天假。我到县城去过两次,县城没有专门的痔疮医院,外科医生检查之后,给我拿了点止疼片上了点消炎粉,用药水给我消了消毒就算完事了。回到家之后,我足足躺了两天,每天都是全桂给我换药,那会儿的人全禁造,远没有现在的人这么娇气,就这点消炎药用上,还真大见功效,没过两天,病情大有好转。想到我下乡的日日夜夜,所遭的那些罪,实在叫人难以承受,我躺在炕上嘴里不说心里又想起了逃走的念头,我把前因后果梳理了一遍又一遍,先是肯定后是否定,就这样反反复复想了百遍之多,初步形成了一个方案。

想归想,做归做,要想迈出这一步,是不容易的,周士的教训就是前车之鉴,因此我等待时机,迟迟未敢行动,我警告我自己,谨慎谨慎,但能不走这一步就不走,除非到了万不得已的时候,不能轻易开路。但接下来的事情迫使我不得不下定决心,因为无论我怎么干也不对,秋收减少了挨批斗,牲畜死了也挨批斗,社员不和打仗斗殴我也挨批斗,鸡没圈好猪没圈好还是挨批斗。

真是一人遭难鸡犬不宁,因为我儿子老铁性情暴烈,有时候跟同学们发生口角我也得挨斗,说我支持孩子这么做的,这是阶级敌人想翻天。这么说吧三天一挨批五天一挨斗,始终就没有安宁的日子。

1973 年年底,因为我的工分不够买口粮的钱,我实在没有办法了,忍痛割爱把我家里最后的一点儿积蓄也是我最喜爱的一块大英鸽五十六钻的手表卖掉了。当初我曾下过决心,再穷,这块表也不能卖,它不仅是我家唯一的财产,而且伴随了我十几个春秋,这块表是我托朋友从广州买的,造型美观,走时相当准确。可是到了山穷水尽的时候,我不得不忍痛割爱,以 125 元的价格卖给了副业队的闵龙山,也就是主动给我喝稀豆腐的那个人,闵龙山一次拿不出那么多钱,分五次给我,第一次给了我二十五块,我一狠心把表摘下给他了，可是口粮钱还凑不齐，怎么办呢？经我和老伴儿商量之后，尽可能地把家里的东西卖掉，一把椅子卖三元钱，一台进口的挂钟卖五元钱，一件皮坎肩卖十元钱，一套毛衣毛裤卖二十元钱，许多社员都到我家来买便宜。每到收工的时候，人来人往不断，不知是谁口角不严，让安大舌头知道了，为此我又挨了一次批斗，还写了几份检查。

我们一家人艰难地度过了1973年，到了1974年开春，更大的灾难临头了。有一天我刚要出工，大队通信员王成文把我找去，我进屋一看，阵势不小，不仅大队干部都在，还多了两张熟悉的面孔，我一眼就认出来了，一个叫石富，一个是老于，后来我才知道，石富是曲艺团的副团长，老于是办公室主任。只见在场的人一个个面沉似水，冷若冰霜，都瞪着眼睛盯着我，我不知道说些什么好，冲着他们点了点头，然后等待他们问话。大队书记杜××说："单田芳，自从你到杜大以后，就不断地喊冤叫屈，总惦记着翻案，叫你老婆到省里市里去上访，前些日子，你的上访材料转到了文化系统，这不这二位同志你全认识，都是你们曲艺团的人，你有什么冤屈对他们说说吧，也让我们开开眼界。"

接下来石富说："老单你太不老实了，按你的所作所为，理应进监狱判徒刑，上级领导本着坦白从宽的原则，仅给你戴了一顶帽子，你就应该老老实实接受群众的监督，争取重新做人，可你却反其道而行之，不断叫你老婆王全桂拿着你写的申诉材料到处去申诉，给党和政府找了很多的麻烦，现在党中央大反右倾翻案风，你就是其中的一个，你说说你哪儿冤？"事情发展到这个地步，我有话不能不说了，我说："老石、老于你们听好了，我就是冤枉，你们根据什么把我定成现行反革命，我是说过错话，办过错事，我认为那都是内部矛盾，也够不上现行反革命啊！再说了，你们一没有叫我签字画押，二没有当众公布，就稀里糊涂地把我赶下了乡，我认为这都不符合政策，所以才叫我老婆去找。"石富说："就凭你犯下的那些罪行，还用签字画押？还用开会？没判你的刑你就算捡便宜了，这次我们是受领导的指示来的，就是跟你所在的大队领导进行沟通，对你要严格管制，再不允许你兴风作浪。"我说："我有冤就要说，这怎么算兴风作浪？要不你们成立信访办公室干什么？那不就是让群众说话的地方吗？"最后老石把手一摆："出去出去，你就是个顽固不化的反革命分子。"大队书记也说："你先回去听信吧，看这回怎么收拾你。"

我气得不行，也不下地干活了，径直回到家里，对我老伴儿说："石富和老于来了。”我老伴儿惊问:“他俩来干啥了?”我说:“还用问吗? 就因为咱们上访把他们给惹急了,他们和大队联合起来要整整我。”我老伴儿忙问:“要咋整你?”我说:“不知道,爱他妈咋地咋地,胆大也挨整,胆小也挨整,说也挨整,不说还是挨整,反正也没个好,他们爱怎么地就怎么地吧,我也豁出去了。”说罢我躺在炕上,心里又升起了逃跑的念头,心说到时候了,看来树欲静而风不止,我不下决心也不行了,看老石和老于来的那个气势就不同寻常,他们两家要联起手来哪还有我的好? 当天晚上,大队又把我叫了去,支部书记杜××说:“单田芳,经大队和你们文化系统的干部研究决定,你是典型的右倾翻案风分子,从明天开始,要从大队斗到乡里,把台安县十四个乡全都走遍了,到一处批一处,非把你批倒批臭不可,批完了你再听候下一步的处理。”我在那儿弯着腰听着,其实我的心早走了,后面他说了些什么根本我就没听,那个安大舌头呜拉呜拉说了一顿,我更不听了,眼看就到了十二点了,他们才放我回家,临走的时候,杜××还说:“明天吃完早饭还上这儿来报到。”我也没言语转身离开了大队部。

那是4月的天气,不冷不热,半夜的月亮格外的亮,我已经下定决心冒险出走,因为我知道他们已经对我下了狠手,这十四个乡游斗下来,我不死也得扒层皮,这还不是结束,还得听候处理,我岂能忍受? 我是肯定要走了,但凡人下了决心之后,就没有那些负担,我伸伸懒腰,长长出了几口气,反而觉得十分轻松。

月光伴随着我回到家里,俩孩子都睡了,我老伴儿可没睡,她一直为我提心吊胆,见我一进门就问我:“他们打你没有? 怎么这么晚才回来?”我从来没有这样理直气壮过,我大大方方往炕上一坐,一边吸烟,一边对她说:“还用问吗? 他们要对我痛下毒手了,要在全县十四乡里游斗我,还要给我严厉处分,说我是右倾翻案风的典型。”我老伴儿一听这话也有点傻,这时我十分警惕地来到院里,看了看四处无人,把柴门关好,回到屋后,又把窗帘挡上,压低声音跟我老伴儿商量,我说:“全桂啊,我想了可不是一天半天了,我决定逃走了。”我老伴儿听罢,顿时两眼发直,好像呆子一样死死地盯住我,半天才说:“你想学周士? 我看太冒险了,千万别这么做。”我冷笑了一声对她说:“我心里早就策划好了,周士是个傻蛋,我绝不会做那种糊涂事。”我老伴儿接下来问我:“你想上哪儿去?”我说:“我第一步先到沈阳,但我要远离亲人和熟人,去投奔宗仁大叔。”我为什么要投奔他呢? 宗仁家住沈阳北站前,他本人是六级瓦工，一直没加入单位，属于单干户，他老伴儿也是说大鼓书的，跟我妈很熟，我妈走后，她又跟我爸很熟，曾口头上管我爸叫师傅，我爸亲口教给她一部《薛家将》，为此，宗仁夫妻对我父亲十分感激，他们之间走动得很亲密。我是1970年2月2日被遣送到农村的，在1971年2月的时候，宗仁还亲自到农村来看望过我们，给我们送来二十斤粮票，还有半袋子小米，宗仁大叔还对我们说过有什么困难尽管找他，在我老伴儿上省里上访的时候，曾经在他家住过两次，受到老两口子的热情款待，这是我投奔他的原因之一。另外他们很少跟文艺界的人打交道，他的住处也很少有人知道，所以比较保险，这是我第一步落脚的地方。我老伴儿听罢点了点头，她说："宗叔是大好人，值得信赖，可是你去了之后，吃饭问题怎么解决啊？"我说："车到山前必有路，走一步看一步吧。"

我老伴儿又问我："你走了之后，咱俩怎么联系啊？"我胸有成竹地说："这个我也想好了，孙正平就是咱的联络点。"我为什么要这么说呢？孙正平又是什么人呢？原来孙正平的父亲叫孙殿英，是第三生产队的队员，过去还曾经担任过两任生产队长，孙正平小伙子为人正直，平时少言寡语，从来没有对我发过脾气，后来因为他跟老包子不和，就托人在县里皮革厂找了一份工作，当了职工，每逢放假就回到队上来。孙正平搞了个对象，相中了我家的住址孟家岗子，我老伴儿曾经许诺说将来我们有回城那天，这块房基地首先就让给你，为此孙家上下皆大欢喜，孙正平也希望我迅速地落实政策回到鞍山他好跟媳妇搬到孟家岗来，出于这个原因我才想到孙正平是个最好的联络站。

我对老伴儿说："不管我走到哪里，都要及时给你写信，信就邮到县皮革厂孙正平那儿，由他转交给你，为了防范万一，我信皮上写的地点都是假的，真实的落脚点我再想办法告诉你，第一步咱就先这么办。"我老伴儿听罢点点头说："这是个好主意，我相信孙正平为了孟家岗的房子也不会出卖咱们。"但我提醒老伴儿说："不怕一万就怕万一，我真正的落脚点要绝对保密，连孙正平也不能告诉。"我老伴儿想了想说："我看你还是别冒这个风险了，他们爱怎么斗就怎么斗吧，这些年咱们都熬过来了，万一你再出了事，我们娘儿仨可咋办？"我说："这个我也想了，说个不幸的话，假如他们真把我逮住了，处罚力度肯定比周士重，也有可能把我送进监狱，进监狱更好，无论判几年还有个盼头，监狱里都是犯人，谈不到尊严和谁小瞧谁的问题，再加上我还会说书，还能参加监狱里边的说唱队，就凭这一点我也能提前释放，总比这么戴着个帽子没完没了强得多。”我又说，“未料胜先料败，倘若他们真的把我抓住，我被判了刑，对你们娘儿仨是件好事，你应该马上提出跟我离婚，咱俩彻底地解除关系，你带着俩孩子马上回城，就是在城里捡饭底也比在这儿强得多。”我老伴儿既吃惊又木讷地看着我，呼吸都要停止了，我推了她一下问她：“我说的话你听明白了吗？”她说：“听明白了听明白了。”为了给她减轻压力，我又说：“方才我说的那是最坏的想法，我相信他们不会抓住我的，我没有周士那么傻。”最后我终于把老伴儿说服了。

她点点头，横下心说：“就这么定吧，我也豁出去了，谋事在人，成事在天，咱就相信命吧。”我又问她：“咱手里还有多少钱？”她说：“除了交口粮钱之外，手里仅有三十块钱，你全带去吧，闵龙山还有表钱没还清，我们娘儿仨还可以卖鸡蛋维持生活。”我说：“那不过是临时的，用不了许久我就会把你们都接走。”我们俩一直说到深夜，该说的话都说完了，而且不断地重复以便加深记忆。那时正是4月天气，早晚还比较凉，我有一件苏式蓝棉袄，我老伴儿找出来给了我，我把三十块钱一分为二，给他们娘儿仨留下来十五块钱接短，她不要，说穷家富路，本来三十就不多，万一投奔宗仁不成你咋办？最后我带了二十块钱，留下十块钱做生活费。天已经很晚了，我头也疼也十分乏累，没脱衣服就躺下了，想把我说过的话重新梳理一遍，看看有什么漏洞没有，结果脑袋一沾枕头就睡着了。因为心里有事，睡不踏实，一觉醒来，窗户纸已经变成灰色。我起来一看，不知道从什么时候开始下起了雨，对这种天气，我挺高兴，根据惯例，每逢早晨下雨，社员下地的时间都要推迟，谁都想多睡一会儿，这种天气正好利于我出走，不会被人发现。我顿时穿上棉袄，用冷水擦了一把脸，我老伴儿也醒了，拉住我的衣服说：“老单，你再想想，到底走好不走好？”我赌气地把她的手一推说道：“男的没主意要饭，女的没主意养汉，当断不断必留后患，既然决定了的事就不能改了。”说罢我看了一眼熟睡的儿女，也顾不上想别的了，冲我老伴儿点点头，就离开了孟家岗子我那个破家。

我冒雨急行，不一会儿就走到三队和二队交界处的一座石桥的上面，那块儿地势比较高，离我家又不远，我站在桥顶上，遥望我住了两年的孟家岗子，透过雨丝又看了看那两间土坯房，心里说我真的要走了，这两间房子，我有两种可能还能见着，一是我被抓回来，二是我的问题真相大白了，如果我恢复了自由，一定要回到我曾经住过的地方，说着我转身直奔县城走去。雨越下越大，我浑身上下都被淋湿了，所幸一个人都没碰到，使我倍感欣慰，我一口气走到县城汽车站，汽车站里空荡荡的，只坐着几个等车的客人，卖票的窗口都关着，院里停着几辆客车，我急忙找到一个工作人员问他："怎么还不卖票?"他说："因为现在下大雨，很多路都不通了，现在正等通知，哪条路通了，就卖哪儿的票。"

我听罢暗自着急，看了看时钟，已经六点了，估计社员们已经陆续起床了，如果他们发现我不在，肯定得上家去找，倘若发现我不在家起了疑心那就麻烦了。正在这时候，一个卖票的窗口打开了，一个女售票员探出脑袋对外面的人说："卖大虎山的票啊。"本来我想买去鞍山的票，因为公路被水冲坏了，停止了售票，我一想管他大虎山还是小虎山呢，离开险地就成，于是我花了两块多钱迅速登上了客车。可恨的是车子迟迟不开，因为客人太少。我心如火焚，心说这时候如果有人追上来，正好把我堵上，我岂不是倒了大霉了?好不容易等到开车了，客车从院里开到公路上，直奔大虎山而去，我的心甭提多高兴了，此时此刻的心情真跟小鸟出笼一样，我可一下子走出来了，迈出了至关重要的一步。

铤而走险

不知不觉中我饱受磨难的杜达莲泡已经被远远地甩在身后，车上的人大部分都在养神，我观察了一下，没有任何反常现象，我望着车窗外的风雨和大地，朦朦胧胧，就好像我的逃亡前途一样看不清楚。

人哪，在作出重大决策之前，肯定要经过反反复复的思想斗争，斟酌斟酌再斟酌，另外还需要信心、决心和勇气，突发事件例外。我就是其中之一，思想斗争将近两个年头，今天终于实现了，我毫不后悔。车子在风雨中穿行，我总觉得速度太慢，可是不知不觉中我饱受磨难的杜达莲泡已经被远远地甩在身后，车上的人大部分都在养神，我观察了一下，没有任何反常现象，我望着车窗外的风雨和大地，朦朦胧胧，就好像我的逃亡前途一样看不清楚。我在想，这会儿可能社员们早都起床了，该下地挖沟排涝了，也可能发现我不在了，他们很快就会派人找我，我跟王全桂事先已经约定好，假如有人找我，你就说他早就下地走了，跟他们装糊涂打哑谜，尽量拖延时间，好让我跑得远一点。可能这会儿已经有人到我家找我了，我又想到，他们真正发现我跑了，也得在几个小时之后，他们无论如何不会想到我有那个胆量，起码说这几个小时是安全的，我心里踏实了一些，大约一个多小时之后，车子来到大虎山，在路边停下了。

我们十几个人鱼贯地下了车。我发现大虎山这儿好像没下雨，路面挺干燥，空气挺新鲜，街上的人来来往往也不少，过去虽然我没有来过，但对这里早有耳闻，因为生产队每年买卖大牲口都要派人到大虎山来，据说这儿有个很大的牲口市。但我无暇顾及这些，看看周围没有异常情况，就直奔火车站。火车站里人也不多，我很快买了一张去沈阳的火车票，是下午五点多钟的火车，现在距离发车时间足足有十个小时，这对我来说形成了很大的压力，十个小时，能办多少事啊？就得在大虎山这么干耗着，万一有人追来，我往哪里躲藏？而且这离着台安县也不算远。我在街上来回走了几趟，想改乘公共汽车去沈阳，但到汽车站一打听，因雨水太大，去沈阳的客车停运了，我没有办法，只好在大虎山这个小地方耗上几个小时。我买了包烟，找了一个四通八达的路口，在一家小商店的门前坐下来，边抽烟边思考着今后的一切一切。

我突然想到我应该给生产队和大队写一封信，告诉他们我不是逃走，我是要上访，我一定要把我的问题搞清楚，另外我也要求他们发扬人道主义精神不要难为我的家属，我还得给我老伴儿写一封信，做出她一概不知的样子，好摆脱她的困境，别落个同流合污，于是我来到电报局，买了信封和信纸，就利用公共笔和墨水认真地写了两封信。至今我还记得大致的内容，在写给生产队和大队的信中，我说："各位领导，请你们宽恕我的冒昧行为，我是迫不得已，才没请假离开杜大的，因为我请假你们也不给，我说我冤枉你们也不信，让我老婆替我上访，你们又说我不老实，实出无奈，我只有铤而走险，自己去市里省里申诉，我的确是被冤枉的，我相信党的政策，此行一定会弄个水落石出，请你们不要难为我的家属，党的政策是人犯家不犯，我的出走是我自己做的主，我老伴儿和孩子全然不知……"写给我老伴儿的信大致的意思是说："全桂请你原谅我的不辞而别，由于我的问题给你们娘儿仨带来了内心的创伤和精神的折磨，不得已我才铤而走险，我要亲自去省市申诉我的问题，假如问题弄不明白，我希望我们俩的婚姻至此结束，你如果离开我就好像小鸟出笼，再不用为我的事担忧了，也不必为我受苦了，为了你和孩子的自由我不得已做出了似乎荒唐的行为，请你谅解，再见！"

我把两封信写完仔细斟酌，见没有什么漏洞就发出去了。看了看表，离开车的时间还有八九个小时，我东转一圈西转一圈，等啊等啊，好难熬的时间啊，过得怎么这么慢，好不容易才盼到通往沈阳的火车检票了。登上列车，车上人很多，没有座位，我就站在两个车厢中间的夹道里，随时察看着左右的动静，看看有没有熟人，有没有可疑迹象，一旦有意外，我好采取紧急措施，但是我尽量保持神态安详、若无其事的样子，恐怕被人发现有异常，时间过得真慢啊！这是一趟慢车，不慌不忙地往前走着。

在午夜十一点半左右终于到沈阳了，我从车上下来走出车站，才感觉到有点儿饿，我花两毛钱买了个苏式大面包，狼吞虎咽，几口就吃下去了。沈阳站人非常多，灯火辉煌，人来人往，这个地方绝不能久留，一旦遇上熟人就麻烦了，所以我几步穿过站前广场，直奔宗仁家走去。那时已经到了午夜，街上几乎没有几个行人，只有路灯在闪着光，我边走边想，全桂这一天是怎么熬过去的，大队能轻易地放过她吗？现在他们肯定知道我是逃走了，但是光想有什么用？现在是外行拉胡弦——自顾自！

我看着眼前熟悉的建筑，回忆着我童年时代在这座城市度过的时光，我心里盘算着，现在我终于离开了那个整我的地方和坎坷不平的土地，脚下踩的是柏油路，相比之下，走起路来舒坦极了，我还想到沈阳是我的故乡，在我的脑海中，有很多美好的回忆，现在我终于踏上了这块土地，哪怕让我洗个热水澡，舒舒服服地睡一觉，再吃一顿香喷喷的饭菜，即使叫他们逮住也值。

大约在子夜十二点半，我终于来到北站前宗叔的家门口，先是轻轻地敲了几下房门，他家住的是临街的房子，我不敢使劲儿敲，怕惊动了四邻，刚敲了几下，就听见宗叔在屋里问："谁啊？这么晚了还叫门。"我赶紧回答："宗叔是我，我是田芳。"为了叫他听清楚，我把"田芳"两个字说得很亮很响，宗叔先是愣了一下，紧跟着把门打开，用手电筒在我身上照了一下，后来确认是我这才说："小子，你怎么这么晚到我家来了，快进屋快进屋。"说着他还往我身后看了看，我说："没人就我自己。"宗叔说："全桂呢？"我说："没来，还在农村呢。"宗叔把街门关好，他家是长筒形的房子，一分为二，外屋是挺大的一铺火炕，住着他的仨女儿和两个儿子，里屋住着他自己，那时会说书的老伴儿已经故去了，就剩他一个人拉扯着一帮儿女，我首先观察的是宗叔脸上的变化，是欢迎啊还是有反感，老人非常热情，让我坐下，给我倒了杯热水，又说："吃饭没？"我说："吃了。"我又说："三更半夜的，给您找麻烦，实在于心不忍。"他说："咱两家谁跟谁啊，当初你父亲有恩于我家，我想什么办法也得报答啊！"我说："宗叔，我可不是想叫您报答我什么，我到您这里来是有件事想求您。"宗仁带着惊异的眼光望着我："啥事？小子你说吧。"对真人不能说假话，于是我从头到尾一五一十和盘托出，宗仁没有插话，静静地听着，他虽然年事已高，但头脑灵活，思路敏捷，最后我说："宗叔，我没有别的要求，我就想在您这儿住几天，给上面写几份申诉书，到省里去上访，一定要把我的问题搞个水落石出。"宗仁丝毫没迟疑，果断地说："没问题，行，你住到我这儿还安全，我还管饭，这个事就这么定了，看你两眼通红，大概没睡好觉吧，现在别的甭说，你先睡好觉，等养足了精神咱爷儿俩再唠。"

这第一步走出来很顺利，我心里踏实多了，也上来了困劲儿，倒头便睡。这一觉睡到第二天中午，才被宗叔叫起来，宗叔说："你的呼噜声可不小，把你弟弟妹妹们都给吵醒了。"我说："是啊是啊，太乏了。"宗叔说："洗洗脸吧，咱们边吃边唠。"宗叔的儿女都随他爹的脾气，对人非常热情，管我叫大哥，就好像亲哥哥似的，吃完饭后，我又把昨天半夜的话重复了一遍，宗叔不断地插话，问这问那，我是有问必答，通过一天的交流，事情终于说透了，宗叔说：“小子，世态炎凉，人心不古，现在坏蛋有的是，都撞腿肚子，别看我这儿肃静，也得多加点儿小心，街道那些老娘儿们蹿来蹿去，还有住街道那些民兵，讨厌极了，你要把词想好了，一旦有突发情况你就说从鞍山来看我的。”我说：“知道。”

我是从1970年2月2日下放到农村的，1974年4月25日离家出走的，在农村度过了四年多，现在暂时回城了，能混到哪天很难说，可能随时随地被人家发现或带走，所以我闭门不出，尽量不与外人接触。4月27日那天，我拿着写好的上访材料，到了北陵省政府信访接待室，那儿等着接待的人太多了，屋里屋外到处是人，就跟票房子差不多，我领了个号，在那儿耐心地等着。过午之后，才轮到我的号，接待我的，是个五十多岁的男人，他显得有些疲倦，看着我递上来的厚厚的申诉书，皱了皱眉头：“咋这么多？”然后他取出纸笔，问我姓名、年龄、民族、性别、宗教信仰，问了一遍，我一边回答，他一边记，后来他往椅子上一靠，半眯缝着眼问我：“你主要上访啥问题啊？”我把事先准备好的词如数家珍一般向他讲述起来，讲着讲着，我听见了呼噜声，一看，得，这位累极了，睡着了，也不知道我说了半天他听见没有，好在有材料，我不谈了，他也醒了，他歉意地对我说：“上访的人太多了，从早忙到晚，你看看大半天都过去了，还有这么多人。”我说：“是啊，你们的工作量实在太重了。”他说：“这样吧，记已经登完了，你给我点儿时间，我回去看看材料，下周一你再来找我。”我称谢之后离开了信访办。

回到宗叔家里，宗叔把晚饭做好了，正等我的消息，一见面他就问我：“材料交上去了？”我说：“交上去了。”“跟他们谈了吗？”“谈了。”宗叔冷笑一声说：“这他妈都是走形式，信访办顶个屁用，跟他们说也是白说，你讲话了，你写的材料转八圈还得送到你原来单位去，他们啥问题也解决不了。”我说：“即使真是如此，咱也得按程序办事啊，死马就当活马医呗。”一晃，我来到宗叔家五天了，眼看就是“五一”节了，我给家里写了封信，向家里报个平安，简单介绍了我的情况，我怕别人偷看，写得非常简练，反正我老伴儿能明白。在信皮上，我也没写通信地址，就发了出去。信通过孙正平的手很快转到我老伴儿手中，5月3日，我收到老伴儿的回信，由于老伴儿文化低，也不会用词，写得很简单，但很明白，大致的意思是说：你走了，大队当天就知道了，派了两次人来找你，第二天他们知道你出逃了，大队小队都传开了，单田芳跑了，大队把我找到大队部，问我你爱人逃跑的事知道不？我是一问三不知，你给大队和我写的信也收到了，他们肯定不信，但也没难为我，我和孩子都挺好，过两天我抽时间去看你。我看罢信后，心里热乎乎的，如释重负，我把信给宗叔念了一遍，宗叔长叹一声："一人倒霉，九族遭殃啊，可苦了全桂和孩子了。"假期之后，我又找到北陵信访办，找到接待我的那个人，他对我说："你的材料已经转到鞍山去了，现在还没有下文，过几天你再来听信吧。"我只好转身离开，心想不好，为什么呢？倘若他跟鞍山的人通上气，那帮人就能顺藤摸瓜，跑到信访办来抓我，所以这个地方不能再来了，因为来八次也解决不了问题。

回去之后，宗叔给我开了门，我往炕上一看，花花绿绿的全是彩纸和手编的纸花，他带着三个女儿，正在做这种花，炕上地下全是纸屑，我坐到旁边傻看着，禁不住问道："宗叔，你们编这干啥？"宗叔笑着说："小子，这玩意儿能换人民币，你有了人民币就能填饱肚皮。"我惊奇地问道："这花是卖的？有人买吗？"宗叔拿起一朵放到我眼前，解释道："这种花叫水泡花，是用蜡纸做成的，在水里能泡两三个月不褪色，这要买只玻璃杯泡上两三朵，红红绿绿多好看哪，我这儿还有蜡制的小蜡鸭小蜡鱼，可以浮在水上，在家里放上两个杯子，赏心悦目有多好啊！"我说："多少钱一朵啊？"他说："一朵水泡花外加一个小鸭子和一条小鱼卖一毛钱。"我又傻乎乎问道："有人买吗？"宗叔大笑说："没人买我们做它有啥用？实话告诉你吧，瓦匠活我早就不干了，那玩意儿又累又不挣钱，我是跟人家学会的制作水泡花，跟你妹子在一起办起了'制造厂'，你二妹三妹都天天出去卖，每天都能拿回十块八块的，成本才一两块钱，足够我们全家人的生活费用了。"

我听罢之后，脑瓜一转，我现在走投无路，正愁没有经济来源，临出门时带的那二十块钱，现在只剩下了八块钱，如果我也会制作水泡花也能上街去卖，或多或少不也有些收入吗？于是我向宗叔提出来这个要求，宗叔说："好啊，你真要能放下架子卖水泡花，吃饭肯定没问题，不过你敢出头露面吗？"我说："我不能露面，万一被人认出来，非把我抓走不可。"宗叔把大腿一拍说："哦，想起来了，丫头慧莉多大了？"我说："十八了。""让丫头卖，你给背褡包（装货的包），市场虽然管理得严，但对老太太小丫头还是比较宽松的。"我说："是啊，可卖的问题解决了，我也不会做啊！"宗叔说："这有啥难的？比造飞机简单多了，来来来，给你一把剪子，一捆小铁丝，我教你怎么做，往后我们做活也有你一个，练几天你就熟悉了。”

宗叔给我开启了经济之门，指出了挣钱的道道，这就像收徒弟教给他书一样，就等于把饭碗传递给他了。此后我天天认真地做水泡花，全神贯注一丝不苟，没过几天，我就成熟练工了，宗叔说：“哎，别说，你做的真不错，拿到市场上肯定有人买。”我听了十分高兴，宗叔是个十分热心的人，他从桌子下面取出制造小鸭子、小蜡鱼的模具，都是石膏制成的，他又传授我如何画蜡如何配色，如何打造模具，如何打造小蜡鱼和小蜡鸭子，他是真心地传授给我，我是真心地学习，经过反复实验，我也掌握了这门技术。当时我忘记了逃跑的恐惧，一门心思地想把这门小技术学精学好，因为今后在漫长的逃亡生活中我要依靠它维持生活，这是主要的经济来源，不能有半点马虎，我在制造水泡花这方面所下的功夫，一点也不亚于当年学习评书所付出的辛苦。

按照宗叔的提示，我又给家里写了封信，这封信一是报平安，二是叫我女儿迅速赶到沈阳宗叔家中，几天后，我女儿慧莉真的来了，我们爷儿俩见面那种欢喜就不用说了。我想知道我离开杜大之后所发生的情况，以及家里的变化，我女儿不慌不忙地向我介绍了整个经过，大队找全桂谈了两次话，让她说出实情，我老伴儿一口咬定不知道，大队拿她没办法，后来也就不问了，现在大队小队都知道我逃跑的消息了，人们在田间地头总唠这件事，据说公社也派出人正在想办法找我，其他一切正常，慧莉还说闵龙山欠的表钱也还了，现在家里头就靠这点儿钱维持生活，我听了一颗悬着的心这才落地。

当天下午我把慧莉领到城里中街，在沈阳故宫博物馆的外面吃了一顿午饭，然后我们爷儿俩坐到台阶上，我把我的经过也向她介绍了一遍，我说：“现在我学会了制造水泡花的技术，就是缺少一个卖花的人，你敢不敢像宗家你二姑三姑那样去卖水泡花？”我女儿毫不犹豫地回答：“我敢。”

有了她这句话，我吃了颗定心丸，回到宗叔家里之后，我把与慧莉商量的经过和宗叔讲了一遍，宗叔说：“好啊。”他还专门告诉慧莉，现在市场管得很严，连卖点儿小花也有人干预，说这是走资本主义道路，市场管理所的人和民兵见着就抓，有时把你的杯摔了，有时把你的货没收了，但是你不要害怕，仅此而已，犯不了什么大罪，尤其对老人和女孩他们还是比较手软的，宗叔还说：“现在你们手里头没有货，我可以批发给你们，每一套按成本价收你们三分钱，你们没货就从我这儿拿。”我和慧莉都同意了。

使我难忘的是卖水泡花第一天的经历，我们从宗叔那儿批了一百套货，也就是一百套水泡花，从宗叔家里借了个黄书兜还借了一只玻璃杯，我们在北市场转了半天也没敢卖，虽然这儿的人很多，但怕遇上熟人，一旦被熟人发现，岂不因小失大？我们想找一个人少的地方，可人少了又卖不出去，结果转了两个多小时，一朵花也没卖。后来我灵机一动，想了个两全的办法，我就带着女儿奔了沈阳郊区一个叫虎石台的地方，这儿远离市区，大多数都是二井的矿工和农民。我女儿也不傻，她管我要了几朵水泡花，让我在住宅的外面等着她，她以讨口水喝为名，走进一家住宅，有个老太太正在做午饭，慧莉说："老奶奶我渴了，讨口水喝行吗？"老太太说："那有啥不行的，门口就是水缸，你随便喝。"我女儿利用这个机会用玻璃杯装满了水，把水泡花放在里边，水面上还放了一只小蜡鸭子和小蜡鱼，然后叫老太太看，老太太惊问道："这是什么？"慧莉说："这是一种摆设，叫水泡花，您看这色彩多鲜艳，放到窗户台上和桌上，也是点缀房间的好东西。"老太太看罢赞不绝口，问多少钱一个，慧莉说："一毛钱一个。"老太太说："我买俩吧。"这下我们总算开了张，这也是个热心的老太太，把街坊邻居都叫来看新鲜，街坊邻居也被吸引住了，这个说我买一个，那个说我买两个，慧莉乐得合不拢嘴，马上跑到外面找我，我在外面正提心吊胆地等她，就见她笑着向我奔来："爸，开张了，快给我拿点货。"就这样，我们在这个小地方卖了二十多朵，一下子收入两块多钱，我拿着这些钱，心潮澎湃，百感交集，回忆起当年这点儿钱算得了什么，可是现在，这点儿钱就是我们的救命钱，它使我看到了希望，看到了保障，比当年大把大把挣钱还要兴奋，接下来慧莉就以讨口水喝为名走乡串镇，下午五点多钟把一百多个货全卖光了，我们高高兴兴地从虎石台返回沈阳。

那时已到晚上八点多钟了，我叫慧莉在杂货铺买了两瓶白酒，还给弟弟妹妹们买了些水果，当我回到宗叔家时，宗叔正焦急地等待，他一看我们安全回来时，长出了一口气说："我以为你们爷儿俩出事了，被人家扣起来了。"我拍拍空书包说："托您的福，一百个货都卖光了。"宗叔说："行，真行，这可得好好祝贺祝贺。"我把酒和水果摆到桌上说："叔啊，这是孝敬你的。"老头高兴地说："只要你们能挣钱我就没白费心，就凭咱两家的交情谈什么孝敬不孝敬的，你爸活着的时候曾说过，这叫患难相扶，荣辱与共，你们有了饭门我也就放心了。"

第二天，我们又从宗叔那儿批了一百套货，又奔了虎石台，换了另外一个村庄，慧莉依然按着老办法，走家串户，这招确实有效，可以说是送货上门吧，不到下午三点一百套货又全都出手了，我们爷儿俩兴奋地回到宗叔家，宗叔惊呼道："今儿个回来得真早，又卖完了？"我说："是。"我还说："虎石台那边的人很喜欢这小玩意儿，就是路途远一些，我们爷儿俩往返走了一百多里地，虽然路远点，但安全可靠，也没有人抓也没有人管。"宗仁点点头说："你们又开辟了一条路，离开大城市也不是没有饭门，很好很好。"

俗话说一回生两回熟，一周下来，我和慧莉都变成熟练工了，手里头也攒了几十块钱，我赶忙写信告诉全桂，让她方便的时候能来一趟沈阳。三天后，宗叔买了一条大鱼，焖的大米饭，我们刚端起饭碗，全桂就到了，我仔细打量打量她，和我当初走的时候没有啥变化，气色挺好，脸上也不带着恐惧的样子，宗叔说："全桂真是个有福气的人，我们这儿第一次炖鱼你就赶上了，快点上炕吃吧。"

我们两家处得跟一家人似的，没有什么背人的话，我们边吃边谈，我问全桂："现在队上的情况咋样？"全桂说："你刚离开大队头一个月吵得满城风雨，安大舌头说迟早要把你抓回去，现在过劲儿了，也没人提你了，也没人难为我，他们也不理我，我也不理他们。"我把我这边的情况向她做了介绍，她当着我的面又对宗叔千恩万谢，全桂说："现在家里边就剩下老铁一个人了，明天就得回去。"到了晚上我对全桂说："我在宗叔家住的时间不短了，可能邻居们也有所觉察，街道也来过两次，恐怕在这难以持久，在一个地方住久了，就容易发生危险。"她说："那怎么办？"我说："我想换个地方，带着慧莉远赴长春，因为离鞍山越远越安全。"全桂问我："你到长春投奔谁啊？"我说："去投奔咱舅舅，舅舅敢不敢收留还是个问题，先试试看吧，估计问题不大，现在一切都是试探着往前走，假如我在长春有了安全的落脚地，就把你和老铁都接出来，彻底地离开杜大。"全桂点头同意，看到我和女儿又有收入又比较安全，她也就放心了，第二天我又给了她五十块钱，我们洒泪分别。

因为那时候形势仍很紧张，文化大革命还没有结束，驻街道民兵和派出所对往来人口查得比较严，宗仁为了安全起见，把我和慧莉安置在一个老荣军家里，那个老荣军姓张，光棍一个，快七十岁了，他家离宗仁家不远，在一条很深很深的胡同里，老荣军还安了一道木门，他家房间挺大，因为没人收拾，所以又脏又乱，自从我们爷儿俩住进去之后，慧莉抓紧时间给他打扫卫生，买菜做饭，我们每天卖水泡花回来总要给他捎回点吃的，老荣军非常高兴，他说："你们俩就安心住在我家吧，当初我为革命作过贡献，受三等残疾军人待遇，除了每年慰问的时候给我送点东西，民兵和派出所谁也不上我这儿来，我看出来了，你们是好人。”

老头爱下棋也爱讲故事，闲暇的时候他还给我讲了一首《听月楼》的故事，至今我也没忘，有时候我陪着他下盘棋，老头十分开心。转眼冬天快到了，我考虑到这不是长期安身之所，按照计划向宗叔辞行，要到长春去，宗叔说：“也好，你们到长春去趟趟路子，如果买卖好做，我也去，货不用愁，我抓紧时间给你们做，没有货了就叫慧莉回来取。”就这样我们两家人连夜赶工做了一千套水泡花，那东西支支棱棱，装了两大包，我给全桂发了封信，告诉她我们去长春的消息，之后我跟女儿两个人带上货远赴数百里之外的长春。

全桂的舅舅住在天光路，那是个远离市中心与农村接壤的地方，虽然比较偏僻，但也很安全，我们到舅舅家的时候，他还没下班，我们在门口等了一会儿，下午五点多钟，他拎着瓦刀和工具回来了，看见我们爷儿俩就是一愣，惊问道：“你们怎么来了？”我说：“您没下班，我们在这儿已经等了两个多小时了。”他说：“快进屋，快进屋。”

那个时候我的警惕性非常高，练就了一身察言观色的本事，首先我要给对方相相面，揣测他的心里是欢迎啊还是厌烦，是害怕还是恐惧，看见舅舅的表情，不像有厌烦样子，我才多少放了点儿心。进屋之后，老头把工具放下，着急地问我：“全桂和老铁呢？”我说：“都在农村呢。”接着我就如实地把经过讲述了一遍，老头听完半天没说话，后来他说：“田芳啊，你这么做可太冒险了，这要是叫人家抓住，后果不堪设想啊！”我说：“我实在在农村待不下去了，但有一线之路我也不敢铤而走险，如果您这里方便，我就跟慧莉在这里住些天，如果不方便，我们再另找地方。”

其实舅舅的心里挺害怕，但嘴还挺硬，他说：“既来之，则安之，你们就先住下吧，不过要多加小心，我们这儿的街道挺不是东西，见着生人就盘问，你们最好少出去，以免惹来麻烦。”听舅舅的口气我猜到他是心存恐惧，我们爷儿俩在这儿不会住多久就得离开。

这个舅舅姓赵，是全桂的亲舅舅，大儿子国忠在武汉大学读书，二儿子国柱在长春科研所当职员，也结了婚，因为家庭不和，老头一个人住在这儿，跟儿子之间很少走动，女儿赵云凤嫁给了一个鲜族人，叫金吉善，舅舅不同意，因此两家亲戚也很少走动。老头住的这间房子没有窗户只有门，一年四季见不到阳光，屋里潮湿阴暗，跟周围的邻居也很少走动，作为一个老人残年暮景实在是很可怜。当初我和全桂日子过得好的时候，舅舅和两个表弟、表妹以及那时候还活着的舅妈经常到鞍山去，全桂也没少花钱周济他们，大表弟之所以能念上武汉大学也全靠着我家的支持，现在情况变了，我们从天上跌到十八层地狱，身败名裂，被迫潜逃，老头尽管害怕，还是咬着牙把我们留下了。

我跟慧莉成天去街上卖花，走遍了长春的闹市区，今天五商店门前，明天二商店门前，从四马路到七马路，凡是人聚集的地方我们几乎都走到了，过了没几天，所带的一千个货全都卖光了，我打发慧莉回沈阳找宗叔去取货，结果慧莉去了三天还没回来，把我急得要命，整天到路口去等慧莉。在慧莉走后的第三天，晚上吃饭的时候，舅舅惊慌失措地对我说："刚才你没在屋，街道主任来了，问我你家是不是来了两个人，跟你家是什么关系？要到派出所去登个记。"我一听也有点傻眼，舅舅接着说："派出所可不是好地方，登记得本人去，你现在哪能露面呢？"我听了十分堵心，但是从舅舅的眼神中我发现，方才他说的似乎是在撒谎，他是有意地要撵我们走，但又说不出口，才编了这么个理由，我说："舅舅，等慧莉回来，我们就搬家。"他问："你们要回沈阳吗？"我说："不一定，看看再说吧。"

转过天慧莉从沈阳回来了，只带来五百个水泡花，我说："太少了，不够卖的，你过两天还得回沈阳，好不容易挣点钱都得搭到路费上。"慧莉说："宗爷爷家忙不过来，这还是我帮着做才凑了五百个。"接着我谈到了要搬家的事，慧莉吃惊地问我："我舅姥爷要赶咱们走？"我说："虽然他没这么说，意思却是这么回事。"

慧莉一听也傻了眼，我们爷儿俩商量了半天，到谁家去落脚呢？按理说我们在长春的朋友不少，大部分都是曲艺界的，但不能去投奔他们，一去就露馅了，后来慧莉说："要不找我三姨去吧。"她住在七马路，老金家。本来我不想去，一是语言不通，二是从来没打过交道，人家能收留我们吗？可是事到如今，又别无他法，我们只好硬着头皮买了几瓶烧酒和点心到了七马路老金家。

老金家住的是个大杂院，楼上楼下几十户，他家住在大门口的地方，金吉善的老爹老妈看见来了外人都愣住了，我那表妹赵云凤一眼看见了我们，从里边接了出来，她倒是蛮热诚的，她用鲜族话跟她的家人做了介绍，鲜族老夫妻也热情地让我们到家里坐，他们家里得脱鞋上炕，跟汉族的风俗不同，我们献上礼物后，我跟云凤说了经过，我试探地问她："我们要在这儿住几天可以吗？你那老公爹能不能答应。"赵云凤笑着说："没问题，他的最大爱好就是爱喝酒，你只要供他酒喝没有什么不愿意的。”经过云凤的安排最终鲜族一家同意我们住下来，不过他们提出时间不要长了，十天半月还可以，不管怎么说我们算没住马路，从内心感谢老金家把我们收留了，三天就把五百个水泡花卖没了，慧莉还得回沈阳去取货，这回只取回了三百个，我说：“太少了，用不了三天就卖完了。”

慧莉对我说：“爸呀，我发现宗仁一家看咱们货卖得这么快，有点眼红，有意拖着不给咱货，最好的办法是咱自己也会做，省得这么被动。”我说：“我也有同感，可是现在连个落脚地都不稳定，哪有地方去做货啊！”此后慧莉又回了沈阳一趟，又取回三百个货来，转眼十天过去了，按照老金家的要求，我们顶多能在这儿住十天半个月，摆在眼前最大的麻烦是寻找住处，上哪儿去落脚呢？这真是一大难题，根据当时的经济收入，租个廉价房不是问题，但是因为我的问题，不敢单独自立门户，于是我又给全桂发了信，三天后全桂到长春来了，也住在老金家，我们三口人便商量着下一步如何解决住处问题，我老伴儿想了想说：“别着急，有地方，我还有一个舅妈住在桃园路，过去是唱清唱的，跟咱家老太太都挺熟悉，听说她老头不在了，现在她一个人生活，因为没有经济来源，全靠街道补贴，咱们到那儿去试试，如果舅妈同意留下咱，问题就解决了。”

当天晚上我们三口人从七马路走到桃园路，真够远的，足有十五华里，在晚上九点多钟才找到舅妈家，舅妈家也是住在一所大杂院里，是个丁字形的楼群，她住在二楼一间很小的房间里，不足八平方米，一张破木床，占去了房间的三分之二，有炉子和水缸以及破东乱西，把整个房间都摆满了。我们的出现令舅妈十分惊喜，热情地招待我们住下，说是多年不见了，咱们好好地唠一唠，我一看有门儿，心里多少踏实了些。说起王全桂和这位舅妈的关系是比较亲热的，全桂学徒的时候，管她叫亚琴姐，后来许亚琴嫁给了一个搞曲艺弹三弦的，比全桂高了一辈，所以全桂就改口管她叫舅妈了。全桂出徒之后，虽然不是大红大紫，但收入也很可观，那时舅舅舅妈业务不景气，经常求助全桂，全桂是个热心人，从不忘旧，所以对他们的支持很大，要不也不能投奔她来。我和慧莉先睡了，我们四个人同挤到那个大木床上，全桂和舅妈唠了一夜。第二天全桂告诉我：“我把该说的话都说了，舅妈同意咱留下来，不过她生活困难，需要咱们养活。”我说：“应该的应该的，从今以后，她家的活儿，咱包下了，老太太的生活咱也包下了。”

老太太听说之后，非常高兴，她还对我说："咱们二楼还住着六家，其中第三家有个姓毕的不是东西，他还是街道上的治保主任，那家伙坏得冒油，你们出来进去要小心着，如果问起来，你们就说你们是长春人，被下放到农村去了，因为农村的日子不得过，又返回长春来找工作，暂时住在我这里，过几天就搬走，千万别跟他说别的。"她还告诉我们："住在一楼的第一家，姓刘是回族，他们家是木匠，为人忠厚老实，跟我处得不错，我有了困难就请他们帮助，老刘家户大人多，肯定能给咱帮上忙，你们要好好处着。"

听罢舅妈的介绍我心里有了底，于是我跟全桂决定，应该把老铁接出来，彻底与杜大脱离关系，户口也不要了，粮食关系也不要了，咱们就全靠着水泡花解决问题，要不价全家四口分成两地，彼此都不放心，全桂同意了，回杜大去接老铁。

通过舅妈的介绍，我认识了一楼刘家，刘大哥果然是个爽快的人，听说我是个说书的，他非常高兴，没事就给我泡壶茶，让我给他讲段评书听，我为了联络感情，乐得接受了，晚上没事我就下楼，给他家讲《童林传》。刘家是个大户，多儿多女，亲戚也比较多，后来居然炕上地下全是听评书的人，他家简直变成茶馆了，我担心地对刘大哥说："咱们这可是放毒啊，中央明令要破四旧，现在闹得动静这么大，我实在有点担心。"刘大哥笑着说："田芳你放心，在这周围你大哥可以说蛮吃得开，派出所、安保都有咱的朋友，讲点儿古代故事犯啥错误。"听了他的话，我多少放了点儿心，不过我跟他说还是来的人越少越好，他也点头同意了，此后我们两家的关系处得相当之好，无论是买粮票还是买苞米面都是刘家给帮忙，这下住处和吃饭问题都解决了。

按着慧莉的提示，我着手买石膏、造模具、买蜡纸、做水泡花、买石蜡做蜡鱼蜡鸭子，这下舅妈家成了小型加工厂，木床上到处是花花绿绿的蜡纸，炉子上是化蜡的铁盆，我又教给慧莉制造水泡花的过程，我们自力更生制造出第一批单字号的水泡花，也用不着再回沈阳去批货了。

那时长春很繁荣，各大商业中心人潮涌动，撂地儿的人很多，有卖锥子的，有卖煤油炉子的，有卖针线的，还有卖假药的，简直是五花八门无所不包，唯独就我们一家是卖水泡花的。每天清晨起来，我背着袼包跟慧莉步行走到五商店，由慧莉站到商店门口卖花，我躲到较远的地方替她寻风放哨，一是监视着管理所的人，如果管理所有人出动，我会及时通知慧莉叫她赶紧躲开，另外是监督民兵，最主要的是我不敢离着慧莉太近，怕被熟人发现，自从我离开杜大，已经四个月了，虽然没有发生任何意外，但我丝毫也不敢松懈，始终绷紧神经这根弦，随时随地防止发生意外。慧莉把手中的货卖完，找到我把钱交给我再从我这儿拿点货，这是怕工商所的人把货一窝端了。一个月来，什么事情也没发生，就好像按时上班按时下班似的，隔两天我们就到饭馆吃点好吃的，再给舅妈捎回去她爱吃的东西，一家人其乐融融，这是真正的苦中作乐啊！

在刚入冬的时候，全桂带着我儿子老铁终于从杜大来到了长春，从那个泥潭里拔出了腿，我非常高兴，在那艰苦的岁月中，我们一家人终于又团聚了。可是住处也有困难，因为房间小，五口人住不下，开始时我在地板上铺点儿东西睡，天逐渐冷了，地板上四面冒风，冻得我睡不着，一楼老刘家是个热心肠的人，他有个儿子叫三胖子，是学木匠的，虽然手艺不算高，但打些简单家具还是可以的，他比我儿子大两岁，他俩一见就投缘，又说又笑，三胖子让老铁到楼下跟他一起去住，这下住处问题解决了，三胖子还提出叫老铁跟他学木匠，老铁非常高兴，就拜三胖子为师，到处去找活儿干，这下儿子的问题也基本解决了。

有一天我和慧莉卖花回来，买了点儿吃的，推门一进屋，发现一个陌生女人正跟全桂唠嗑。这女人年纪不大，长得很清秀，全桂急忙给我介绍，她指着这个年轻的女人说：“这是宝芝妹妹，是我两姨亲的妹妹，她家住的离舅妈这儿不远，今天在街上偶然相遇，宝芝眼睛真毒，一眼就认出我来了。”我客气了几句，宝芝也客气了几句，从她嘴里我才知道，她姓曹，父亲是个退休干部，母亲是退休工人，她还有个弟弟叫曹宝昌，是五级瓦工，她的爱人叫王佩军，是水道工人，就住在前街不远。宝芝是个热心人，过去我们两家从不来往，只是偶尔和全桂通通信，但宝芝很认亲，今天看见这位背难的姐姐，她还掉下了同情的眼泪。

当晚宝芝请我们一家包括我那舅妈到饭馆吃了一顿，他爱人王佩军是厚道老实人，在家里没有地位，是名副其实的妻管严，宝芝说啥他听啥，一见面姐夫长姐夫短也热乎得不得了。在那颠沛流离的时候，能在长春遇上亲戚而且如此热诚，完全出乎我们的意料，心里既高兴，也有一丝恐惧，高兴的是有亲人照顾，恐惧的是人认识的越多危险性越大，万一哪个口角不严，把我家的情况透露出去，马上就会招来大祸，但他们都知道我冤屈，非常同情，都表示绝不走漏半点消息。

有天晚上，闲着没事，我跟全桂闲唠，全桂说宝芝两口子真是热心人，还说如果在这儿住不下去，就搬到她家去，她家有个二层阁楼，可以住下四五口人。她又说：“我把咱的经过都跟她说了，说一回宝芝哭一回，心疼得不得了。”

我一听这话，当时就急了，我跟王全桂说：“当初我是怎么告诉你的？对待任何人都不能说实话，尤其是逃跑这件事，人无千日好，花无百日红，一旦有了矛盾，让人家抓住把柄，给抖搂出去，就要了咱的命了。”我又说：“宝芝虽然挺好，就怕回去跟他退休的爹说，那是个退休干部，要听咱是逃跑出来的，肯定得把咱举报了，这年头六亲不认，什么姨夫不姨夫的，连父子之间都不能不防。”我老伴儿说：“没事没事，明天我就告诉宝芝叫她不要把咱的事告诉他爸。”我指着王全桂说：“你啊，你啊，将来要倒霉就坏在你这张嘴上。”但说出去的话泼出去的水，想收是收不回来的。

在央视《艺术人生》节目现场，一杯水泡花唤起一段回忆

没过几天我跟慧莉正在做水泡花，一个大个子推门进来，此人身高足有一米九，白脸膛小眼睛，两颗门牙往外龇着，我一愣，不知道他是谁，他首先开口道：“你是大姐夫吧？我是曹宝芝的弟弟曹宝昌，我听我姐说了，你们一家搬到长春来了，今天我特为抽个空来看看你们。”说着把礼品放到桌上，我赶紧下了地给他倒水，心里头不知道是喜是忧，曹宝昌人倒挺热情，但没什么文化，说话咋咋呼呼，天一句地一句，一瞅就是个没有城府的人，曹宝昌说：“大姐夫你到长春就对了，我在桃园路一带绝对叫得响，到处都有我的哥儿们，谁敢欺负你，你尽管跟我打个招呼，我就平了他。”不知道为什么，我听了这番话，心里相当反感，一个奉公守法、受过教育的人是不会说出这些话来的，他所说的哥儿们肯定都是地痞流氓，我跟那种人素来没有交往，格格不入，他还当好事跟我大讲特讲，接着他话锋一转说：“大姐夫，听说你

是说书的，在辽宁很有名气，我这一辈子没有爱好，就是喜欢评书，没事的时候我还给同事们讲过评书，也到乡下去说过几次，因为没有高人指点，说得乱七八糟，这回你来了，我特别高兴，你得把说书这门艺术传授给我啊。”我说：“行行行，那不现成的嘛。”我又说：“现在说评书是四旧，那些帝王将相都不能讲了，要说就得说《红灯记》《智取威虎山》这类的书。”曹宝昌说：“别听他们扯淡，那玩意儿谁爱看，还得是老书有滋味，今天我看看你，改天我再来，我请你吃饭。”说罢他一溜烟走了，我跟全桂说：“看见没，这个人就是个惹祸的根苗，不是个稳当客，你听了这顿叫唤，全楼道哪家都能听见，照这样下去，咱住到这儿太不安全。”我老伴儿说：“没事，明天我告诉宝芝劝劝他。”

没过几天，曹宝昌又领来一个姓乔的盲人，这个人块头不小，三十多岁，虽然是盲人，是睁眼瞎，如果不说是盲人，你看不出来他眼睛不好使，经曹宝昌介绍，他亲热地管我叫大姐夫，还送上了礼品，没想到我在那极困难的关头还有人送礼，老乔自我介绍说：“大姐夫我姓乔，叫乔敏，今年三十七岁，既然咱们都不是外人，我就有啥跟您说啥，我家成分不好，被划成地主，那都是我祖父那辈惹的祸，我父母早年就去世了，我一股急火把眼睛急瞎了。”我一听非常同情，我问他：“靠什么生活？”老乔说：“我就靠着说评书，四处去摸干(就是走乡串镇说书挣钱)，就靠着这个维持生活，我和宝昌是发小，因为我看不见，多亏宝昌的照顾，听他说您是说评书的专家，我高兴得要命，说实话我一套书也不会，净是满嘴胡说，希望大姐夫能传授我一套评书，我一辈子忘不了您的恩情。”

本来我离开杜大是出来避祸的，没想到还有人主动登门叫我传授评书，平心而论我是不愿意的，原因是我够心烦的，还哪有心思谈这个？但老乔出于挚诚，又是盲人，我见他可怜，只好点头同意了：“现在我唯一的收入就是靠着卖水泡花，白天卖晚上做，几乎没有什么时间，假如有了时间，我就一点一点地教给你。”他说：“行行行，时间由您来定。”

打那之后，曹宝昌和老乔经常到我这儿来坐一会儿，有说有笑，倒也解决了不少忧愁，在桃园路那段时间，我们过的比较轻松自在，几乎没有发生什么事。就是有一件事我必须说说，因为没有粮食关系，吃饭全靠买粮票，有时候也到郊区的农村去买点儿苞米面，有一次粮食没了，我带着钱到长春东郊去买苞米面，多了背不动，我仅买了三十斤，在返回的路上被民兵给堵上了，因为那时候有规定，粮食属于统购统销，不准私人交易，如果被查着了，轻则粮食没收，重则还要蹲几天拘留所。当时我们被堵着的有十几个人，都是因为粮食不够吃，到农村去买粮的，民兵把我们带进办公室，挨着个的叫我们登记注册。当问到我的时候，他们问我："你叫什么，干什么的？"我心说："不能说实话，因为他桌子上面就是电话，万一打电话一查对，不就成了过去的周士了吗？"所以我说："我是长春人，在长春市曲艺团说评书，因为下放到一间铺，生活不得过，没有办法，我们一家又回到市里，因为没有粮食关系，只好到农村买点苞米面接济。"他一听我是说评书的，就好奇地问我："你都会说什么书？"我说："我会的书多了，长袍短打全都会，连新书我也会说。"他一听来了兴趣，就说："你给我说一段我听听。"这时在办公室里还有几个民兵，他们也说："说一段吧，什么都行。"我只好说了一段《肖飞买药》，别看我多少年不说评书了，毕竟是专业出身，把他们几个白话住那是轻而易举的事，为了安全脱险，我使尽了全身的力气，这段《肖飞买药》说得十分精彩，几个民兵听完了之后没听够，还叫我说一段传统的，我又说了一段《武松打虎》，结果这几位都乐了，说："这么办吧，我们也不罚你了，你背着苞米面走吧，记住啊，下回可别下乡买粮食，这可是犯法。"

其他人可没有我这么幸运了，除了粮食被没收之外，怎么处理的我不得而知了，我背着三十斤苞米面回到长春，半夜才到家，心里暗自庆幸，幸亏我学评书这一行了，在很多关键的时候还真有用处。

转眼进腊月了，天寒地冻，是卖水泡花最艰苦的时候。北国长春非常寒冷，温度经常在零下三十摄氏度左右，那时我老伴儿和慧莉都到街上卖水泡花，我背褃包，老铁在家学木匠，那水杯装上水，时间不大就被冻上了，只好用温水延长一点儿时间，我老伴儿和女儿的手都冻伤了，我只好到寄卖行给她们买小棉袄、大棉袄、手套、手闷子，以抵御寒冷。

我们起早贪黑地忙碌着，晚上做花一做就做到半夜，虽然辛苦，但是手中已经积攒了三四百块，当时的钱很实在，三四百块不太少，也能解决不少问题。偏偏在这个时候，家里发生点儿变故，有一天我老伴儿偷着跟我说："舅妈对咱们在这儿住感到厌倦了，想要赶咱们走。"我听后大吃一惊，深感意外，因为我们对老太太毕恭毕敬，管吃管喝，还给她买棉衣棉裤，没有半点得罪她的地方，为什么老太太要赶我们走呢？

我不相信全桂的话，晚上吃饭的时候，我当着面问舅妈有这回事吗，老太太也不隐讳就照直说了，她说："我一个人过惯了，也肃静惯了，虽然生活困难点，但很消停，你们这一来，又引来那么多亲戚，整天乱马人花的，我实在受不了，我打算还过一个人的生活，你们自己另找住处吧。”她的话说的不多，但很果断，听得出没有什么通融的余地，我说：“感谢舅妈的收留，我们可以搬走，但您得给我们几天时间，我们好找住处。”她说：“行，十天八天都可以。”

这下又给我们出了个大难题，上哪儿去住呢？是回舅舅家，还是回鲜族老金家？经过再三斟酌，认为都不妥，正好曹宝昌带着老乔串门来了，我把这个难题说出来，让他们帮着想办法，那时舅妈没在屋里，曹宝昌说：“可怜之人必有可恨之处，我看这老太太就是享不了福，你们搬走了就叫她一个人受穷吧。”老乔说：“南关一带，有许多私人建的小房子，价钱也不贵，最好是花钱买一处，如果钱不够，大家张罗一下。”曹宝昌手拍胸脯说：“这件事就包在我身上了，三天之内就给你解决。”结果没到三天曹宝昌就来了，进门就说：“大姐、大姐夫，你们的难题我给解决了，我在南关有个姓陈的朋友，他新盖了两间房，正想出手，我跟他讲好了，二百四十块钱就可以。”我一听二百四十块就可以买一处房子，倒也不吃亏，但是难题是我不敢自立门户，恐怕街道找麻烦，曹宝昌说：“这好办，以我的名义买，我是户主，你们住，那不就没有麻烦了吗，有事叫他们找我。”我心里虽然认为这不妥，但是看到老太太的那个架势，恨不能第二天就把我们赶走，无奈之下我和全桂都同意了。

花了二百四十块钱，买下了南关陈家的房子，曹宝昌领着我们去见那个姓陈的，我一看这两间小房还真不错，还是砖瓦结构的，虽然房子矮了一些，像曹宝昌这样的大个子进屋都得低头，但是火炕自来水一应俱全，里屋可以住人，外屋可以做饭，加起来也有十五平米左右，比在舅妈家住要宽敞多了，于是我们当面锣对面鼓，把买房的钱交了。

第二天，曹宝昌借了一辆手推车帮着我们搬出了舅母家。临行时我把老铁的事也做了安排，刘家人听说我要搬走，都有点恋恋不舍，他们说就把老铁放到我家吧，让他跟着三胖子好好练练木匠这门手艺，连吃喝我们都包下了，你们不必牵挂，我买的新房子，距离桃园路也不太远，最多五华里，交通也比较方便，我同意了。可这次搬到南关却引来了意想不到的血光之灾。

血光之灾

王全桂说:“请问同志,你们找单田芳有啥事?”那个警察沉着脸问她:“你是什么人?”全桂说:“我是他爱人,叫王全桂。”警察回答得挺干脆:“那你也跟着一块儿走吧。”

安了新家之后,我心里既踏实又不安,有了属于自己的新家,不必寄人篱下,也不必看人眼色行事,这是高兴的一面;另一方面自立门户就要面对各种矛盾和意想不到的事情,尽管有曹宝昌给撑着门面,我心依然不安,因为曹宝昌这个人经我的观察不靠谱,说话办事咋咋呼呼,总是言过其实,而且此人心肠虽热,但脾气秉性非常不好,连他姐姐曹宝芝和姐夫王佩军背后都管他叫驴。据宝芝介绍,他今年二十九了还没结婚,因为他不务正业,游手好闲,虽有瓦匠手艺,他也不加入单位也不上班,整天和盲人老乔摽在一起。他经常不回家,他和家里的关系处得相当不好,曾经跟他父亲对骂,甚至大打出手,爷儿俩形同陌路,老头儿提起这个儿子就咬牙切齿,曾下过逐客令,不准他回家,包括宝芝在内的姐姐弟弟妹妹们都挨过他的打。家里人把他视作凶神恶煞,有钱了他就在外头胡花,没钱了就厚着脸皮回家,撵也撵不走,简直就是个无赖。听了宝芝这些介绍,再看看曹宝昌的为人,我心存戒备,对待这号人一是不能得罪,二是不能戗着他,难免提心吊胆。

在我们搬到南关之初,曹宝昌很热情,又给买缸又给买盆,此后他和老乔就成了我家的座上客,每天缠着我叫我给他们讲评书,我出于无奈,只好勉强应付着,您想我们白天得出去卖花,晚上得做花,天天提心吊胆地过日子,哪有那份儿心情逗他们开心?之所以答应了他们的要求,那也是万般无奈之举,一切从“安全”两个字着想。因此我暗中叮嘱我老伴儿说:“像曹宝昌这种人属于好坏人,说他好他是个顺毛驴,用好了能给咱家帮上很多忙,得罪了他就成了咱家最大的威胁,你脾气不好,千万要容忍一点儿。”我为什么要这么对我老伴儿说呢,因为我老伴儿也不是个让人的主儿,她一向口快心直,直来直去,很容易伤人,我老伴儿说:“你放心吧,我明白。”最后我又说:“千万千万,以咱们目前的处境就是平安无事最好。”

打这之后，真就没发生什么意外。有时候曹宝昌和老乔来了，遇上吃就吃遇上喝就喝，吃完了喝完了我还抽空给他们讲《童林传》，直到他们满意而归。日子就这么一天天平静地过去了，有时候我甚至忘记了杜大，甚至忘记了我是个被追逃的人，不过那只是一瞬间的事，我心里那根弦始终没有放松过。

那年的冬天水泡花卖得很好，每天收入在十元左右，足以保证我们的吃喝和花费，没想到我儿子老铁和三胖子却发生了不快，有天老铁从桃园路回来了，跟我说："爸，我不学木匠了，我也跟你们卖水泡花吧。"我惊问道："为什么？"他说："三胖子骂我不止一次了，而且嘴里带脏字，有时候祖宗奶奶地撅我，我实在忍不下去了，所以就回来了。"我一看强扭的瓜不甜，也不能逼着他回去，孩子现在不念书了，再不学一门手艺将来怎么生活啊？

我这一辈子算完了，不能让孩子连点儿生存的本事都没有，女孩卖水泡花还行，按老话说女孩迟早要嫁人，嫁汉嫁汉穿衣吃饭，男孩就不同了，为此事我非常上火，只好忙里偷闲，去了几次桃园路，因为我们和老刘家的关系一直很好，刘大哥听完之后，把三胖子骂了一顿，三胖子说："老铁太笨了，教给他啥也不会，上次给人家打桌子，把腿给上反了，人家不答应，不但让我包了木材，还反赔给人家三十块钱，这都是老铁惹的祸。"

我能说些什么呢？只好求三胖子和老铁言归于好，后来我又找到三胖子的师傅，此人姓甚名谁我记不清了，别看他师傅是木匠，很有文化，通情达理，我希望他能出面给三胖子和老铁解决矛盾，三胖子的师傅爽快地答应了，让我回去听信儿，可是三胖子挺犟，说什么也不同意，老铁更犟，也不同意，这件事成了僵局。老铁说："三胖子污蔑我，现在打桌椅板凳、立柜和柜橱我自己都能干，我想买套家伙什，自己在家里干，不想跟他们去学。"

我一看这关系一半时缓解不了，只好依了老铁，用积攒下来的一点儿钱，给他买了锛凿斧锯以及木工应用的东西，他每天在院里练习着做活儿，百事两行，要想干好，绝非易事，不经过痛苦的磨炼是绝对不会成功的，因此老铁很卖力，利用这段时间给邻居们打个板凳啊、柜橱啊、小靠背椅啊等小件的活计，白给人家打不要工钱，因此几家邻居都挺高兴，人哪，都爱捡便宜，不花钱白得来的谁不高兴，管他活儿好活儿坏呢。

我除了做花卖花之外，就是尽量地跟邻居们把关系处理好，因为我们住的这个地方，属于河沿，原本没有住户，"文革"期间，社会秩序全乱了，也无人管理，所以很多外地人都跑到这儿私建乱建，也无人问津。这个群体当中五花八门干什么的都有，大部分属于自由职业者，还有一部分在街道和社区干临时工，有捡破烂的、焊洋铁壶的，有卖菜和水果的，还有些靠着卖力气卖工的，更多的是一些无业游民，他们整天东游西晃，偷盗摸取的事是短不了的，如果不闹出大事，派出所也不管，街道民兵也不管。在我住的那个大杂院里一共有五户人家，先说卖给我房子的那个房主小陈据说就是南关的小混混，他在这儿占了块地皮，就盖起了两间小房，为这件事和邻居们还大吵大闹过，小陈为了保住既得利益还把他的哥儿们搬来不少，这些人一个个鬼头鬼脸，撸胳膊挽袖子，大叫大骂，向邻居示威，这下把别人都给镇住了，他才得以从我身上赚了二百四十块钱。

儿子老铁

我家对门是一对长年闹病的老夫妻，老头儿一年四季也不离屋，啥样我都没见过，从他家经常飘出一股中草药味儿，老太太腰腿疼，经常搬把凳子坐在门口晒太阳，即使是夏天，她也围着那块老羊皮，理由是怕受风。这个老太太烦人了，因为她家大门对着我家房门，她就像门岗和监军似的，对我家出来进去的人一览无余，她嘴还不好，经常问我家，你们是从哪儿来的？干啥的？整天起早贪黑的，家里也没有个人，这是为啥啊？那个经常来串门的大个子是谁啊？他架着的那个盲人又是谁啊？这么说吧，她闲着没事，想啥问啥，这是我最忌讳的事，但想甩也甩不掉，只能嘱咐家人尽量少跟她说话，怕她暗中使坏。

还有一家叫破烂刘，靠着河边住着，以捡破烂为生，弄了很多脏东西，在河里洗，洗完了到处晾晒，那些东西又酸又臭，严重造成了空气污染。另外他捡的瓶子罐子堆了半个院子，给交通带来很大妨碍，有几家邻居向他提意见，遭到破烂刘一顿痛骂，这小子喝两杯酒就不知道天高地厚，他经常站到堤坝上大声骂街，说什么天是王大，我是王二，我别的不趁就趁一个字"穷"，我是穷不怕，爱谁谁，要想不叫我活着，咱就试一试，大不了手拉手一块跳河，他的老伴儿也是个泼妇，经常与邻居发生争吵，这一家人是地地道道的臭无赖，为此我一再告诫家人千万别惹这个破烂刘，尽量跟他们处理好关系，家里有用不着的东西就主动给他，这种人爱捡小便宜。我这个方法果然奏效，尽管破烂刘蛮不讲理，但对我家还是蛮不错的，隔三差五，我还给他买包香烟，称兄道弟，因此他一直没找我们的麻烦。

还有一家，是单身的一个小伙子，据说是这儿的老户，他有一个病妈，已经远嫁，他跟后妈不和，就单独自立门户，他在社办的电镀厂里当工人，每月收入三十块上下，他又不会做饭，也不会拾掇屋子，这个家破到什么程度可想而知。他姓刘叫长生，但为人很老实，平时不怎么说话，给外人一种傻乎乎的感觉，但他跟老铁处得还行，有时候我儿子就在他家住，因为他一个人，房子又大，睡个几口人不成问题，我儿子把木匠工具也经常放在他家里，他也有个爱好就是爱听评书，有时我给曹宝昌、乔敏讲《童林传》的时候被他偷听过，结果他入了迷。有一次傻乎乎地进了我家，我老伴儿问他："你干什么?"他说："我想听听故事。"我老伴儿说："我们这儿不是卖故事的，快点儿出去。"就这样把他轰了出去，但他也不记仇，有时候还是偷着站在窗户外头听。

还有一家姓吴的，是南岭小学的教师，吴老师平时不太爱说话，但人很善良，是个热心肠的人，他很同情我们一家，帮我儿子找了工作，介绍到南岭小学校办工厂上班。儿子有了第一份工作，每个月能挣三十多块钱。常言道穷人的孩子早当家，这孩子也非常有志气，他不乱花一分钱，把所挣的钱都交给了他妈。这些钱帮我们家解决了不少困难。

还有一户老张家值得一提，老张家老两口子，老张太太长得很胖，有严重的气管炎，但老张太太笃信佛教，整天烧香拜佛，他的老伴儿外号叫小老头，小个儿不高，人也不坏，就靠着微薄的退休金维持生活，我们两家紧挨着住，自从我们搬到南关之后，老张太太给予我们很多的帮助，比如缺点什么少点什么，都管她家去借，有时老太太做点儿什么好吃的都给我家送，我老伴儿从街上捎回点儿好吃的也送给她，因此我家跟老张家的关系最为紧密。老张太太向我们介绍了周围的环境，有很多的事情都是从她的嘴里知道的。因为老张太太得的是气管炎哮喘病，跟我老伴儿的病相似，每到冬春两季必犯，她的三儿子很孝顺，经常在单位开药给她送到家里来，所以老张太太拿出一部分给了我老伴儿，这些药果然起了作用，因此我们对张家心存感激。

转眼 1975 年的春节到了，不管好日子赖日子，春节还是要过的，这也叫苦中作乐吧，我们破例地休息了五天，把火炕烧得热热的，又多买了点儿酒肉，把桃园路的舅妈接了过来，不管怎么说，老太太有恩在前，给我们帮了不少的忙，我们是不会忘记的，我们把老太太让到热炕上，又敬酒又让菜，舅妈喝了几杯不由得哭了起来，我们忙问："这是为什么？"老太太说："后悔了后悔了，千不该万不该，不该把你们撵出去，那是小人的挑唆，我想接你们回去住，又抹不开张嘴，我正式邀请你们回桃园路去住。"

我和全桂再三向老太太表示感谢，但是好马不吃回头草，开弓没有回头箭，再要重返桃园路存在着一定的困难，我老伴儿说："虽然我们离开了，但是我们还是一家人，每个月我们还会给您三十元补贴。"老太太连连摆手说："你们也不富裕，我怎么忍心管你们要钱花，如果你们可怜我，就叫我也卖水泡花吧。"全桂说："这倒可以，只要您老能吃苦，能豁出脸去，我们每天就多做一些，您去卖吧，我们分文不要。"

在过年期间，我也去给刘家拜了年，为了助兴我还给老刘家说了一段《石迁大闹万宝楼》，一晃春节过去了，我们就像正式上班似的，又卖起了水泡花。

破五之后，曹宝昌带着老乔以拜年为名来到我家，足吃足喝了一顿，拉着我给他们讲《童林传》，我老伴儿听了十分不高兴，对曹宝昌说："你大姐夫这些日子特别忙，白天得给我们娘儿俩背褡包，晚上还得连夜做水泡花，还得给桃园路的舅妈多带出一份儿来，哪有时间讲书，等过几天闲下来再说吧。"曹宝昌听后翻翻眼睛有些不满，但也没说什么，很扫兴地就走了。十五左右，他带着乔敏又来了，吃喝之后，又拉着我给讲评书，我老伴儿还是那顿词，又把他拒绝了。从此曹宝昌对全桂颇有意见，这也埋下了后边的祸根。

因为曹宝昌跟他们家里不和，很少回家去住，在外边打游击，有时住在乔敏家里，有时住在朋友家里，不知道是什么原因他没地方住了，就提出要住在我家里，他说："我住两三天就走。"我老伴儿勉强同意了，可是这个曹宝昌从来说话不算数，过了正月他也没走，每天我们那么忙，还得给他做饭吃，使我老伴儿最不满意的是他挺大的个子一个人占着俩人的地方，那时我女儿已经十八九了，同住在一铺炕上，屋子又小，诸多不便，后来我老伴儿跟我说："你说这个曹宝昌也太不懂人事了，又吃又喝又住，一家不一家，两家不两家，叫人看着多不好，再说慧莉也不小了，也不方便哪，我想把他赶走。"我说："这些我全知道，其实我心里也别扭，但这种人咱惹不起，这话由我来说，你不要说，等再过两天，我肯定把他打发了。"

我原以为我说完了就算完了，有一天我到桃园路老刘家去串门，我跟老刘大哥唠得挺亲热，他非要留我吃羊肉馅饺子，我也答应了，下午四点左右，我们正谈得热火朝天，突然慧莉来了，哭着喊着对我说："爸，你快回家看看去吧，我妈都要被曹宝昌打死了。"我听罢真好像当头挨了一棒，忙问："为什么？"慧莉说："曹宝昌上咱们家去了，又要住下，我妈不同意，往外撵他，三说两说就口角起来了，曹宝昌张嘴祖宗奶奶地骂，我妈说你真不是个人，怪不得有人管你叫驴，一句话激怒了曹宝昌，他抓住我妈的头发就打，老铁正在窗户外面做木匠活，听屋里打起来了，他拎了个木头方子冲进了屋，照曹宝昌的脑袋就是一木头方子，结果把曹宝昌脑袋打破了，曹宝昌把木头方子夺过去，又打老铁又打我妈，满屋都是血，三个人滚成一团，我见势不好就给你送信来了，你快回去看看吧，要不非出人命不可。"

幸好我没有高血压也没有心脏病，否则我当时就会昏倒在地，我急忙起身往家里赶，还告诉慧莉："快去找你宝芝大姨，叫她赶紧赶到南关去。"我是心急嫌脚步慢，恨不能肋生双翅飞到家里，脑子里头一团糟，心里像堵了块石头，也不知道是疼啊是怕，总之什么滋味都有了。

当我赶回南关家门口的时候，战斗早已结束，我看到全桂坐到炕上，邻居老张太太正给她用棉花擦头上的血，还用一块布把全桂的脑袋包住，老铁在旁边站着，脸上手上也是血，屋里盆朝天碗朝地，乱得不可收拾，但却没看到曹宝昌的影子，老张太太一看我回来了就说："他大哥，你可回来了，方才的事把人都吓死了，你们家怎么招来那么一个混世魔王，下手也太狠了，你看看，把全桂头上打了好几个口子。"我一看果然不假，其中有一道口子就像小孩儿的嘴那么大，伤口往外翻着，鲜血还在往外流，老张太太给她上了云南白药，叫我赶紧雇辆车把全桂送到医院去，全桂虽然受了那么重的伤，头脑还很清楚，她坚持不去，一是怕花钱，二是怕惊动某些人，从中作祟，我也同意她的做法，但是伤口太大了，不缝怎么能行呢？全桂坚持不去，老张太太忙找来几块布，又给她上了点儿止疼药，把脑袋包起来。

我转身问老铁："你哪儿受伤了？"老铁说："他好悬没把我胳膊打折，不过我也没饶了他，我在他头上和后背狠狠打了两方子。"我问他："脸上和手上的血是怎么回事？"老铁说："也有我妈的，也有曹宝昌的。"我又问："曹宝昌上哪儿去了？"

老张太太说："因为他脑袋受了伤，上医院治去了，临走时留下话，治完了再算账，非把你家平了不可。"老张太太对我说："他大哥，那可是个恶人啊，你可得防着点儿。”事情发展到这个地步，我心乱成一团，心想曹宝昌要回来，免不了又是一场恶战，他要打我的亲人，我肯定不能袖手旁观，虽然没有他体力棒，年纪轻，但以我当时的体力足以抵挡一阵，何况还有老铁帮忙，但是我劝我自己，即使曹宝昌回来，我也要控制自己的情绪，对他晓之以理，动之以情，在这个关口，一定要防止事态扩大。幸好打斗的时候很多邻居都不在家，围观的人不多，也不了解内情，事情还没发展到不可收拾的地步，我这样劝慰着自己。但能不动武还是不动武，因为曹宝昌是个驴脾气，我又不得不加防范。

正在这时候，慧莉带着曹宝芝来了，宝芝是个好人，看见全桂鼻青脸肿，脑袋被打成那样，难过地掉了眼泪，大骂曹宝昌不是人，真是一头驴，宝芝的到来并没有给我带来安全感，因为我知道，在曹宝昌眼里，根本就没她这个姐姐，曹宝芝问：“那头驴上哪儿去了？”我说：“他上医院了，临走时留下话，说治完了他还要回来，非把我们家平了不可。”曹宝芝说：“他说得出来就做得出来，你们最好要有个防范，我的意见是你们先转移到安全的地方去躲两天，然后再请人整治他。”

说话间，曹宝昌的父亲那位老姨夫也来了，他也是个大个子，身高一米九左右，曹宝昌就随他，原来是宝芝打了电话，叫他爸爸无论如何要赶到南关，说曹宝昌惹祸了，这老姨夫才骑着车子赶了过来。在过春节的前后，我和全桂曾经去看望过老姨夫和老姨，也献上过薄礼，那是宝芝陪着去的，老姨夫是个不爱说话的人，对待我们不冷不热，人在势花在时啊，我们家落到这步田地，还挑人家看不起吗？要不是因为曹宝芝说出了大事，他是不会来的，他进屋一看，宝芝也在这儿，忙问发生什么事了，宝芝哭着说：“爸，你看看，宝昌把我大姐打成啥样了，连十四五岁的小孩儿也不放过，好悬没给这个家毁了，他说一会儿还要回来。”

大姨夫见此光景也出乎意料，本来他是不想介入的，他怕问题严重不好收拾，一旦闹出人命，他也得吃不了兜着走，所以他安慰了全桂几句，就坐到炕上大骂曹宝昌：“我家造了几辈子孽，居然养了这么头驴，你们放心，曹宝昌要再找事我给顶着，我是他爹，他还敢把我开瓢吗？”他的话音刚落，就听见咣当一声门被踢开了，曹宝昌好像凶神恶煞似的闯了进来，他一米九左右的大个子，头上又裹着白纱布，面目铁青，凶神恶煞一般，叫人看了脊梁沟发凉，十分恐惧。

曹宝昌进屋后一眼看见了站在墙边的老铁，他像饿虎扑食一样，过去就把老铁抓住了，嘴里恶狠狠骂道："小兔崽子，你敢给我开瓢，害得我缝了六七针，出了那么多血，我非掐死你不可。"老铁虽然只有十四五岁，也不是个省油灯，他心里早有防范，准知道曹宝昌会杀回马枪，当曹宝昌抓住他的时候，他使劲一扭，就跳到炕上去了，曹宝昌把他压在底下，我儿子手疾眼快，猛地抓住了曹宝昌的命根子。

后来我儿子说："我也豁出去了，我知道我三个也不是他一个的个儿，所以我才抓住他的命根子，在他没掐死我之前，我也得把他的命根子掐碎了。"

曹宝昌哎哟了一声骂道："小兔崽子你对我真下死手了。"说罢轮拳要打，大姨夫赶紧把曹宝昌的胳膊抱住，我自然也不能袖手旁观，我上去抱住曹宝昌的腰，把他从炕上拖了下来，此时老铁也把手松开了，大姨夫吼道："曹宝昌啊，你不是我儿子，你是我的催命鬼，你再要没完没了，你就先打死我吧，我也豁出去了。"曹宝昌狠劲往外甩他父亲，但都没有挣脱开，由于屋里过于狭窄，房子又矮，他们父子俩都是大个子，甚至直不起腰来，所以从屋里扭打到院里，我赶忙冲出去劝架。

就听大姨夫说："好你个曹宝昌，你敢动手打你爹，我到派出所告你去。"说罢大姨夫真的去了吉林派出所（管辖本地的派出所）。

俗话说光棍不斗势力，曹宝昌深知这个道理，假如他爸真把警察找来，他也得吃不了兜着走，所以他二话没说奔南关大桥就走了。他要干什么去，我不清楚，只好转身回到屋里，曹宝芝和我老伴儿躲到炕犄角连动都没敢动，老铁在屋里呼呼直喘粗气，我问他："受伤没有？"他说："没有。"忽然我发现在他脚下有把闪亮发光的家伙什，我拿起来一看，原来是木匠用的斧子，我马上明白了，老铁要拼命。我赶紧把斧子藏起来，对老铁说："你还嫌事闹得不够大啊？当务之急就是要忍让，你听爸的话，千万别把事闹大了。"老铁说："他不叫咱好死，我也不能叫他好活着，他要再敢回来胡闹，我就把他劈开晾着。"我劝说了他半天，他才不言语了，不知道大姨夫去了派出所没有，结果他一走就没回头，警察也没来，我估计他是借这个理由吓唬吓唬曹宝昌，自己溜了。好不容易盼到天黑了，大家也没心吃晚饭了，曹宝芝要把全桂接到她家去，全桂怕给她带来麻烦死活不去，这时好心的老张太太做了一锅热面汤给我们端了过来，大家草草地吃了几口，对老张太太千恩万谢，宝芝因为家里有事吃完饭就走了。

家里边就剩下我们四口人,我心里一直在想,曹宝昌这小子绝不会善罢甘休,他可能还得来找麻烦。果不出我所料,这时有人敲门,我提心吊胆地把门打开,从外面进来三个陌生人,都是二十几岁,一看就是社会渣滓,绝非善类,为首的那个留着光头,面皮发黑,长得像头牛似的那么壮,他进屋就问:"谁把曹宝昌打了?"我一听就明白了,这是曹宝昌找来的地痞流氓,要找碴闹事,我赶紧说:"三位兄弟坐下坐下,你要问谁打的曹宝昌就是这个孩子。"我用手一指老铁,那人似信非信地晃了晃脑袋:"真是你打的?"老铁也不含糊,说:"真是我打的,因为他往死里打我妈,我不打他打谁?"

那人听完了冷笑一声,回头对另外的两个人说:"宝昌真是个宝贝,连话都说不清楚,七尺高的汉子被小孩儿打了,我还以为是什么了不起的对手呢。"我赶紧解释说:"三位兄弟啊,你们不了解内情,这是我们的家务事,宝昌是我表弟,挨打的那妇女是他表姐,打宝昌这小孩儿是他亲外甥,就因为一家人拌了几句嘴,结果就闹翻了,没有什么了不起的事,还劳动三位跑了一趟。"说着我赶紧递烟倒水,这三个人抽了两口烟,也没坐,仨人商量了几句转身就走了,看似要爆发大事,结果就这么平平淡淡解决了。我赶忙送了出去,对他们仨儿一个劲儿说小话,我说:"宝昌是好人,就是脾气暴了些,今天的事是表弟打了表姐,外甥又打了舅舅,你说这不耗子动刀窝里反嘛。"三个人说:"算了算了。"转身都走了。

曹宝昌在哪儿待着我不清楚,这都是他找的人,送走了他们之后,我们也做好了相应的准备,怕曹宝昌还来捣乱,把门拴好,提心吊胆地躺下了,结果一夜平安无事。

第二天一开门,老张太太就过来给全桂换药,真是苦命人天养活,全桂的伤口那么重,居然没有恶化,云南白药特灵,换药之后老张太太走了。水泡花也不能卖了,我就盘算着曹宝昌下一步怎么干,因为刀把在他手里头抓着。全桂对宝芝曾如实地介绍过我的情况,曹宝昌也知道,最要命的是他知道我是戴帽的现行反革命,从农村逃跑出来的,万一他到公安局报了案,那一切全完了,但我又一想,一天多过去了,警察也没露面,估计他没有检举,所以就提心吊胆地消磨时光,就这样艰难地过了一个星期。

但是就这么等不是解决问题的办法,我担心曹宝昌随时都可能报复,这个事不彻底解决了迟早是个隐患,于是我又找曹宝芝商量,希望她出头找到曹宝昌,我们坐下来好好谈一谈,宝芝满口答应了。我又通过宝芝找到了盲人老乔，因为他跟宝昌的关系很铁，有时候他说话是起作用的，老乔为了能听得到我的评书自然是满口应承。

经过我们商量后，他们费了很大的力气把曹宝昌找到了宝芝家，我也到了宝芝家跟曹宝昌见了面，曹宝昌余怒未消，两眼瞪着我一句话也不说，我首先说："宝昌还没消气呢，姐夫今天来就是给你赔礼道歉来的，千不对万不对都是你姐的不是，看在姐夫的分上你就原谅她吧。"曹宝昌说："还有你家那个小王八犊子，对我下了死手，这口气我实在出不来。"我说："老铁毕竟是个孩子，不懂事，如果你想出气，我就把他找来，当着面你愿意打就打愿意骂就骂，多咱你出了气，算完事。"曹宝昌说："我脑袋缝了六七针，花了不少钱，这个事怎么解决？"我一听就明白了，他是想讹钱，我说："这样办吧，姐夫现在穷得要命，你也知道，卖点儿小花无非是餬口，我包赔你一百块钱吧。"曹宝昌冷笑一声："我脑袋这口子就值一百块钱？"话说到这儿，老乔说话了，老乔劝他："昌子，够瞧的了，大姐夫又赔礼又道歉，还答应包赔你损失，你还没完没了的干啥？古人言杀人不过头点地，你虽然受了点儿伤，可你把大姐头上也打得不轻，到现在还未痊愈。"曹宝芝也说："你光记着你受伤了，你把别人打得那么重，你咋不说呢？"曹宝昌一听就火了："去你妈×的，哪有你说话的地方？那天那个老共党是不是你搬出来的，这笔账我还没跟你算呢。"曹宝芝吓得不敢言语了。后来我说："兄弟啊，明天我在东大桥请客摆桌酒席给你压惊，把老铁带去当面给你赔礼道歉，你看这个事怎么样？"开始他说他不去，后来老乔再三解劝他才同意了。

第二天我在东大桥一家饭店摆了一桌，请曹宝昌、老乔出席，把老铁也带了去，开始老铁不去，他恨透了曹宝昌，恨不能一斧子把他劈了，岂能给他赔礼道歉？后来我好说歹说叫他以大局为重，老铁已经十四五了，也明白其中的利害关系，只好忍着气听了我的话，在酒席宴前，他给曹宝昌鞠了个躬说："大舅，我给你赔礼了，你要不出气你就打我几下吧。"曹宝昌是个顺毛驴，见此情景气也就消了，他说："小兔崽子，这次我就饶了你，坐下一块儿吃吧。"他还说："别看你对我下了死手，我还挺服你的，够个爷儿们。"一句话满天乌云都散了，我给他那一百块赔礼费他也不要了，他还说："我是穷人嘴里讨饭吃的那种人吗？"老乔笑着说："宝昌啊，你小子一阵糊涂一阵明白，你要早这么说不就全完事了吗？"曹宝昌转身对我说："大姐夫，我还有个要求，我就是爱听《童林传》，有时间你还得给我讲啊，那玩意儿不听闹心。"我自然是满口答应，这场噩梦过去之后表面上平静下来了，可谁的心里都打了个结，尤其是老铁，对曹宝昌恨的是咬牙切齿，他把曹宝昌打他妈的那根棒子藏到屋里的房梁上，他每天都要看几眼，心里总惦记着终有一天我要用这根棒子狠狠地打一顿曹宝昌，给我妈报仇。

过后我家照样做水泡花，卖水泡花，一切又恢复了正常，只是曹宝昌不在我家住了，平时也很少去，因此我家平静了许多。你说怪不，全桂头上的伤很快也康复了，为了生活，她跟女儿天天站大街，卖水泡花，为了填饱肚子这也是没有办法的办法。

一波未平一波又起。我说过那位好心的邻居老张太太有个大儿子，叫什么名儿我记不住了，不是个东西，跟他母亲截然不同。因为他不孝，早已跟老张太太分居另过，他整天不上班，游手好闲，因为他个子小，脑袋大，有个绰号叫张大头。他有一个很俊俏的妻子，也没有工作，听说原来倒腾过服装，卖过水果蔬菜，都不怎么挣钱。他很少到他妈家里去，后来听说我们两家关系很好，他有时候也到我家串个门，知道我家是靠卖水泡花生活的，于是他在水泡花上就打了主意。张大头对全桂说："大嫂，我生活上也挺困难，你能不能帮我一把，让你弟妹也卖水泡花。"因为老张太太对我家非常好，看在老人家的分上全桂就同意了，一开始是他媳妇从我家拿花去卖，结果很顺手，又从我家拿花卖，还是不错，可是我家供不起啊，水泡花需要成本还得费工费时地做，白送给旁人没那个力量啊，因此有时候就不能满足他的要求。

张大头得寸进尺，跟全桂说："既然你供不上，就把制造水泡花的方法交给我们得了，我们自己做自己卖。"我们都知道张大头不是个好东西，传给他就好像把一块肉送给了狼，因此被全桂婉言拒绝了。有一次我们正在屋里做水泡花，张大头推门进来了，一眼看见了石膏模子，拿起来就走，说我回家去研究研究，全桂追到门外，往回索要，他说什么也不给，您说这不是无赖是什么？

全桂把这件事跟老张太太说了，把老张太太气得用手直捶炕沿连声骂道："这个畜生，一点儿人事也不会干，他大嫂你等着，我管他要去，他要不还，我就跟他拼老命。"后来模具终于要回来了，可也得罪了张大头，他在四处散风说："咱们南关这个地方什么人都有，还有他妈反革命，瞧我哪天去告他。"这句话传到我耳朵里，我怕得要命，不管他是有心的还是无心的，真好像是一把钢刀扎到我的心上，你说应该怎么对付这样的人呢？

以目前的处境，我家住在南关已是四面楚歌，又好像坐在火山口上随时都有爆发的可能，那些日子真是难熬啊，一个是曹宝昌，一个是张大头，压得我们透不过气来，晚上我睡不着觉，反复考虑，是不是离开这个地方，另觅新居，但卖房子买房子又谈何容易，谁敢说换个地方就比这儿强，因此左思右想拿不定主意。

也是该着出事，有一天吃完晚饭，我带着全桂去桃园路看望舅妈和刘大哥一家，先是在老刘家坐了一会儿，然后到二楼舅妈家，因为舅妈也卖水泡花，生活有了很大改观，起码不必天天啃窝头了，舅妈看我们来了挺高兴，赶紧把茶沏上，就提起曹宝昌的事来，老太太骂声不绝，说这样的人最好少答理他，我们坐了不到十分钟，大约是晚上九点，突然听见过道上响起了皮鞋声，而且是直接奔舅母家来的，门一开从外面进来两个警察，都拿着手电，他毫不犹豫地问我："你是叫单田芳吗？"我说："是。"他说："好，那跟我们走吧。"我一听这句话，从头顶上凉到脚底板，心里轰的一下，心说："完了，我的身份被彻底暴露了，怕什么来什么，这肯定是官方已经掌握了我的情况，前来逮捕我，否则他不会这么直截了当。"

事到如今我还有什么好说的，我只好跟他们走，王全桂说："请问同志，你们找单田芳有啥事？"那个警察沉着脸问她："你是什么人？"全桂说："我是他爱人，叫王全桂。"警察回答得挺干脆："那你也跟着一块儿走吧。"

就这样两个警察把我们带下了楼，一直带到桃园路派出所，派出所除了几个值班的警察，空无一人。那两名警察把我们带到最里面的一个房间里，屋里边有两张床，让我们俩在这儿等信儿，等什么信儿不知道，安顿好之后，警察转身就奔门口的办公室去了，我们双方的距离有十米左右，中间隔着好几间办公室，我一看门虽然关着，但没有上锁，屋里就只有我和全桂两人，那时的全桂跟木头人差不多少，面无表情，呆若木鸡，我利用这个机会小声对她说："坏了，问题肯定来自杜大，或者是鞍山曲艺团，绝对不是小事。"

正在这时，我听见办公室响起电话铃声，我仔细地听着，就听见带我们的警察说："喂，我是桃园路派出所，我是小张，哦，人已经带来了，就在我们所里，你们得派辆车啊，什么？没车，那得等多长时间？我们这儿也没车，好吧，那我们就等着。"再往后说什么我就听不清了，从这简短的谈话当中，我分析，好像是派出所给公安局打了电话，叫公安局派辆车把我们拉走，公安局现在没有车，让派出所等一会儿。

我的心更沉重了，看来此事已经是板上钉钉，也许我的分析是正确的，在外逃亡了一年多，也至此结束了，我赶忙抓紧时间对王全桂说："一会儿肯定来车把咱俩接走，看样子不是市局就是分局，到那儿肯定要对咱进行审讯，审讯的时候咱俩肯定不在一起，有人审我有人审你，你切记绝对不能承认咱们是从杜大逃出来的，一口咬定是长春曲艺团下放到农村去的，不管他怎么问，咱也要久供不离原词。"全桂说："那他们要打电话跟杜大或鞍山联系怎么办？"我说："他爱怎么联系就怎么联系，到时候再说，只要杜大大队的人不露面，或者鞍山曲艺团那些打手们不露面，咱就不能说实话。"我看王全桂面无表情，怕她听不懂，赶忙抓紧时间重复了两遍，我还问她："你听明白了没有啊？"她说："听明白了听明白了。"

我不说话了，心中在思考怎么犯的案呢？是谁暗中使的坏，是曹宝昌吗？不像，我们的事情已经了断了，而且又过了这么长的时间，他不会暗下绊子，也有可能是张大头，或者是还有其他人，左思右想找不出根源来，但看警察的态度，那么坚决果断，肯定是大有来头。到了派出所之后，他们一没审讯二没问话，把我们往这儿一放就回办公室了，这又是为什么呢？难道举报我们的人在市局或分局？我心里乱作一团，但又非常冷静，人到了这步也就豁出去了，在走投无路的情况下，也就没什么侥幸可言了。我和全桂沉默无语，相对无言，就等着厄运的降临，过了很长一段时间，我就听见办公室的电话铃响了，还是那个警察接的电话，我就听他说："咋搞的？等了这么半天还没有车？"又说："好吧，那我就送一趟。"接着电话挂断了，那个警察放下电话，来到我们待的房间说："走吧走吧。"

我和全桂跟着他往外走，现在夜已经很深了，我看了一眼派出所办公室的挂钟，已经十一点多了，那个警察把门外的自行车锁打开，对我们俩说，你俩在前面走。我问他："上哪儿去？"他说："不用问，我叫你怎么走就怎么走。"按着他的指令，我和全桂走在前面，警察推着自行车在我们身后，相距不到两米，我们走出桃园路，拐向奔南关的大道，时间不大，过了南关大桥，还照直往前走，我家就住在南关大桥附近，我往家里看了一眼，因为两个孩子还在家，我心里一阵酸楚，近在咫尺却不能见上一面，我心说："孩子，你们可知道父母与你们已经擦肩而过了，再想见到你爸爸就不知道是何年何月了。"因为我迟愣了一下，后边的警察说："走啊，你愣什么？"我没言语，跟全桂并肩往前走，为了拖延时间我心生一计，回头对警察说："同志，我老伴儿有肺气肿和气管炎，身体虚弱得很，她实在走不动了，你看怎么办？”我老伴儿也不傻，马上明白了我的意图，于是蹲在马路上呼呼喘了起来，那个警察想了一会儿，对我说：“这么办吧，你推着自行车，你老伴儿坐到后座上，这不就解决问题了。”我只好按着他的话办，让我老伴儿坐到后座上，我推着自行车慢慢往前走，警察在后边背着手跟着。

当时我的心似乎是空的，脑袋里非常冷静，但凡一个人要豁出去，也就没有什么恐惧可言了，我抬头看了看天，但见蓝天如洗，星光闪闪，看来明天又是个好天气，我对全桂说：“你看看天，多好啊，你身体不好，往后应该多呼吸点儿新鲜空气，注意身子，俩孩子全都依靠你了。”王全桂默默地点点头，似乎在琢磨着我说话的意思，跟在身后的警察也没阻拦我们，好像一副漠不关心的样子。就这样沉默了好一阵，我发现空旷的大道上，路边有一座二层楼，门前有一盏红灯，突然我认出来了，这是吉林派出所，我们所住的地方就归这儿管辖，我心里在想，送我们的警察是桃园路派出所的，怎么又把我们送到吉林派出所来了，看来犯案还是在张大头身上，正想着，已经来到吉林派出所门前，有一个警察站在灯下，边抽烟边向我们来的方向眺望，一看我们到近前了，他跟那个送我们的警察说：“小张，你受累了。”押送我们的那个警察姓张，他说：“那怎么办？所里没人，只有我一个人送了。”吉林派出所的警察说：“都这么晚了，你就别回去了。”小张说：“不行，今天晚上我回去还要值夜班，把这俩人就交给你了。”吉林派出所的警察说：“那你回去吧。”小张跨上自行车走了。

吉林派出所的警察把我们带到办公室，办公桌后头还坐着一个警察，那警察看了我们两个一眼，于是两个警察一个审问我，一个审问全桂，把我们俩分开了。我坐在那个警察的面前，中间是办公桌，全桂被带到里边去了，我偷着看了那警察一眼，见他不紧不慢，好像一副毫不介意的样子，除他之外，办公室里再没旁人了。我心里猜测，看来证人不在场，我说的证人指的是鞍山的人和杜大的人，只要他们不在场，我就一概否认。沉默了片刻之后，那警察拿出纸笔，低着头问我：“年龄、民族、职业、住处。”我一一作了回答，他一边听着，一边做笔录，这些例行的官话问完之后，他把笔放下，看了我一眼，提高了声音说：“说吧，你都干了哪些坏事？”我一副委屈的样子，回答说：“警察同志，我没干过坏事。”他听罢冷不丁把桌子一拍，大声喝道：“站起来。”又说：“你没做坏事，我们把你带来干什么？怎么不带旁人呢？”我说：“警察同志，我真没干过什么坏事。”他指着桌上一个大纸夹子，里边夹着很多信纸，对我说：“你的情况，我们全都掌握了。”说着拍了拍那个纸夹子：“坦白从宽，抗拒从严，还是你自己主动交代的好。”我说：“我真没干过什么坏事，你叫我说什么？”那警察愣了一会儿，用手一指凳子：“你坐下吧。”

审问进行了不到一分钟，通过我俩简单的对话，我心里多少有了点儿底，看来他们把我抓来跟杜大的事跟鞍山曲艺团的事没什么关系。警察接着又说：“既然你是长春曲艺团下放的，就应该老老实实在农村工作，接受贫下中农再教育，你为什么跑回来？这不是坏事是什么？”我一听这话，心里有了底，果然被我猜中了，我被他们带来与逃亡的事毫无关系，因此我解释道：“警察同志，不知道你到农村去过没有，我们下放的地方叫一间铺，那生活简直太苦了，我自幼在长春长大，从来没有干过庄稼活儿，真有点儿受不了，我和我老伴儿带着孩子是回城上访的，信访办叫我们等消息，左推右推，没有结果，我只好住在朋友家里，在这儿听信儿。”他又说：“人家别人都受得了，你咋就受不了？你一点儿也不老实，你还带着孩子、老婆卖什么花，走资本主义道路，扰乱市场经济，这不是坏事是什么？”

我听到这儿长舒了一口气，悬着的那颗心落地了，看来他们抓我还是跟水泡花有关系，只要他们不知道我逃亡的事，这点小问题触及不到法律，我如释重负，对那警察说：“警察同志，我也知道我这么做不对，但是每天都得吃饭，我得生活啊，我一不偷二不抢，做买卖没本钱，只好依靠卖水泡花每天挣个块八角好餬口，要不你说咋办？”那警察翻了翻眼睛，想了一会儿说：“那也不能走资本主义道路啊？”我连忙说：“是是是，我错了我错了。”审讯到此，告一段落，那警察点了一支烟不说话了，我猜测他是等那个警察审讯全桂的结果，我的心又紧张起来，心里说：“老天保佑，全桂啊，你可千万不能说走板儿的话，我把这儿一切都摆平了，要从你身上出了岔子，那可就麻烦了。”

我知道派出所不大，房间也不那么多，我似乎听见王全桂的咳嗽声，离着我所待的地方也不超过十米远，所以我跟警察说：“警察同志，我想方便方便。”他瞪了我一眼，用手往过道上一指，往左拐，第二个房间就是厕所，我十分轻松地到了厕所，其实我一无大便二无小便，我是想听一听王全桂那屋的动静，结果我光能听见王全桂的咳嗽声，却听不清她的说话声，我又不能久留，怕引起警察的怀疑，我假装系裤子洗手，又回到审问我的那间办公室，我刚坐到凳子上，负责审问全桂的那个警察和全桂俩人也进了办公室，那个警察把审问我的警察叫到外边两人嘀咕了一阵,然后又回到办公室,审问我的那个警察说:“你们俩听好了,没有户口,是不准回城居住的,给你们七十二小时,离开我们辖区,不价我们就给你家封门,从哪儿来你还回到哪儿去,听见没有?”我这才知道全桂果然按我的话行事,一点儿娄子也没出,于是我彻底放松了,我说:“行行行,三天之内我肯定走。”那警察把手一挥:“走吧。”

我和全桂离开了吉林派出所,那两个警察站在派出所门口边抽烟边闲谈,我和全桂在空无一人的大街上走着,开始时怕警察怀疑,我们走得很轻松很慢,好像若无其事,当我确信离开警察的视线时,我拉着全桂加快了速度,看看无人盯梢,我这才焦急地问她:“你说走嘴没?”王全桂摇摇头:“没有。”我又问:“他都问你啥了?”王全桂说:“就是那套呗,走资本主义了,不该返城了,做小买卖了,就这些事。”我说:“可以断言这是张大头要的坏,看来南关咱们是住不下去了,夜长了梦多,那张大头还不定出什么鬼点子,曹宝昌咱也惹不起,我决定离开长春。”王全桂忙问:“那上哪儿去?”我说:“回沈阳。”她说:“回沈阳上哪儿落脚啊?”我说:“我二妹妹家,先上林华家住一段时间,然后再想下一步。”这时我俩走到离我家不远的路口,我说:“这个家我不能回了,你跟孩子留下来处理后事,我连夜上火车赶奔沈阳,你们娘仨没有问题,只要我不在什么都好办。”她想了一下,同意了,问我:“你身上带着钱没有?”我说:“带了几块,够路费的。”这时已经过了午夜,王全桂跟我分道扬镳,她回了南关那个家,我头也没回大步流星直奔长春火车站走去。

风波不断

在此期间，我除了做水泡花之外，最关心的是时事，现在主席他老人家走了，接班人又是谁呢？国家的政策能否有所松动或改变呢？假如真能改变，我的问题能否解决呢？

我半夜赶到长春火车站，正好有一趟通往沈阳方向的快车，于是我买了一张火车票，迅速地上了火车，不到十分钟车就开动了。我在座位上闭目养神，把心里这些乱如麻团的事情梳理了一遍，多么不平静的一年啊，发生了多少惊心动魄的事啊，接触了多少好人和歹人，度过了多少艰辛的日子，在这短短的一年里，我真是饱经沧桑，活得太累了！此次回沈阳，我上什么地方去落脚呢，他们娘儿仨怎么办呢？

我第一个想到的是宗仁叔家，就是教我做水泡花的那位，可是我觉着不妥，因为这中间我们两家发生过一段不愉快的往事。那是我们全家住在桃园路我舅妈家的时候，宗叔从沈阳赶到长春，名义上是看望我们，实际上是打探市场信息以及我们在长春的底细。因为慧莉上他那儿批货，他知道长春的市场要比沈阳好得多，因此他才到桃园路找我们。因为老人家是我们的恩人，我们对宗叔倍加尊重，可以说三天一小宴五天一大宴，我们尽其所能孝敬他老人家，然而出人意料的是这位老人家并不自重，一张口就是要算算账，比如在他那儿批了多少货，他应该分多少钱，三算两算我们亏欠他三百多块，天哪！在我们困难的时候要想拿出三百块简直是天文数字，但是又不能不答应他的要求，我们从朋友手中东挪西借，把钱给了他，他高高兴兴地离开了长春。谁也没想到，没过多久他又回来了，这次没住在桃园路，却住在七马路那个朝鲜族人老金家里，也就是我们曾经住过的地方，因为他从全桂嘴中知道姓金的朝鲜族人是我家的亲戚，他就顺藤摸瓜跟老金家接上了头。上文我说过，老金头就爱喝酒，宗叔投其所好，送上几瓶好白酒，老金头大喜，把他留在家中住宿，这还不说，宗叔还把两个女儿带到老金家，准备长期安营扎寨，这些事情事先我们并不知道，有一天慧莉去四马路一百货商店门前卖水泡花，无意间看到了宗叔的二姑娘，而且还站在慧莉卖花时常站的地方，销路很好，慧莉却喝了西北风，您别忘了，同行是冤家，老宗家做的水泡花质量要比我们强得多，自然就占了上风，慧莉仅卖了一块多钱就回到家里，不高兴地问我们："怎么宗爷他女儿也来了，把我的地方也占了，这可好，我站了一大天才卖了一块多钱。"

我们这才知道，宗仁又回到了长春。我告诉慧莉："尽量离着人家远点儿，因为咱们比不过人家。"慧莉第二天就转移到五商店门前去卖，因为五商店也是一块热地，慧莉到那儿一看傻眼了，宗仁的三女儿也站在慧莉常卖花的那个地方，周围围了不少人，慧莉只好躲到一边，一天下来，卖了还不到一块钱。慧莉回家之后，哭着对我们说："全怪你们，把底细都告诉老宗家了，结果人家把好地方都占领了，挤对得咱连花都卖不出去，这不是坑人吗？"我听了之后心里也很不痛快，但我告诫慧莉："咱们是从人家学来的做水泡花，不能忘本，再说那块地儿谁都可以占，这么大的长春你再换个地方不就得了。"全桂一听火了："这宗叔也太不讲情义了，听我说完了之后，他就住在我们亲戚家里，顺着杆往上爬，连个招呼也不打，现在两块儿热地都被他占了，这不是掐咱的脖子吗？明天我找他讲讲理去。"

结果第二天全桂找到七马路老金家，与宗仁大吵了一顿，宗叔是火爆子脾气，全桂也不是个善茬，宗仁骂我们忘恩负义，全桂骂他欺行霸市，双方弄得极不愉快，老金头虽然不懂汉语，也知道双方争吵是为了卖水泡花的事，于是请宗叔搬出去不敢留了，就因为这件事我家得罪了宗叔，他一赌气带着俩女儿回沈阳了。

基于上述原因，我岂能再回宗叔家去呢？可不上他家又上谁家去呢？后来我想到我二妹妹林华，因为怕他们受我的株连，我一直没去，这次没办法了，只好到虎石台二井去落脚了，于是我在虎石台下了火车，徒步走了十八里，来到我二妹家里。林华一见我大吃一惊："哥，你这是从哪儿来？"我长叹一声："一言难尽啊。"进屋之后，我发现二妹夫不在，林华说："他出差去了，一时半会儿不回来。"我先看望了多日未见的老祖母，老太太身子骨还好，看见我之后，先是愣了一下，又往我身后看了看，问我："全桂咋没来？俩孩子在哪儿呢？"因为她年事已高，有时糊涂，我也不便多说，敷衍了几句就进了屋，二妹看我一脸的疲倦，惊问道："哥，出啥事了？你咋从农村出来了？"因为我的事从来没跟她说过，经她一问我就像讲评书似的把所发生的事情一五一十地向她介绍了一遍，二妹林华边听边掉泪，到底是血浓于水啊，后来她问我："你下一步打算怎么办？"我说："但有一线之路，我也不来打扰你们，你们都是在机关的工作人员，不能因为我再受了牵连。"二妹说："没关系，住几天还是可以的。"我说："你嫂子和俩孩子的事我还不清楚，我在你这儿顶多住几天，跟他们联系上之后，我们再想办法。"林华满口答应了，两天之后，林华收到慧莉的来信，慧莉在信上问她二姑："我爸在你那儿没有？如果在你家，请你转告他，我们在长春一切平安，我妈把房子卖了，赔的钱不多，现在我们就要回沈阳，上哪儿找你去，请回信。"林华把信转给我，我一喜一忧，喜的是长春没有什么变化，她们娘儿仨也没受什么刁难，忧的是长春已经没有落脚地了，她们三口来沈阳找我住在啥地方呢？

二妹是教师，一身的书卷气，但为人热情大方，她看出了我的心事，就说："在我这儿住吧。"这句话能够解决我暂时的困难，使我终生难忘，但为了不给他们增添太多的麻烦，也怕公安找到这儿来，我决定还是再找个比较安全隐蔽的地方。第二天我从虎石台又到了沈阳，边走边想，必须找个落脚的地方，后来我突然眼睛一亮，想起一个人来，这个人就是我三姨，是我三叔单永槐的妻子，家住沈阳皇姑区，我打算找找她，看看可以不可以。这位三姨是我三叔的续妻，因为三婶已经不在了，所以我们习惯地管她叫三姨。平时很少有来往，她住的具体地点我不知道，偌大的皇姑区到哪里去找呢？后来我想起一个办法，到派出所去找，工夫不负有心人，果然从派出所打听到我三姨的住址。

于是我买了些礼物找到三姨家中。我这位三姨是比较开朗的人，当初也是一位唱大鼓的艺人，现在已经退休在家，因为此时我三叔已经过世了，她又交了一位新朋友，尚未办理结婚手续，就领着我的堂弟堂妹们在一起生活。相见之后，三姨对我非常热情，我把经过也向她介绍了一遍，三姨对我说人在难处拉一把，何况你又是我侄，你们家要实在没有地方去就暂时住在我这儿好了，现在我西屋还闲着，你们收拾收拾就可以住进来。我听后大喜过望，马上跟全桂和慧莉进行联系，没几天她们三口人高高兴兴到了沈阳我三姨家，按原来计划，把西屋收拾好了，我们这才住了下来，真应了古人那句话，山重水复疑无路，柳暗花明又一村。

为了不给三姨家找麻烦，我们暂时放弃了卖水泡花，因为那东西做起来太费工时，干什么呢？经三姨点拨，全桂和慧莉又开始卖毛克，每天都到沈阳南站一带，收入比水泡花也少不了多少。

有一天我三姨突然发现我们屋里摆着个木头盒子，问："这是什么？"我说："这是我父亲的骨灰盒子。"三姨听了非常害怕，她说："这可不好，哪有活人屋里摆骨灰盒的？"我说："现在我们连个落脚地都没有，只好随身携带。"三姨说："不好不好，死人讲的是入土为安，你们这样东一头西一头，再带着个骨灰盒，实在是不吉利。"我听完之后就动了脑筋，三姨说的不无道理，可是天地虽大，这骨灰盒安葬到哪里比较合适呢？突然我想到北陵，因为我三姨住的地方与北陵相距不远，要找块地方下葬并不困难，于是在我堂弟八斤的帮助下，我们俩骑着自行车带着锹镐和骨灰盒天不亮就出发了。那时北陵空无一人，我们转到北陵的后面，周围全是树木，一眼望不到边，我们就选了一处宫墙的后面，找了颗很粗的大树，就在这树下挖了个坑，深有一米左右，把我父亲的骨灰盒用几层塑料布包好，埋在了树下，我心说父亲你安息吧，将来你儿子一旦有了落脚地，一定买块坟地把您接过去。祈祷完毕我和八斤又详细地把埋骨灰盒的地点认清了，恐怕将来找不着，这下去掉了我心头的一块大病，减轻了很大负担。

结果怕什么来什么，数年后我落实政策，平反昭雪，特为赶到沈阳来起我爸爸的骨灰盒，结果到北陵一看就傻眼了，因为当年的小树都变成了大树，那些树几乎长得一个模样，再想找原来那棵树，无异于海底捞针，至今也未找到，我心说这样也好，让我父亲陪着皇太极就在北陵安息吧。

还有一件事，在1975年的冬天，有人告诉我你母亲在哈尔滨故去了。我听罢之后，心情非常沉重，听说要举办追悼会，可我又不能参加，为什么不能参加？因为我的身份特殊，怕别人认出来，躲都来不及，哪敢在人前露面？我儿子老铁自告奋勇，代表我们一家赶到哈尔滨参加了我母亲的追悼会。现在回忆起来，我是个最不孝顺的儿子，我的几位亲人亡故我都不在他们身边，我父亲我母亲我祖母无一例外，所以每当想到这些事，我心如刀绞，这是一种无法弥补的心灵创伤。

我们在三姨家度过了1976年的春节，谁也没想到，我三姨的小女儿与我老伴儿发生口角，非要把我们赶出去不可，事出意外，没法再在沈阳待下去了。我跟全桂商量，沈阳这个地方离鞍山太近，危险性比较大，买卖也不好做，还不如重返长春，我老伴儿同意了。于是带着一双儿女又回到长春，留下我一个人在沈阳听信。数日后消息传来，全桂在信上说她们在长春的永安桥花三百多元买了一间房子，是院中套院，比较安全，希望我能过去。于是我告别了三姨，连夜返回长春，到了长春永安桥之后，慧莉和老铁正在路口等我，高高兴兴把我领到新家。原来这家的房主姓周，他家住着三间正房，挨着正房的边上又接出两间小房，在中间砌了一道墙，因此一个院变成了两个院，老周家住在外院，我们住在里边，因此叫院套院。小房十分简陋，但非常安静，一旦有点儿什么事情，便于躲避，因为我时刻也没忘掉杜大和鞍山那根弦，随时都防范着发生意外，新的住处有了，还有个小院，我们又开始了流亡中的新生活，照旧卖起水泡花来。

我最担心的是怕曹宝昌和那个盲人乔敏知道我们的住处，因此告诉全桂和慧莉多长眼睛，尽量不让熟人知道，跟老曹家也不要联系，跟桃园路的人也不要联系，更不用提南关的人了。但是纸里包不住火，没有不透风的墙，时间过了不久一件意想不到的事发生了。有一天我们卖花回来，正要准备吃晚饭，永安桥驻街道的民兵，突然闯进家来，大约有五六个人，他们个个都戴着袖标，进门就问："谁是单田芳？"我一听心里就翻了一个个儿，心说的，怕啥来啥，但是事情到了眼前是无法回避的，我说："我就是单田芳。"他们说："我们是民兵中队的，跟我们走一趟吧。"他们的语气十分坚定不容解释，我赶紧戴上帽子披上衣服，跟他们走了，王全桂也傻了眼，不知道这场大祸是从哪儿来的。为了安慰他们我边往外走，边喊着说："你们不必担心，我一会儿就回来。"也不知道他们三口人听见没有。

我被这几个民兵带到一所小学里，好像是学生正在放假，操场上空无一人，只有办公室里的民兵进进出出不知忙活什么，那个带我来的民兵头头儿让我坐在他对面，一句话也没说转身就走了，我心想这是什么来头啊，我刚从沈阳回来不久，也没招谁惹谁啊？假如说是杜大或者是鞍山的人找到了我，也应该有公安局的人啊？民兵只能是配合公安部门，他们干什么随便带人啊？我心里七上八下胡思乱想，正在这时候，带我的那个头头儿回来了，身后还跟着俩人，其中有个大个子进门就说："大姐夫好久不见哪。"

我抬头一看正是我心里又恨又烦的那个曹宝昌，在他身后跟着那个盲人乔敏，看样子曹宝昌和这里的民兵很熟，顿时我心里全明白了，哦，原来是曹宝昌要的坏，一定是我们在卖水泡花的时候被他发现了，或者是别人告诉他了，于是他就搬出永安桥的民兵把我抓到这儿来，您还真别说，真叫我猜中了。我心里虽然恨透了曹宝昌，在那种情况下，也只好假亲假近，这就叫人在矮檐下怎么敢不低头，所以我违心地笑了笑："宝昌你挺好啊？没想到在这儿见了面。”曹宝昌故意卖弄地说：“大姐夫，永安桥这一带我净是熟人，这哥们儿（他用手一指带我那小头头儿）是我的同事，也是拎瓦刀的，方才我把你的情况都对他们说了，他们也很同情你，今天的事就算了，走吧，咱回家吧，带着我去看看我大姐去。”说着他和乔敏陪着我离开小学校，曹宝昌和那民兵小头头儿等人挥手告别，这更看出这是他们事先定好的小圈套，是曹宝昌通过民兵找到我的地点，又想法从我家里把我调出来，然后顺着杆往上爬，再到我家里，你说这个人有多坏。

我没有办法，只好把他们领到新家，我怕全桂和老铁闹事，先走进屋里喊了一声：“全桂老铁我回来了，宝昌来看你们来了。”说着我冲全桂挤挤眼睛，全桂也不傻，虽然不知道是怎么回事，一眼看见了曹宝昌就知道是他要的坏，全桂也假亲假近地把曹宝昌和乔敏让到屋里，老铁不爱理曹宝昌转身出去了，只剩下慧莉给他们泡茶，曹宝昌问全桂：“大姐你们这一走就是半年多啊，也不知道你们上哪儿去了，你还恨我吗？”全桂说：“都是自己亲戚，有啥可恨的，那事早过去了，还提他干啥？”乔敏打圆场地说：“哎，这就对了，家鸡打死团团转，野鸡不打满天飞，冤仇宜解不宜结，何况你们又是一家子呢？”曹宝昌看看小屋说：“这房子不错啊，比南关的房子也不次。”说话间到了吃晚饭的时候了，我再次违心地留他俩在家吃了晚饭，大家有口无心地聊了一会儿，曹宝昌和乔敏就走了，临走时说我们改天再来。

这会老铁也回来了，问我：“你怎么把他们领到咱家来了？你不是怕外人知道咱们的新地点吗？”我说：“唉！别提了，曹宝昌诡计多端，这是他设的套，我也没有办法，看样子他主动买好不像坏咱的意思。”全桂说：“这个挨千刀的，早晚不得好报，看这个情况咱在这儿也住不长，还得找地方搬家。”我说：“这你就不用管了，人的命运有时候是不能随心所欲的，咱们七灾八难都躲过来了，我就不相信这回能翻船。”晚上躺到炕上我说什么也睡不着了，就为曹宝昌的出现而闹心，看来想摆脱这个坏蛋是不容易的，南关的老戏又要重演，怎么才能在永安桥站稳脚跟呢？除了卖花之外，在这方面我要多动些脑筋。几天之后，我们也是从街上卖水泡花回来，房东大嫂，我们管她叫周嫂，到我屋里来了，给我们送上一瓶香油和五斤大米，其实我们和房东处得不错，但是从来没有送过礼，今天她的到来，我觉得是有事相求于我，果然她说了：“大兄弟，我有个事，跟你们商量，我家小三（指他三儿子）不念书了，整天跟一些孩子们在街上东游西逛，我怕他学坏了，打算培养他学一门手艺，你家老铁会木匠，还帮着我家修理过桌子和柜子，真叫人羡慕啊，我和小三他爹商量着想让小三拜你儿子为师学木匠活，你看咋样?”我笑了笑说：“没什么不可以的，只是我儿子也不是成手，初学乍练没什么经验，如果你不嫌弃，就让小三跟他学吧。”

周嫂一听非常高兴，打那之后，老铁还有了徒弟了，通过周三的介绍，有个叫顾四的小孩儿也想学，于是老铁也收顾四为徒，从此三个年轻人摽在一起在院里支上案子，开始大干起来。我知道木匠这活儿很难做好，想给老铁找位名师授艺。有一天在闲谈中小三对我说：“我们永安桥这儿有个叫洪生的，木匠手艺第一，要想求他干活都得排号，就怕人家不收。”我问住处在哪儿，他说：“不远儿，就在前边的西转盘。”我跟全桂商量了一下：“咱也别总这么煨着，也应该主动出击去结识几位朋友，像洪生这种人对咱不会有威胁。”全桂同意了。

有一天我们带着礼物，去拜会洪生，正好洪生在家，看见我们就是一愣，当我们说明来意之后，他才把我们让到屋里。原来洪生是个不到三十岁的年轻人，个头不高，非常结实，这可能与木匠活儿用力气有关吧。此人很开朗，也很健谈，他问：“孩子来了没有?”我说：“你还没答应我们就没带来。”谈来谈去，他知道我是说书的，于是把大腿一拍说：“哎呀妈呀，我就爱听评书，看来咱们爷儿俩相识是缘分，干脆这么办吧，我也不收徒弟，我就收师弟吧，您老如果有时间，给我们讲几段评书，我就心满意足了。”

又过了两天，我们在家里摆了一桌比较丰盛的酒席，宴请洪生，老铁、周三、顾四给大师兄行了礼，这个关系就确定下来了，为了表示祝贺，当晚我给洪生讲了一段《童林传》，洪生听得简直入了迷。从那以后，老铁他们三个人白天就跟着洪生去干活，我们去卖水泡花。

我会说评书的事情，被洪生张扬出去了，没过几天，一个叫吴树槐的木匠还有田凯、小牛、蒋四等一大帮年轻人，都登门来拜访我。他们当中树槐的木匠手艺最高，洪生还是跟他学的，田凯是汽车司机，他爸爸是个退休干部，现在兼任着南关区民兵总队的副总队长，小牛的父亲是个离休的局长，什么局我记不清了，那个蒋四也是个木匠，他们拜访我的目的只有一个，就是听评书。因为在“文革”期间，除了样板戏之外，所有的文艺几乎都不存在了，在家听听评书就成了热门，何况我讲的又挺好，简直把他们迷坏了。

因为吴树槐的年龄比较大，众人都管他叫大哥，树槐说：“大叔，我给你介绍个朋友呗。”我问：“谁呀？”他说：“此人叫赵玉林，是咱们南关的老大，也是我们的大哥，他一身好武功，收了几十名弟子，此人讲义气，好交朋友，您要能认识他，今后在永安桥住就不成问题了。”我一听就明白了，什么是老大？虽然我当时对黑社会不怎么了解，但对这句话的含义还是明白几分，我现在处境艰难，危机四伏，正需要有人来保护我，如果能跟赵玉林交上朋友，岂不多了一个保护伞？这与我那天晚上睡不着所想的事真是不谋而合。

有一天，吴树槐、洪生、田凯等人陪着我去见赵玉林。赵玉林住在南关大桥的右侧，紧挨着南关浴池，他家的院子足有一亩多地，一拉溜五间上房，还有三间配房，院里摆着砘子、石锁、三截棍、七节鞭以及刀枪棍棒，各种习武的家什，靠着墙边还挂着几条沙袋子，有十几个年轻人正在院里嗨嗨地打拳踢腿，我刚一进院，赵玉林夫妻就笑着接了出来。原来洪生和树槐早就泄了底，赵玉林知道我书说得不错，他也是个书迷，正高兴地等着我的到来，我主动登门他大喜过望，拉着我的手大叔长大叔短，把我让进屋里。他家虽然住在城里，但是屋里的格局跟农村差不多，一铺大炕足有十五米长，中间有隔断，屋地也有八十平方米，墙上挂着单刀和宝剑还有几张硬弓，一看就好像古代镖局似的，赵玉林比我高着半头，大圆脸，长得非常结实，浑身上下全是腱子肉，难怪他是有名的武师。赵玉林好说好笑，把洪生、树槐等人视为小弟，酒菜全都准备好了，把我让于上座，大家开怀畅饮，我不会喝酒，只好以茶代酒。

我利用这个机会，把我的身世毫不隐瞒地讲说了一遍，说到伤心之处我掉下眼泪，后来我说：“我跟你们的身份不一样，你们是自由人，我是逃亡犯，如果你们不怕受牵连，咱爷儿们就亲近一步。”赵玉林说：“大叔啊，你不用往下说了，自从‘文革’开展以来，受冤枉的人老多了，光我认识的人就不老少，这年头没地方讲理去，你的遭遇我们都同情，我们谁也不怕，咱爷儿们就处咱爷儿们的，有了事情大伙给你担着。”

几年来，我听到的都是冷嘲热讽，没有一个人敢如此仗义执言，这话出自赵玉林的口中，我对他又崇敬又亲热，心里感到暖洋洋的，似乎找到了靠山，残席撤下之后，为了叫赵玉林高兴，我当众表演了《三侠五义》，这下他们乐翻了天，把我敬如神灵。此后，隔三差五，我就被赵玉林邀请到家里，给他们接着讲《三侠五义》，打那之后，我的心里稍微安定了一些，因为周围都是朋友，心里头不那么空虚了，老伴儿和慧莉每天照旧卖水泡花，我在家里头加工制作，每天晚饭后我就到赵玉林家里去，给他们讲书，转眼过去了半个多月。

有一天曹宝昌和乔敏又来到我家，往炕上盘腿一坐，对我说："姐夫，我们犯书瘾了，快给我们讲一段吧。"我一听这是故伎重演，老调重弹，心中十分不快，对他们说："我没有时间，我想多做点活儿。"

曹宝昌一听就变了脸，阴阳怪气地说："你们这是好了伤疤忘了疼啊，上次要不是我从民兵中队把你捞出来，你们还能在这儿站住脚？"这时老铁正领着两个徒弟在院里干木匠活儿，因为天热窗户开着，他听得非常清楚，我怎么也没有想到，老铁在院里大声喊道："曹宝昌，你不是个人，你以为打了我妈和我就白打了，我这个仇还没报呢，你要有种就给我滚出来。"

曹宝昌听完了就是一愣，乔敏的瞎眼睛也翻了几翻，有那么一句话，叫愣的怕横的，横的怕冲的，冲的怕不要命的，老铁这几句话还真就把曹宝昌给镇住了，因为他现在已经不是小孩儿了，现在的情况跟当初也不一样了，假如没有赵玉林、洪生、吴树槐等人撑腰，老铁也不敢说出这样的话来，这就叫心里有底气力就足。

曹宝昌坐在炕上没敢动地方，冷笑着对我说："行啊，老铁这小子长道行了，竟敢跟我叫号，你说这个事应该怎么办吧？"我怕事情闹大，赶紧打圆场，我说："宝昌，你别往心里去，现在孩子大了，心里记仇，这也不足为怪，你千万不要跟他一般见识。"说话间我赶紧到了院里，对老铁说："老铁啊，咱们刚稳当几天，你可千万别给我闯祸，真要跟曹宝昌打起来，咱在永安桥还怎么立足？"老铁哼了一声没有回答，放下手里的木匠工具领着小三小四头也不回地就走了，我心中暗道不好，他可能去搬兵了。

有道是知子莫如父，老铁跟我的脾气不一样，他那口气不出，肯定完不了，我赶忙又回到屋里，曹宝昌问我："大姐夫，究竟咋回事？老铁还敢叫人打我不成？"话说到这个份儿上，不挑明也不可能了，我也想震呼震呼曹宝昌，我说："宝昌啊，去年的皇历今年不能用了，老铁在社会上交了一大帮朋友，他还是南关大哥赵玉林的弟子，他可能去找赵玉林了，你们要听我的劝赶紧快走，夜长了梦多，真要老铁把人搬来，你们是非吃亏不可。"

曹宝昌脸色一变，看得出他心虚嘴里还说硬话："我曹宝昌怕过谁？赵玉林又算老几？"还是乔敏成熟，赶忙下地拉着曹宝昌说："宝昌啊，大姐夫说的对，光棍不吃眼前亏，咱们就走吧，改日再来。"说着他们就往外走，这时天眼看就要黑了，还落了几点小雨，我怕老铁领人把他俩堵上一顿胖揍，那后果可就麻烦了，我说："你俩别着急，我在头前给你们带道，有我护着你们可能不会发生什么事。”这时的曹宝昌也不像以前那么横了，显露出懦弱无能的姿态，他这种人哪！是专门踢寡妇门挖绝户坟，打瞎子骂哑巴那套本事，真遇上横茬他一点儿电都没了。

说话间我们来到胡同口，我一看吓了一跳，胡同口外站着四个年轻人，一边两个手里都拎着棒子，一看就是打架来的，我赶紧奔过去，一眼认出来这四个人当中那个蒋四，蒋四说：“大叔，哪个小子叫曹宝昌，今天非收拾收拾他不可。”我再往街口一看，街口还有五六个人，手里边拎着家什，可能他们也看见我了，有一个人奔我走过来：“大叔，老铁给我们报信了，说打他那个姓曹的来了，今天晚上非敲折他的腿不可。”说话这个人是洪生，我深知这帮人不是说说就算了的主，他们经常打架斗殴，拿打架当饭吃，我忙说：“洪生啊，别听老铁的，为了你大叔，让我们有个安定的环境，千万别打仗，你们的好意我领情，但真要打起来，出了麻烦咋办？大叔还能在这儿住下去吗？也不能给你们讲《三侠五义》了。”洪生犹豫了一下说：“那也不能这么便宜了他，这号人不娶他妈他就不能管你叫爹，这回饶了他他还有下回。”

正在这时吴树槐和小牛他们也赶到了，我赶紧迎上去把方才那话又讲了一遍，树槐比那些人大几岁，办事比较沉稳，树槐说：“大叔啊，我看这样吧，既然我们已经来了，就不能轻易地退兵，多少也叫曹宝昌知道知道我们的厉害，让他往后再不敢欺负你们。”我说：“我同意，但要文斗不要武斗。”这时我回头一看，曹宝昌和老乔靠着墙站着，一步也没敢往前走，他们俩已经被眼前发生的一切吓呆了，我赶紧把曹宝昌叫过来，又把吴树槐叫过来作了介绍，曹宝昌龇龇牙没敢说什么。老乔一句话也没说光在那儿翻愣着瞎眼睛。

吴树槐说：“你就是曹宝昌，外边下着雨，在这儿说话不方便，跟我们走一趟吧。”曹宝昌忙问：“上哪儿去？”洪生说：“少他妈多嘴，叫你上哪儿你就得上哪儿去，走。”

于是这十几个人像押送俘虏一样，把曹宝昌和老乔一直带到赵玉林家里，我进屋一看，老铁带着两个徒弟在屋呢，赵玉林穿上雨衣刚要往外走，正好跟我打了个照面，他赶紧问：“大叔，听老铁说那个姓曹的又来捣蛋了？”我说：“没有没有，你别听老铁的。”这时树槐和洪生等人已经把曹宝昌和老乔带进了屋。曹宝昌早就听说过赵玉林的大名，只是没有什么交往，他是个小混混，要想攀这个高枝还是比较难的，但这小子很会来事，赶紧过来规规矩矩给赵玉林鞠了个躬，嘴里说着：“大哥您好，我就是曹宝昌，田芳是我大姐夫，全桂是我大姐，老铁是我外甥。”说罢又点头又龇牙，赵玉林毕竟是见过大场面的人，处事也比较圆滑，他知道我胆小怕事，身处逆境，也不愿意把事闹大了，所以他脱掉了雨衣说：“好吧，既然如此到屋坐吧。”于是众人就坐，只有曹宝昌和老乔站在当地，好像斗地主似的，俩人连坐也没敢坐，赵玉林指着曹宝昌说：“曹宝昌你给我听好了，听说你这小子挺驴，专找软柿子捏，你和田芳老师既然是亲戚，就应当多关照他，可你小子却以势压人，净做落井下石的勾当，听说你把你大姐脑袋打了好几道口子，还找了一帮人要把南关的房子给平了，你不认为这样做有点儿过分吗？”

其他的人谁也没说话，全都怒目而视，单等着玉林一声令下就开始动家伙，曹宝昌很识趣，也很会说，他忙解释说：“大哥，我错了我错了，我没读过书，没有文化，那时候脑袋一热，净办混蛋事，打那儿以后，我肠子都悔青了，我跟大姐大姐夫半年多没见着了，这是出于好心来看看他们，绝对没有恶意。”我怕事情弄僵了，赶紧从中调解，我对赵玉林说：“玉林哪，宝昌说的也是实话，我看这个事就算了，过去的事情就叫它过去吧，冤仇宜解不宜结嘛。”赵玉林点点头：“还是大叔有容人之量啊，要依着我，今天怎么也叫他挂点儿彩。”旁边有人说：“他不是瓦匠嘛，把他右手砸折喽，看他还干得了活不？”还有人说：“把他的腿砸折了，省得他满处乱转。”赵玉林挥了挥手：“算了算了，既然大叔发话了，咱们都得听大叔的。”他又对曹宝昌说：“曹宝昌啊，大叔这叫以德报怨，你明白不？不价今天有你好瞧的。”曹宝昌给我鞠了个躬，说了声：“谢谢大姐夫，谢谢大姐夫。”又回头对老铁说：“老铁，你还恨你大舅啊？”老铁狠狠瞪了他一眼没说话。

这场特殊的聚会不到半个小时，曹宝昌架着乔敏冒着雨就溜走了，我心里非常高兴，看来啊，对待这种地痞流氓就得动点儿真格的，我相信通过这次的压力曹宝昌不敢轻易乍翅了。从中我也悟出一个道理，人活在世上不能太刚强了但也不能太面了，曹宝昌就是一例。

真是福不双至祸不单行，接着又发生了一件意外的事。全桂和慧莉在卖水泡花的时候，在长春五商店门前认识了一个也卖水泡花的人，名字叫刘国柱，大块头，面目凶恶，好像庙里的小鬼，因为是同行，在闲聊当中知道他是丹东人，过去在丹东曲艺团说过相声，因为单位解散了，他没有了收入，只好携家带口奔了长春，靠卖水泡花为生。他家的命运和我家极其相似，所差者就是刘国柱头顶上少了一顶帽子，属于自由人，别看此人相貌凶恶，说话办事都比较随和，因此和全桂处得很近，他的老伴儿和女儿也卖水泡花，是一对善良的母女，因此就成了朋友。刘国柱一家曾经到我家串过门儿，还吃过饭，彼此切磋技艺。然而这个刘国柱想要独霸五商店门前的生意，处处挤对全桂和慧莉。有一次慧莉实在压不住火了，顶撞了刘国柱几句，刘国柱一生气，把慧莉手中的水泡花夺过去，连杯带花摔在地上，慧莉和全桂干不了了，跑回家里跟我诉苦，我埋怨全桂说："你这个人就是热心肠，摸摸脑袋就是个朋友，谁让你把他领到家里吃饭，还跟他老婆无话不说，难道曹宝芝和曹宝昌的教训你就一点儿也不吸收吗？有道是同行相欺，怎么样？又惹上麻烦了吧？"我还说："既然刘国柱那么霸道，就离他远点儿，长春这么大，五商店待不了，咱就挪到四马路去。"

结果我们说的话被老铁听了去，这小子真是个惹事的精灵。背着我不知道，带着他两个弟子小三和小四找到了五商店，刘国柱手托着水杯正在卖花，老铁冲上去，一巴掌把杯打落在地，还警告刘国柱说："你要再欺负我姐和我妈，小心你的狗腿。"刘国柱认识老铁，所以事隔两天，他就怒冲冲地找上门来，因为他个子大，我们房间小，他往炕上一坐，几乎占了半拉房间，他指着全桂说："你主使你儿子砸了我的买卖，你们简直要翻天啊，你爱人单田芳是反革命，这些细底我全知道，我今天来，咱们就手拉手上趟派出所，看看政府是向着你还是向着我？"说着拉起全桂的胳膊就走，全桂不去，往后一退，把桌子也撞倒了，慧莉吓得大哭大叫，我这才知道发生了什么事，在那个关键的时候，我只能说小话，我不断地说："刘大哥你消消气，孩子不懂事，等他回来我好好教训教训他，一定给你赔礼道歉。"刘国柱还是不依不饶，第二个曹宝昌又出现了。

正这时，从洪生家做活回来的老铁进了屋，他见此情景，眼睛都红了，指着刘国柱说："老小子你活腻歪了，敢上我们家来折腾，有种的你出来，我摔你的杯了你能把我怎么样？再说你不欺负我姐我能那么干吗？"刘国柱身高力大，据说过去还学过摔跤，岂能把老铁放在眼里，他听罢之后，放了全桂，转身跟老铁就出去了。我怕出事，急忙追到街上，结果迟到了一步，刘国柱躺在路边的水坑里（因前两天下了场雨，路边有积水），老铁、小三和小四还有蒋四、洪生等一帮人都在场，等我赶到的时候，刘国柱从水坑里爬起来，浑身是水，狼狈不堪，用手指着老铁说："好小子，你把我打了，这口气迟早我要出。"洪生笑着说："大个子你听好了，我叫洪生，就住在西关广场，有本事你找我去，在这个地面上你小子要不开，要想出气不难，我们得先把你的气放了。”说着又要伸手，我赶紧过去把他们拦开，刘国柱二话不说转身走了，后来我才知道，老铁把他叫到街口，叫小三小四通知了洪生，所以洪生带着另外的几个徒弟赶到出事地点，老铁仗着人多势众，冷不丁给刘国柱来个了绊子，刘国柱没想到，所以摔到水坑里。

这事过去之后，我除了教训了老铁一顿，也没往深说，因为老铁做的不算不对，刘国柱要不是如此强梁，也不会丢人现眼，老铁他们背着我还到五商店二商店找过几次刘国柱，刘国柱经过那次打击，不敢再露面了，后来听说他带着家属又回丹东去了。

类似这等的事情，发生过几次，我就不一一介绍了，总之还是那句话，人活着不能太面了，一旦被人抓住把柄，他就能把你欺负死。我怕刘国柱暗中要坏，真到公安局去举报，因此那段时间我特别小心，见着警察就害怕，见着大盖帽我心里也哆嗦，总觉得他们是冲我来的。

就这样提心吊胆地过了一段时间，谁也没想到，举国震惊的一件大事发生了，毛主席与世长辞，噩耗传来，举国哀痛，机关厂矿、各个单位，相继都举办了哀悼会，黑白二色，铺天盖地，因为水泡花是吉祥美丽的象征，有红的有粉的，与当时的形势很不协调，所以我们也不卖了。

当时我们的经济并不宽裕，全靠着卖水泡花维持生活，花不卖了，就得仰仗老铁了，老铁天天跟着师傅打立柜，有时候自己也干，每月多多少少也能有些收入，就靠着这些收入维持生活，我心说在家里这么干待着也不是办法，不如利用这个闲暇的时间多做出点水泡花来，哀期过去之后，还得重操旧业，于是我带着慧莉关上门在家里做水泡花。

转眼一个月哀悼期过去了，百货商店以及各家门店也都正式营业了，黑白二色也不复存在了。在此期间，我除了做水泡花之外，最关心的是时事，现在主席他老人家走了，接班人又是谁呢？国家的政策能否有所松动或改变呢？假如真能改变，我的问题能否解决呢？这是我日思夜想的最主要的一件事。后来华国锋接班了，党政领导人有了很大变化，但政策方面似乎没有什么松动，看来我的盼望落空了，又过了好长一段时间，我正在家做水泡花，全桂从街上回来对我说：“告诉你一个消息，咱国家出了‘四人帮’了。”我听不明白，便反问她：“什么‘四人帮’？”她说：“好像是四个人的名字，听说还有江青。”我马上把她的嘴堵住，担心地往院里看了看，发现没人，这才放了心，我说："这可不是闹着玩儿的，江青是毛主席的夫人，岂能胡说八道？"她说："真的。"我又问她："你听谁说的？"她说："是乔广阳告诉我的。"

乔广阳何许人也？他当时是长春四马路东北商场的橱窗点缀师，此人心地善良，平易近人，因为东北地区到了冬天非常寒冷，水泡花靠水泡着到了冬季最麻烦的是结冰，所以得换温水还得一会儿一换，全桂很会拉关系，有时候就到东北商场去换温水，结果认识了乔广阳，乔广阳深知做地下小买卖的不容易，对全桂和慧莉很是照顾，每次换水都由他负责，因此全桂管他叫兄弟，慧莉管他叫叔叔。这个人长得也很艺术，满头带卷的分发，穿得也很时尚，全桂当着我的面提过他几次，我在背袼包的时候也到东北商场当面谢过他，一来二去成了朋友，乔广阳就住在东北商场对面的胡同里，我们还到他家做过客。

我知道那个人城府很深，绝不是胡说八道的人，既然这件事出于他的口，肯定大有来头。

第二天我没干活亲自去拜会了乔广阳，问他："'四人帮'是咋回事？"乔广阳把我领到他家里，关好了房门，很神秘地对我说："这个消息千真万确，咱们国家的确出了'四人帮'。"我说："报纸上也没登啊，你是怎么知道的？"他指了指我笑着说："老大哥，类似这种事，报纸能登吗？"我说："你究竟听谁说的？"他从抽屉里拿出一个很精致的收音机对我说："我听它说的，前两天我偷着收听美国之音，美国之音就报道这个消息，王、张、江、姚，王是王洪文，张是张春桥，姚是姚文元，江就是江青。"乔广阳还神秘地说："我乍一听还真有点不相信，我又听了英国广播电台的华语广播，也报道了'四人帮'的消息，跟美国之音极其相似，我还是有点不相信，我又收听了日本广播电台的《朝日新闻》，也是这么说的，即使造谣，也不能各国电台一块儿造，何况这种事情绝不能，你看着吧，中国政局将要发生大变化。"从乔广阳家出来，我的心就一个劲儿地翻个儿，总想着这件事，难道中国政局真要发生什么变化吗？我是多么希望政策能有所松动或改变，甚至奢望新的领导人能颁发一道特赦令，把我们这些无辜的人都解放出来，打这儿之后，我日思夜想的就是这么一个问题。

大约过了一个月后，王全桂从街上回来对我说："'四人帮'、'四人帮'，满街贴的都是一个标语，打倒王张江姚，那字都反着贴。"我不信亲自到街上去了一趟，结果证实乔广阳所说的都是真的，只不过是晚了一个月而已。那会儿我的心情不知道是啥滋味，就好像摘掉帽子已经为期不远了，又好像看到了一缕光亮，千言万语一句话，又兴奋又担心，兴奋的是我之所求，担心的是没有变化。在之后很长一段时间里，没有听到什么消息，我们卖水泡花就像正式上班一样，早出晚归，比较安静，老铁的木匠手艺也大有长进，带着小三和小四可以独立打立柜、沙发和各种家具了，有了他的这笔收入，我手头宽裕了不少，我尽其可能一切从简终于积累了一千块钱，存了一张定期存单，放到镜子后面，以防急需时使用。

1977 年是我们逃亡以来过得比较平静的一年，没人欺负没发生意外。转眼 1978 年春节到了，我们还破例看了两场电影，因为当时电影市场已经开始松动了，比较好的进口片也可以上映了，我还给全家人买了新衣服，春节的时候，大家走访拜年宴请不断，真正达到了苦中作乐。

转眼到了 3 月份，有一天我正在家里头做小蜡鱼，炉子上放着一盆蜡，时间在下午两点左右，王全桂像发了疯似的从外边跑进来，吓得我一哆嗦，把蜡盆也弄翻了，好悬没着了火，我忙问她："又出了啥事了？"只见她又紧张又兴奋地对我说："告诉你个好消息，要落实政策了。"当时对这个词我很陌生，我又问她："什么叫落实政策，你是听谁说的？"她说："今天我到长祥叔家里去了，正好遇上鞍山来了俩人，这两个人我没见过，但肯定是鞍山曲艺团的，他俩说现在党要平反冤假错案，拨乱反正，落实政策，很多人都回去落实了，就是没有单田芳的消息，我们到这儿来打听打听，单田芳你们认识不认识，见过面没有？因为你们都是说书的，想必能有所耳闻吧。"王全桂又兴奋地对我说："我做了自我介绍，我说我是单田芳的爱人叫王全桂。"那两个人说："哎呀妈呀，可把你们找着了，我们就是鞍山市文化局临时抽调的干部，专管落实政策的。"

我听到这儿根本就不相信这是真的，恐怕是鞍山下的套，我埋怨王全桂说："你太冲动了，你又不认识那两个人，干什么向他们说实话，一旦是他们事先设计好的，跑到长春来套实情，你这不是自投罗网吗？"王全桂一听就急了："你这个人太多疑了，长祥叔、玉兰婶都可以作证，我又不是小孩子怎么会上当，不信你去问问？"此刻我什么心思都没有了，先到街上买了一张报纸，然后又带着全桂去了长祥叔家里，我不亲耳听到是不放心的。

在这里我要介绍一下长祥叔、玉兰婶。他们夫妻都是说书的老艺人，一直在长春曲艺团工作，和我家是多年的朋友，但只是同行，没有什么深切的交往。老夫妻已经退休了，但人缘很好，尤其对我们伸出同情之手，知道我们落了难，长祥叔在四马路遇上全桂卖水泡花，就把她请到家里，又给做饭又给泡茶，玉兰婶听到我家的遭遇还掉下了同情的眼泪，哭着说："想不到你们受了这么多的苦，这是招着谁惹着谁了？"老夫妻还告诉全桂一旦有了困难就找他们。通过那次见面，全桂和我经常到长祥叔家里去，每次人家都是盛情款待，要知道我们那会儿是什么身份？人不人鬼不鬼，还顶着现行反革命的帽子，有人敢款待我们或者接近我们，对我们来说那简直是可遇不可求的事。

还是那句话，良言一句三冬暖，恶语伤人六月寒，人家纯属是雪中送炭，而不是讨好上级、阿谀奉承的人，换句话说也是我们的恩人，在那个时候很多熟人见着我们就躲了，连正眼都不敢看一眼，生怕受到株连，相比之下，长祥叔和玉兰婶够得上人上人。

他家住在新市场内，我和全桂很快就赶到了，见面之后，我问起了鞍山来两个人的事，长祥叔眉飞色舞地对我说："孩子，这回该你们转运了，现在党提出来拨乱反正，平反冤假错案，你就是冤案，还不赶紧回鞍山去平反？"我详细地了解了情况，长祥叔说的跟王全桂没有啥两样，我听后这才放了心，我想要见鞍山那两个人一面，长祥叔说人家有事走了，那时我的心里像敞开了两扇大门，头顶上的压力几乎消失了，腰板似乎也直起来了，我跟全桂转身回到家里，告诉慧莉和老铁你们把手边的活全放下，咱家开个会，于是我们一家人坐在一起，我把落实政策的情况说了一遍，我说："咱们自从离开杜大，在外面流亡了四年多，所受的苦难，一言难尽，这下可盼到有希望了，我打算和你妈回鞍山去落实政策，为了以防万一，把你们俩留在长春，看着这个家，愿意干活你们就干活，不愿意干活就听个信，咱们也要留个退身步，万一落实不了政策，或者发生什么意外，你们也有个安身之地。"

那时慧莉已经跟刘长生结婚了，根本没有举行婚礼，就是草草了事。姑爷刘长生也是个老实本分的人，他无依无靠，对我们的话言听计从，把女儿交给他我放心。孩子们听了之后，又惊又喜，那会儿的人都有神经质，对什么事情都是假字当头，不相信这是真的，老铁说："爸，你万一回去出了事怎么办？"我说："我在外边的罪已经遭够了，再不想继续流亡下去了，此次回鞍山我也豁出去了，能给我平反是最好，平不了反他们爱怎么地就怎么地，你们自己保重好了。"老铁说："爸，这是好事，但要慎重，你还是考虑两天再决定。"

于是我买了许多报纸，所有的报纸全是十一届三中全会的内容，标题是拨乱反正，落实政策，平反冤假错案，叫各级政府认真处理。我几乎逐字逐句地看，逐字逐句地想，后来我断定这肯定是真的，这才下了决心。

我和王全桂两天后就踏上通往鞍山的列车，在车上我浮想联翩。自从1970年2月2日我们一家被遣送到杜大大队饱经磨难和痛苦，度过了四个年头，1974年4月25日又开始了流亡生涯，在外头东躲西藏，历经磨难，又度过了四年多，多难熬的岁月啊，我们是怎么活过来的，简直想都不敢想。这次回鞍山，我一定要挺起腰杆把我一肚子话说出来，如果落实政策是真的，他们没理由不给我平反昭雪。假如是假的，我中了圈套，也没有什么后悔的，在外头流亡这种生活，反不如进监狱踏实。王全桂是怎么想的我不知道，我们俩在车上一句话也没说，各想各的心事。

火车于晚上十一点多钟到达鞍山，投宿成了问题，我们在火车站广场徘徊了好半天，想不出一个合适的落脚地，因为我们不能住旅馆，一没有介绍信，二没有证件，旅馆也不会接纳我们，最好找个熟人，找谁呢？思来想去，后来想到还是到老团长张树岭家里。去试试吧，毕竟我们是同事，我被打成现行反革命，他被打成封建堡垒头子，这也算同病相怜吧。

就这样我们厚着脸皮到了张树岭家，给我们开门的正是我那个小兄弟张全友，张全友一看是我和全桂，惊叫了一声："田芳哥，嫂子，是你们？"我点了点头说："全友啊，我们是回来落实政策的，因为这趟车到站的时间太晚了，没法找住处，想在你这儿将就一晚，你同意吗？"全友说："这有什么不可以的？快进来，进来。"他很热情地把我们让到屋里，我问全友："有没有落实政策这件事？"全友说："现在报纸上没有别的，全是落实政策、拨乱反正，但是好像咱们鞍山反应不大，听说也有落实的，也有没落实的，情况我不太清楚。"我听罢之后心里多少有点失望，当晚无话。

到了第二天，我跟全桂商量，咱们还得找个长期住的地方，落实政策不是三天两天就能解决的事，要有打持久战的准备。于是我们又找到了市场的陈二哥，陈二哥也是个热心人，过去跟我们处得不错，虽然他家也不富裕，但为人仗义慷慨，我们见面之后，三言两语便把这个事定下来，有了住处我们的心踏实多了，谈到落实政策的事，陈二哥眨巴眨巴眼睛对我说："田芳，你要多个心眼，鞍山这个地方坏蛋太多，即便落实也不是简单的事。"我说："反正我这次回来了，不是鱼死就是网破，我也豁出去了。"陈二哥很支持我，他说："你们住到我家，吃好的没有，填饱肚子还是不成问题的。"全桂和二嫂住在里屋，我和二哥住在外屋，因为他孩子多，我就住在大躺柜上，好在4月份的天气已经渐渐回暖。

我躺到柜上说什么也睡不着，说是落实政策，但也不那么简单，从哪里入手呢？看来解铃还须系铃人，当初我是曲艺团的人，我还得找曲艺团，团没了人还在，起码我也要找到打我的那位亲师弟，后来实在困极了，我就迷迷糊糊地睡着了。

落实政策

当着那么多人的面我放声大哭，十年的政治压力一扫而光，我又变成了自由人，恢复了自由身，我可以直起腰板堂堂正正地做人了，又可以重返舞台说书了。

十一届三中全会作出了重大决定，拨乱反正，落实政策，平反冤假错案，这是一项极其英明的、伟大的、明智的举措。然而，在地方上贯彻执行方面却是阻力重重。我真是个倒霉蛋，什么不顺当的事都能临到我头上，本来抱着很高的期望回到了鞍山，却没想到接下来却是屡撞南墙，坎坷而不平，我原以为中央最高决定是一声令下如山倒，哪个大胆敢不听，结果在地方上却真有阳奉阴违，他们找出各种借口，不认真执行。

拿我来说吧，在我回到鞍山的第三天，我找到了鞍山曲艺团，结果老团早已不复存在了，后经多方打听，才知道，曲艺团余下的人划归到鞍山市歌舞团一个曲艺队了。于是我振作精神鼓足勇气，找到了市歌舞团。歌舞团就在烈士山下，原地没动，我跟门卫一打听，知道办公室在二楼。我上了二楼，楼道里空荡荡的，一个人也没有，突然从一个房间中传出讲话的声音，我寻声走过去一看，办公室的门半开着，里边坐着不少人，有一个人站在前面讲话，讲什么我没听清楚，但讲话这个人我太熟悉不过了，正是打我的那位师弟，造反派的那位连长。我轻轻地敲了敲门，从里边走出一位，我一眼就认出来了，原来是小将队的刘玉斌，当初我俩关系也不错，刘玉斌没认出我来，他问我："你找谁？"我一笑："玉斌啊，你不认识我了？我是单田芳。"刘玉斌恍然大悟，这才认出我来："哎呀，原来是田芳啊。"从这句话可见我跟当年已经大不相同了，人又土又老，不仅没牙，而且嗓音嘶哑，难怪刘玉斌没认出我来。刘玉斌一听是我，兴奋地对屋里开会的人说："田芳回来了。"

屋里的会议停止了，人们拥到楼道上，把我围住，打我的那位师弟也出来了，在这些人当中，有一半我认识，有一半很陌生。那位师弟说："啊，原来是田芳啊，你啥时候回来的？"我说："就这两天。"他说："你是不是落实政策啊？"我说："是。"他说："落实政策的事，你应该去找文化局落实政策办公室，我们这儿没这个权力。”接着众人七嘴八舌地问我：“住在哪了？全桂在哪儿？听说你从农村跑了？有这么回事吗？……”向我提出很多问题，我一概没有回答，只是说了句：“唉！一言难尽啊，等有了时间再唠吧！”接着我又说：“别影响你们开会，我这就去文化局。”说着，我离开歌舞团，直奔文化局。

原来的文化局搬家了，我费了好半天劲，才找到新局址，他们在三楼办公，我推开文化局的门一看，楼道里也是空空的，每个门外边都有标牌，我推开一间房门，屋里坐着几个人，我一个也不认识，他们也不认识我，我问道：“这是不是文化局？”有一人回答：“是啊，你找哪个部门？”我说：“落实政策办公室在哪屋？”他往大门口一指说：“就是门旁边那间。”我这才发现，一进文化局的大门旁，有一间很不显眼的房子，没有木牌标志，只是门的窗户上贴着一张纸条，写着文化局落实政策办公室几个字，要不注意很难发现，就好像一个人捉迷藏一样躲到难以发现的地方。我一看，心里就凉了一大截，这与报纸上登的轰轰烈烈那种平反的气势大相径庭。

我又轻轻地敲敲门，听见有人说：“请进。”我这才推开门，进了屋，这间房子不大，放了三个办公桌，挨着门有一张比较大的办公桌，一看就知道是负责人坐的地方，那位负责人长得又高又胖，一张大圆脸，有点儿络腮胡子，我一看也是位老熟人，他就是原话剧团的团长王××，我一看遇上熟人了挺高兴，赶忙说：“这不是王团长嘛。”

他把笔放下看了我一眼，面沉似水，毫无表情，连半点热乎气儿都没有，头一句他就问我：“你来干什么？”我听了这句话非常刺耳，我说：“我来落实政策。”他用鼻子哼了一声：“你来落实政策？你有什么可落实的？”

我一听这话，实在是接受不了了，顿时是火冒三丈，我心里早已做好了跟他们博弈的准备，于是反击道：“老王，我怎么就不能落实政策？你给我说清楚了，哪个文件规定的，谁都可以落实政策，唯独没有单田芳的份儿，你拿出来我看看。”

他一听我这话不对劲，毫不示弱地说：“落实政策不是三句话两句话就能说明白的，也不是你想象的那么简单，得分什么人、什么事才有落实政策的可能。”我又问他：“难道我就没这可能吗？”他说：“我不知道。”我说：“你不知道你坐到这儿管什么？你不是落实政策办公室的负责人吗？难道我找你找错了吗？”他往椅子上一靠说：“我没工夫答理你。”

我听罢火更大了，我说：“你要不是这儿的负责人，我还不爱答理你呢，你觉得你了不起，我还真就没把你当盘菜。”老王听到这话，把钢笔一摔，转身走了，我们俩唇枪舌剑没有十句话，我心里又气又痛快，气的是遇上了这么个对头冤家，痛快的是十年了，我从来没敢这样跟领导说过话，总是低声下气，跟奴隶没啥两样，这回有党中央给做主我还怕谁？所以刚才放了几个响炮，我心里痛快极了。

这时办公室有个姓张的小伙儿还是不错的，他跟我说：“老单，你消消气，因为最近落实政策的人比较多，老王的压力也很大，有点儿脾气暴躁，请你谅解。”说着他递给我一张表格说：“你把这个填好了，凡是要求落实政策的人都得填这个，再留下通信地点以便联系。”三笔两笔我就把表填完了。

小张从外边把王团长又找回来了，王团长余怒未消，气哼哼地对我说：“你把表填好了就放到这儿，回去听信儿吧。”我问他：“得多长时间？”他说：“这可不一定，能不能落实政策这得由上边做决定，你从哪儿来还回哪儿去吧。”我说：“我哪儿也不去，就在鞍山扎营了。”他冷笑一声说：“那是你的事，我就管不着了，你把材料写好交给我就行了。”

我气哼哼离开文化局，回到老陈家见到了全桂，全桂赶忙问我：“怎么样，都看见谁了？”我说：“出师不利，弄了一肚子气。”接着把经过讲了一遍，我冷静了一会儿又说：“跟咱预料的差不多，看样子一时半时解决不了问题，就得有打持久战的准备。”王全桂又问我：“打你那个师弟你见到没有，我看关键的人物就是他。”我说：“见到了，假情假意的，也没说几句话。”王全桂说：“你也别发火，打口水仗解决不了问题，看来啊，还得讲究点儿策略，这个事你就甭管了，你写材料，我去处理别的事。”

于是我买来纸笔，在老陈家痛定思痛，写了一份详细的申诉材料。过去我写过数次申诉材料，但有些话不敢说，现在不同了，该说的话我应该写在纸上。我利用三天时间终于把这份材料写好了，又跑到文化局交给了王团长。我俩这次见面只是点点头没说话，我把材料放到桌上转身就走了。这三天当中，王全桂可没闲着，整天早出晚归，有一天她告诉我，她到打我那个师弟家里去了，也见到了打我的那位师弟，全桂说：“他的态度还挺好，他说一切按党的政策办事，一就是一，二就是二，让我不必着急，该他办的事他一定办。”还留全桂吃了晚饭。

为了促成此事早点解决，王全桂开始走动人情，也不知她从谁嘴里打听到的，打我的那位师弟的大哥就住在陈家附近，王全桂买了不少礼物，带着我亲自去拜会他们，师弟的大哥两口子都不错，很热情地接待了我们，王全桂一把鼻涕一把泪诉说了我家的遭遇，恳请这位大哥让他兄弟帮着早点解决，他大哥满口应承说："你们放心吧，明天我就把他找到家里来，好好跟他说一说。"我们表示了谢意后，就离开了他家，这位李大哥倒是个讲信用的人，后来听说他真把那位师弟找到家了，怎么说的我不知道，那位师弟也比较言而有信，可能也看到国家的政策是不可改变的了，不落实政策也不行了，他自己干了哪些事他最清楚，能减少几个对立面对他也没什么坏处，他果真也去文化局跑了几趟。

但是道路依然是非常坎坷的，一晃我和全桂回到鞍山十来天了，有关落实政策的事毫无消息，我们简直是度日如年。当初根本不敢奢望落实政策，希望渺茫，虽然着急，也无可奈何，现在看到了曙光，难免火上加火。干什么都得讲策略，我也没有闲着，我抓紧机会把那些挨过整的人和需要落实政策的人找到了一起，包括马凌云、冯世福等，大家开会商量怎么办。这些人都抱怨说没有一个落实政策的，什么结果也没得到，因此大家跟我一样，也是万分着急，最后我们十多个人找到了市委宣传部，要求见部长，宣传部的同志问明来意之后，派了个处长接待了我们，我们纷纷提出申诉的理由，那处长安慰我们说："落实政策是个大事，不是每一个人都能落实的，也要分清真伪，因此你们都回去耐心地等待。"我们说："等不及了。"那处长再也不理我们转身走了。

这简直是逼上梁山哪，怎么办？大家商定还得用大字报的形式申诉我们的苦衷，已经消失了很长时间的大字报，终于又出现了，从市委宣传部，贴到文化局，几经反复，宣传部终于表示向市里打报告，尽快给我们解决，转眼一个多月过去了，依然是音空信渺。

我们没有办法，再次找到市委，要求见见市里的负责人，后来市里答应，你们先回去，这件事一定抓紧处理，我们只好又回来了。

我和全桂从回鞍山到现在已经过去了两个多月，手边带的那点钱早已花了个精光，我没有办法了，只好找到文化局，见到了当时的文化局高局长。高局长对我的处境深表同情，知道我遇上了困难，他说："这样吧，念你是文艺界的老人儿了，暂时借给你一千五百块钱，但说明白了，如果落实了政策，这笔钱你还是要还回来的，如果落实不了政策这钱就等于救济你了。"1978 年的一千五百块钱可是钱哪，当时最大的面值是十元钱，一千五百元就是一百

全家福

与儿子一家

和我的七个妹妹

左起：林芝、丽颖、丽杰、丽茹、林荣、林华、林玉

和孙女、外孙在一起

在生日宴会上儿媳为大家斟酒

与北京市委常委、宣传部部长蔡赴朝及相声表演艺术家李金斗合影

与相声表演艺术家姜昆谈话

与京剧名家李胜素、于魁智合影

姜昆与戴志诚在演出现场

与文艺界的朋友们在一起

与表演艺术家田华在一起

与著名演员陈宝国合影

与台湾著名艺人凌峰在一起

行万里路

熱河

黃河

与书迷们在一起

与评剧表演艺术家筱俊亭合影

与同行们在一起

三十三年后重回杜达莲泡

与台安县的领导和乡亲们在一起

说万卷书

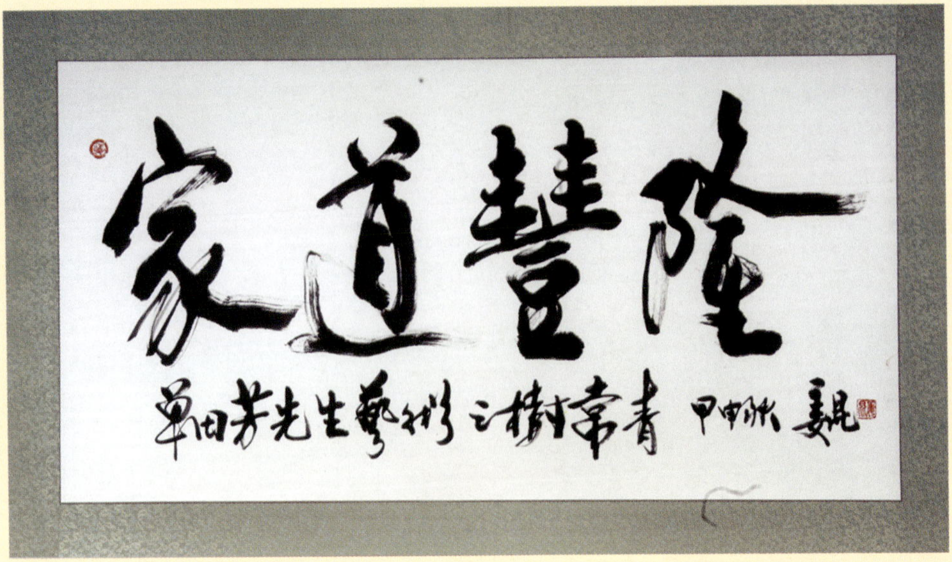

马季、姜昆、王铁成墨宝

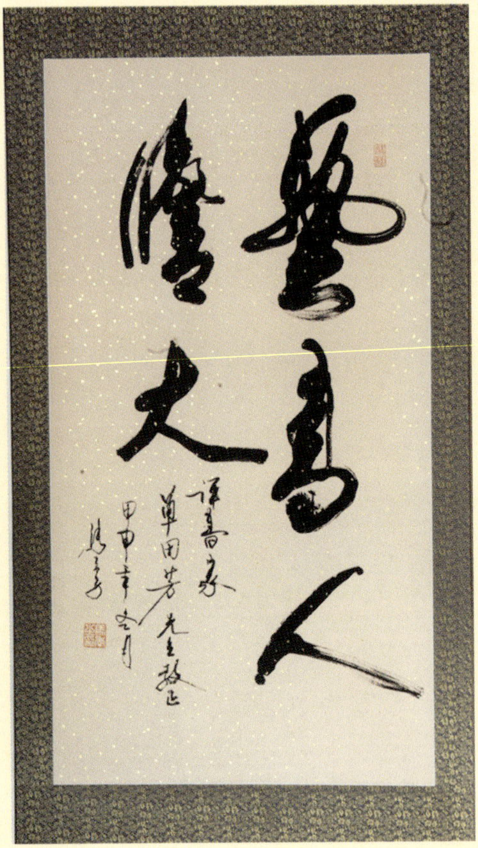

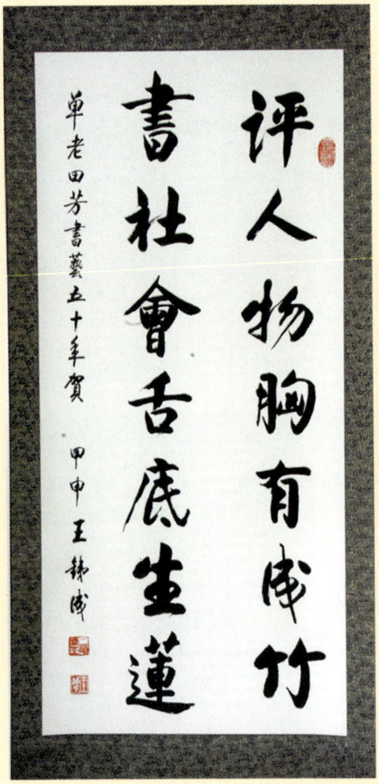

与肖建陆在山东

与恒源祥（集团）董事长
刘瑞旗在一起

儿子与儿媳在从艺55周年庆典上

在从艺55周年庆典上讲话

在从艺55周年庆典上与嘉宾合影

五十张，我怀着感激的心情把钱揣到兜里，回到住处，见着王全桂我就说：“你猜我给你带回什么好东西了？”王全桂焦急地说：“快说吧，神神秘秘的干什么？”我把钱掏出来往桌上一放，她顿时惊呆了，说：“你哪来的这些钱？”我说：“这是文化局的高局长借给我的，他知道咱家困难，这笔钱作为救济金帮咱们渡过难关的，不过将来有钱了还得还给人家。”王全桂自然高兴得不得了，这可是一笔救命钱哪！

我们用这笔钱先租了一间半房子，暂时住了进去，因为落实政策还没有结果，还得打持久战，这笔钱还得省吃俭用。晚上我睡不着，仔细分析了这件事，假如文化局对我落实政策一点信心都没有，是不会借给我这笔钱的，高局长如此大方说明我落实政策是大有希望的，于是我又看到了一缕曙光。

我们找到了原来文化局斗批改领导小组的负责人，向他讨个说法，他的回答是：“当时军宣队说了算，决定权在军队手里，我们只不过是个帮手，你们要落实政策找军宣队去吧。”这简直是荒唐至极，那时军宣队早就被解散了，他们是从什么部队抽来的我们也不知道，回到哪儿去了我们更不知道，这么大的中国，到哪里去找，这不分明是给我们出难题吗？也是变相地不想给我们落实政策吗？我们一气之下找到了市委落实政策办公室，向他们提交了申诉材料，市落实办的人倒是很负责任，他们知道鞍山文化系统是文化大革命的重灾区，所以他们高度重视，后来派出了一个调查组，专门处理文化系统的冤假错案。这个小组一共有五个人，由一个姓钱的队长率领，他们办事很认真，找了我们每一个人进行个别谈话，对我们的申诉材料做了认真的核实，什么面对面的、背靠背的，逐条落实。其中我要感谢一个人，她就是原曲艺团的家属，曾经担任过斗批改领导小组档案组的副组长，这里我就管她称作小师妹吧。她向市委落实办调查组反映了真实情况，她说的话很有分量，因为她是管专案的，对每个受迫害的都了如指掌，她提供了大量信息和真实情况，使落实政策加快了速度。

转眼冬天要到了，我们从三月末回到鞍山，现在已经过了十月一，落实办的人找我谈了一次话，对我说：“老单，你们的问题基本弄清了，就等着我们上报市委下文件了，你可以放心了。”我一听差点跳起来，一块悬着的石头总算要落地了，可能因为着急上火的缘故，本来我就嘶哑的嗓子出了问题，几乎说不出话来，吃了很多治嗓子的药也不见功效，右耳朵也聋得不行。

正在这时，长春方面传来消息，我女儿要临产了，让我们赶紧回去，这边还没有确定消息，我正好利用这段时间回长春去看看。回到长春后，我把回鞍山的情况对子女说了一遍，他们是非常高兴的，不久我的外孙降生了，取名叫刘洋。就在外孙降生第十天的时候，全桂从鞍山给我发来电报，叫我赶紧回鞍山参加平反大会，我双手颤抖，酸甜苦辣一齐涌上心头，连夜我就返回了鞍山。

1978 年 11 月 16 号，我参加了平反昭雪大会，面对诸多的老熟人、老同事和各级领导，我接过平反书，上面的大意是说单田芳属于假案，恢复公职、恢复名誉、回归曲艺团工作，补发十年工资，落款是鞍山市委落实政策办公室。我真是喜极而泣，当着那么多人的面我放声大哭，十年的政治压力一扫而光，我又变成了自由人，恢复了自由身，我可以直起腰板堂堂正正地做人了，又可以重返舞台说书了，我又回到了我生活了几十年的老地方，若不是党的三中全会作出英明决定，我单田芳和许多许多的人哪有今日！

两世为人

于是我上来犟劲儿，尽管有人破坏，阻力重重，我一定要上电台，人为一口气嘛，我就不相信我达不到上电台录书的标准。

当时革命委员会取消了，一切又恢复了正常，文化系统的各个剧团也纷纷恢复了。曲艺团也正式恢复了，政府派了一位苏书记，主管曲艺团的一切大事，苏书记是老党员老干部，办事极认真，也很重视人才，他把我找到办公室对我说："田芳啊，你是曲艺团的老人，这回回来了，应该为曲艺团多多出力啊。"他还说："过去书曲队搞得很棒，现在这些人都在什么地方也不知道，过去有七八个茶社，现在一处也没有了，支部把这件任务就交给你了，任命你为书曲队的队长，专门负责恢复茶社召集演员。"

我听罢高兴极了，痛快地接受了任务，这真是人得喜事精神爽，我要用实际行动迎接我的新生。在此期间我还办了几件大事，一是在鞍山要安个家，租房子不是长久之计，我托人花了八百五十元在贫民区买了一所小院子，两间正房，两间下屋，独门独院，虽然环境差一些，但也闹中取静，我已心满意足了，就好像从地狱迈进了天堂。屋里的家具都是我儿子领着两个小徒弟打造的，也是从长春运过来的。

二是我忙里抽闲，回杜大去办理户口和粮食关系。这次重返杜大对我的感触特别深，回想起在杜大那四年的岁月，酸甜苦辣一起涌上心头。1974 年 4 月 25 日，我冒雨离开这个地方，冒着随时都可能被抓回来的危险，在外边流亡了四年多，我曾在桥头上发下誓言，要回来有两种可能，要么是被人家抓回来，像周士一样，批斗或判刑，要么就是把我的问题解决了，光明正大地回来，结果真的应了我第二条的预测。

当我再踏上这片土地的时候，感到既熟悉又陌生，村里那些朋友，包括整过我的那些人，一看见我都傻了眼，有人惊喜地喊道："老单回来了，老单回来了。"第一个迎接我的，是我在农村的好朋友叫刘凤江，他把我让到屋去，嘘寒问暖。时间不大，屋里窗外包括院里挤满了人，他们就像看新奇动物一样盯着我,当我说到我这次回来是办户口和粮食关系的,我已经被彻底平反昭雪了,不知是谁还带头鼓起掌来。

后来我听说,整我的那个安大舌头听说我回来了,怕我报复,早已躲得无影无踪,还有整过我的那几个干部,躲躲藏藏不敢露面,就是那黑老包脸皮厚些,还特地到刘凤江家里看了我。

在村民的带领下我又到孟家房岗看了看我曾经住过的两间房子,那位替我们通风报信的孙正平就住在这里。我进屋看了看,当初我和慧莉糊的窗户纸和报纸还在,我们使用过的东西,有一部分也还在,看着那熟悉的环境,我不禁热泪盈眶,如果说当年我憎恨这个地方,这会儿反倒有些恋恋不舍了,我又看了看前后园子,以及我熟悉的街道。当初我沿着这几条街道挨家齐尿,对人低声下气连腰都不敢直起来,现在我变成了这里的客人,可以堂而皇之地大说大笑了,真是先后两重天啊。大队干部一看,人太多了。还特为我在大队会议室里召开了个欢迎大会。我含着泪讲了话,大家掌声不断。老实说,我对农民朋友怀有特殊感情,因为他们太朴实太可爱了。

书说简短,几天后,该办的事都办完了,我与乡亲们握手告别,我在农村的那些朋友,一直把我送出杜大好远好远,再三对我说:"老单啊,祝贺你又重返故乡啊,可别把我们忘了啊,有时间就到乡下来走走,现在农村大变革,跟你在的时候大不相同了。"我也怀着恋恋不舍的心情回到了鞍山。

第三件事就是解决我一双儿女的工作问题,因为他们受我的牵连失学的失学,没有工作的没有工作,现在我落实政策了,按着国家政策,他们也跟我一块回了城,安排在鞍山市曲艺团做临时工作。

有人说,人要倒霉了喝口凉水都塞牙,人要走了运,连城墙都挡不住,这话说得一点儿都不假。落实政策后,一顺百顺,两世为人,要风得风,要雨得雨。我每天骑着自行车去办理茶社的事情,原来茶社的房子都被街道和公社占了,现在我得要回来,经过三番五次的交涉,终于把房子要回来了。在铁西先后开了两个茶社,一个是繁荣茶社,一个是百花茶社。文化局给拨了一部分资金,购买了茶壶茶碗和桌椅板凳,经过装修,两座茶社比原先的茶社强多了,同时我又招回十几名老演员,成立了书曲队。遗憾的是有的老演员已经故去了,有的已经失去了说书的能力,好在他们都有后代,新成立的书曲队也有二十多人。因为我着急上火嗓子坏了,耳朵聋了,牙也没有了,需要抓紧治疗。后来动了三次手术,我的嗓子变成了现在这样,缺牙的地方也套上了新牙套，经过多次针灸，耳聋也治好了，要不怎么说一顺百顺呢。人在倒霉的时候，怎么也治不好，现在心里这一舒畅，什么都迎刃而解了，这不是运气是什么？不相信这个不行。

1979年5月1日，是我终生难忘的日子，因为这一天，我又重返舞台开讲评书了，十几年没登舞台了，头天晚上我显得有些紧张，激动得睡不着觉。5月1日这天，竟下起了大雨，我心里很别扭，心说这么大的雨，谁还能来听书？真是开门不顺。吃完晚饭之后，有几个朋友打着雨伞穿着雨衣陪我来到迎春茶社，使我万万没有想到的是，茶社门前挤着四五十人，我还以为发生什么意外了呢，到跟前一打听，原来是屋里头没有座位了，很多人进不去，都挤在门口。当我跨进茶社大门的时候，不知道哪位书迷喊了一声："单田芳来了。"二百多位书迷把目光都集中在我身上，当时我那种激动的心情难以形容，我登上三尺书台之后，往台下扫了一眼，台下竟爆发出热烈的掌声，我声音颤抖嗓子哽咽，含着眼泪向众人频频致谢，由于我太激动了，眼泪不由自主地往下淌，身上的热血在沸腾，我在想难道这是真的吗？是做梦咋的？可眼前的一切都是事实，我要用我刚治愈的嗓子报答观众的热情，从这天起，我说起了《隋唐演义》。

十年浩劫结束了，人们渴望娱乐，但当时娱乐场所又不多，茶社成了他们唯一开心的地方，所以业务相当之好，由于听众太多，连台上都坐满了人，茶社不得不限制每人只能买两张票，多了不卖。离我们不远的百花书社也开业了，买卖也是相当之好，曲艺团的苏书记乐得合不拢嘴。因为供不应求，接下来我又与铁东文化馆、太平村文化馆和长甸文化馆的负责人进行协商并达成协议，开辟了三家临时书场，那些没有平台的演员也有了平台，业务好自然收入多，新成立的曲艺团小日子蒸蒸日上。

1979年8月的一天，苏书记找到我，他说："老单哪，你为曲艺团立下了大功，真是可喜可贺，还有一件事跟你商量，你师妹上电台快一年了，《岳飞传》一炮走红，给我们曲艺团带来很大的荣誉，我想把你也介绍到电台去，你看咋样？"老实说，我向往上电台不是一天两天的事了，远在当初田荣师兄上电台说新书的时候我就有那种欲望，但是可遇而不可求，今天终于如愿以偿了，我高兴得要命。苏书记特指派一个人与电台联系。

回家后立马告诉全桂，全桂也为我高兴，您想啊，茶社才有多大的影响，跟电台的影响有天壤之别，事实证明有很多明星大腕都是通过电台才有了知名度的。可是一连数日没有消息，我心里一直惦记上电台的事，可又抹不开嘴问，这个消息很多朋友也知道了，他们问我："听说你要上电台啊？啥时候上啊？"我晃晃头说："听信呗，上不上能怎么的，上也是说书，不上也是说书。"别看我嘴里这么说，可心里却不这么想，我恨不能一下飞进演播室。然而自从苏书记跟我谈话之后，上电台的事就石沉大海，杳无音信了。我心里清清楚楚，苏书记所说是真的，他希望曲艺团多出几个名人，对曲艺团各方面都是有好处的，那么为什么就没有消息了呢？

晚上睡不着，我思考这个问题，我心想干等不是办法，我应该主动出击，亲自去电台查问一下，这也不是偷也不是抢，有什么见不得人的。到了第二天，我骑上自行车直接奔了电台，这还是我第一次走进鞍山电台的大门，传达室的人告诉我文艺部在二楼，我径直找到文艺部，也见到了文艺部的主任李喜元同志。我说："我是鞍山市曲艺团说评书的，叫单田芳，我这次来找您是想问一问，支部推荐我来电台录音的事。"李喜元非常热情，他说："对对对，有这么回事，因为最近电台会太多，也太忙了，所以还没讨论这件事，你先回去听信儿吧，多咱研究决定了，我们再通知你。"就这么几句话把我给打发了，我只好照旧在茶社说书，耐心地等待电台的通知。

一天两天十天半月过去了，还是没有消息，我又厚着脸皮第二次来到电台，他们问我找谁？我说找文艺部的主任李喜元，他们说喜元同志去南京开会了，得一周以后才能回来。我没有办法，依旧耐心听信，等李喜元回来。一周过去之后，我再次来到电台，见到了李主任，还没等我问他呢，他就对我说："哎呀，我刚从南京回来，还没来得及向领导汇报呢，上电台录书的事，必须台长批准，我做不了主，你回家再等等吧，有了消息我通知你。"

又把我打发回来了，一等又是二十多天，还是没有任何消息。

我心里明白了，李主任所说的那都是托词，他们是不想给我录书，但是又没有适当的理由，就想用"拖"字把我拖垮，失去信心，这不怪李主任，因为以往我们两个人没打过交道，他不了解我我也不了解他，他没必要这样做，那肯定是第三人的原因。肯定有人在暗中给我使绊子，谁给我使绊子，我心里也猜个八九不离十，只是没有证据而已。

于是我上来犟劲儿，尽管有人破坏，阻力重重，我一定要上电台，人为一口气嘛，我就不相信我达不到上电台录书的标准。此后，我又找到电台，我跟李喜元到现在已经见过五六次面了，我俩一见面不用张嘴就知道为了什么事，李喜元对我说："电台是国家的喉舌，是党的宣传机构，不是什么人随便都能录节目的，我已经向台长汇报了，台长说要叫你试录试录看看能不能达标。"我说："可以啊，啥时候试录？"他想了想说："那就下周一吧。"

对试录这件事我信心满满，不管怎么说，离正式进入电台又近了一步，我回家做好了试录的准备，到了周一我早早地来到电台文艺部，结果李主任又说他们周一开会，又推到周三，我周三去了，他说有事，又推到周末，就这么推来推去，又过去半个多月，我简直气得不行。这天，我又来到电台文艺部，李主任见我来了，实在没有托词了，就说："你在旁边等一会儿吧，我下去看看录音室闲着没有。"我在外面凳子上等着，一个小时过去了，终于把李主任盼回来了，他说："实在对不起，方才录音室有人使用，现在总算使用完了，你跟我到录音室吧。"

我这是第一次走进鞍山电台录音室的大门，我问李主任："试录什么呢？"他反问我道："你想要录什么书？"我说："《隋唐演义》。"他说："那你就录几段《隋唐演义》吧。"录音员为我调了音，我坐在录音桌后，第一次面对麦克讲起了评书，《隋唐演义》是我们家的底活儿，我说了不只数次，比数一二三四五还要熟悉，再经过我连日来的努力，几乎是精品，因此我一口气录了三段书。录完后，李主任对我说："不错，不错，明天我就送交台长去审批，你回去听信儿吧。"我现在就怕回去听信这句话，因为每次听信都要消磨十天半个月。

哪承想，这次的时间更长，一晃过去了二十多天，我也没听着任何回信，这下我真急了，满脑门子官司又找到电台，还不到八点钟我就到了电台文艺部外屋，那时文艺部的同志们还没上班，李主任也没到，房门还锁着，我就坐到外屋等，真凑巧，我刚坐下，从外面进来个上了年纪的女士，个不高，戴副黑边眼镜，很精神，一看就是个领导，她看了看我，我看了看她，她问我："你找谁啊？"我说："我找李主任。"她又问我："你是哪个单位的？"我说："我是鞍山市曲艺团说评书的，我叫单田芳。"她听后笑了："啊，你就是单田芳啊，好熟悉的名字，你是找喜元来录书吗？"我说："不是，李主任告诉我，我试录的评书需要台长批准，我是来听信儿的，还不知道录得成录不成。"那女领导哈哈笑道："我就是鞍山电台的台长，叫于英，你试录的评书我听了，录得很好，我早就告诉李主任给你录评书了，怎么还没录呢？"我听罢惊喜异常，看来这一关算通过了，但是我脑袋里又升起了个问号，为啥老李迟迟不告诉我呢？

肯定其中另有文章。

正在这时，李喜元上班来了，看见我和于台长在谈话，显得有些尴尬，也没人问他，他就主动说："哎，老单，你来得正好，我正要通知你呢，我们于台长已经决定给你录评书了。"我说："于台长刚才跟我说了。"于台长是个女强人，满口山东话，说出话来铿锵有力，而且直截了当，电台的人上上下下没有一个不佩服她的，也没有一个不怕她的，于台长转脸对李喜元说："我不是早就告诉你可以录了吗，你怎么还没录？要抓点紧哪。"李喜元忙说："是是是。"于台长说罢转身走了。

李喜元把办公室的门打开让我进去，很不自然地对我说："老单，实在对不起，这些天我家里有点儿事，没来得及通知你，请你原谅。"既然这么大的事都决定了，我没必要再埋怨他，我说："没关系，没关系。"李喜元又说："那还定在下周一吧，咱们八点钟开始录制，你回去准备准备。"我说："行。"就这样，我俩握手告别。我登上了自行车往家里走，那心里既高兴，又烦恼，高兴的是终于可以走进电台了，要不是我耐心坚持，没有松劲，肯定没有今日的结果，烦恼的是李喜元跟我往日无冤近日无仇，他为什么这样拖我呢？

回家后我对全桂说："这回总算出头了。"她问我什么意思？我说："下周一就可以正式录书了。"接着我介绍了方才的经过，全桂说："肯定是某某人暗中使的坏。"我说："别瞎猜，没有证据别冤枉人，为了庆祝上电台录书，咱们祝贺一下吧。"当天晚上我们改善了一下生活，又包饺子又炖肉，一点也不亚于春节。我利用周日这天，把《隋唐演义》的前半部，仔细地梳理了一遍，我暗下决心，一定要把书录好，而且要一炮走红，不达到这个目的绝不罢休，别人越要坏我越要往前冲，一定把被动变成主动。

到了第二天，我换了一套新衣裳，骑上自行车，信心满满地走进了文艺部办公室，李喜元热情地接待了我。他说："来了。"我点点头，他又问我："《隋唐演义》的书带来没有？"我问他："用书干什么？书都在我肚子里呢。"他笑笑说："那可不行，因为你在里边录书，我们外边有监听人员，监听人员要看书，严格把关，以防有误，书是根本。"无论如何我也没有想到还有这么一手，我耐着性子对李喜元说："主任哪，我没有书，原来有藏本，文化大革命都被当四旧收走了，现在书店也没有卖的，你叫我到哪里去找书？再说了，我们说书人都是口传心授，书已经装到我脑子里了，肯定不会失误。"他摇摇头说："这可不好办，你没有书，咋录啊？再说监播人员也不懂得什么是《隋唐演义》，你说的对与错他一概不知，这不是麻烦事吗？”我不忿地说：“主任，要照你这么说，这书就没法录了？谁知道何年何月新华书店才能卖《隋唐演义》，要等到书出来再录，还不得到猴年马月啊，你这不是给我出难题吗？”李主任想了想说：“这可不是出难题，这是例行公事，我看这样吧，既然一时半时找不着书，你就回家写个详细提纲拿来，越细越好，跟书差不多，让监播员看着稿子，不就解决问题了吗？”我当时火撞顶梁，知道这是老李又给我出了道难题，可是多年的磨炼没有吓倒我，我斩钉截铁地说：“行，我回家给你写去，写多少你就录多少。”老李说：“不急不急，多咱写完你再给我送来。”我二话不说离开电台，心里气得一个劲地突突，这简直是防不胜防，一道难关又一道难关，这招可够阴的。

回家之后，我马上叫王全桂到联营公司给我买了几本好稿纸，王全桂问我干什么？我说：“写《隋唐演义》的提纲。”她说：“这是电台规定的啊？”我说：“是啊，办事不由东，累死也无功啊，现在我们是有求于人，人家咋说咱就咋听着，反正你放心，电台我是上定了，再困难也压不倒我。”我又告诉王全桂这两天我不接待任何客人，我要集中精力写提纲，就这样我赌气地甩掉了外衣，拿起了纸笔，刷刷点点地写了起来，仅两天的工夫我就写了十五回（每回说三十分钟），足足写了三本稿纸。

到了周四我又来到电台，李喜元他们文艺部正在开会，李喜元一看我又来了，就问我：“你有事吗？”我冷笑一声说：“当然有事，你不是叫我写细提纲吗？我已经写完了，请你过目。”说着我把三本稿纸递了过去，他把稿纸托在手中，翻了几页，深感意外，惊呼道：“就这两天，你写了这么多，哎呀哎呀，了不起了不起。”我说：“主任既然吩咐了，我哪有不服从的道理，你现在就看看行不行？”他随便翻了几页，假装认真看，心里不定想什么呢？我在旁边看着他，心里暗自冷笑，看你这回还有什么说辞？大约十分钟之后，李喜元说：“行行行，挺好挺好，有了这个我们心里就有了底了。”我问他：“什么时候开始录？”他说：“下周一吧。”我说：“李主任，咱可把话说定了，推来推去，已经好几个月过去了，周一没有啥变化吧？要有的话你早点说，省得遛我的腿。”他忙说：“不会，不会，咱们周一见吧。”离开电台后，我边回家边想，他们还能找出什么理由拒绝我呢？但通过多次的教训我也不敢掉以轻心，在没有正式录制之前，任何情况都可能发生，我暗中告诫自己，不要放松警惕，等到周一再说。

周一终于到了，我怀着忐忑不安的心情来到电台，就像出征的战士一样，做了充分的准备。李主任一看我来了，先叫我等一会儿，听他的语气似乎没有变化，我多少放下点儿心，一会儿李主任把我带进演播室，简单地告诉了我，录音的方式方法，比如红灯亮开始录，红灯灭开始停，不要咳嗽，不要说话等等。

我第一次坐进演播室，面对着麦克和空旷无人的房间，既紧张又有点兴奋，隔着巨大的隔音玻璃，我一看录音员已经放好了磁带，监播员也已到位，但是并没拿着我写的稿子，老李也在，还有两个电台的人，可能是看新鲜吧，也站在外屋听着，我自己告诫我自己，稳住心神，不要紧张，一定要把书说好，时间不大，红灯亮了，我知道这是开始的信号，于是我对着麦克说："话说隋朝末年，杨广无道天下大乱……"，刚说了没几句，李喜元从外边进来了，对我说："老单，你的声音起的太高了，应当压着一点儿。"我急忙点点头："好好好。"第二次开录，我把声音果然压低了些，没说几句，李主任又从外面进来了，对我说："你离的麦克太近了，把出气的声都录上了，还得从头来。"于是我又录了第三遍，没想到红灯又灭了，李喜元又从外面走进来说："哎呀老单哪，录得倒是可以，可是你的嗓子太嘶哑了，录出来不好听。"这可给我出了道大难题，我无可奈何地解释说："主任，我的嗓子就是这样，别的都能改的了，嗓子嘶哑是改不了的，你看怎么办？当初试录的时候我的嗓子也是这样，你也没说什么哪？今天又说我嗓子嘶哑了，叫我怎么办？"他背着手皱着眉想了好一会儿，这才对我说："哑点就哑点吧，你可以接着往下录了。"

我心里的气就不打一处来，这叫没事找事，故意找碴，真是太难了，因为这是在战场，我不能有其他的杂念，只好尽量控制着自己的情绪，平心静气地又从头开始录制，接下来，没有叫我停止录制的信号，于是我放下心来，一口气录了二十九分多钟，终于第一段结束了，我走出录音室问李喜元："主任，我录的怎么样？"他说："刚开始，听着有点别扭，因为别人都是亮音，你的声音嘶哑，我怕听众接受不了，不过后来听着听着，也就不注意这些了，总体来说还是不错的，你接着往下录吧。"

我在休息室吸了口烟，喝了口水，又忙不迭地进了录音室，接着录了第二段、第三段和第四段，我心里头有杆秤，觉得录的不错，达到了我个人要求的标准，但是书是给别人听的，我得了解了解别人的感受，回到办公室后，录音员和监播员都说："挺好，书也不错，肯定没问题。"李喜元也说："老单哪，你还得想法调理调理你的嗓子，哪怕好一点呢，也比这样强。”

录完书我骑上车子往家里走的时候，一方面对我录的评书我感到满意，一方面分析着李喜元的每一句话，他说的可能是真的，那时我刚动完手术不久，嗓子的确嘶哑，今后，为避免意外，首要的是爱护嗓子。回家后，我对全桂介绍了经过，全桂马上给我买了六神丸、喉痛宝，让我尽量少说话，女儿又准备了热毛巾，捂到我嗓子上，给我热敷，我闭着眼睛想了想，一定要把嗓子调理好，这可是我的命啊。下午我赶到市中心医院，找到耳鼻咽喉科主任老吴，原来就是他给我动的手术，我说明来意之后，他笑着说：“当初我就对你提出过要求，在两个月内不要说书，好好爱护嗓子，可你不听，结果喉咙发了炎。”我说明了苦衷，现在我没有条件休息，求你给我来个救急的办法，于是他给我租了一套喷雾器，开了许多消炎药，又教给我如何往嗓子里喷雾，进行消炎，一日三次都要消炎，他还告诫我说：“千万注意，要再严重了就不好办了。”话虽不多，又给我增加了不少压力，您想，当时我重返舞台，那种兴奋，溢于言表，茶社刚刚恢复，我怎么可能放下书不说，电台的事历经了艰辛好不容易坐进了演播室，我岂有放弃之理？眼下只有护理之外别无他法，工作是不能放下的，尤其是电台录书的事。

第二天我又准时到了电台，很顺利地录了四段，之后我上午到电台录制广播评书，下午还要到茶社坚持说书，工作的压力相当之大，尤其是我这个坏嗓子，真有点儿坚持不住了，要不是靠着多种护理，早就说不出话来了，为了保证电台录书的正常进行，我找到曲艺团的苏书记，提出来暂时把茶社说书的任务辞掉，全力以赴去电台录书，苏书记很通情达理，考虑到利害关系，他同意了，茶社的书不说了，每天可以节省两个小时的嗓子，对我来说至关重要。

有一天，我去电台录书，李主任对我说：“老单哪，眼看春节就到了，我们也录了二十六段评书了，电台不比茶社，不能说的太多了，我想问问你，你这套《隋唐演义》能录多少讲？”我想了想说：“少说也得一百七八或者是二百段吧。”他听后连连摆着手说：“这可不行，这可不行，你能不能在三十段之内把《隋唐演义》录完，最多也就录四十段吧。”我一听，得，又给我出难题了，我说：“老李啊，这可不行，《隋唐演义》这部书，是我家祖传下来的，经过千锤百炼，结构相当严谨，你叫我压缩到四十段就录完，这是不可能的。”他想了想说：“我看这样吧，春节快到了，电台的员工也要休息了，你也回去好好休息休息,养养嗓子,咱们就暂时先录三十讲,大年初一开始播放,主要听一听群众的反应,反应好咱们就接着往下录,反应差咱就至此结束,你看怎么样?”人家为主,我为辅,人家是主人,我好像是被雇用的,不听人家的行吗?

我心里算了算,我已经录了二十六段书了,还有十几段书的时间,我一定加把劲儿,来他个扣中扣,就像钟表的发条一样,我把它上得满满的,把书说得又精彩,又扣人心弦,又悬念迭生,听众不听我没有办法,只要你一听,我就有把握把你牢牢拴住,换句话说不听不行。回家之后,我一如既往地不敢松懈,把后边的十几段书设计得精彩又精彩。

三十段录完了,春节也快到了,我的确需要休息休息,好好养养我的嗓子,接下来我最关心的问题是收听率,也不知道观众买不买我的账。终于盼到大年初一了,这是我落实政策后第二个春节,到了中午十二点,我们全家围坐在一起,打开收音机,认真地收听,果然十二点准时听到播音员的声音:各位听众,现在是评书时间,请听单田芳播讲的评书《隋唐演义》。接下来就是我那嘶哑的声音,通过电波传遍四面八方,我第一次从收音机里听到我自己的声音,那种兴奋劲儿简直就不用提了,全桂还把我的儿女全派出去,叫他们沿着大街小巷走一圈,听听有人收听没有。儿女们回来说:“妈,你放心吧,几乎所有人家都在收听我爸的评书,联营公司那大喇叭也放的是我爸的评书,喇叭下面和路边都有不少人在听《隋唐演义》。”我们一听这才放了心,我心中冷笑,盼的就是这个,就怕你不听,只要你听了,你就跑不了。

在春节期间,很多亲友来拜年,谈到评书的事,人们纷纷向我祝贺,都说:“录的不错,效果很好,我们周围的住户都收听。”不管他们是恭维之词还是真话,我听了也是高兴。在过年的时候我见到了苏书记,一见面苏书记就咧开大嘴笑着说:“老单哪,你录的评书我听了,效果相当不错,同志们没有一个说不好的,你就使劲录吧,党支部全力支持你。”

我心说人家电台只限制我录四十段,还不知道能不能接着录呢,虽然我心里有底,但还得听人家的。到了大年初五,各行各业开始上班了。我赶忙来到电台文艺部,想要听听李喜元说些什么,或者给我出点什么难题,出乎意料的是李主任一见我就笑着说:“老单,效果相当的好,我家住在辽阳,辽阳的听众都喜欢你录的《隋唐演义》,有的人还赞不绝口,我在台里也摸了一下情况,上至台长下至同事,没有一个不说好的,看来咱们的功夫没白费,录四十段不够用,就改录六十段吧,你还要接着往下录。”

我听罢长出了一口气，心里说什么我都答应你，六十段，九十段也完不了，我越录扣子越紧，我越录影响越大，到那时候，你就得被听众牵着鼻子走，想不给我录也不行了。事情果然按照我的想法在顺利进行，《隋唐演义》这部书从三十讲延长到六十讲，又从六十讲延长到一百讲，从一百讲又延长到一百八十讲，终于录到二百四十讲了，全书结束。在结束前，李喜元又找到我说："老单哪，你录的这套《隋唐演义》算红了，很多电台都转播了，效果相当好，有的电台打来电话要这套书，看来你还得接着录。"

早期在鞍山电台录音留影

我们达成协议，录制我家的底活儿《大明英烈》。这回老李也不问我能录多少段了，也不给我限量了。到了这个时候，我才真正地放下了心，痛痛快快地吐出一口怨气，目的终于达到了，设想终于成功了，电台就是我扬名立万的平台，也是我成名成家的基地，我绝对不能放弃，一定要好上加好，绝不能半途而废，正是由于我的决心，任何风吹浪打也没动摇，任何破坏也没能得逞，我才顺着这条大道走到了今天。

古人说梅花香自苦寒来，人哪！这一辈子活得不容易，我历经磨难，终于苦尽甘来。回想起我在农村的时候，我曾经暗中想过，只要把我帽子摘掉，能恢复自由身，就是让我做一辈子老农我也愿意；在流亡的时候我也曾想过，只要我不是现行反革命，做个普通的老百姓，卖一辈子水泡花我也愿意，可是随着国家政策的变化，身份的改变，我的那些要求早已付诸东流了。难道这是人心不足蛇吞象吗？还是人的欲望没有休止呢？

不管怎么说，从我内心到外，我要感谢党的政策，感谢三中全会的英明决定，我要用有生之年报答党的恩情，我要把失去的光阴都找回来。经过跟电台长期合作，我一口气为他们录了十几部评书，再也听不到那些闲言碎语，我稳稳当当坐上了录音室的宝座。有人说我是电台编外的员工，的确不假，从我坐上这个宝座开始，鞍山电台就没有再用别人录过评书，这真是太公在此诸神退位，直到我离开鞍山电台为止。

因为时间久了,我跟电台亲如一家,包括李主任在内都成了好朋友,好朋友之间无话不谈,我把压在心底的疑问和盘托出。有一位领导向我泄了密,他说:“老单哪,你别怪李主任,李主任是个好人,他是听了别人的挑唆,在你上电台前后有人在老李面前说你的坏话,说你的水平低,就配在茶社说书,根本登不上大雅之堂,还说你满嘴说脏话,低俗的要命,不够上电台的资格,由于李主任对你不了解,偏听偏信,所以才给你出了一系列难题。”说这些话的人我不用问是张三还是李四,心中早就有数了,我并不埋怨老李,我俩成了多年的合作伙伴,关系非同一般,老李对我的确也不错,完全改变了当初的看法。换句话说,没有鞍山电台,我也没有今天,没有老李的帮助,我也没有今天,鞍山电台几乎成了我成长的摇篮,至今我依然感谢他们。

收获的季节

那时我一个人顶好几个人使用，带队演出，回鞍山后就上电台录书，一部接着一部，回到家里又要给出版社写书，可以说没有一点儿个人时间，什么吃喝玩乐，几乎在我身上都消失了。

由于我的评书通过电波传遍了大江南北、黄河两岸，我的声望日益增大，曲艺团党支部决定，让我组建一支演出队，到全国各地巡回演出。为此我们组建了一支二十人的演出队，其中有几对相声、快板书、单弦，全是曲艺团的精英，由我率队到各地演出，对我来说这又是一条陌生的路，我感觉担子不轻。

至今使我难忘的是营口之行，这是我们组建演出队以来的第一站，也是我从小茶社走进大剧场的第一次，虽然我当时影响很大，但这种演出是我从来没有过的，我既感到兴奋，又感到压力不小。演出地点是营口的辽河剧场，能容纳一千三百多名观众，票情不错，在第一场演出的时候我就遇上了一个大难题，而这个难题又有口说不出，什么事呢？您不要忘了，同行是冤家，原来在我的前面有快板书和两对相声，我压轴，其中有一对相声演员年纪虽然不大，可艺德方面差了点儿，他们见我又是领队又是压轴，又拿大份，心中不忿，因此在演出的时候，他们俩在台上可劲儿地要，可劲儿地砸挂，引得全场沸腾，他们为的就是叫我接不住，看我的哈哈笑。果然这一招很厉害，在我上场的时候，掌声热烈，可演不到十分钟，就有人离席了，弄得凳子直响，场内秩序混乱，虽然我有名气，但演出的效果不及人家。演出结束后，返回宾馆，别人又说又笑，又吃夜宵又打牌，尽情地欢乐，而我就像挨了一场批斗似的，坐在床上一语不发，我心里很难过，也愧对领导的信任。作为演员同台献艺，人家火爆，你不如他们，那是什么滋味？这就是演员工作的特殊性。

晚上睡不着，我翻来覆去地想，谁也不怪就怪我本事不行，别看我在小茶社要风得风要雨得雨，可是在大剧场却没有演出经验，也没有拿手的好段子，所以才接不住人家，我在想，我怎么才能编出几个精彩的小段，而不至受此奚落呢？我几乎想遍了所有的书，及书中每一个情节，我又想我如何才能接住他们？

工夫不负有心人，在此后的演出当中，我不断地摸索经验，终于找出了解决的办法，一个是我登台之后，先说一首诙谐又有现实感的上场诗，引得全场哄堂大笑，然后再说几句现实的包袱，拉近和观众的距离，这样一来，就把前面的压力化解了，把观众都拉到我身边来。第二就是我的段子一定要精，几句话就进入主题，把观众的心牢牢锁住，还没等他们腻歪呢，我的段子就说完了，此后再也没发生类似营口出现的那种情况，我真感谢我前面的那两位相声演员，他们的砸挂对我来说变成了动力，我才编了《宫门挂玉带》《大闹桑花镇》《血溅南阳府》《双偷郑家楼》等精彩段子，每到一处，都受到热烈欢迎，我长出了一口气。但是我并没有掉以轻心，我还在暗中较劲，我要再编出几个好段子，每逢演出都要立于不败之地。

在营口演出结束后，回到鞍山，我忙里偷闲去看望了我那位师兄杨田荣，因为他身体不好，在文化大革命当中受迫害太深，得了心肌梗塞等各种疾病，失去了演出能力，只要有时间我就去看望他。这次见面他正在病中，医生说谈话时间不能太长，田荣师兄见着我非常高兴，我看见他病成那样，心中一阵的酸楚，回忆我俩相识的时候，他才三十五岁，现在已经变成了满头白发的老人，受了疾病的折磨，据他女儿对我说："心肌梗塞这种病随时都有生命的危险。"我把去营口演出的情况简要地向他作了介绍，他听后拉着我的手说："田芳啊，你要记住，人难交，屎难吃，在咱们身边什么样的恶人都有，我也遇到过类似情况，好在你年轻又没有病，多下点功夫是对的。"我又问他："听了我的录音没有？"他说："我天天都在听。"我求他给我找点毛病，他考虑了一下说："你还有点老毛病，八个字，刚则有余，柔则不足，你还要从这方面下点气力。"我听罢如获至宝，只有田荣师兄对我才能这样的坦诚，此后这八个字牢牢记在我心里，每当我说完了一部书，我都要用这八个字来验证一下，是否达到了这个标准。1983 年，我率队在陕西宝鸡演出，噩耗传来，田荣师兄已经逝世，为此我给鞍山发了一封唁电，沉痛哀悼我这位良师益友。

在转战南北的演出中，可以说西安之行是比较成功的。西安是十三朝古都，是我一直向往的地方，我先后在西安演出了十三场，除了演出之外，又应出版社的邀请，每天都给他们写一个段子，让他们在刊物上发表，人家演出结束后不是逛街就是玩乐，而我除了集体活动之外，每天晚上都是通宵达旦地写作。有时候我累极了，把笔一摔，不想写了，可是我马上又想到在农村的生

当年的曲艺团兵强马壮

活，那时我受人管制，失去了自由，再累的活儿也要完成，连个“不”字都不敢说，现在我自由了，名利双收，有人请我演出，有人主动给我出版作品，还给我很高的稿酬，我有什么理由说累？正像评书里常说的那样，人哪，敬酒不吃吃罚酒，牵着不走打着倒退。想到这儿我打个冷战，浑身又充满了干劲儿，腰也不疼了，手也不疼了，倦意皆消，用凉水洗把脸，马上拿起笔来接着往下写，一口气又干了个通宵。

为了把失去的光阴找回来，把失去的损失弥补回来，我格外勤奋，一直紧绷着那根弦，手刨脚蹬，不停地工作。前面我说过，人要转了运，城墙都挡不住。因为在西安的演出效果相当的好，千人的剧场已经容纳不下热爱评书的观众，怎么办呢？当地有关部门就把我安排到体育场去演出，我的天哪！体育场能容纳一万多人，不是说评书的地方，但是逼上梁山又没有退路，我只好点头同意了。

有一次我记得非常清楚，就是第一场演出，我往台下一看，人头攒动，一眼望不到边，我常说人到一万无边无沿，这话实在不假，我看了这么多观众简直都有点眼晕。为了满足大家的要求，我倾尽全力在主席台上演出，老天保

与曲艺团同事合影

佑，当时的麦克风非常好，扩音设备也相当好，尽管体育场非常大，但是不管在哪个角落都听得真真切切。我一边演出一边在想，过去是百人多的小茶社，现在居然走进万人多的体育场，这简直连想都不敢想。为了报答大家的热情，我使出全身的解数，演出了《三国演义》的精彩片段“虎牢关三英战吕布”，由于用力太猛，忘了自己口中戴的是牙套，结果把牙套喷了出去，一道亮光从台上喷到台下，引起许多观众的哄堂大笑。我马上停止了演出，叫人赶紧下台给我找牙套，我还对观众致歉说：“对不起各位，请你们脚下留情，千万别给我的牙套踩坏了。”过了好半天，假牙套找到了，用水涮了涮我重新戴上，接着演出，上万名观众乐得笑破了肚皮。

还有一次，在西安兴平小体育场演出，因为是露天，演着演着下起了小雨，可是几千名观众，谁也没有走，大家冒雨听评书，我深受感动，工作人员撑了把雨伞罩在我头上，我见观众不散，观众不怕下雨，演员还怕什么？我就让工作人员把伞拿开，冒雨演出，效果照样良好，我简直不明白是什么魔力使那么多的观众对评书如此痴迷，难道我的艺术真正达到了巅峰吗？现在回想起来，我认为不是，因为十年“文革”许多文化团体都下马了，改革开放之初，文艺复兴，那时候的节目很少很少，评书捷足先登占了先机，群众渴望文化娱乐，所以我才捡了个便宜，假如放到今天，是绝不会有那么热烈的效果的。

在西安的演出可谓轰轰烈烈，演出即将结束时，有一天，来了位女同志丁玉清，她是陕西电视台文艺部的主任编辑，她约请我给陕西电视台录一部长篇评书。我一听是电视台的就格外高兴，多年来我一直向往着从电台走向电视台，这个机会终于来了，我岂能错过。我对丁玉清说："现在演出太忙了，这件事情等我演出结束后再研究。"丁玉清非常执著，三番五次给我打电话，一是盛情难却，二又是我非常喜欢的事，我就满口答应了，在西安演出之后，我请示了支部，经书记同意后，演出队回了鞍山，只有我一个人留在西安，住在新华社招待所。

20世纪80年代在西安的演出照片

丁玉清同志和另外一位负责人到招待所来看望我，我们商定录一部八十讲的长书《三国演义》，每日录制三讲，上午大家在一起探讨本子，下午正式开录，稿酬是每讲八十元，您可听明白了，这不是我要的价钱，是人家主动给的，在上世纪八十年代初，八十元可是钱哪，我每个月的工资才八十四块，这每讲书才二十分钟，就可以挣到八十元，对我来说真是想不到的好事。

我兴奋极了，录制开始后，我把精力全都投了进去，每天三讲书，一点儿也不觉得累，反倒精神亢奋。当时是现录现播，我白天在电视台录书，晚上八点钟电视台就对外播放，每天晚上我都可以坐到院里头看到我自己录制的评书。那会儿电视机还没普及，招待所里有几台黑白电视机，他们把电视机往院里一放，来自四面八方的房客拿着小板凳围在电视机旁观看。不看则已，一看我的心就凉了半截，什么原因？因为图像太难看了，一是没有背景，只是一块蓝色幕布，二是我的服装一点儿都不讲究，平时穿什么上电视还穿什么，也不化妆，三是那时正值8月天气，陕西是有名的火炉，录制的时候因为空调噪声太大不敢用，因此我满头大汗，电视上一放我就变成了一位非洲黑人。书虽然录完了，也播放完了，钱也挣到手了，但是反应平平，没有多大影响。我暗下决心，今后再上电视台一定要有所改进，像这种录像方式不仅不能带来美感，反倒损害了我的形象，不管怎么说吧，我算上了电视台了，录了第一部电视评书。

返回鞍山之后没有几天，有许多出版社先后找到我家，向我约稿出书，我是来者不拒，全都答应了，那时我一个人顶好几个人使用，带队演出，回鞍山后就上电台录书，一部接着一部，回到家里又要给出版社写书，可以说没有一点儿个人时间，什么吃喝玩乐，几乎在我身上都消失了。

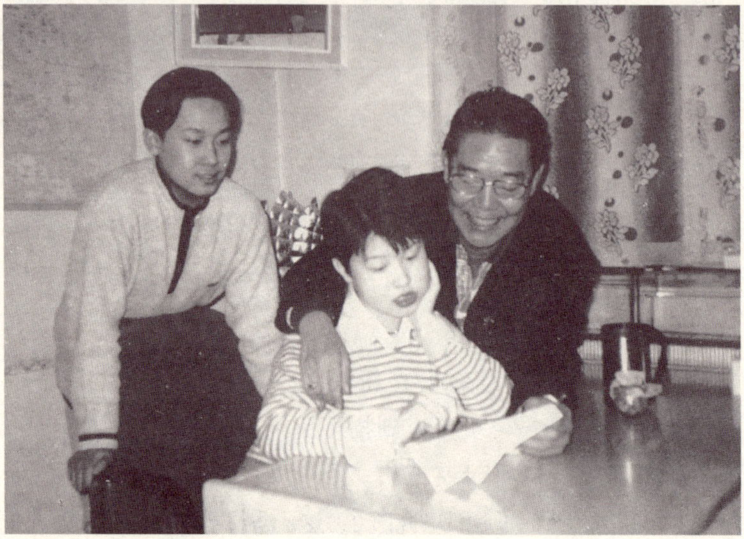

与孙女乐乐、外孙刘洋

辛苦的耕耘带来了丰收的结果，1983 年我终于住进了公房，在此之前我还被选为市文联委员、市先进生产者、政协委员、政协常委，一连串的光环都笼罩在我头上，名有了，地位有了，钱也有了，这一连串的收获都归功于伟大的党，没有党给我落实政策，没有改革开放说不定我早就死在农村了，哪能有今日的辉煌！

1984 年 5 月 1 日，我儿子老铁结婚了，儿媳叫张桂荣，原来我们是邻居，后经人介绍，他俩交上了朋友。桂荣是个善良温柔而又能吃苦耐劳的女孩，我和全桂都喜欢她，就这样，她成了我的儿媳。1985 年 8 月 6 日，她为我们生了个大孙女，乳名乐乐，学名单子惠，我那时不仅事业有成，还有了隔辈人，一个外孙，一个孙女，真是人丁兴旺，其乐无穷。

长春，我又回来了

我跟全桂相处了几十年，可以说风雨同舟、患难与共，她对我的照顾和对家庭所作的贡献是一般妻子很难做到的。

长春这个城市对我来说，显得非常重要，它带给我童年的快乐、幸福，也带给我许多灾难，尤其在“文革”期间我在长春先后流亡了四年，所遭所遇可以说刻骨铭心，现在我领着演出队再次回到长春，那种亢奋的心情简直难以形容。我们在长春市红星剧场演出了五场，因为观众太多，又加了两场，观众多与少这是次要问题，主要是我这个人变了，过去是个流亡者，不敢见人，东躲西藏，为了生存带着孩子老婆卖水泡花，担惊受怕，受尽了凌辱，可是今天我成了名演员，也可以说是很多人都知道的小名人，过去在长春的那些朋友都为我欢呼，为我高兴。赵玉林、洪生、树槐、蒋四、小牛都纷纷到后台来看望我，大叔长大叔短，发自内心地替我高兴，每天演出时后台都变成了接待室，看我的人接连不断，相见之下我们有说不完的知心话，有流不尽的真挚感情。谁也没想到，对我们最热情的最能咋呼的就是那个打我老婆和孩子的曹宝昌，他见着我们大姐长大姐短(我老伴儿也同行)，就好像没发生过去那些不愉快的事，真情实意地约我到他家去做客。因为请客的人太多，我和全桂商量了一下，第一个还是选择了曹宝昌，我这种以德报怨的做法不是不对，如果我要不去，显得我心胸狭小，记恨前仇，人都有过错，现在情况不同了，我不能再计较这些了，在长春期间曹宝昌围前围后，简直变成了我的护卫和安保队长。

我抽出时间，到各家去拜会，谈到往事，悲喜交加，我还邀请他们如果有时间到鞍山去做客。我还抽出时间逛了长春的一商店、五商店、二商店和东北商场，这可不是为了购物，而是站在这些商店的门前回忆着过去我女儿和老婆卖水泡花的情景。

我站在五商店门前，勾起我一段痛心的往事。就是在这个地方，有一天，我们正卖水泡花，女儿举着杯子站到商店门口，我站在约三百米远的地方，给她背褡包，突然我发现情况不对，有一二十人把我女儿包围，看样子不是购买水泡花，而是出事了，等我赶到近前的时候，我女儿被当地的工商所和民兵带走了。我的心提到嗓子眼儿，在后边偷偷地跟着，亲眼看见女儿被带到当地派出所，我又不敢进去，又不敢露面，不晓得女儿这次是吉是凶，以往没发生过类似事件，顶多是他们把杯给摔了，把你轰走了事，这次为什么要抓人呢？我等啊等啊，又不敢站到一个地方等，怕引起人们对我的注意，我就装成没事人似的，在派出所门前不断地溜达，好不容易熬过了一个小时，我看见慧莉终于被放出来了，慧莉没有看见我，随着人流往北走，在远离派出所的地方，我三步两步赶上去，把她叫住，我一看，慧莉头发散乱，面目苍肿，脸上有道红印子，就知道她挨打了，我小声问她："他们打你了？"慧莉哭着对我说："这帮人可缺德了，不光打我嘴巴，薅我头发，还用皮鞋踢我的肚子。"我听了之后，字字句句就好像锥子刺心那样痛心，我把女儿领到吉林省银行门前，坐在台阶上，用手抚摸着女儿的头，我哭了，因为附近没人，我可以放声哭泣，我对女儿说："孩子，什么也不怪，就怪你爸爸是个倒霉蛋，因为我的事使你们受了株连，有学没法念，跟着我到处流亡，干了这种类似乞丐的营生，爸爸对不起你们哪！"我还说："今后咱不干了，再寻找别的活路，一定不叫你受气挨打了。"慧莉非常懂事，哭着哭着她突然不哭了，她说："不，我还要卖水泡花，这儿待不下去，咱可以换个地方，要不今后咱怎么生活啊？"打那儿之后，我们就换到二商店门前去卖水泡花了……

人哪，真是十年河东十年河西啊，每当看到这些地方，我心里充满了咸酸苦辣的滋味。再看看眼前的变化，我的干劲儿就更足了，灾难是财富，也是一本生动的教科书。人只有通过痛苦的磨炼，才能变得更坚强。

人生在世，就是在矛盾中生活，在斗争中成长的，旧的矛盾没了，新的矛盾又来了。一个是我的老伴儿身体不好，每况愈下，每年春秋两季就犯老病气管炎、肺气肿，长年打针吃药也不见起色，每逢过年过节都是她的重病期，节日的欢乐被她的疾病蒙上了阴影。有两次我在外地演出，因为她病重，我不得不中途返回，后来她病好了，我又出去接着演出，她的病也是我心中的一块病，即使在外边演出的时候，我也惦记着这件事。

第二个矛盾是我的牙齿跟着我捣乱，从"文革"中牙齿被打掉了几颗之后，我的牙就疼，从来没有间断过，开始带牙套演出，结果掉颗牙就得换个牙套，得适应很长时间才能合适，刚合适了，别的牙又开始松动了，又得去拔牙

几经磨难，她又站立了起来

换新牙套，作为一个评书演员，主要靠的是嗓子和牙齿，牙出了毛病，对我来说是个大的威胁。到了 1984 年，我一狠心把满口的牙都拔掉了，换了一口假牙。俗话说，牙疼不算病，疼起来真要命，这些年来，我一直跟我的满口牙做斗争，总是忍着牙疼，说书录书，或到各地去演出，满口假牙安好之后，对我来说是一种新的折磨和痛苦。您想，满口塑料掐在牙床子上，那是一种什么滋味？我总觉得满嘴里都是牙，连舌头都没有地方待了。大夫给我打麻醉针、镇痛剂，我是镇痛片不离手，有时候疼得连觉都睡不着。我还清楚地记得，我率队到安徽省巢湖去演出，我的上牙龈肿了，还化了脓，长了好几个脓包，既不敢吃饭，甚至连热水都不敢喝，可是演出的日期又不能更改，我只好忍痛坚持，在我临上场前，让我的同事找一根大针，叫他把我上牙龈上的脓包全挑开，找点药棉花和纱布往外挤脓，同志们下不了手，我就找来面镜子，忍着痛自己挑，挑破之后，往外挤脓，当血水淌净了之后，就不那么疼了，然后我又带上假牙，坚持去演出，演出结束后，我头痛欲裂，只好到医院去打镇痛剂。即使这种情况我的演出依然没有间断过，我心里说我的痛苦谁知道！好不容易盼着演出结束了，给团里完成了经济任务，回家一看我老伴儿又病倒了。

偏偏在这个时候，有七家出版社先后找我约稿，他们是辽宁春风文艺出版社、内蒙古人民出版社、内蒙古少儿出版社、河南中原出版社、河南农民出版社、黄河出版社，还有山西人民出版社等，因为那时文化食粮太缺乏了，传统书籍非常受欢迎，因此各家出版社瞄准了这个商机纷纷向我约稿，上面我说过了，我是来者不拒，因为是好事嘛，我能放着钱不挣往外推吗？所以我满口答应了。此后不单单是演出，还要写书，我在火车上写，在轮船上写，在宾馆里写，还是那句话，别人可以尽情地潇洒，而我却一个劲儿地努力工作，还要保证按时交稿，后来实在忙不过来了，我就想了个新办法，在家里把书录下来，把磁带给出版社，让他们按着磁带变成文字，然后再出版发行，经过几年的奋斗，我的经济实力有了很大的提高，这可是用我辛勤的耕耘换来的。

当年的工作照

在这里我要告诉八〇后九〇后的读者们，现在有些年轻人心浮气躁，贪图名利，恨不得一夜走红或一夜成名，发家致富的心情太迫切了，这是不可取的，饭要一口一口吃，路要一步一步走，一分耕耘一分收获，天上掉馅饼的事是不存在的，一定要踏踏实实工作，只有这样，才能取得丰硕的果实，我的经历就是个例子。

我实在太累了，真想解脱出来好好地休息休息，正在这时，我又率队到安徽演出，没有想到的是，我们队里一位打前站的同志，本来年富力强，却突然病故在宾馆，这件事不仅惊动了当地的公安部门，也惊动了鞍山的家属和曲艺团，他们几经调查，此人是自然死亡。

这个人就是我前面书中提到的老毛，叫毛科星，我们俩是多年的老同志了，还在一起蹲过牛棚，真可以说患难与共、风雨同舟，他的突然离世对我好像当头一棒，好多天我都缓不过劲儿来，一闭上眼睛他就在我眼前。演出之余我睡不着觉，经常考虑这件事，回想起我在农村那十年，恢复工作后的几年当中，一直在受累，从来不知道自己心疼自己，而且任务越来越重，假如要像老毛这样，一切不全完了吗？因此我脑子里冒出一个新的想法——提前退休，只有摆脱了曲艺团繁重的工作和这种繁重的演出，我才可以减负，也可以使自己的活动空间更大一些。后来我们在湖北黄石演出了十场,演出结束后,我把演出服叠好,把扇子和醒木包好,交给保管员说:"你把这些东西保存好,今后我用不着了。"他听这话有点不对劲儿,问我道:"咋就用不着了?难道你不演出了?"我说:"是啊,这是我率队演出的最后一站,今后不再演出了。"大家听后一笑,还以为我在说笑话。

回到鞍山以后,我马上找到支部书记向他提出退休的要求,书记听后吃惊非小,对我说:"老单哪,你咋了?难道太累了不成?如果你觉得累了,那就休息一段时间,你才五十挂零,离退休早着呢,怎么能提出这个要求呢?"此后我又递了几份要求提前退休的申请书,结果团里都不同意,我又跑到文化局人事科,向贺科长提出要求,老贺也是我的老朋友,他说:"老单哪,你的要求我很难答复,因为你离退休还早呢,我怎么给你办理手续?是不是有啥不顺心的事?"他又非常关心地对我说:"听说明年演员要往上调工资,又要分房子,根据你现在的表现和条件,这两项全都站得住,难道放着这些好事你全不要了?还是回去好好考虑考虑吧。"我对老贺说:"我也不是孩子了,已经过了知天命之年,对问题考虑得非常仔细,否则我不会提出这个要求,请你们就答应了吧。"

由于我再三要求,文化局和曲艺团都不同意,但也不给我派任务了。我的心没有死,不办理手续就等于这件事没有办完,我是铁了心要提前退休,终于经过了一年挂零的时间,曲艺团一看我真的要退休,也就没办法了,让我自己到文化局去说,我再次见到了贺科长,老贺说三天以后你再来一趟吧,我一听有门儿,三天之后我又去了,老贺意味深长地对我说:"老单哪,我希望你再好好考虑考虑,假如真办了退休手续,再想改回来就难了,由于你提前退休这么多年,只能开工资的百分之七十五,你算算划得来吗?再说你也没有什么理由啊?"我说:"有,我文化大革命受过伤。"他说:"证据呢?如果有医院的诊断证明我们还可以考虑。"我说:"好吧,我马上回去检查。"从文化局出来,我直奔了铁东区人民医院,到那儿拍了张片子,等结果出来之后,大夫对我说:"从片子上看,你有两处骨伤,你的颈椎和脊椎出现了两处劈裂性骨折。"我一看片子上清清楚楚,顿时吓了一跳,心说我一点儿感觉也没有啊,从来也没疼痛过,咋就出现骨折了呢?

我把片子交到文化局老贺手里,老贺说:"区人民医院不是权威机构,他们照的片子无效,需要市中心医院的检查才可以。"我一听气大了,这不是拿我要着玩儿嘛，因此我赌着气又到了鞍山市中心医院，再次拍了个片子，等片子出来之后，与铁东区人民医院的片子完全符合，我心说看你们这回还有什么说的，我拿着这份权威的检验证明再次找到文化局，老贺一看没词了，告诉我，明天再来一趟，他要向局领导请示汇报。

回到家里我就想这两处骨折，毫无疑问，都是在十年动乱中他们批斗我留下的，我之所以没有感觉，是因为病情没有发作。

第二天我又到了文化局，老贺从抽屉里取出了红色的退休证，握在手里说："老单哪，局领导都同意你提前退休了，但是还是希望你留下来，别看退休证有了，放到我这里还等于你没有退休。"我半开玩笑地说："贺大老爷，你就把我放了吧，一点儿考虑的余地也没有了。"最后老贺长叹一声把退休证给了我，我拿着退休证高高兴兴地回到家里，进门把退休证往桌上一放，告诉我的儿女们赶紧去市场买肉买海鲜，咱们全家好好祝贺一下，今天终于如愿以偿，爸爸退休了，解脱了。老实说全家人对我提前退休不怎么理解，也不怎么支持，但我是一家之主，我决定了的事情他们是无法改变的。

这是1987年发生的事情，因为年代久远，退休证我都丢了。曲艺团我退出来了，其目的就是保障电台的录书工作能及时完成，出版社的出书任务能及时完成，这两大项工作我是不能松手的。我不是自显其能，当时我已感觉到电台这块阵地是我未来发展的一个主要方向，我是无论如何不能放弃的。到现在为止，我共录制了将近百部评书，从来就没有间断过，一直坚持到今天。同时，我先后出版了十七部评书，搞个人评书专场演出还搞过近百场，可以说忙得不亦乐乎。但这种忙是苦中有乐，我心甘情愿，因为压力没有了，我可以自由翱翔，甩开膀子大干，时间是属于我个人的，我可以自由支配，财源不断，名利双收。

人往往被胜利冲昏头脑，回首往事，我最大的错误就是1988年我买了一台刚问世的夏利牌轿车。我买车的心情比较复杂，一是生活好了，我的眼光瞄准了高档奢侈品，我想我祖宗八代也没有拥有过汽车，过去的数年间我饱受酸甜苦辣，用自己的钱为自己买一部车不算过分；二是外事比较忙，近道还好说，远道都是借车用，有些不方便，自己有车方便多了。另一个秘密是我也想在人前显摆显摆，过去我单田芳混了大半辈子，灰头土脸，现在我拥有了轿车，让别人看看，心里找个平衡。车买了，随之而来的是烦恼也来了，我并不知道养车的困难，也不知道那么多烦琐的规矩，一是家里无人会开车，得雇用

赵维莉(左一)、李喜元(左二)、杨佩琴(左三)、史艳芳(右一)

司机,二是车子停到楼下没有车库,又怕丢了,又怕被别人砸坏划伤,每天晚上提心吊胆,甚至一晚上都要醒几次到下面去看看,还要交各种费用,又要维修保养,有时候还经常违反交通规则被人家罚款,一连串的烦恼使我后悔不迭,这简直是花钱买罪受,虽然面子上似乎风光了,暗地里不定多少人妒忌和眼红呢。

事情就是这样,都具有两面性,当初落实政策的时候我跟全桂都下了决心,我们商量好了要低调生活,不要张扬,可是现在通过十年的努力,早把誓言忘了个干干净净。要说这个错误主要是在我身上,从买车的那天开始我跟我老伴儿之间就发生了重大的分歧,她是坚决不同意我买车的,理由只有一个,心疼钱,她说这些钱来之不易,买了一辆车几乎把家底儿都掏空了,这犯得上吗?再说有了车每月能坐几次,这个钱那个钱得花多少钱?这是吃饱了撑的,钱多了烧的。汽车买到手之后,不仅没给家庭带来欢乐,反而给家里带来无限的烦恼。

我跟全桂相处了几十年,可以说风雨同舟、患难与共,她对我的照顾和对家庭所作的贡献是一般妻子很难做到的。就拿遣送农村的事儿来说,她本可以不跟我到农村去受罪,但她对我放心不下,宁愿跟我去吃苦也不愿留城,在三年自然灾害期间,几乎家家的粮食都不够吃,她每天骑上自行车跑到农村用衣服去换粮食，在她的艰苦努力下，我们得以过上温饱的日子，她对我知冷知热，照顾备至，回忆当初，在我还没有会说书之前，她就担起生活的重任，靠着她个人说书养活我和我的家人，她又为我生下一双儿女，凡是苦活儿累活儿她都身先士卒去干，不让我去受累。同

参加小月（外甥女）的婚礼

时她还是一个极热心的人。举个例子说，有一次她下乡拿衣服去换粮食，在路上遇上了一位腿部受伤的朝鲜族妇女，她俩素不相识，全桂见其可怜无助，就用自行车一步一步推着她把她送回十几里外的家，使他们一家备受感动。此后我们与朝鲜族一家成了好朋友，朝鲜族人竖起大拇指说全桂是天下第一的好心人。还有一件事，她有一个女友叫刑凤云，丈夫在评剧团工作，因贪污罪被判处了四年徒刑，家中的顶梁柱没了，生活极端困苦，全桂看不过去，每月都花钱养活刑凤云一家三口，后来刑凤云由于急火攻心也故去了，全桂又把她的一双儿女接到我家像对待自己孩子一样养育起来，后来孩子大了，被送到千山孤儿院。在十年动荡期间我蹲牛棚，她知道我受苦受罪，在家庭生活极度困难的情况下，她想方设法买好东西让孩子给我送到牛棚里以保证我的健康。总之，类似这样的例子举不胜举。

落实政策之后，家里的生活从地狱变成了天堂，随之而来的是全桂的身体每况愈下，这与我们的遭遇密不可分，她的心都要熬碎了，眼泪都要哭干了，她的病情日益加重。

全桂患有严重的气管炎和肺气肿，几经抢救，有惊无险，好不容易熬到了1992年四月，孩子们都上班了，我由于录制《百年风云》，又编又录又写，累得不行，从电台回来，和衣躺到床上闭目养神，全桂带着六岁的孙女看电视，突然我听见孙女惊叫："爷爷，爷爷，你快起来看看。"我猛地坐起，看见全桂倒在地上，面部发青，一种不祥的预感顿时袭上心头，我费了九牛二虎之力把她扶到床上，赶紧给儿女打了电话，儿女很快就回来了，我们把她送到医院，大

夫马上进行抢救，给她挂上当时最好的药先锋五号，经过医生的会诊，主任大夫把我叫到另一间屋里对我说：“你夫人的病可不轻啊，是老病吧？”我介绍了全桂的病史，大夫说：“她要住院观察，你们家每天必须留下两个人值班，因为她属于危重病人。”为此我把家里的人做了分工，儿子两口子一班，我和女儿慧莉一班，分上半夜下半夜和白天晚上轮流服侍她。

尽管医生想尽一切办法用了无数好药，但病情始终未见好转，这就叫医生能治病但救不了命。好不容易过去了二十多天，有一次主治大夫对我说：“老单哪，给你的夫人准备后事吧，恐怕她的病难以治愈了。”我听罢就是一愣，因为类似的情况有好几回了，都是有惊无险，难道这次真的过不了关了吗？我对大夫的话半信半疑，又过了几天，大夫对我说：“给她准备的东西准备好了吗？看来人真不行了。”到了第四十天头上，我一看真的不行了，因为打进去的药又顺着针孔流了出来，已经不能吸收了，人昏昏沉沉早已失去知觉，就剩下一口气，大夫建议我停止用药，他说：“这白浪费钱！”我不同意，坚持继续用药。

当天晚上我在医院值班，北国的天气春来晚，虽然已经到了5月份了，夜晚还是很冷的，全桂躺在急诊室里，头上脚上都挂着点滴，鼻孔上插着氧气，我一个人坐在走廊上，包着大衣还觉得阵阵发冷，偌大的医院冷冷清清，安静得简直怕人，我能清楚地听到氧气冒泡的声音。我望着躺在床上的全桂心潮翻滚，回忆起这些年的生生死死，一路走过来有多么不易，她为我做了那么多的事，受了那么多的罪，老天应当保佑她，让她多活几年，享点儿福，为什么在这个时候要叫她走呢？我本来不是十分迷信的人，但是不由自主地也祈祷苍天保佑，希望她能转危为安、化险为夷。

第二天，我们换班了，儿子和儿媳妇接班，我回到家里休息，往沙发上一躺就睡着了，我就觉得刚一睡着，有人猛摇我的身体，连声呼唤：“爸呀，快起来快起来。”我睁眼一看是儿子站在我身边，我忙问：“发生什么事了？”他说：“我妈走了。”我腾的一下站起来，忙问：“这是什么时候的事？”他说：“昨天晚上两点，人已经送进了太平间，大夫抢救无效后，写的诊断是死于肺脑综合征。”

我听罢之后，心中的五脏好像顿时被人掏空了，头沉沉的，心空空的，手足无措，难以形容。最使我难过的是没有见到她最后一眼，儿子问我后事怎么处理，我说：“低调处理，不要惊动街坊四邻，也不必要通知亲戚好友，火化了事。”三天后，儿女们怕我伤心，把我一个人留在家里，他们去火葬场处理后事。我一个人坐在空荡荡的屋里，五内如焚，我和全桂历经了风风雨雨的四十年，没想到她先走了，今后的日子怎么过？路怎么走？我心里一片茫然，又想到我们过去的恩恩爱爱、是是非非，不由得失声痛哭，这种哭里头包含着留恋、苦涩和忧伤，但多多少少也包含着一点儿宽慰，因为全桂在世的时候，活得太累太痛苦了，死了对她来说倒是一种解脱。

正在这时儿子来了电话，说火葬场的事情一切顺利，又问我买什么样的骨灰盒，最高级的骨灰盒是岫岩玉的，需要八百元。我说：“买最好的，虽然死者毫无感知，但对活着的人也是一种安慰。”

全桂的丧事就这样草草结束了，很多亲友和朋友包括曲艺团的人几乎全不知道，后来有人到家串门，才知道全桂不在了。他们埋怨我说你怎么不通知一声，这么大的事情我们多多少少也得表示表示啊，我苦笑道：“人都死了，表示有什么用?”因为家里的内柱不在了，需要重新调整，在外边居住了几年的儿子一家也搬了回来和我住在一起，女儿也一如既往地经常来家照顾我。痛定思痛之后，我想到死了的已经死了，活着的人还要继续生活，继续奋斗，于是我振作精神又上电台接着录书。

新的起点

我和肖建陆先生再度合作之后，儿媳同时参与了管理工作，比刚起步时强多了，因为我们都吸取了教训，有一个共同的目标，那就是专心致志地把评书这门事业搞好，排除一切杂念。

不久辽宁电视台的导演来到我家，问我为什么这么多天没去录像，我说明了原因，电视台的人感到很吃惊和意外。他们知道我心情不好，对我说："多咱你的心情好了，咱们再接着工作。"因为在我老伴儿过世之前，我已经和辽宁电视台合作了几年，为他们录制了《天京血泪》《明英烈》《三侠五义》《风雪大别山》《新儿女英雄传》和《童林传》上千集评书，反应很好。几个月后，我把鞍山电台的任务完成了，带着我外孙赶到沈阳，接着给辽台录制《童林传》续集。

把在沈阳的任务完成后，我返回鞍山。为了调剂生活，我每天骑着摩托车带着外孙和孙女，到四处郊游和访友，难得的清闲。我认为家庭的和谐至关重要，古人云家和万事兴。

有一天，我刚回到家里，就接到一个电话，是从山东打来的，自称他是山东三冠影视公司负责人之一，名叫姜春谦，他又说他们对我录制的《白眉大侠》很感兴趣，想把它改编成电视连续剧，假如我同意的话就去济南面谈。这件事完全出乎我的意料，能把评书搬上荧屏，这无疑是个飞跃，因此我痛快地答应了。两天后，我买了去济南的火车票，奔了济南，和三冠影视公司的负责人岳鲁义、桑鲁平、张辉力等人见了面。山东人对人就是热情，谈到《白眉大侠》的事他们个个眉飞色舞，说山东电台播放了我的《白眉大侠》之后，引起了很大轰动，在播放的时候几乎万人空巷，所以他们就有了把评书改编成电视剧的想法。由于双方都同意，一拍即合，很快就达成了协议，要拍三十集电视连续剧，他们问我每集要多少报酬，这下可把我难住了，因为过去我从未涉足过影视界，对里边的游戏规则一窍不通，只想到能把评书搬上荧屏就心满意足了，所以我说你们看着给吧，岳鲁义是领头人，他说每集给您三百元的报酬，我一听多少犯了点儿寻思，觉得似乎少了一点儿，但我又不懂，也不想为钱的事情跌份儿，所以就同意了，我在济南逗留了三天，返回了鞍山，儿女们听说了这件事，都非常高兴，就盼着早点开机，早点搬上荧屏。

1993年的4月初我再次应邀赶奔济南，参加《白眉大侠》的开机典礼。在列车上发生了一件很有趣的事，我坐的是软席包厢，除了我之外还有另外一个男人，此人有四十岁挂零，很斯文，也很傲气，虽然我俩同住一个包厢，他连正眼也不看我一眼，目空一切觉得自己很了不起，我一向对这种人反感，一看他又酸又臭，我也不答理他，心里就盘算着《白眉大侠》的事。到了第二天起床后，我发现那个人从床底下拿出一个非常精致的像手提包似的盒子，他把盒子打开，我一看，嗬！全是男人美容用的家什，圆的、扁的、方的、长的什么形状的都有，光刮胡刀就有三把，还有各种不同品牌的香水、雪花膏之类的化妆品，我动了好奇心，厚着脸皮跟他打招呼，我问他："你拿的这些东西是从哪里购买的？"他说："旧金山。"我心说大老爷儿们还用得着这些东西吗？太有点儿烦琐和奢侈了吧？那个人却不以为然，他仔细地一遍又一遍刮着胡子，打开小瓶瓶抹了这个又抹那个，当化完妆，他把东西规整好后放到床下，这才跟我交谈起来，他问我是哪个单位的，上哪去，什么职业，我都如实回答了，当听说我是去济南参加《白眉大侠》开机仪式的时候，他打开了话匣子，问我："你是剧作家？"我笑道："不是不是，是三冠影视公司根据我出版的《白眉大侠》小说改编的电视连续剧。"他问我："有书吗？"我赶紧从背包里把《白眉大侠》的书拿出来交给他看，他翻了几页之后，很感兴趣，又问我："他们每集给你多少钱？"我说："三百元钱。"他吃惊地说："是美金吗？"我说："不，人民币。"他说："三十集连续剧才给九千人民币，这也太廉价了。"接着他又说："这要在我们台湾，拍这样一部武侠片，至少也得给你人民币一百万。"我问他："你是哪儿的人哪？"他说："我祖居台北，现在入了美国籍，住在旧金山，经常往来于两岸间，我也是搞影视工作的。"说着递给我一张名片，因为年代久远我记不清了，他还是台北某电视台的导演，他又问我："你听说过琼瑶这个名字吗？"我说："太知道了，我看了她几部电视剧。"他又问我："金庸和梁羽生你更知道了吧？"我说："知道知道，他们都是写武侠小说的大家。"这位导演说："他们都是靠着写剧本发家的，你这部《白眉大侠》如果在台湾拍电视剧，你可以买下一栋楼房。"我笑笑说："我跟人家没法比，能有人给我拍电视剧就已经很不错了。"最后他说："你说的三冠影视公司这些人太黑了，你是外行不懂这里的规矩，今后可千万吸取这个教训。"事到如今木已成舟我还有什么好说的呢?

到了济南后我和那位导演分道扬镳,我俩的谈话虽然不多,但他的话给了我很大的启示,谈话就是一种互相学习,从此我对电视剧多多少少开了点窍。5月某日,《白眉大侠》开机仪式在泰山脚下的岱庙举行了,会上除了出品人、导演讲话之外,我也做了即兴发言。在那次会上我认识了导演王文杰和演员张子健、李婷、刑珉山等人。我对电视连续剧是非常感兴趣的,我抱着一种好奇心留在了济南,我要在拍摄现场实地学习拍摄过程,导演王文杰很高兴,他对我说:"你留下来对我们有很大的帮助,很多演员对白眉大侠很陌生,对里边的人物和情节都领会得不深,你能抽时间给大家讲讲课,介绍介绍故事情节,这是我求之不得的。"我点头答应了。几天之后,演员全体集合,有的坐在桌椅板凳上,有的坐在地毯上,满满一屋子,导演王文杰,制片人岳鲁义都参加了,您想我是个说评书的,哪懂得什么叫讲课啊?真是又紧张又不知所措,好在我思想上早有准备,《白眉大侠》又是我的底活儿,所以我从介绍人物开始,接着又重点介绍了故事情节,这哪里是讲课,分明是变相的说评书,惹得大家哄堂大笑,总的来说效果还是不错的。在拍摄现场,我和导演王文杰坐在一起,看他怎样指挥怎样看镜头,一会儿说开始,一会儿说过,什么是吊威亚,什么是打板的,我都牢记在心,我想人长到老学到老,不会就得学,何况影视又是我崇拜的艺术形式,有道是艺多不压身,说不上哪天会派上用场。王文杰虽然高大肥胖,但心细如发,又很幽默,为人随和,我俩处得不错。

遗憾的是,《白眉大侠》被改得驴不驴马不马,成了四不像,原来评书里的精华都不复存在了,主人公徐良和房书安也变了形,徐良本来是个诙谐幽默、长得又丑又怪的人,可是在电视剧里边的徐良却是俊扮,除了两道白眉保留之外,竟变成了仪表堂堂的侠士,完全成了另外一个人,尤其是包袱点房书安没鼻子没本事,但鬼点子特别多,往往奇迹都发生在他身上,可是电视剧中的房书安不但有鼻子也不怎么诙谐了,跟原型大不相同,这两个人物一变,白眉大侠的性质似乎也变了。

对我来说,我很不满意,因为怕得罪人,所以我没说。本来我想从头到尾等电视剧拍完再走,可是辽宁台录评书的任务又来了,我不得不中途而返,回到沈阳接着录电视评书《曾国藩》。几个月后,三十六集电视连续剧播出了,我迫不及待地看了这部电视剧,真是大失所望,我觉得评书《白眉大侠》里边的精华都不存在了，可是播出效果还是很不错的，但远没有港台武侠片那么轰动，也就是平平淡淡而已。后来我才知道，由于经费不足，因陋就简，原计划的三十集变成了三十六集，钱就更不够用了，我虽然是电视剧的外行，但我也知道巧佳人难做无米之炊，没有钱很难拍出精品，所以我把希望就寄托在下一部电视剧上。

这年冬天三冠影视公司又把我接到济南，录制了二百集长篇电视评书《乱世枭雄》，我住在千佛山宾馆，足足大干了四十多天，才把这个长篇巨著完成。在录制尾期的时候，从北京来了一对夫妻，男的叫孙明强，也是搞影视剧的，但他对电视评书很感兴趣，他到录制现场听了我几段《乱世枭雄》，结果听入了迷，就邀请我给北京电视台录制一套评书，我们三言两语达成协议，我决定年末赶到北京电视台。

从此之后，好事一件接着一件，活儿越来越多，我和电视又结下了不解之缘。从电台过渡到电视，这是个飞跃，也是我一直梦寐以求的事，尤其是去北京电视台录像，更是我最高的向往。北京是首都，是虎踞龙盘的吉祥之地，人才辈出，机会非常多，我如果能到北京去发展，这是再好不过的事情了，机会来了，我岂能错过？从山东回到鞍山后，休息了一段时间，我带上外孙又风尘仆仆地赶到首都，住在地安门外的北海宾馆，第二天我和电视台导演及录制人员见了面，双方商定录制八十段电视评书《七杰小五义》。回到宾馆之后我暗下决心，北京是我一直向往的圣地，能到北京来录制评书是我的最大心愿，原来还有点遥不可及，现在终于变成了现实，我要排除杂念，全力以赴地把这部评书录好。那时在我心里早已有了份计划，我称之为钉子精神，什么是钉子精神？就好比一颗钉子钉到墙上或木头上，就不能掉下来。在鞍山广播电台录评书的时候是这种精神，后来到了辽宁电视台还是这种精神，现在到了北京了，我依然是用钉子精神在鼓励自己，除非你不用我，假如用了我我就像一颗钉子一样牢牢地嵌在墙上。

录制开始后，我不遗余力地地把书录好。北京那么大，好玩儿的地方那么多，我一直想着好好游一游、逛一逛，但是由于我把全部精力都放到录书上了，根本就没有时间去逛街。每天录制五段评书，回到宾馆，我睡不好觉，反复在思考着次日要录制评书的内容，尽管《七杰小五义》是我的底活儿，说了不止百次，但我依然不敢放松，每天还是想啊想啊，尽量录得尽美尽善。因为这是我进京录制的第一部评书，我一定要把它录好了，传得开叫得响，今后才有可能再赴北京。在不到二十天的时间内,我胜利地完成了任务,我们在前门外烤鸭店进行了一次联欢,祝贺圆满成功。

之后,我带着外孙返回鞍山。那时我家经过装修,一派新气象、好温馨哟。眼看过年了,我也该好好休息休息了,养精蓄锐,迎接未来的战斗。接下来那段时光,比较轻松一些,但我心里一直渴望着北京电视台的消息,也不知什么时候能够播放,究竟反响如何,我心里既有底又没有底。那时商品房刚刚流行,在鞍山黄金地段烈士山旁,开发了一处崭新商品房,地理位置好,交通方便,出门就是烈士山,旁边就是菜市场和早市,如果能在这儿购置一套商品房,真是再理想不过了。那时候没有贷款一说,要先交预付款,而后一次付清。我和儿子计算了一下,大约需要三十三万人民币,那可是1993年哪,这个数目无疑是一笔巨款,但我一咬牙,还是决定购房了,我让儿子交了预付款,天天盼着住进新房。转过年来,辽宁电视台又请我回去给他们录制了一套评书,什么名我记不清了。

在这时我又接到北京的电话,还是制片人孙明强打给我的,他在电话中告诉我北京电视台已经播放了《七杰小五义》,反应良好,因此他们决定,再次把我接到北京给他们录书,让我做个思想准备。这个电话就好像一针兴奋剂,激动得我不知如何是好,看来钉子精神果然发挥了作用。重返北京是我梦寐以求的愿望,我做好了再次去北京的准备。外孙大了,他酷爱音乐,考进了沈阳音乐学院,不能随我同行了,为此我让女儿在单位请了长假,陪我一同赶赴北京。这次我们住在北京广播学院招待所,那会儿的北广学员并不太多,偌大的院落显得比较冷清,与现在相比有天地之差,我和孙明强商定录制一套武侠小说《铁伞怪侠》,共一百六十讲。几天后,我们在北广视听中心五楼开始录制了,这次我更是信心满满,与录制人员相处得非常融洽。

我依然是靠着钉子精神,一百六十讲书一气贯通,录得得心应手,虽然还没有播放,但我心里有了底数,这部书如果播放,反响肯定超过《七杰小五义》,有了这个底,我的心多少放松了一些。

因为录制的时间较长,我在广院结识了不少新朋友,其中有广院的副院长王纪言、北京青年报的副社长孙继国,还有广院视听中心主任丑述成及肖建陆、王建鹏等人。

在茶余饭后,朋友之间闲聊,谈天说地无所不包,当他们了解了我的家庭情况之后,王建鹏对我说:“我提个建议,您也不要这么来回跑了,干脆就在北京扎根得了。”我笑了一下说：“有人请我录书，我可以住到这儿，录完以后，我干啥去？”王建鹏说：“不如咱们合伙开个公司吧。”我听后大笑不止，我说：“我这个人除了会说几段评书之外，什么也不会，开公司我是绝对的外行。”肖建陆插话说：“那咱就开个单田芳艺术公司，专门营销您的录音和录像。”我说：“能行吗？”肖建陆说：“太行了，您现在有很高的知名度，无论是录音还是录像都非常火，往外推销肯定不成问题，您的评书由咱们公司自己来录制，挣了钱大家分，不比受人雇用强多了吗？”丑主任说：“我看这个建议不错，单老师应该好好考虑考虑。”我说：“行，让我想想看吧。”

与北京广播电台于万海、张弘等人的合影

到了晚上夜深人静的时候，我把白天那些谈话反复地考虑，成立公司是我连想都没想过的事，这能变成现实吗？以往我的评书录音也好，录像也好，全由广播电视局包办，真要是自己开了公司自己录自己卖能有市场吗？卖不出去怎么办？这不是自讨苦吃吗？但是又一想，现在是改革开放年代，一切都在改革，都在进步，我为什么这么胆小怕事呢？倘若公司办好了，岂不是又打开了一个新的局面？像眼前这样，人家雇用我我就来，不雇用我我就走，在北京连个固定的住处也没有，终非良策。倘若有了公司，有了固定的住处，和外界联系起来就方便多了，左思右想还是接受他们的建议好。

时光流逝，一晃《铁伞怪侠》录完了，北京电视台的许玉环、李春立二位又找到我，说我录制的东西很好，收视率很高，希望我接着往下录，我一听非常高兴，这是我求之不得的事，于是我又给他们录了《隋唐演义》《千古功臣张学良》《百年风云》等一部部大书。中间抽时间回到鞍山家中去看看，那时新的商品房已经装修完毕，我们从原来的二楼搬进了新居，无论北京公司开与不开，起码我在鞍山的生活又升上了一格，新居一百多平方米，装修得相当不错，全是儿子张罗的，即使在鞍山不动，小康生活已不成问题。

可是在新家里住了不到十天，北京来了电话，催我赶紧回去，说筹建公司的事已经完善，需要我回去签字和举行仪式，于是我马不停蹄地带着我女儿又回到北京，走进了我们合伙开的单田芳艺术传播有限责任公司，北京的朋友工作效率很高，就这么几天的工夫把一切都办理好了，因为公司初创，很多设备都不完善，需要逐步解决，我们先租用了两辆汽车做代步工具，聘用了两位专职司机。

开公司做买卖，人们的愿望都是开市大吉、万事亨通，总朝好的一方面去想，我们也不例外，总觉得我的评书受欢迎，市场这么大，销售肯定没有问题，结果适得其反，公司成立不久我们就遇上了滞销这个大难题，为什么呢？因为过去我录制了几十部评书，几乎每家电台、电视台都在播放，电视台的制作费用由上边拨款，自己不用花钱，听众呢，可以随便听广播看电视，也不用花钱，现在你去卖带子，而且价格不菲，谁也不愿意掏这笔钱。我们公司请了两位推销员，他们每天都是高高兴兴地出去，垂头丧气地回来，不问就知道，跑了一天一无所获。远的地方靠电话联系，电话简直都打飞了，收获等于零。这下领导层傻眼了，员工不管这个，每月照样开支，吃粮不管酸，可是作为领导要没有收入拿什么去运作？开始的半年由于大家集资还可以维持，半年之后，就有点捉襟见肘了，后来我们领导层商量对策，以便应付这不利的局面。

丑主任说："现在有个机遇，不久，全国一千多家教育电视台在九华山召开大会，我们是否拿着爱国主义题材的书目去销售一下，我就不信一千多家电视台就没有一家要的，哪怕我们卖出一百家，连本带利就回来了。"大家一

与中央电视台汪文华等人合影

听很高兴,事先准备好了爱国主义题材的两部书,一部是《百年风云》,一部是《千古功臣张学良》,因为曾经有人说过,这两部书是属于爱国主义题材的,可以做教辅材料,教育电视台肯定是需要的,这叫对号入座。后来,丑主任和肖经理带着这两部书去了安徽九华山,我们留在北京听信。

一天天等啊等啊,好不容易盼着他们二位回来了,从他们的表情就看得出又是大败而回,肖经理气愤地说:“真怪了,一千多家教育电视台就没有一家要的,他们说书是好书,我们都需要,就是两字,没钱。”我听罢之后,如同挨了当头一棒,当初那股干劲儿几乎都跑光了,回到外事公寓(我的临时住处),我这个后悔劲儿就别提了,放着书不好好录,开哪门子公司,又操心又费力,又不赚钱,这不是没事找事吗?难道说刚开了不到半年的公司就这么灰头土脸的散伙了?那简直叫人笑掉大牙,可是接着往下干,又怎样打开局面呢?

后来在闲谈中,我提议,评书影响小,不好经营,不如改个路子,去拍电视剧,因为电视剧影响大,当时又大行其道,倘若一部电视剧火了,我们的亏损也就回来了,本子不成问题,我会那么多评书,会讲那么多的故事,随便挑出一部也是精品，领导们经过研究一致同意了。可是拍电视剧需要大投资，少说也得三五百万，这笔钱到哪里去找呢？谁愿意投这笔钱呢？于是我们撤下人马通过各种渠道去筹资。真是工夫不负有心人啊，不久投资者终于找到了，人家愿意拿出三百万，拍一部二十集电视连续剧《风尘豪客》，条件赢利由甲乙双方平分，经过多次协商和谈判终于签了约，走出了实质性的第一步。《风尘豪客》是我说过的一部评书，又名《宏碧缘》，原名《绿牡丹》。接下来就是要找编剧，剧本剧本一剧之本，这项工作至关重要，可请谁来执笔呢？

电视剧《风尘豪客》拍摄现场

后来经过我的介绍，请到一位作者。他擅长编广播剧，还曾经获过奖，笔杆子不谓不硬，可是他从来没写过电视连续剧，经过权衡他还是勇敢地接受了这项任务。我们把他接到北京来，住在广院附近的化工部招待所。首先让他听我的录音带了解故事内容，那时我也住在化工部招待所，我们俩经常在一起探讨故事情节，他有什么不明白的地方就问我，剧组已经搭好了架子，就等着剧本结束，马上找演员进行开拍。写剧本不是件容易的事，现在电视剧、电影遍地开花，一部好的电视剧、电影就能捧出几个新人，但是把剧本写好又谈何容易？我们请的这位编剧虽然本事不大，但是派头也不小。在饮食方面他提出很多意见，不是嫌菜少了，就是没有滋味，我们想尽一切办法达到他的满意，与此同时他要欣赏北京的美景，因此我们专门拨出一部切诺基和一个司机每天陪着他在北京乱逛，什么东岳庙、白云观、故宫、颐和园、北海、居庸关，几乎所有著名的景点都逛了个够。

我们尽量满足他的要求，但一个多月过去了，作者还没构思好，我心里有点着急了，我说：“您得加快点速度，我们剧组人吃马喂，耗费时间就等本子呢。”作者不止一次地对我说：“老单，我投入这么大精力，一旦把本子写出来，你们能及时给我稿酬吗？”我说：“大哥，你尽管放心，我以人格担保，绝不会发生这种问题。假如剧组不给你钱，你的稿酬由我来支付，你还不放心吗？”他长叹一声说：“哎呀，我每天都提心吊胆、如履薄冰啊。”看来他对我们剧组的实力和信用是不相信的，我虽然安慰了他数次，保证说了多少遍，他依然放心不下，光这个“如履薄冰”就说过数次，又半个月过去了，他仅写出来两集半。

我把剧组的负责人都找来，由作者朗读了一遍，大家听后都不太满意，提了许多意见，后来这位作者对我说：“老单，这个本子太难写了，跟我写广播剧截然不同，再说我有单位，也有工作，我是偷着请长假出来的，如果不及时回去上班，一旦被领导知道对我的影响太大了。”听了这些话我颇有反感，将近两个月的时间仅拿出两集半不合格的电视剧剧本，这已经使我们大失所望，时间耗不起呀，我看此人也没有写电视剧的本事，后经研究，就把他辞退了，同时给他四千元稿酬。他来的时候是满面春风，一张圆脸，走的时候是神色暗淡，变成了长脸。

通过这件事情，看来人是很难相处的，接下来我们又请来一位作者，这位也是我们的好朋友，曾在报社担任过副总编辑，是报社副刊大笔杆子，但他也没写过剧本，答应归答应，结果雷声大、雨点小，因为他工作太忙，不可能专心致志地写剧本，十几天过去了，连一集也没写出来，最后他主动提出没有时间写了，让我们另请旁人。拍电视剧的事一下搁浅了，没有剧本如何拍摄？后经剧组研究，肖建陆说：“单老师，我看咱们谁也不请了，这个本子就由你来写吧，因为书是你的，你又有一定的经验，不比请旁人方便得多吗？”

经过这两次挫折，我明知道我写不好，我还是一口答应下来。打那之后，我担起编剧的重任。虽然我没写过电视剧本，但是我参与过《白眉大侠》拍摄，如何分镜头，如何写人物，我心里多少有点底，再说又找不着合适的笔杆子，我只能硬着头皮接下了这项工作。因为时间耗费得太多了，大家都等着剧本出炉，我就加快了速度，我这个人是个急性子，不干是不干，要干起来就不要命，我每天把自己关在家里写《风尘豪客》，开始时三天能写一集，后来顺理成章了速度就更快了，几乎是一天一集，没到一个月，《风尘豪客》的剧本就完成了。我个人觉得比较满意，但是心里一点底也没有，毕竟我是个外行，写评书还可以，写电视剧是头一回，有道是隔行如隔山，这是两种截然不同的行当，能否成功还是个未知数。不过剧组的人觉得这个本子写得不错，我这才放下心。不管怎么说剧本有了，剧组可以开展工作了，于是在亚运村成立了《风尘豪客》剧组筹委会，根据剧本的需要聘请演员，签订合同。干过电视剧的人都知道，这里的说道多了，麻烦事也多了，我们的投资一共是三百万元，请大腕请不起，又浪费了这么多时间，就得靠这点水和这点泥。有关这些具体的工作，大家分工明确，各司其职，我把剧本写完了就算完成了我的任务。

那时中央电视台《曲苑杂坛》栏目负责人找到我，请我给他们录一部长篇电视评书《薛家将》，此后我就住在紫薇宾馆，忙着我个人的工作，剧组的事情就由肖经理全权负责，有了事情他们就给我打电话或到紫薇宾馆来开会，这真是双管齐下，齐头并进。后来剧组与河北电影制片厂合作，由他们负责派导演和服化道，当我的《薛家将》录到一半的时候，剧组的前期工作已经准备就绪，拍摄地点选在河北正定的荣国府和宁国府，我向电视台请了假，因为二百集电视评书可以播七个多月，他们先播着，我去忙剧组的事，电视台同意了，我抽出身带着我女儿赶赴河北正定住进正定宾馆。过去是一个人录制评书，一人一台戏，现在进了剧组那真是人多势众，男女老少多达一百来人，我们在正定招待所开了新闻发布会，我也在会上发了言，鼓励演员们把戏演好，一阵鞭炮响后，拍摄工作开始了。历经坎坷，电视剧终于开拍了。

但随之又发生了很多不愉快的事。常言说人上一百形形色色，现在剧组一百多人凑在一起，他们都来自四面八方，不仅文化上有差异，性格上也不同，他们彼此之间很难相处，打架斗殴的事时有发生。我站在客观的角度上看得很清楚，那是阵线分明，出资者和剧组负责人是资方，演员与服化道工作人员是劳方，劳资对立情绪比较严重。资方想的是如何省钱，尽量少开支，劳方却嫌挣的钱少，待遇不高，牢骚满腹，尤其是武行，也可能这帮人打拳踢腿惯了，有时带头闹事，甚至大打出手，我们都需要出面进行调解和平息。再有一点，剧组人员总嫌伙食不好，剧组只得不断地更换炊事管理员，尽量满足大家的要求，凡此种种，就不一一列举了。最关键的问题是导演，《风尘豪客》的导演是河北电影制片厂的，应该说他是个大好人，性格和善，对剧组人员很少发脾气。他的最大的毛病是不给演员说戏，叫演员自己去悟，悟好了就过，悟不好就重拍，一遍又一遍，既浪费时间又引起演员的不满。后来我才明白一个道理，不管电影还是电视剧，导演是主帅，是核心的核心，导演好剧就错不了，导演功力差，成功率就不高。我在剧组里担任剧本的修改工作，比方说导演说这集短了，我就及时修改剧本，把它延长，导演说这集长了，我又及时地进行压缩修改，总体来说，《风尘豪客》这部剧进行的还是比较顺利的，四个多月之后正式杀青了。接下来，就是后期制作了，我又回到了北京。不久消息传来，《风尘豪客》在销售方面受到很多阻力，换句话说没有几家买主，您说一百多人，耗资三百多万，卖不出去这是多么令人失望的事啊。

我听了之后，又着急上火，又埋怨销售人员无能，后来冷静下来，我做了个总结，类似这样的电视剧，不会产生好效果，原因之一是本子不赢人。前面我说过，我是说评书的，出版评书可以，从未写过电视剧，就我当时的水平怎么会写出好本子呢？还是那句话，剧本剧本一剧之本，本子不好，已经决定了这部剧失败的结局。再有一个就是导演的功力不行，我们这位导演人是好人，但这部剧没有导好，您想，导演不说戏，靠演员自己去悟，能好得了吗？第三是演员没什么知名度，在当时演技也一般，第四是投资力度不够，有很多故事情节受资金制约因陋就简，显得没有那么生动。最主要的一点是我们这些组织者、投资者都不懂得影视圈的游戏规则，换句话说我们就是一帮大外行，怎么可能把电视剧销售出去呢？

尽管如此，我们还是竭尽全力销售，由肖建陆先生负责推广，我们还参加了上海电视节，把我们的作品进行了展示，结果毫无起色。为了把投资捞回来，由合作双方各派得力人员向全国各电视台进行推销。为了应付当时的情况，单田芳公司暂时分成两大部分，肖建陆先生代表我公司专门协助投资方推销电视剧，由我挂帅执掌公司，我们二人暂时分道扬镳，我把公司从广院迁到红庙，在红庙租了一层楼作为办公室，又吸收了几位新工作人员，推销的还是我的广播评书。那时我除了管理公司之外，还要给电视台录书，我忙里偷闲，先给中央电视台录了后半部《薛家将》，又给北京电台录了四百集《三侠剑》，我还应邀回了鞍山一趟，给鞍山电台录了五十集《林则徐》，这都是因为公司很不景气，业务也不忙，我才得以脱身。后来听说《风尘豪客》销售得并不理想，经过数月奔波，总算把投资的三百万挣回来了，并未盈利。

出资方不甘心失败，又出资三百万聘请我为编剧，写了《岳飞后传》二十集，取名叫《山河泪》，在这部剧开机的时候，我还亲自到十渡参加了开机仪式，不过我并没参与这部剧的任何事情，只是个编剧而已，一年以后，听说这部剧也是以失败而告终，我原想借助电视剧提高我的知名度，结果两部全都落空了，真叫我大失所望。

晚上我睡不着觉，反复思考这个问题，我暗叫着自己的名字：单田芳啊单田芳，你充其量是个说评书的，手干吗伸那么长，你已经有了一定的知名度，还要继续提高，是否野心太大了？失败对我来说是个教训，我应该有所收敛，老老实实地干我的老本行，全心全意地录我的评书，何必扬短避长，操这份闲心？有时候我想把公司甩掉不干了，可是又有点舍不得，好不容易建立起来的公司就这么灰头土脸地停业了，面子上实在有点过不去。我总在想开公司不算不对，就是没有能人运作，同时没找着那个契机，假如这两点都吻合了，公司是一定能办好的，所以我几次下了决心又都反悔了。要说北京我算来对了，这里的机遇非常多。别看公司干得不咋样，我的知名度并没受到影响，拍电视剧我并没有放弃录书，牢牢抓着电视和电台这根弦。

后来有不少酒厂找我合作，像河北涞水的龙泉醉酒厂和河南博望坡酒厂都先后找我来合办酒厂，我的野心又死灰复燃，总想在评书的基础上另辟蹊径，结果费了九牛二虎的劲酒厂也没干成，以失败告终。还是那句话，想着容易做着难，外行的人干不了内行的事，因为我不懂制酒的游戏规则，那是一门学问，在激烈竞争的酒市场，没有两把刷子是站不住脚的，老实说，由"龙泉醉"改名的"单氏佳酿"质量是相当不错的，十个人尝了十个人说好，但就是打不出去，找不着市场，我们又没有那种实力大肆宣传，即使是好东西也站不住脚，一句话就是不会忽悠，一件好东西或好产品，就是质地再好，不会忽悠，也不易成功。

单田芳艺术公司自从我亲自执掌工作以后，也没有起色，尽管洽谈的人不断，可成功率几乎等于零，不是我埋怨这些人，他们都是找便宜来的，一谈到最敏感的钱字，马上就把手缩了回去，后来我决定，在全国各电台销售我的录音带。在我女儿的帮助下，我们打了几百个电话，发了几百封信函，回应者从三十几家增长到五十几家，这基本上保证了公司的支出，要想赚大钱门儿都没有，这时我把儿子一家也从鞍山调到北京，来协助我工作，儿子管酒厂，儿媳帮着管理公司。但缺少的是公关能手。我忙里偷闲又到房山石化给他们录了八十讲现代电视评书，用挣来的稿酬支付公司的开支。人员多了，急需代步工具，我一狠心买了两台汽车，一台面包，一台二手公爵王，还买了两辆自行车。

正在这个时候，我与肖建陆先生见了面，肖对我说他销售电视剧很不理想，工作也不怎么顺畅，他提出还是我们在一起合作的好，我也是这么想的，因此我俩一拍即合，由他出任公司总经理，把公司人员重新做了组合和调整，又开始了新的运作。儿子对酒厂和公司不感兴趣，他自己经过苦心经营，逐步有了自己的事业。

在电视台、报社或电台采访我的时候，有很多人问我，你为啥不培养儿女说评书？其实对这件事，我有我自己的看法，一是我认为说评书这个行当比较困难，要想站住脚，受到群众的喜欢是件不容易的事，随着时代的发展，人们的品位越来越高，评书这门古老的艺术也要水涨船高，跟上形势，儿女们由于受我的株连，把学业都耽误了，现学评书为时已晚；最主要的原因是我征求过他们的意见，他们都不想说评书，喜欢下海经商，这也正合我的心意，因为说书这种行业是特业，也就是特殊行业，要么成角儿，有影响，大家都瞧得起你，假如碌碌无为，当一辈子底包，还不如干别的行当，基于我的这种想法，我并没有强求他们继承祖业，孩子们大了，他们自己有自己的想法，那就放手叫他们一搏吧，再说强扭的瓜不甜，一个人要干就干自己喜爱的事，否则不会成功。

我和肖建陆先生再度合作之后，儿媳同时参与了管理工作，比刚起步时强多了，因为我们都吸取了教训，有一个共同的目标，那就是专心致志地把评书这门事业搞好，排除一切杂念。人哪，无论干什么事情，不能样样通样样松，需要的是一门灵，古人说不怕千招会，就怕一招精，我们就是本着这个精神继续奋斗着，有道是好日子过得快，苦日子度日如年，改革开放之后，不仅国家突飞猛进，各行各业都大有发展，我这个小公司也不例外。到了 1999 年，我们与全国四百多家电台建立了合作关系，有了一个庞大的单田芳评书广播书场。

2000 年 5 月的一天，我接到辽宁电视台的电话，想请我回去为他们录制《白眉大侠》续集，与此同时，我又接着一个电话，是鞍山文化局打来的，邀请我回鞍山，参加千山国际旅游节的演出，我都答应了，我把公司的事情交给了儿媳和肖建陆先生。

回到鞍山，下车之后我才知道，这个千山国际旅游节规模十分庞大，众星云集，被邀请来的几乎都是明星大腕，演出地点设在千山正门。有关负责人要求我演一段歌颂鞍山和千山美景的新评书，时间不超过七分钟，这下我可为了难，虽然我在鞍山度过了几十个春秋，也知道千山的美景美不胜收，但是从来没想过编个段子去演出，因此我连着两晚上没睡觉，提笔编写了小段千山赞，试演后领导满意地通过了。演出那天盛况空前，我怀着忐忑不安的心情走上大舞台，竭尽全力地把段子讲完，博得阵阵喝彩声。演出结束后，我筋疲力尽，连说话的气力都没有了，在庆功晚宴上，我几乎水米未进，因为这两天的突击行动，我太累了，吃什么也食不甘味，急火攻心。

我又忙着赶赴沈阳，为辽宁电视台录制《白眉大侠》续集，可是我万没有想到的是，突然犯了呕吐的病，吃什么吐什么，一点儿也不吸收，尽管如此，我还是坚持着录了三十六讲。后来，因为腹内无食，备受折磨，录书已经少气无力，所以我提出来休息看病，这是我录书多少年来的第一次，以往我全是一气呵成，从来没有间断过，也没闹过病，这次的病来得非常突然，而且来势凶猛，我真有点招架不住了，辽宁台的负责人希望我留在沈阳陆军医院看病，我儿子来电话，坚持叫我回北京医治，为此录书的事暂时中断了。

我带着女儿和外孙开着车子返回北京，在途经锦州东的时候，天空下着小雨，我的五脏好像上下翻滚，天旋地转，难以支持，我让外孙把车子停下来，我下了车，冒着雨蹲在路边，呕吐不止。后来，昏昏沉沉地上了车。

好不容易回到了北京家中，按我的意思要吃中药在家进行调理，可是儿子当机立断，强行把我送进武警医院，又请来几位知名的大夫为我会诊。后来主治大夫对我说："单老啊，你这回病得不轻，应该安下心来住院。"我一听住院，脑壳都疼，我跟大夫说："我能否回家打针吃药?"大夫说："不行，根据你的病情你必须住院。"我见大夫十分果断，才知道自己的病非同一般，既然到了人家的一亩三分地，只有任人家摆布了，两天后，主治大夫又对我说："单老啊，你需要有个精神准备，过两天给你动手术。"我一听，什么？还得动手术，至于那么严重吗？大夫又肯定说："不动手术不行。"我问他："我究竟得了什么病?"他说："初步诊断很可能是幽门梗堵。"他还说："幽门紧挨着直肠，由于幽门大面积溃烂，食物排泄不下去，所以才会发生呕吐现象，不动手术怎么能行?"

经过复杂的前期准备，在我入院后的第九天，终于被推进手术室，我儿子还特为请了市里的专家亲自主刀，以确保手术成功。在我极不情愿的情况下，终于被推进手术室，那些情节历历在目，我不想多说了。

手术后我被推回病房，当我从昏迷中醒来的时候，已是晚上六点，孩子们都围在床前，我问他们手术做完了吗？他们说一切顺利，叫我安心静养，几天后，我叫人搀扶着可以下地行走了，身体虚弱得要命，不敢闻饭味，一闻饭味就恶心，我骂我自己得了厌食症，在孩子们的苦劝下我开始进食了，虽然动了那么大的手术，但是我康复得很快，这与大夫的高超技术及孩子们的精心护理都有关系。

在手术后的第二十二天我要求出院，开始时大夫不允许，后来我实在待不下去了，因为我太厌恶那个环境了，一是闻不了那种异味，二是看不惯那些龇牙咧嘴的病人，看到那些对我来说都是一种压力，因此我再次提出要回家去养，主治大夫再次检查后，认为一切正常了才答应了我的要求，我从住院、动手术到回家，只用了二十六天。好在附近有医院，我和医生的关系也挺好，她几乎每天都到家里来护理，开始的时候我个人寸步难行，在别人的搀扶下我勉强能走五六米，经过不断的努力，十米八米逐渐增加，不到半个月，我就可以自己行走了。

就在我急需静养的时候，又发生了令人沮丧的事情，有一老者，自称是《三侠剑》作者的后人，说我侵犯了他家的版权，把我告到朝阳法院，接下来天津有一位《十二金钱镖》作者的后人，说我侵犯了他家的版权，也把我告到朝阳法院，他们请了专业律师，一张嘴就向我索赔四十六万以及精神赔偿、赔礼道歉等。家里人早知道这些情况，为了叫我安心静养，尽量封锁消息不告诉我，可是电台和报纸不管那套，我在养病期间从电视和报纸上看到了这一消息，那真叫雪上加霜，心说天不佑我，这是往死路上逼我啊。多亏公司肖经理，他聘请了律师，又多方寻找证据，几次对簿公堂，是输是赢，没有定论，他们也不敢告诉我。

在夜深人静的时候，我只能自己安慰自己，心说就是天塌下来我也要把病养好，人为一口气，佛要一炷香，有人就有一切，只要下定决心，没有攻克不了的困难，关键是身体，我不断地鼓励自己，继续增强锻炼，增强营养。

就在这时候北京电视台的同志来家看我，相见之下他们大吃一惊，因为我和动手术之前相比变了个人，体重只剩下四十八公斤，头发也要脱光了。别说是他们，连我自己对着镜子一照都不认识我自己了。他们除了安慰我之外，说明了来意，想请我录制一部新评书《栾蒲包与丰泽园》，在那种情况下，虽然我身体虚弱，精力还是挺充沛的，因此我满口答应了，他们把书给我留下，我让女儿和外孙轮流给我读，我闭着眼睛听，有时自己也阅读一下，这哪里是在养病，分明是在备课。

一个月后，我的身体好多了，行动自由，伤口愈合得很好，饮食也趋于正常，于是我给北京台打电话，让他们过来商量录书的事，他们来了后问我："你能支持得住吗？"我说："没问题，现在我已经把课备好了，就差一个问题，就是没有头发。"为了保持形象，他们请专人给我定制了假发套，又过了一个月，也就是2000年的八九月份，我又站在录像厅里。

人哪，活着就为一口气，对任何事情都不能低头，只要横下一条心，就能排除千难万险。人有病不怕，就怕自己扛不住，您想人吃五谷杂粮，哪有不闹病的道理，有了病就得治，就要扛得住，只要你下定了这个决心，就没有攻克不了的难关。长达二百集的《栾蒲包与丰泽园》终于录制完了，正好赶上我六十六岁的生日，他们特意在丰泽园摆上丰盛的酒席为我祝寿。

接下来，我又为徐水的刘伶醉酒厂录制了一百集电视评书《刘伶醉酒》，那真是一边工作一边养病，转过年来身体恢复了正常，我又可以像正常人一样开始工作了，这真是死后余生，我的干劲儿更足了。

2001年，我应北方电视中心邀请录制了电视评书《宏碧缘》。

2002年，我又重返沈阳为辽宁电视台录制了《白眉大侠》续集，辽宁的很多朋友见我做了大手术后恢复得这么好都非常高兴。

返京后，儿女们怕我劳累过度建议我再做一次体检，体检后医生建议我住院观察，于是我又住进了朝阳医院，经过拍片，医生建议我做介入手术，当时我对我自己的病情并不十分了解，我一直以为就是幽门梗堵，但通过上次的手术，奇迹般的好了，打那儿之后，医生再叫我做什么手术我也没什么抵触情绪了，所以我又做了介入手术，几天后我出院了，一切正常，同时好消息传来，两场官司都圆满解决了，这在我的心中减轻了很大压力。

原来我有个想法，老了以后，还回到鞍山去养老，北京虽好，但人流量太大，车辆拥堵，干什么都不方便，因此我一直心悬两地，盼着把北京的事情做完了就回家去，现在看来已无法实现了，因为北京的工作越来越多，朋友也越来越多，机遇也越来越多，我打消了返回故乡的心愿，毅然决然地把鞍山的商品房卖掉了，此后专心致志地在北京扎了根，买了房。

与此同时，我开始全力录制广播评书。因为当时公司已经走上正轨，全国五百多家电台，八百多个频道，都需要评书，为了应付供不应求的市场，我加大马力，每年都要录制三百集以上，像《大河风流》《太平洋大海战》《根本利益》《水浒后传》《西游记》《廊坊大捷》《清官册》《古今奇案》《清官于成龙》《话说台湾》《李自成》《九一八风云》等等都是在这时期录制的。

在我七十岁的时候，公司为我举办了从艺五十周年庆祝大会，地点在人民大会堂，宾朋来自四面八方，客人之多，规格之高，达到了我人生的历史之最。回顾这些年的风风雨雨，归根到底还要感谢党的十一届三中全会，要不是党给我落实了政策，我可能早已命丧黄泉，哪能有今日的辉煌！想到过去灾难重重，看到眼前繁花似锦，生活蒸蒸日上，事业顺风顺水，这无异于又给我注入了一针强心剂，我告诫自己说，不能骄傲自满，不能松懈偷懒，要用毕生的精力更好地完成本职工作。

接下来我又为蒙牛录制了二十集《牛根生发展史》，在录制这部书的时候我曾三下呼和浩特，与牛总进行了多次交谈。在那段时期我几乎变成了记者，广泛与蒙牛高层接触，了解蒙牛内幕，后来终于把书录成了。接下来，上海老字号恒源祥又找到了我，要求我为他们录制一套发展史，为这件事情我又专程到了上海，见到了老总刘瑞旗和负责人袁乃中，恒源祥的发展史给了我很大震撼，他们领着我参观了无锡、江阴的基地，也参观了恒源祥博物馆，在交谈之中刘总口若悬河，我开玩笑地说："你比说书人都能说，在你面前我几乎没词了。"我们很快达成协议，我给他们录制了八十集广播评书《老店风云》，几个月之后，这部新书问世了，刘总听后非常满意。就在这时候，邯郸电台又找到我，为了发展旅游事业和发扬邯郸文化，请我录制一套广播评书《赵武灵王》，为这件事我又再赴邯郸参观了名胜古迹，其实这个地方我过去来过数次，为了把书录好，加深印象，因此故地重游，不久这部长达九十集的广播评书也完成了，播出后效果良好。接下来，上海恒源祥的袁乃中先生又找到我，请我按新版恒源祥发展史——《羊神》，录制四十集电视评书。因为我们是老朋友了，彼此信任，无须多说，当场拍板，我又投入到了《羊神》的录制工作，《羊神》录制结束后，我们还召开了新闻发布会，我相信这部电视评书无论从内容上还是从录制上都应该是一部好书。在我为恒源祥录书期间，为了纪念新中国成立六十周年，公司又策划录制长篇广播系列评书，总名叫红色经典，内容包括开国元勋二十八位，我忙里偷闲，一口气录制了《贺龙传奇》三百集，接下来又录制了《少林将军许世友》一百集，还应包头电台的邀请为他们录制了《九一九起义》广播评书，饭要一口一口地吃，步要一步一步地走，因为红色经典是一部长篇巨著，我需要用最大的耐心和韧性把它完成。

有人也许会问，你除了录书就是录书，难道就没有什么休闲娱乐吗？告诉您，我也到外面去旅旅游，其目的一是开阔视野，二是缓解压力，我去过的地方不算多，什么成都武侯祠、乐山大佛、山城重庆、美丽的三峡、武汉的汉正街、苏杭州、扬州、南京、上海、山东沿海一带的城市等，我也去过中国台湾地区、日本和韩国。

虽然各地风俗不同，建筑各异，给我的总体感觉是哪儿也不如北京好，无论是下了飞机还是火车，当我回到北京的时候，我的心里就好像敞开了两扇大门，看到了北京宽宽的街道，以及那古香古色的建筑和多姿多彩的立交桥，我非常高兴，我觉得一个人能在北京生活，这本身就是最大的幸福。

最使我感到欣慰的是，2009 年 6 月我被授予国家级非物质文化遗产代表性传承人（评书），对我来说这是至高无上的荣誉，虽然我辛辛苦苦地工作了五十五个年头，但换回来的是国家的肯定，我还有什么可说的，够了！够了！我知足了。再苦再累也是值得的！

虽然我现在已经是七十六岁的高龄，但我雄心不减，我还要老骥伏枥，重振雄风，在我有生之年，再录出几部好书，以报答党和国家的恩情，以及广大听众的爱戴。

2010 年 9 月，单田芳公司又与中国网达成协议，利用这个平台弘扬评书，把这门古老的文化艺术发扬光大。

回忆起当年自己读大学和改行说评书的那段往事，看来我这条路走对了，还要重复一句话那就是没有改革开放三十年，没有现在的盛世，哪有我的今天！我现在浑身充满干劲儿，不服输不服老，还要更上一层楼！

阅读中华经典，感受传统魅力，“单田芳评书”已经成为中国传统文化的一个重要符号。《单田芳评书话本系列》第一批共推 10 部，是迄今为止最经典、最权威、最全面的单氏评书话本版本。单田芳先生全部评书话本作品由中国工人出版社陆续隆重推出。

图书在版编目（CIP）数据

言归正传——单田芳说单田芳/单田芳著.—北京：中国工人出版社，2010.12

ISBN 978-7-5008-4877-6

Ⅰ.①言… Ⅱ.①单… Ⅲ.①单田芳—自传 Ⅳ.①K825.78

中国版本图书馆CIP数据核字（2010）第239830号

本书图片由单田芳先生家人及北京单田芳艺术传播有限责任公司提供。

出版发行：中国工人出版社
地　　址：北京鼓楼外大街45号
邮　　编：100120
电　　话：（010）62350006（总编室）
　　　　　（010）82075934（编辑室）
发行热线：（010）62045450　62005042（传真）
网　　址：http：//www.wp-china.com
经　　销：新华书店
印　　刷：北京铭成印刷有限公司
版　　次：2011年1月第1版　2011年2月第2次印刷
开　　本：700毫米×1000毫米　1/16
字　　数：400千字
印　　张：23.25
定　　价：38.00元
